장자 / 莊子
쓸 모 없 는
나 / 무 / 도
쓸 모 가 / 있 다

장자 / 莊子
쓸 모 없 는
나 / 무 / 도
쓸모가 / 있 다

차경남

글라이더

원상
지리산 봉화사 주지승

장자는 중국의 제자백가서 중에서 철학성과 문학성이 뛰어나면서도 난해하기로 유명하여 천하의 기서 중 하나로 일컬어졌습니다. 역대 수많은 사람들이 그 문장을 배우고 그 철학사상을 연구하여 주석을 남겼습니다.

중국철학을 이해하려면 유불도 삼가三家를 이해해야 하는데, 도가 사상은 곧 노장사상입니다. 그러므로 노자와 장자를 떠나서는 중국 철학을 이해할 수 없습니다. 예로부터 장자, 노자, 주역 이 셋을 삼현학三玄學이라고 불렀습니다. 그리고 장자는 지극히 간결하면서도 심오한 노자에 대한 주석이라고도 하였습니다.

오늘날 세태를 보면 자본주의로 인한 물신숭배, 개인주의와 이기심의 팽배, 무자비한 자연의 파괴로 우리는 자연적인 삶과는 너무나 먼 삶을 살아가고 있습니다. 자기중심적 아집我執은 끝없는 탐욕을 낳아 재물욕, 성욕, 명예욕, 식욕, 수면욕이라는 오욕五慾의 불길이 더욱더 세차게 타오르면서 우리를 불행의 수렁으로 빠져들게 하고 있습니다. 그리하여 우리 자신이 본래 지니고 있는 지락至樂, 지복至福으로 가는 길은 갈수록 멀어지고 있습니다.

인간은 무엇인가? 인생의 목적과 가치는 어디에 있으며 궁극적인 행복은 무엇인가? 이러한 근원적 문제에 대해 인류역사상 수많은 학문과 철학, 과학, 종교가 해답을 제시하여 왔습니다. 저자는 이미 도그마dogma에 갇혀버린 종교와, 인간의 탐욕과 감각적 쾌락을 위해 무한질주하는 현대 과학문명에서는 이제 더 이상 그 해법을 찾을 가능성이 희박하다고 보고, 그 해법을 장자에서 찾고 있습니다. 그리하여 2천5백여 년 전 중국 전국시대에 인간의 참모습을 잃어버리게 만든 주범을 피고로 소송을 제기하였던, 원고原告 장자의 변호인으로 나서서 그 해답을 구하고자 합니다. 변호인이란 사건의 전말과 본질을 파악하는 것이 기본이며 전부이기도 합니다. 저자는 자신의 직업적인 기질과 통찰과 지혜로써 장자의 내면세계로 깊이 파고들어가 그의 진짜 속말을 대변합니다.

우리가 알듯이 장자는 물외物外에 초연超然하여 무위자연無爲自然에서 소요逍遙할 것을 주장합니다. 무위자연은 곧 주관과 객관의 이원적이며 상대적인 차별을 떠난 물아양망物我兩忘의, 만물제동萬物齊同의 절대적 경지입니다. 그리고 소요는 곧 해탈을 말합니다.

장자는 이러한 자신의 사상철학을 주로 우화寓話를 통하여 전개합니다. 그러기에 그런 우화들 속에는 참으로 심오한 의미가 숨어 있는 것입니다. 저자는 그 우화적인 글 속에 은밀히 숨어 있는 장자의 진실한 면목을 찾아내 드러내 보여주고 있습니다. 저자는 장자의 변론을 통해 욕망 속에 허우적거리는 우매한 자들을 일깨우면서 사자후를 토하고 있습니다. 저자 특유의 위트와 유머는 마치 장자와 마주앉아

이야기를 듣는 생동감과 여유가 있습니다. 마치 게임에 폭 빠진 아이가 밥 먹는 것조차도 잊고 몰두하게 하는 듯한 재미로 독자로 하여금 책을 놓지 못하게 합니다. 어느새 독자는 대붕大鵬으로 변하여 구만리 창천을 날아올라 쉬지 않고 날아 남명에 도착하고, 다시 수많은 우화 속의 인물을 만나 이야기를 들으며 걷다 보면 마침내 무하유지향無何有之鄕에 도달하여 소요하게 될 것입니다.

고전은 케케묵은 골동품이 아닙니다. 인생에 무한한 지혜를 가르쳐 주는 보배 거울입니다. 하물며 그 고전이 장자임에야 더 말할 나위가 있겠습니까! 그런 의미에서 독자들에게 일독을 권하면서 산중의 납승이 이 책을 적극 추천하는 바입니다.

김우성
천주교 의정부교구 신부

"숨소리를 들으면 듣는 숨소리를 듣는 것인데……."

저자의 책을 접하는 순간 가장 먼저 가슴에 스친 첫 울림이었다. 그리고 깊은 고마움이었다.

저자인 차경남 변호사. 저자의 책이 나온다는 연락을 받고 너무나 감사했고, 오랜 세월 벗으로 머문 덕에 추천의 글을 쓰게 됨도 한없이 기쁘고 행복하다. 늘 가슴에 숨소리처럼 머물며 함께 해온 벗이기에, 오랜 세월 벗의 진지한 구도적 결실이 독자의 마음에도 밝은 빛의 숨소리로 다가오리라 확신한다.

저자와의 만남은 말없음의 하늘에 머무는 바람처럼, 내 존재의 하늘에 깨어 있음으로 머물게 하는 숨소리였다. 그의 말은 거짓된 말, 가식의 관념들을 물 흐르듯 씻어낸다. 거짓을 거짓으로 보게 한다. 말로써 텅 빔의 속살을 만지게 한다.

저자는 책 내용의 모든 곳에서 내면의 본원으로 나아가게 하는 살아 꿈틀거리는 변화의 힘을 함께 안겨준다. 이는 저자의 독특한 통찰력이며 오랜 세월 명상을 통해 얻은 혜안慧眼의 힘이라 본다.

저자의 말은,

도道의 품안에서 모두의 뺨을 어루만지고,
모두를 통해 도道의 얼굴을 보게 한다.
말은 하늘로 드러나고, 땅으로 머물면서
도道의 꽃을 피게 한다.
장자莊子의 "도통위일道通爲一".

이는 저자의 영성이기도 하다. 숨이, 살아 있음을 알리듯, 저자에게 있어 도道는 자기현존의 뿌리이면서 모두와 맞닿게 하는 숨 그 자체이다.

치유는 본래의 자리로 돌아감이라 본다. 아니면 본시 본자리를 어느 한 찰나도 떠나본 적이 없음을 자각함인지도 모르겠다. 물고기에게 "바다를 어떻게 보며 느끼는가?"라고 묻는다면 물고기는 무척 난감해할 것이다. 한 번도 바다와 자신을 분리해서 생각해본 적이 없기에 그러할 것이다. 어쩌면 스스로 살아 있음 그 자체가 바다 있음을 알게 하며, 곧 바다임을 가장 잘 보여주는 것이라 본다.

저자는 모든 말들 안에서 '하나'의 심오함과 진리성을 놓치지 않는다. 하나는 곧 도道이며 허虛이며 참나임을 끝없이 부르짖고 있음을 느낄 수 있었다.

장자의 〈인간세人間世〉 중에 이런 말이 있다.

"그대는 잡념을 없애고 마음을 하나로 통일하라. 귀耳로 듣지 말고, 마음心으로 듣도록 하라. 다음에는 마음心으로 듣지 말고, 기氣로 듣도록 하라. 귀耳는 고작 소리를 들을 뿐이고耳止於聽, 마음心은 고작 사물을 인식할 뿐이지만心止於符, 기氣는 텅 빈 채로 모든 사물에 응하는 것이다虛而待物. 도道란 오로지 텅 빈 허虛에 모이는 법, 이렇게 텅 비게 하는 것이 곧 심재인 것이다唯道集虛 虛者心齋也."

저자는 독자 모두를 '심재心齋' 곧 내면의 허虛로 이끈다.

숨소리 같은 벗의 숨소리가
잠든 영혼의 마음에
새 사랑의 몸짓을 낳게 하리라 믿는다.

오택한

광주광역시 칠석교회 목사

이번에 친구가 책을 내게 되었다는 소식을 듣고 마음이 대단히 기뻤습니다. 친구는 어린 시절부터 활달하고 통이 큰 행동과 의식을 항상 가지고 있었습니다.

특히 20대 시절에 써놓았던 그의 일기장은 그가 얼마나 큰 생각과 마음을 가지고 있는가를 잘 보여주고 있습니다. 그때 우연히 몰래 훔쳐 읽게 된 저는 진한 감동과 마음의 눈이 떠지는 경험을 한 적이 있습니다.

그런 친구가 이번에 책을 내게 되었다는 소식을 듣고 '마침내, 마땅히 써야 할 것들을 이제야 쓰기 시작하는구나'하고 생각했습니다. 더욱이 장자에 대해 먼저 썼다는 이야기를 듣고 더욱 흐뭇한 마음이 듭니다. 왜냐하면 저는 장자가 인류사에서 가장 뛰어난 가르침을 준 분이라고 생각하기 때문입니다. 그분은 우리에게 사물과 현상에 대한 깊은 통찰력을 보여주었고, 인간 지성의 무한한 자유와 진리의 상대성을 극명하게 가르쳐주고 있습니다. 더 나아가 인간이 도달할 수 있는 가장 높은 지성을 드러내고 있습니다. 그래서 저는 '장자는 인류

지성사의 북극성'이라고 여깁니다. 이런 분의 가르침을 친구가 해설했다는 것은 친구의 능력과 관심사, 그리고 그의 가치관이 잘 드러나 있다는 것입니다. 참으로 대단하고 복 받은 인생입니다.

가만히 생각해보면, 비록 이단으로 사라졌지만 대단한 가르침을 가진 기독교의 영지주의靈智主義와 장자의 가르침과 선불교는 서로 통하는 구석이 있습니다. 그것은 인간의 보편적인 사유를 잘 보여주는 동시에 동서양을 꿰뚫는 사유의 관통이라고 생각합니다. 그래서 기독교의 깊은 맛을 알려면 영지주의를 접할 수밖에 없고, 자연히 눈을 돌려 장자와 선불교를 탐구할 수밖에 없습니다. 특히 점점 통전적인 사유를 요구하는 현대에서는 이러한 태도는 당연한 것입니다. 그래서 인간의 궁극적인 가치관과 삶을 추구하고자 한다면 누구나 장자의 책을 읽고 또 읽어야 한다고 봅니다. 그런 점에서 친구의 책은 우리 사회의 유용한 징검돌인 셈입니다. 더욱이 명쾌하고 재미있게 서술되어 있어서 장자의 가르침을 이해하기가 참으로 쉽습니다. 참으로 친구의 역량이 돋보입니다.

장자의 가르침은 제가 몸담고 있는 기독교의 가르침, 특히 예수의 가르침과는 상당히 다른 특색이 있습니다. 저는 예수의 인간적인 매력을 훨씬 더 높이 평가하고, 또 그의 가르침대로 삽니다. 그러니 기독교 성직자가 아니겠습니까? 그렇지만 저는 장자의 의식을 도저히 따를 자신이 없을 정도로 존중합니다. 예를 들어 빛이 가장 빠르다고 하지만, 빛보다 더 빠르고 무한한 것이 인간의 사유입니다. 빛은 우주의 끝까지 가려면 137억 년이 걸리지만, 인간의 사유는 단 몇 초 만에 우주의 끝까지 갈 수 있고, 더 나아가 중층우주까지 무한히 뻗어나갈 수 있습니다. 이런 인간의 능력을 일깨워준 장자가 우리에게 어찌 필요하지 않겠습니까! 그런 점에서도 장자의 가르침은 점점 현대인들에게 매력으로 다가올 수밖에 없는데, 친구의 책은 우리가 장자를 더욱 쉽게 사귀고 생활 속으로 끌어들일 수 있는 계기가 될 것입니다. 즐거운 마음으로 꼭 읽어보시기 바랍니다.

장자는 보통사람들이 말할 수 없는 것을 말하며, 생각할 수 없는 것을 생각한다. 그의 언어는 활달대범하며 그의 생각은 기상천외하다. 또 그의 사상은 스케일이 크고 그의 문장은 역설과 반어법으로 가득하다. 정해진 사물의 틀을 깨고 넘어서는 데 있어 아무도 장자를 따라갈 수 없다. 그만큼 그는 자유로운 영혼이었다. 그는 정격正格보다는 파격破格을 추구했으며, 도덕과 예의범절보다는 소박한 태도와 꾸밈 없는 솔직함을 좋아했고, 권위와 위선을 조롱하고 풍자했으며, 또한 시대의 깊숙이 뿌리박힌 통념과 고정관념을 과감히 깨부수고 인간의 삶이 어떠해야 하는지를 새롭게 정의 내렸으며, 자유의 참된 의미가 무엇인지를 보여주려 하였다.

　장자가 말한 궁극의 것은 도道다. 그것은 보편적이며 신적인 로고스Logos이며, 절대적이며 영원한 이치이며, 천지만물을 가슴에 품고 있는 우주의 무한자無限者다. 장자는 자신의 도에 대해 말하면서 '도통위일道通爲一'이란 표현을 즐겨썼는데, 이것은 장자가 추구했던 도가 어떤 것인지를 명확히 보여준다. 장자의 도란 무슨 기적과 예언을 행하고, 무슨 마술과 둔갑술을 부리며, 무슨 하늘을 날아다니거나 물속을 걷는다거나, 무슨 천리 바깥의 일을 본다거나 듣는다거나 하는 그런 황당무계한 것들과는 아무 관계도 없다.

장자의 도란 다른 것이 아니다. 모든 만물이 하나로 연결되어 있음을 깨닫는 것, 그것이 바로 도다 道通爲一. 모든 만물이 외형상으로는 다른 형체를 하고 있지만, 내적으로는 모두 통하여 근원적으로 하나라는 것을 깨달으라는 것, 이것이 장자가 하고자 했던 말이다. 그러므로 이러한 장자의 도는 붓다의 깨달음과도 다르지 않다.

붓다는 6년을 끌던 수행의 끝에서 보리수나무 아래 앉았다. 그는 샛별이 유난히 빛나던 어느 새벽, 그 보리수나무와의 깊은 교감을 통해 만물이 하나로 연결돼 있음을 깨달았다. 이것이 붓다 대각大覺의 기초다. 그리하여 붓다는 마침내 무상정등각無上正等覺을 얻은 다음 자신의 깨달음을 이른바 '연기론緣起論'으로 풀어냈던 것이다. '이것이 있기 때문에 저것이 있고, 이것이 생기기 때문에 저것이 생긴다. 이것이 없으면 저것도 없고, 이것이 멸하면 저것도 멸한다.' 그러므로 장자의 '도통위일'이라는 선언은 붓다의 '연기론'과 다른 것이 아니다. 그 둘은 다른 용어를 쓰고 있을 뿐, 내용적으로 완전히 동일한 어떤 무엇을 말하고 있다.

이 우주 안에서 모든 만물은 통하여 하나이며, 이것은 저것과 연관돼 있고 저것은 이것과 연관돼 있다. 이 우주를 관통해 흐르는 것은 영원한 생명이며, 이것이 분화되어 사물들은 저마다의 형체를 가지고 있지만 사물의 형체라고 하는 것은 하늘이 잠시 위탁하여 맡겨 놓은 것, 즉 '위형委形'일 뿐이다. 거기에 독립·자존하는 실체는 없으며 근원적으로 모든 만물은 하나다. 그러므로 만물은 나이고 나는 만물이다.

이러한 관점은 예수 역시 마찬가지다. 예수는 영지주의 복음서로 알려진 《도마복음The Gospel of Thomas》에서 이렇게 말했다. "내가 곧 만물이라. 만물이 나로부터 나왔고 또 만물이 나에게 이르노라. 나무를 쪼개보라. 그러면 거기 내가 있다. 돌을 들어보라. 그러면 거기서 나를 볼 것이다." 예수가 한 이 말을 기독교 일각에서는 무척 비밀스럽게 생각하고들 있지만, 장자나 노자가 들을 때 이 말은 전혀 비밀스럽지 않다. 왜냐하면 노자·장자가 자신들의 책에서 내내 말했던 본뜻이 바로 이것이기 때문이다. 모든 천지만물은 하나의 근원에서 온 것이다. 그러므로 모든 만물은 하나다道通爲一.

나무도 그 형체를 잠시 하늘이 맡겨놓은 것이고, 돌도 그 형체를 하늘이 잠시 맡겨놓은 것이고, 우리 인간도 그 형체를 하늘이 잠시 맡겨놓은 것이다. 만물은 언젠가 형체가 소멸되어 태허太虛로 돌아간다. 그러므로 모든 만물이 외형상으로는 다른 형체를 하고 있지만, 실은 모두 통하여 근원적으로 하나라는 것을 깨달으라. 만물은 나고 나는 만물이다.

장자철학은 철학이면서 철학을 넘어서 있고, 종교이면서 종교로 오염되기 이전의 진리를 간직하고 있다. 오늘날 철학은 관념과 사변에 사로잡혀 있기 때문에 진리를 보지 못하며, 종교는 설령 진리를 지니고 있을망정 주변에 영혼을 사고 파는 사기꾼들이 너무 많아 이미 오염 상태가 심각한 수준이다. 그러나 이 모든 것으로부터 장자는 깨끗하다. 장자에는 교묘한 말장난이나 헛된 사변이 없고 칭칭 감아놓은 관념의 거미줄도 없다. 또 장자에는 터무니없는 교리나 도그마, 어리석은 우상숭배나 인격적 우주모형 따위도 없다. 장자는 이 모든 것들로부터 멀리 벗어나 있다. 더우기 장자는 오늘날 흔히 보이는 2류의 철학자, 2류의 문필가들처럼 사람들에게 달콤한 말로 위로와 위안을 제공하는 사람이 아니다. 시대가 길을 잘못 들어 온 세상이 병들어가는데, 잘못된 시대를 바로잡고 깊어진 병을 고쳐야지 무슨 입에 발린 위로와 위안 따위로 몇 사람이나 눈을 가려 아웅 하려 한단 말인가. 그런 것은 장자와 거리가 멀다.

장자는 위로하고 위무하는 사람이 아니다. 장자는 거짓을 폭로하고 진실을 말하는 사람이다. 요컨대, 장자는 결코 달콤하지 않다. 오히려 장자는 쓰다. 그러나 이 쓰디쓴 장자라는 약이 우리 시대의 깊은 영혼의 병들을 치유케 해줄 것이다. 장자에는 분명 그런 치유력이 있다. 어떤가? 이만하면 장자는 한번 만나볼 만한 인물 아닌가?

2017년 12월
경기도 청평에서

차례

2부
외편
外篇

3부
잡편
雜篇

1부

내편
內篇

제1편

소요유 / 逍遙遊

절대의지

자유

경지

대붕大鵬 이야기

장자가 소요유를 말하는 까닭

모든 저술가들은 책의 첫머리를 무엇으로 장식할지 매우 고심한다. 책의 첫 장이란 사람의 얼굴과 같은 것이어서 그것으로 첫인상이 결정되기 때문이다. 따라서 독자들은 책의 첫머리를 잘 보면 그 책이 말하려고 하는 전체적 윤곽을 대충 파악할 수 있다. 그리고 이러한 경향은 개성이 강한 철학자들에게서 더욱 두드러진다. 그들은 세계관이 뚜렷하여 남과 혼동되는 것을 극도로 싫어하고, 세상에 대해 말하고자 하는 자기만의 독자적인 언어가 있다. 이것은 동서고금을 막론하고 위대한 인물들이 지닌 공통적인 사항이며, 이 점에서 장자 또한 예외는 아니다.

장자는 자신의 저서 제1편을 '소요유逍遙遊'라고 이름 지었다. 장자는 이 말로써, 여러 가지 제약에 얽매여 있는 현실세계를 초월하여 저 높은 절대자유의 세계에서 마음껏 노니는 진인眞人의 경지를 표현하고자 하였다. 우리 인간은 분명 우주 안에서 자유롭게 태어났으나 어느 순간 인간세계가 인위적으로 만들어놓은 여러 가지 잡다한 가치 기준에 얽매여 스스로를 구속하는 삶을 살고 있다. 장자가 볼 때 이것은 부자유한 삶이며, 속박된 삶이고, 왜곡된 삶이다.

어쩌다 인간의 삶이 이렇게 자잘하고 구차해졌는가? 형편없이 낮아지고 왜소해져서 이제 우리는 인간의 본질 속에 근원적으로 내재한 자유의 이념 자체를 상실해버린 것은 아닌가? 인간은 정신의 영역에서 이렇게 노예처럼 살다 죽을 것인가? 이것은 누구의 책임인가? 그리고 우리는 무엇을 해야 하는가? 우주의 영묘한 기운을 받아 태어났다는 인간이 어쩌다 이 지경에까지 이른 것일까? 이것은 잘못이다. 인간은 다시금 제약과 속박을 풀어헤치고 위대한 근원적 자유를 회복하지 않으면 안 된다.

장자가 책의 첫머리에서 '소요유'란 표현을 쓰는 것은 바로 이러한 까닭에서다. 장자는 이미 내부적으로 우리 인간의 현존재가 '속박과 구속'의 상태에 놓여 있다고 진단을 내린 후, 그러한 노예 상태를 벗어난 자유로운 경지, 즉 '소요유'에 대해 이야기하고 있는 것이다. 모두가 소요유하고 있고, 소요유가 무엇인지 알고 있다면 굳이 장자가 소요유를 논할 필요가 무어 있었겠는가.

그러므로 장자의 '소요유'란 불교의 '해탈解脫'과 아주 흡사한 것이다. 해탈이 정신적 속박과 구속을 전제로 한 개념이듯, 소요유 역시 존재의 얽매임과 부자유를 전제로 한 개념이다. 양자는 용어만 다를 뿐 세상을 보는 관점이나 지향하는 목표 등 실질적 내용이 동일하다. 불교가 들어오기 이전부터 중국 내에는 이렇듯 인간의 초월적 본질에 주목하는 철학의 유파가 이미 존재해 있었던 것이다.

그러나 양자는 차이점도 뚜렷하다. 불교의 경전이 해탈에 이르는 길을 상세하고도 구체적으로 조목조목 설하고 있는 것과는 달리, 장자는 기이한 신화 혹은 우화 한 토막을 우리 곁에 툭 던져주고 가버린다. 그것이 전부다. 장자는 결코 설명형의 저술가가 아니다. 그는 문제에 대해 문제로 답한다. 그가 진정으로 무엇을 말하려는지는 독자가 풀어야 한다. 이 점이 《장자》가 어려운 점이다. 《장자》는 불경처럼 그 표현된 문장의 내용 혹은 의미가 어려운 것이 아니다. 오히려 《장자》는 내용 자체는 쉽다. 《장자》에 읽어서 그 자체로 해석되지 않는 문장은 없다. 요컨대, 《장자》에서 해석되지 않는 것은 문장이 아니라 행간行間이다.

《장자》만큼 행간이 넓은 책은 동서고금에 없다. 《장자》를 읽을 때는 이점을 유념하여야 한다. 그렇지 않으면 행간에서 길을 잃고 엄한 데로 빠지는 수가 있다. 그런 사람은 《장자》를 다 읽고 나서도 장자가 무슨 말을 하려고 한 것인지 그 근본 취지를 알지 못한다. 그런 사람들은 또한 같은 이유로 《장자》라는 책이 논리적 연결이 전혀 안 되어있는 단순한 우화의 집합체에 불과하다고 불평을 늘어놓는다. 그러나 《장자》는 결코 그렇게 허술한 책이 아니다. 허술한 것은 그 사람의 안목이다. 사실을 말하자면 《장자》라는 책은 견고하고도 심오한 논리적 연결을 가지고 있다. 다만, 피상적인 사람은 그것을 보지 못할 뿐이다. 《장자》에서는 행간이 중요하다. 장자에서 행간을 읽기 시작하면 비로소 숨겨져 있는 《장자》의 논리적 연결이 그 사람 눈에 들어오게 될 것이다. 그러면 《장자》라는 책이 다시 보일 것이다.

장자는 〈소요유〉 편을 통해 일체의 조건과 제약에서 벗어난 절대

자유의 경지에 대해 말하고 있다. 우리 인간은 현실세계를 살아가면서 부지불식간에 세속의 때가 묻어 만사를 구별하고 차별하는 이원론적 가치판단에 얽매여 살아간다.

선악을 가르며, 미추를 분별하고, 고저를 따지며, 장단을 구분한다. 우리는 만사를 자기의 관점에서 보고, 판별하며, 희로애락을 정하고, 피아彼我를 구별한다. 우리는 이득에 민감하고, 권력을 추구하고, 명예를 좇으며, 재물을 탐한다. 우리 인간은 욕망의 동물인 까닭이다.

우리는 이렇게 '욕망이라는 이름의 전차'에 올라타서 어디로 가는지도 모른 채 무작정 가속페달을 밟고 가는, 불안하고 히스테리컬한 여행객처럼 살아간다. 그러나 이런 식의 삶은 자아를 완성시키는 것이 아니라 결국 자아를 소모시킨다. 우리는 우리 머릿속의 작은 지혜를 가지고 결코 천지자연 속의 큰 지혜를 이길 수 없다. 그렇지 않다면 그것은 커다란 착각이다. 장자는 이러한 삶의 양식을 조롱하고 풍자하면서 우리를 도道의 세계로 이끈다.

그 세계 안에서는 선악, 미추, 고저, 장단이 모두 하나며, 모든 차별과 구분이 소멸한다. 도 안에서는 모든 것이 통하여 하나가 되기 때문이다. 모든 것이 통하여 하나가 된 그 세계, 이 위대한 궁극적 세계는 그러나 결코 그냥 주어지지 않는다. 그것은 일상의 경험을 초월한다. 그것은 무언가 지각변동을 불러일으킨다. 그것은 존재의 심층을 뒤흔드는 거대한 변혁을 통해서 온다.

장자는 〈소요유〉 편의 첫머리에서 현실세계에서는 볼 수 없는 어마어마하게 커다란 새, 대붕大鵬을 등장시키는데 그것은 다 이러한 이유 때문이다. 어떻게 대붕의 등장 없이 저 궁극적 세계에 관한 장대한 시

나리오를 써내려갈 수 있겠는가? 이렇게 하여 장자는 새에 관한 기이하면서도 충격적인 이야기를 풀어놓기 시작했던 것이다. 대붕의 비상, 그것은 거대한 변화에 대한 장자 고유의 메타포다.

대붕의 비상 飛翔

여기 한 마리 새가 있다. 이 새를 본 사람은 아무도 없다. 왜냐하면 이 새는 현실에서 사는 새가 아니기 때문이다. 이 새는 신화 속의 새다.

북극 먼 바다北冥에 물고기 한 마리가 있는데

그 이름을 곤鯤이라 하였다.

곤의 크기는 몇천 리나 되는지 알 수가 없다.

이 물고기가 변하여 새가 되었는데

그 이름을 붕鵬이라 하였다.

붕의 등 길이 또한 몇천 리나 되는지 알 수가 없다.

붕이 한번 힘차게 날아오르면

그 날개는 마치 하늘에 드리운 구름 같았다.

이 새는 바다가 움직여 태풍이 일면

비로소 남극 먼 바다南冥로 날아가려 한다.

그 바다를 일러 천지天池라 한다.

北冥有魚. 其名爲鯤. 鯤之大. 不知其幾千里也. 化而爲鳥. 其名爲鵬. 鵬之背. 不知其幾千里也. 怒而飛. 其翼若垂天之雲. 是鳥也. 海運則將

徙於南冥. 南冥者. 天池也.

– 〈소요유〉

실로 장대한 스케일이요, 엄청난 이격감이다. 장자는 간단한 문장 몇 개로 한순간에 우리를 전혀 다른 세계로 이끌어간다. 언급하고 있는 사물의 외양만을 보면 마치 《산해경》의 한 부분을 읽고 있는 듯한 착각이 들 정도다. 그러나 《장자》는 《산해경》과 다르다. 《산해경》은 사물의 기이함 그 자체를 전달하는 것이지만, 《장자》는 그것이 아니다.

《장자》에게서 사물의 기이함이란 무엇인가를 전달하기 위한 하나의 상징에 불과하다. 장자는 지금 고도의 상징과 비유가 어우러진 신화의 세계를 우리에게 보여주고 있다. 북극 먼 바다란 오늘날의 북극바다를 말하는 것은 아니지만, 무언가 인간세계로부터 아주 멀리 떨어져 있는 심원한 경계를 암시한다. 고대 중국인들은 중국이 지구 한가운데 네모진 모양으로 자리하고 있고, 육지가 끝나는 저 머나먼 곳 어딘가에 우리가 알 수 없는 신비한 바다 같은 것이 있다고 상상하였다. 그 바다에 물고기 한 마리가 있는데 그 이름이 '곤'이다.

그런데 그 바다가 워낙 크고 심원해서 그런지 '곤'이라는 물고기 역시 엄청나게 크다. 몇천 리가 되는지 정확히 아는 사람이 아무도 없을 정도다. 그러나 곤이 아무리 상상할 수 없을 정도로 크다 하더라도 그것은 어디까지나 한 마리의 물고기에 지나지 않는다. 바다 속에 잠긴 곤이란 마치 물속에 잠긴 '잠룡'처럼 아직은 하나의 가능태일 뿐이

《산해경山海經》: 고대 중국의 이서異書로, 기이하고 신비한 사물들을 소개한 책.

장자, 쓸모없는 나무도 쓸모가 있다

지 완성태가 아니다.

《주역周易》에 따르면 '잠룡은 물룡'이다. '물속에 잠겨 있는 용은 아직 사용할 수 없다'는 것이다. 잠룡은 용은 용이지만 아직 애송이다. 하늘을 날기에는 아직 역부족이다. 그런데도 잠룡이 분수를 망각하고 하늘로 날아오르려 하면 반드시 사단이 나게 돼 있다. 잠룡이 비룡이 되기까지는 아직도 거쳐야 할 존재의 여러 단계가 남아 있다. 그러므로 잠룡은 행동하지 말고 묵묵히 때를 기다려야 한다.

마찬가지로 곤도 신물은 신물이지만 아직 애송이다. 몸에 비늘을 단 물고기인 채로는 결코 하늘을 날 수 없다. 곤 스스로 이 점을 잘 알고 있다. 그리하여 곤은 차디찬 북명바다 깊숙한 곳에 몸을 숨긴 채, 오랜 세월 동안 내공을 연마하면서 은인자중하며 때를 기다렸던 것이다. 그리하여 수천 년의 세월이 흐른 후 마침내 승천할 때가 왔던 것이다. 이것이 물고기가 변하여 새가 된 과정과 내력일 텐데, 장자는 앞뒤 설명도 없이 거두절미하고 갑자기 '물고기가 변하여 새가 되었다'라고만 말하고 있으니, 물고기로서는 얼마나 서운할 일인가!

거듭 말하지만 물고기는 어느 날 갑자기 하루아침에 새가 된 것이 결코 아니다. 이 점을 간과하면 장자 곤붕의 우화는 그 의미의 절반이 날아가 버린다. 곤붕의 우화 중에서 가장 중요한 부분이 바로 '화이위 조化而爲鳥'라는 문장이다. 장자는 여기서 '화化', 즉 변화의 철학을 말하고 있다.

만약 물고기가 물고기인 채로 살다 죽었다면 그것은 그다지 의미 있는 이야기는 아니다. 그 물고기는 그냥 무난한 생을 산 것뿐이다. 또 붕이 처음부터 붕으로 태어났다면 그 역시 별로 의미 있는 이야기가 아니다. 그 붕은 붕이기 때문에 당연히 하늘을 난 것뿐이다. 그러나 장자가 전하는 이 이야기에서 물고기는 물고기인 채로 살다 죽지 않았다. 이 점이 이 우화의 핵심이다.

그 물고기는 물에 얽매여 살아야 하는 한 마리의 고기로 태어났지만, 마침내 존재의 변형을 감행하여 아무 제약 없이 훨훨 하늘을 날 수 있는 새가 된 것이다. 만약 그 물고기가 새가 되지 못했다면 그 물고기는 자신의 인생에 대해 절망했을 것이다. 그 물고기가 변하여 새가 됨으로써 자신의 운명을 성취한 것이다. 요컨대, 새가 됨으로써 그 물고기는 비로소 본래의 자기 자신이 된 것이다.

우리 인생이란 본래의 자기 자신을 찾아가는 기나긴 여정이다. 누구는 현실에 매몰되어 본래의 자신이 누구인지도 모르고 살아가고, 누구는 현실에도 불구하고 본래의 자신이 누구인지를 끝없이 찾아 노력한다. 만약 물고기 곤이 넓디넓은 북극바다에 자신의 거대한 몸체를 담고 왕처럼 행세할 수 있는 것에 만족하여 흥청거리고 살았다면 곤은 결코 붕이 될 수 없었을 것이다. 그러나 곤은 물속에서 왕대접 받고 사는 것보다 자유롭게 허공을 나는 한 마리 새가 되기를 원했다. 그리하여 그는 환골탈태하여 마침내 거대한 붕이 되었던 것이다. 곤이 붕이 된 것은 하늘로 날아오르기 위해서다. 그러므로 여기서 붕은 《주역》의 관점에서 볼 때 '비룡'과 같은 것이다.

'비룡은 재천在天'이다. '나는 용이 하늘에 있다'는 뜻이다. 그러나 그 신비함의 면이나 규모의 면에서 말한다면 비룡조차도 감히 붕을 당해낼 수는 없다. 붕은 그 등 길이가 몇천 리인지 알 수가 없고, 날아올라 한번 날개를 펴면 하늘에 드리운 구름 같았다고 장자는 말하

장자, 쓸모없는 나무도 쓸모가 있다

고 있지 않은가. 이 붕이 이제 바야흐로 우주를 가로질러 북쪽 먼 바다에서 남쪽 먼 바다로 날아가려 한다. 그리하여 자신의 영혼의 안식처, 즉 천지에 깃들고자 하는 것이다.

화이위조

위의 단락이 끝나고 바로 뒤이어 장자는 갑자기 이런 말을 한다.

> 기이한 일이 기록된 《제해齊諧》라는 책에 다음과 같은 기록이 있다. "붕이 남극 먼 바다로 옮아갈 때 물을 쳐서 삼천 리나 뛰어오르게 하며, 회오리바람을 일으켜 그것을 타고 구만리 장천을 날아올라, 그렇게 6개월을 날은 뒤 비로소 내려와 쉰다."

> 齊諧者. 志怪者也. 諧之言曰. 鵬之徙於南冥也. 水擊三千里. 搏扶搖而上者九萬里. 去以六月息者也.

> – 〈소요유〉

붕이 얼마나 커다란 새인지를 다시 한번 말해주고 있다. 그런데 잠깐, 이건 대체 무슨 이야기인가? 왜 장자는 새삼스레 붕 이야기를 또 하는 걸까? 내용상으로도 크게 새로울 것이 없는 이야기를 장자는 다시 하고 있지 않은가.

이것은 장자가 자신이 말한 곤붕설이 너무 크고 황당해서 세상 사람들이 믿지 않을까 봐서 실증적 자료를 제시해보인 것이다. 아마도《제해》라는 문헌이 장자의 시대에 존재했던 모양인데, 거기에 다름 아닌 붕에 관한 기록이 위와 같이 나와 있다는 것이다. 말하자면 지금 장자의 말은 자기가 이 우화를 지어낸 것이 아니라《제해》라는 책에서 인용한 것이라는 뜻이다. 그런데, 장자가 자신의 곤붕설에 대해 증거를 대고 있다니, 그 모습이 재미있다. 장자는 이 증거로써 사람들이 정말로 곤붕설을 믿기 원했던 것일까? 그것은 아닐 것이다. 장자는 그럼 최소한 자신이 처음부터 존재하지도 않은 황당무계한 이야기를 꾸며낸 것은 아니라는 점을 명백히 하고 싶었던 것일까?

장자의 변명을 변명으로 다 받아준다 하더라도 장자의 곤붕설과《제해》의 이야기에는 근본적인 차이점이 한 가지 있다. 그것은《제해》의 기록에는 붕만 있지, 곤에 관한 이야기는 없다는 점이다. 곤에 관한 이야기는 다음에 보는《탕지문극湯之問棘》이라는 책에 나온다. 그러나 거기에서도 곤은 곤이고, 붕은 붕일 따름이다. 곤이 변하여 붕이 되었다는 이야기는 거기에도 없다. 그렇다면 곤이 붕이 되었다는 이야기는 분명히 장자가 창작해낸 것이다. 왜 장자는《제해》에 없는 곤을 끌어 들여 붕과 한 덩어리로 엮어냈을까? 나는 이 질문에 대한 답 안에 장자의 위대한 상상력이 들어 있다고 생각한다.

앞에서도 이미 지적하였다시피 물고기가 물고기로 살다 죽은 것은 별 의미 있는 이야기가 아니며, 붕이 처음부터 붕으로 태어났다는 것 역시 별 의미 있는 이야기가 아니다. 장자가 볼 때《제해》에 있는 붕의 이야기는 실로 기이한 '사건'이지만 그 이상의 어떤 것도 아니다. 거기에는 '의미'가 빠졌다. 장자는 박물학자가 아니다. 장자는 사상을 전달하는 철학자다. 철학자에게는 '사건'만 있고 '의미'가 빠진 것은 공허하다. 그런 것으로는 사상을 형성할 수가 없다. 장자의 관점에서 볼 때 물고기 곤과 붕이 하나로 만나야만 거기에 비로소 '의미'가 생겨난다. 그리하여 장자는 탁월한 통찰력을 발휘하여 곤과 붕을 하나로 엮어버린 것이다. 이것이 지금 현존하는 《장자》의 〈소요유〉 편이다. 이렇게 대범하게 곤과 붕을 결합시킴으로써 《제해》의 기이한 이야기는 '화이위조化而爲鳥'라는 심오한 변화의 철학으로 장자의 손에서 재탄생하게 된 것이다.

매미와 메추라기 이야기

작은 지혜와 큰 지혜

물 고인 것이 두텁지 않으면
큰 배 띄울 힘이 없습니다.
물 한 잔을 방바닥 우묵한 곳에 부으면
그 위에 겨자씨를 띄울 수는 있지만,
잔을 얹으면 바닥에 닿아버리고 맙니다.
물은 얕은데 배가 너무 크기 때문입니다.
바람 쌓인 것이 두텁지 않으면
큰 날개 띄울 힘이 없습니다.
그러므로 구만 리를 솟구쳐 올라가야
날개 밑에 그만한 바람이 쌓입니다.
그런 이후라야 비로소 붕은 바람을 타고
푸른 하늘을 등에 진 채
아무 거침없이 남쪽으로 날아갑니다.

且夫水之積也不厚. 則其負大舟也無方. 覆杯水於坳堂之上. 則芥爲之
舟. 置杯焉則膠. 水淺而舟大也. 風之積也不厚. 則其負大翼也無力. 故
九萬里則風斯在下矣. 而後乃今培風. 背負靑天. 而莫之夭閼者. 而後
乃今將圖南.

장자는 여기서 물과 바람을 이야기하고 있다. 물은 곤이 노는 곳이
고, 바람은 붕이 노는 곳이다. 물이 충분하지 못하면 곤과 같이 큰 물
고기는 헤엄칠 수가 없고, 바람이 충분하지 못하면 붕과 같이 커다란
새는 날 수가 없다. 그러므로 곤은 연못이나 호수, 작은 바다나 연안
해역에서 살 수가 없다. 이것이 곤이 북극 먼 바다에서 살아야 하는
이유다. 또한 같은 이유에서 붕 역시 뱁새나 참새, 매미와 비둘기 따
위들이 나는 하늘에서 날 수가 없다. 그의 큰 날개를 띄우기 위해서는
거기에 걸맞는 큰 바람이 필요하기 때문이다. 그리하여 붕은 무려 구
만 리 창공으로 솟구쳐 올라야 한다. 오직 그곳이라야 붕은 자기의 날
개 밑에 충분한 바람을 두고 자유롭게 위대한 비상을 시도할 수 있는
것이다. 이것이 붕의 운명이다. 붕은 매미와 비둘기들이 아무리 같이
놀자고 해도 자신의 본성상 같이 놀 수가 없다. 이것이 오해를 일으킨
다. 매미와 비둘기들은 붕이 하는 짓을 이해할 수가 없다.

매미와 비둘기가 (이렇게 높이 날아가는) 붕을 보며 비웃으며 말했다.
"우리는 온 힘을 다해 날아도 박달나무나 느릅나무에 부딪친다. 게
다가 종종 거기에도 못 이르고 땅바닥에 내동댕이쳐지기 일쑤지. 그
런데 어찌하여 붕은 구만 리나 높이 올라 남쪽으로 가려는 것일까?"

蜩與學鳩笑之曰. 我決起而飛. 搶楡枋. 時則不至. 而控於地而已矣. 奚
以之九萬里而南爲.

— 〈소요유〉

이른바 매미와 비둘기가 붕을 비웃고 있는 상황이다. 이런 일은 어느 시대에나 비일비재한 모양이다. 장자보다 앞선 세대를 살았던 노자老子도 이런 일을 당했다. 노자는 《도덕경》에서 세상에는 세 종류의 사람이 있다고 말한다.

"고수는 도를 들으면 힘써 행하려 하고, 중간 사람은 도를 들으면 반신반의하고, 하수는 도를 들으면 크게 비웃나니, 비웃지 않으면 도라고 하기에 부족하도다不笑 不足以爲道."

그러므로 매미와 비둘기는 비웃어야 한다. 만약 매미와 비둘기가 비웃지 않고 갑자기 관심을 표명하면 그것이야말로 뭔가 불길한 것이다. 모든 것은 입장에 따라 달라진다. 입장이 다르면 보는 것이 달라지고, 보는 것이 달라지면 행동이 달라진다. 백 리 길 가는 사람과 천리 길 가는 사람이 어찌 같을 수 있겠는가.

가까운 교외로 나가는 사람은 세끼 먹을 것만 챙겨 가지고 가도 돌아올 때까지 배고픈 줄 모르지만, 백 리 길을 가는 사람은 밤새 식량을 찧어야 하고, 천 리 길을 가는 사람은 석 달 동안 식량을 모아야 한다. 그러니 매미나 비둘기 같은 미물이 어찌 대붕의 비상을 알겠는가! 작은 지혜로는 큰 지혜를 헤아릴 수 없고, 짧은 삶으로는 긴 삶을 헤아릴 수 없다.

　　　　　　　　　　　　　　　장자, 쓸모없는 나무도 쓸모가 있다

適莽蒼者三湌而反. 腹猶果然. 適百里者宿舂糧. 適千里者三月聚糧. 之
二蟲又何知. 小知不及大知. 小年不及大年.

- 〈소요유〉

매미나 비둘기는 대붕의 힘찬 비상을 알 리가 없다. 왜냐하면 원래
매미와 비둘기는 박달나무와 느릅나무 숲에서 나고 자라 그 너머의
세계를 본 적이 없기 때문이다.

이런 사실을 어떻게 아는가? 아침 한나절 사는 버섯은 저녁과 새
벽을 알 수 없으며, 여름 한철 사는 메뚜기는 봄과 가을을 알 수 없
다. 이것이 '짧은 삶'이다.
초나라 남쪽에 명령冥靈이라는 나무가 있었다. 이 나무는 5백 년 동
안은 봄이고, 또 5백 년 동안은 가을이었다. 그보다 더 오랜 옛날에
대춘大椿이라는 나무가 있었다. 이 나무는 8천 년 동안은 봄이고,
또 8천 년 동안은 가을이었다. 이것이 '긴 삶'이다. 그런데 지금 불
과 8백 년을 산 팽조彭祖를 장수한 사람이라고 세상 사람들이 부러
워하니 이 어찌 슬픈 일이 아니겠는가.

奚以知其然也. 朝菌不知晦朔. 蟪蛄不知春秋. 此小年也. 楚之南有冥靈
者. 以五百歲爲春. 五百歲爲秋. 上古有大椿者. 以八千歲爲春. 八千歲
爲秋. 而彭祖乃今以久特聞. 衆人匹之. 不亦悲乎.

- 〈소요유〉

현실에 얽매여 하루하루 살아가는 사람에게는 현실 너머의 이야기가 귀에 들어오지 않는다. 통념과 상식의 세계에서 살다 보면 사람들은 그것이 전부인 줄 알게 된다. 그런 사람들은 곤붕에 관한 이야기를 들으면 어리둥절해한다. 자신들의 기준에 맞지 않기 때문이다. 그러나 《장자》의 이야기는 통념과 상식을 벗어나야 비로소 들리기 시작한다. 장자에게는 현실세계를 넘어선, 영원한 초월적 세계에 관한 장대한 비전이 있다. 장자의 말처럼 작은 지혜로는 큰 지혜를 헤아릴 수 없고, 짧은 삶으로는 긴 삶을 헤아릴 수 없다. 그대의 지혜는 작은 지혜인가 큰 지혜인가? 그대의 삶은 짧은 삶인가 긴 삶인가? 장자의 관점에서 볼 때 통념과 상식이란 다만 작은 지혜일 따름이다. 그것이 현실세계를 살아가는 데는 도움이 될 것이다. 그러나 작은 지혜에 집착하면 큰 지혜를 놓치게 된다. 장자는 지금 우리에게 작은 지혜를 내려놓고 큰 지혜에 귀 기울여 보라고 권하고 있다.

메추라기의 자부심

그런데 곤과 붕에 관한 이야기를 담고 있는 또 다른 책이 장자의 시대에 있었던 모양이다. 그 책의 이름이 《탕지문극湯之問棘》, 은의 시조 탕왕이 신하 극에게 물음이라는 뜻인데, 장자는 이 책을 인용하면서 이렇게 말한다.

《탕지문극》이라는 책에도 이와 같은 이야기가 있다.
"북쪽 땅 끝에 깊은 바다가 있었는데, 이를 천지라 했나. 거기에 곤이라는 물고기가 있었는데, 폭이 수천 리나 되고 길이를 알 수 없었다. 붕이라는 새도 한 마리 있었는데 그 등은 태산 같고, 날개는 하늘에 드리운 구름 같았다. 회오리바람을 타고 구름 위로 솟아올라 푸른 하늘을 등에 지고 구만 리를 날아 남극 먼 바다로 갔다.

메추라기가 이를 보고 비웃으며 말했다.

'저 놈은 도대체 어디로 날아가겠다는 것인가? 나는 힘껏 날아올라도 몇 길 못 오르고 아래로 다시 떨어져 쑥대밭 사이를 날 뿐이다. 하지만 이 역시 비행의 극치飛之至가 아니겠는가! 그런데 도대체 저 녀석은 저렇게 날아서 어디로 가는 것일까?' 이것이 바로 작은 것과 큰 것의 차이다."

湯之問棘也是已. 窮髮之北有冥海者. 天池也. 有魚焉. 其廣數千里. 未有知其修者. 其名爲鯤. 有鳥焉. 其名爲鵬. 背若泰山. 翼若垂天之雲. 摶扶搖羊角而上者九萬里. 絶雲氣. 負靑天. 然後圖南. 且適南冥也. 斥鴳笑之曰. 彼且奚適也. 我騰躍而上不過數仞而下. 翺翔蓬蒿之間. 此亦飛之至也. 而彼且奚適也. 此小大之辯也.

- 〈소요유〉

위의 이야기는 장자의 말이 아니다. 탕왕의 책을 그대로 장자가 인용한 것이다. 장자는 앞서의 《제해》와 위의 탕왕의 책을 자기 상상력의 근거자료로 그대로 독자들에게 보여주고 있다. 탕왕의 책이 《제해》보다 장자의 곤붕설에 근접해 있음을 알 수 있다.

장자가 어리석은 자들을 '매미'와 '비둘기'라고 불렀는데, 탕왕은 이런 자들을 '메추라기'라고 부르고 있다. 탕왕의 말에는 여유와 유머가 넘친다. 고작 쑥대밭 사이를 날아다닌다고 메추라기를 우습게 봐서는 안 된다. 메추라기도 나름 비행술을 알고 있기 때문이다. 메추라기의 저 커다란 자부심을 보라. 그는 외친다.

"하지만 이 역시 비행의 극치가 아니겠는가."라고.

열자列子와 신인神人

매미, 비둘기, 메뚜기, 메추라기 이들은 대붕의 비상을 이해하지 못하는 부류들이다. 그러나 그들이 그렇다고 세상에 쓸모없는 인간은 아니다. 그들 나름대로는 다 유용한 데가 있다. 오히려 어떤 면에서는 그들이 세상에 더 '유용한' 인간인지도 모른다. 그렇다면 이들 메추라기는 정확히 어떤 자들인가?

무릇 그 지식이 관직 하나를 맡을 만한 사람, 그 행위가 고을 하나를 돌볼 만한 사람, 그 덕이 임금 하나를 섬기는 데 합당한 사람, 그 재능이 나라 하나를 맡을 만한 사람, 이런 사람들은 소견머리가 저 메추라기만 한 사람들이다.

그래서 송영자宋榮子는 그런 자들을 비웃었다. 그는 온 세상이 자신을 칭찬해도 우쭐하지 않고, 비난해도 기죽지 않았다. 그는 내면의 세계와 바깥의 평가를 분명하게 구분하고, 영예와 치욕의 경계를 확실히 알았기 때문이다. 그는 세상일을 좇아 허둥지둥하지 않았다. 하지만 그도 아직 이르지 못한 경지가 있다.

저 열자列子는 바람을 타고 올라가 마음껏 노닐다가 열닷새가 지나서야 돌아온다. 세상의 행복에 연연하지 않고 초연히 노닌다. 하지만 몸소 걸어다니는 번거로움은 면했다고는 하나 여전히 바람에 의존하고 있다.

만일 어떤 사람이 천지 만물의 올바른 본성을 따르고 자연의 변화에 따르며 무한의 세계에서 노닌다면, 그 사람이 대체 무엇에 의존할 게 있겠는가. 그러므로 다음과 같이 말하는 것이다.

"지인至人에게는 자기가 없고, 신인神人에게는 공적이 없으며, 성인에게는 명예가 없다."

故夫知效一官. 行比一鄕. 德合一君. 而徵一國者. 其自視也. 亦若此矣. 而宋榮子猶然笑之. 且擧世而譽之. 而不加勸. 擧世而非之. 而不加沮. 定乎內外之分. 辯乎榮辱之境. 斯已矣. 彼其於世. 未數數然也. 雖然. 猶有未樹也. 夫列子御風而行. 冷然善也. 旬有五日而後反. 彼於致福者. 未數數然也. 此雖免乎行. 猶有所待者也. 若夫乘天地之正. 而御六氣之辯. 以遊无窮者. 彼且惡乎待哉. 故曰. 至人无己. 神人无功. 聖人无名.

- 〈소요유〉

장자가 처음에는 곤과 붕이라는 기이하고 상식을 벗어난 이야기를 하더니 이 단락에 이르러 비로소 본래의 핵심주제를 드러내고 있다. 장자에 의하면 인간의 유형은 크게 네 가지다. 첫째 메추라기만 한 사람들, 둘째 송영자 같은 사람, 셋째 열자 같은 사람, 넷째 위대한 신인의 경지에 도달한 사람이 그것이다.

첫째 메추라기만 한 사람들, 이들은 매우 현세적이면서 공명심이 강해 자기 한 몸을 위해서 허둥지둥 명예를 탐하고 이득을 얻으려 발버둥치는 가운데 인생을 소모하는 부류의 사람들이다. 이들의 꿈은 고작해야 국회위원, 장관, 도지사, 대통령 따위이며 현실세계에서의 성공과 실패 외에는 다른 것을 모르는 속물들이다. 이들은 메추라기처럼 이마가 좁고 심령이 협소하여 현실 너머의 영원하고도 절대적인 세계에 대해서는 아는 것도 없고, 아무런 관심도 없다. 그들의 관심은 오로지 이득과 손실의 대차대조표이며, 그들의 시야는 오직 눈앞에 보이는 것에 국한될 따름이다. 만약 누군가 그것을 넘어서는 일에 도전하고 나서면 입을 삐쭉이며 비웃는다.

"도대체 저 녀석은 저렇게 날아서 어디로 가겠다는 것인가?" 하고.

둘째는 송영자 같은 사람이다. 그는 실존인물로 장자나 맹자보다 약간 앞선 시기에 활동했던 사상가다. 그의 이름은 《맹자》에도 보이고 《장자》 잡편 〈천하〉 편에도 보인다. 그는 인간의 욕망을 분석하여, 본성상 인간의 욕망이 무한하다는 것은 잘못이고 본래는 소박하고 약소하다는 주장을 폈다. 정신의 정화와 욕망의 제거를 의미하는 '백심白心'이 그의 사상의 골자다. 따라서 그는 욕망의 발로인 전쟁을 반대하여 무저항 반전주의를 주장했으며, 남의 칭찬이나 비난 따위에 구애되지 않는 초연한 삶을 살라고 가르쳤다. 그러나 장자가 보기에는 이러한 송영자도 아직 완전한 경지에 이른 것은 아니다.

셋째는 열자와 같은 사람이다. 열자와 송영자의 차이는 열자가 송영자보다 세상사에 더 초연하고 행동이 더 자유롭다는 데 있다. 상징적 표현이기는 하지만, 열자는 수고스럽게 걷지 않고 바람을 타고 자유롭게 떠 다닌다. 그러나 그도 아직 완전한 경지에 도달한 것은 아니다. 그는 여전히 바람에 의존해야 하기 때문이다. 요컨대 열자도 아직 어떤 제약 하에 놓여 있는 것이다.

넷째는 절대 자유의 경지에 도달한 신인이다. 그는 열자처럼 신통력을 부리는 것도 아니고, 무슨 특별한 재주가 있는 것도 아니다. 평범한 외양을 하고 세상 속에 몸을 감추고 산다. 그는 다만 자연의 흐름을 따르고 사물의 본성을 거스르지 아니하는 까닭에 우주만물과 하나가 되어 아무 거리낌 없이 무한의 세계에 노닌다. 그가 궁극의 경지에 도달하였다는 것은 그가 어떤 것에도 의존하지 않기 때문이다. 어떤 것도 그를 속박할 수 없다. 그는 절대 자유다. 이러한 절대적 자유에 도달한 초인超人을 장자는 지인至人, 신인神人, 성인聖人이라고 부르고 있다. 그러나 이름이 무슨 필요가 있겠는가. 지인은 자기가 있어도 이미 자기가 없고至人無己, 신인은 공이 있어도 이미 공을 떠났으며神人無功, 성인은 이름이 있어도 이미 이름을 잊은 사람聖人無名이 아니던가.

장자가 책의 첫머리에서 충격적인 방법으로 우리에게 이야기했던 붕의 정체는 무엇인가? 그것은 바로 여기 지인, 신인, 성인이라는 여러 이름으로 불리는 동일인, 저 절대 자유의 초인을 가리키는 것이다. 허나, 그는 자기를 가득 채우려는 초인이 아니라 자기를 완전히 비우려 하는 초인이다.

신인 이야기

허유許由와 요堯임금

장자는 자신의 저서 전편을 통하여 줄기차게 유가儒家의 가치관에 대항하여 싸웠다. 《장자》내편 · 외편 · 잡편 어디를 펼쳐 보아도 우리는 어렵지 않게 장자가 공자孔子를 가상의 무대 위로 불러내어 비판과 면박, 풍자와 조롱을 번갈아 안겨주는 모습을 볼 수 있다. 원래 유가는 외형상으로는 수신修身 · 제가齊家 · 치국治國 · 평천하平天下를 외쳤으나, 사실은 그들에게 있어서 수신과 제가는 뒷전의 일이고 주관심사는 치국과 평천하에 있었다. 공자의 유명한 '천하주유天下周遊 13년' 이라는 것도 따지고 보면 여러 나라를 돌아다니며 정치를 해보기 위함이었지 내면세계의 수양을 위한 것은 아니었지 않은가! 그러면서도 유가는 계속 입으로는 수신 · 제가를 주장하는 것을 멈추지 않았기 때문에 진정한 수신의 철학을 위해 평생을 노력해온 장자가 보기에는 유가의 행태가 실로 '위선적'으로밖에 보일 수 없었다.

장자가 유가를 배격했던 또 다른 이유 중 하나는 유가에서는 억지

장자, 쓸모없는 나무도 쓸모가 있다

로 인의仁義니 예악禮樂이니, 법도니 윤리니 하는 것을 사람들에게 가르치려 한다는 점이다. 그러나 이러한 형식적인 것들을 떠받들고 살아가면 사람은 자연의 도로부터 멀어질 수밖에 없다. 노자가 《도덕경》에서 "대도大道가 폐하면 인이니 의니 하는 것이 나서고, 위선이 만연해진다"고 말한 것은 바로 이러한 상황을 염두에 두고 한 비판이었다. 요컨대, 노자·장자가 보기에 유가사상은 지나치게 '인위적人爲的'이라는 것이다.

그 주장하는 근본 내용이 이렇듯 위선적이고 인위적이라면, 어떻게 우리가 그 사상을 통해 천지만물을 모두 껴안을 수 있는 위대한 도에 가까이 갈 수 있겠는가? 그것은 불가능하다. 유가에서 말하는 법도니 윤리니 하는 것은 사회 규범이지 천지자연의 도가 아니다. 윤리 도덕이란 우리 인간이 인간답게 살아가기 위한 필요조건이지 충분조건은 아니다. 인간은 도덕적 규범만 준수하고 산다고 해서 자신의 인간됨의 전모를 다 성취한 것이 아니다. 진정한 자아실현을 위해서는 그 수준을 넘어야 한다. 시야를 넓혀야 하고 정신의 지평을 확장하여야 하며 무엇보다 편협한 인간중심주의적 사고를 넘어서야 한다. 그래야 비로소 인간은 영원한 천지자연의 도에 합류할 수 있다. 장자는 이러한 관점에서 유가를 비판한다.

장자는 여기에서 요임금과 허유의 이야기를 하고 있다. 요임금과 허유, 이 두 사람은 단순한 개인이 아니다. 이 두 사람은 각각 대립되는 두 세계의 대표자다. 이들은 하나의 전형이다. 그러므로 요임금과 허유의 충돌은 두 세계의 충돌이다. 장자는 이런 식의 이야기 전개를 좋아한다. 요임금은 유가에서 가장 이상적으로 생각하는 성군이고,

허유는 세상을 피하여 기산箕山에 숨어 살았다는 위대한 은자隱者다. 그때로부터 3천 년도 더 지났지만 우리는 지금도 태평성대를 논할 때면 으레 '요순堯舜시대'란 말을 쓰는데, 이것만 보더라도 요임금이 얼마나 성군이었는지를 알 수 있다. 그 요임금이 허유를 찾아와서 천하를 양도하겠다고 하면서 이렇게 말했다.

"해와 달이 떠 있어 밝은데 관솔불을 계속 피운다는 것은 헛된 일이 아니겠습니까? 때 맞추어 비가 내리는데 밭에다 물을 댄다는 것은 소용없는 일이 아니겠습니까? 선생께서 임금 자리에 오르시면 천하가 잘 다스려질 터인데, 제가 아직 임금 노릇을 하고 있습니다. 제 스스로 부족함을 알고 있으니, 부디 천하를 맡아주십시오."

日月出矣. 而爝火不息. 其於光也. 不亦難乎. 時雨降矣. 而猶浸灌. 其於澤也. 不亦勞乎. 夫子立而天下治. 而我猶尸之. 吾自視缺然. 請致天下.
　　　　　　　　　　　　　　　　　　　　　　　　　　- 〈소요유〉

기업체 총수 자리 하나도 자기 자식에게 넘기려고 갖은 편법과 탈법을 동원하는 게 인간의 욕심인데, 나라의 권력을 통째로 피 한 방울 안 섞인 타인에게 넘기려 하다니 요임금은 얼마나 대단한 사람인가! 요임금은 대체 어떤 인물이길래 이렇게도 놀라운 일을 행했던 것일까? 이런 일이 요임금 외에 지구 역사에 과연 단 한번이라도 있었던가? 그런데 더욱 놀라운 것은 이에 대한 허유의 답변이다.

그대가 이미 천하를 잘 다스려 천하가 화평하거늘, 내게 그대를 대신하라니 그럼 나더러 왕이란 허명虛名을 가지란 말이오? 명목이란 실질의 껍데기에 불과한 것이거늘 내 어찌 실제로는 그렇지 않으면서 허명을 가지겠소? 뱁새가 둥지를 짓는 데 나뭇가지 하나면 족하고, 두더지가 물을 마신다 하여도 작은 배를 채울 정도면 충분합니다. 왕이여, 돌아가 쉬십시오歸休乎君! 내게는 천하란 아무 소용도 없소. 요리사가 음식을 잘못하더라도 성직자가 제기를 놓아둔 채 대신 부엌에 들어갈 수는 없는 일이오.

子治天下. 天下旣已治也. 而我猶代子. 吾將爲名乎. 名者實之賓也. 吾將爲賓乎. 鷦鷯巢於深林不過一枝. 偃鼠飮河不過滿腹. 歸休乎君. 予無所用天下爲. 庖人雖不治庖. 尸祝不越樽俎而代之矣.

나라를 맡아달라는 왕의 요청을 일언지하에 거절하면서 허유는 "왕이여, 돌아가 쉬십시오"라고 말하고 있다. 욕망의 한 세계를 초월해버린 허유에게는 천하도 아무 소용이 없었던 것이다. 두 사람의 대화는 정신의 스케일과 사상의 깊이를 보여준다. 이 두 남자는 정말 멋지지 않은가! 이런 남자들은 이제 이 지구상에 없다. 나는 이 자리를 빌어 이 두 남자에게 머리 숙여 경의를 표하는 바다.

인류 역사상 가장 규모가 컸던 이 희대의 무상증여사건은 그러나 무산되고 말았다. 하지만 우리는 서운해할 것은 없다. 왜냐하면 우리는 허유에게 퇴짜 맞은 요임금이 후일 다른 곳에서 위대한 인물 순舜을 발굴해냈다는 것을 역사를 통해 알고 있기 때문이다. 이리하여 인류역사에서 전무후무한 선양禪讓이 요와 순 사이에서 이루어졌다. 이와 반대로 허유는 요임금으로부터 그 말을 듣고 난 뒤 자신의 귀가 더러워졌다면서 강가로 가서 강물에 귀를 씻었다고 한다.

막고야산의 신인

앞에서 장자는 송영자, 열자, 신인의 이야기를 끝으로 붕과 관련된 이야기를 일단락지었다. 그리고서는 장자는 느닷없이 허유 이야기를 했다. 왜 그랬을까? 그것은 신인의 구체적인 예를 보여주기 위함이었다. 장자는 말로만 설명했던 신인을 역사와 설화에서 찾아 직접 보여주고자 했다. 그것이 허유였다. 그런데 장자는 허유 이야기만으로는 무언가 아직 부족함이 있었던 모양이다. 그는 바로 그 다음 허유 이야기보다 한층 더 초월적이고 신비스러운 이야기를 들려준다.

견오肩吾가 연숙連叔에게 말했다.
"접여接輿에게서 이야기를 들었네만, 글쎄 그게 너무 터무니없이 황당하고 앞으로 나아갈 줄만 알았지 뒤로 돌아올 줄은 모르더군. 나는 그 이야기가 하늘의 은하수처럼 끝없이 계속되는 것 같아 적잖이 놀랐네. 세상일과는 너무 차이가 있어 상식에 맞지 않더군."

肩吾問於連叔曰. 吾聞言於接輿. 大而無當. 往而不反. 吾驚怖其言猶河漢而無極也. 大有逕庭. 不近人情焉.

— 〈소요유〉

장자, 쓸모없는 나무도 쓸모가 있다

장자가 무슨 이야기를 하려고 이렇게 뜸을 들이는 것일까? 장자는 원래 뜸을 들이는 사람이 아니다. 책 첫머리에서부터 대뜸 어디서 듣도 보도 못한 붕새 이야기를 해서 사람들을 놀라게 했던 이가 아닌가? 그런 장자가 이상하게도 여기에서는 눈치를 살피며 머뭇거리고 있다. 사실 터무니없이 황당한 이야기라면 누가 장자보다 더 잘할 수 있겠는가? 그런데 여기서는 접여가 그 역을 맡고 있다. 접여에 관해 견오가 전하는 말을 유심히 들어보면 마치 장자 자신의 자화상을 보는 것 같다. 그것도 아주 객관적인 비판까지 곁들인 모습을 제공하고 있다.

여기서 견오와 연숙은 친구 사이인 모양인데, 다만 이들은 가공의 인물들이다. 그러나 접여는 역사의 실존인물이다. 그는 공자와 같은 시대 사람으로 초楚나라의 현인이다. 거짓으로 미치광이 짓을 하며 숨어 살면서도 한번씩 세상에 나오면 엉뚱하고 충격적인 진실을 설파하여 세상 사람들을 깜짝깜짝 놀라게 했던 기인이다. 그래서 그를 광접여狂接輿라고도 한다. 그는 《장자》의 중요인물이다. 그는 앞으로도 몇 번 더 나온다. 그의 캐릭터에는 장자의 그림자가 어른거린다. 장자는 자기가 할 말을 접여를 통해 전한다. 접여는 장자의 분신이다. 견오가 접여를 비판하는 소리를 들어보면 장자가 얼마나 자아도취와는 거리가 먼 인물인지를 알 수 있다. 사실 여기서 장자가 행하는 것은 일종의 냉정한 자기분석이라고 할 수 있다. 견오의 말이 끝나자 연숙이 물었다.

"도대체 그가 뭐라던가?"
"멀리 막고야산藐姑射山에 신인이 살고 있는데, 그의 피부는 눈이나 얼음처럼 하얗고 처녀처럼 보드랍다는 것이네. 그는 오곡을 먹지 않고 바람과 이슬을 마시며 구름을 타고 용을 몰아 천지 밖에서 노닌다는 게야. 그가 정신을 한번 집중하면 만물이 상하거나 병드는 일이 없고, 곡식도 잘 익는다고 하더군. 도무지 이야기가 허황되서 믿을 수가 있어야지 원."

藐姑射之山有神人居焉. 肌膚若氷雪. 綽約若處子. 不食五穀. 吸風飮露. 乘雲氣. 御飛龍. 而遊乎四海之外. 其神凝. 使物不疵癘. 而年穀熟. 吾以是狂而不信也.

— 〈소요유〉

견오는 말하자면 봉황의 뜻을 모르는 참새와 뱁새요, 붕의 비상을 모르는 비둘기와 메추라기 같은 존재다. 그는 접여가 들려준 신인의 이야기를 믿을 수가 없었다. 이야기의 참뜻을 이해하지 못했던 것이다. 바람과 이슬을 먹고 산다는 것은 곧 그가 아무런 욕심도 탐하지 않음을 말하고, 구름을 타고 용을 몰아 천지 밖에서 노닌다는 것은 곧 그가 드높은 초월적 경지에 도달하여 자유롭게 노님을 말하는 것인데, 견오는 이 말들의 참뜻을 알아들을 귀가 없다.

이에 연숙이 말했다.

그렇군. 장님에게는 무늬의 아름다움이 안보이고 귀머거리에겐 악기의 황홀한 가락이 안 들린다네. 또한 장님이나 귀머거리가 비단 육체에만 한하는 것은 아닐세. 정신에도 장님과 귀머거리가 있지. 그게 바로 지금의 자네를 두고 하는 말일세. 그 신인은 사신이 지닌 덕으로 만물과 어울려 하나가 된 것이네. 세상사람들은 신인이 세상을 다스려주기를 바라지만, 그가 무엇 때문에 노심초사해서 천하를 다스리는 일에 나서겠는가. 이런 사람은 외계의 사물로 피해를 입는 일이 없다네. 큰 홍수가 나서 물이 하늘까지 차오르더라도 그 사람은 빠져 죽는 일이 없고, 큰 가뭄이 들어 쇠붙이가 녹아내리고 산이 불에 타더라도 그 사람은 뜨거운 줄도 모른다네. 신인은 먼지나 티끌 혹은 곡식의 쭉정이와 겨로도 요나 순을 만들어낼 수 있는데 무엇 때문에 천하 따위를 위해 애써 수고하려 하겠나.

然. 瞽者無以與文章之觀. 聾者無以與乎鐘鼓之聲. 豈唯形骸有聾盲哉. 夫知亦有之. 是其言也. 猶時女也. 之人也. 之德也. 將旁礴萬物. 以爲一, 世蘄乎亂. 孰弊弊焉以天下爲事. 之人也. 物莫之傷. 大浸稽天而不溺. 大旱金石流. 土山焦. 而不熱. 是其塵垢粃糠. 將猶陶鑄堯舜者也. 孰肯以物爲事.

연숙이 견오가 하는 말을 다 듣고 나더니 대뜸 견오에게 '자네는 마음의 눈이 멀고 귀가 먹어 접여의 말을 알아듣지 못하는 것'이라고 핀잔을 주고 있다. 신인은 어떤 사람인가? 그는 자신의 덕으로 만물과 어울려 하나가 된 사람이다. 그는 물아일체의 경지에서 완전한 무위를 행하며 초연하게 살아간다. 그는 변화하는 세상에서 변화하지 않는 중심을 붙든 사람이다. 아무리 세상이 미쳐 날뛰어도 그 사람은 미동도 하지 않는다. 아무리 환난과 재앙이 밀어닥쳐 세상이 무너져내린다 하더라도 그 사람은 초연하여 마음속에 한점 두려움이 없다. 설령 이 세상이 다 망한다 하더라도 그 사람만은 아무 끄떡이 없다. 오히려 모든 사람이 세상을 다 망가뜨려도 그 사람이 다시 그것을 살려 낸다. 그가 '정신을 한번 집중하면 만물이 상하거나 병드는 일이 없고, 곡식도 잘 익는다'는 것은 이 뜻이다. 그는 세상을 이롭게 하며 만물을 살린다. 정치가란 자들이 세상을 이롭게 하는 척하면서 해롭게 하고, 만물을 살리는 척하면서 죽이는 것과는 판이하다. 신인은 무슨 일에 구태여 자신이 나서서 무얼 하겠다고 설치는 사람이 아니다. 그는 무욕의 삶을 살아간다. 그는 자기가 없고無己, 공을 뒤로하고無功, 이름을 잊은無名 경지에서 초연히 살아간다. 이것이 그의 덕을 완성시키며 그의 도를 위대하게 한다. 신인이란 그 존재 자체로서 지상의 경이이며 신비다. 그런 그에게 요나 순이 무엇이며 천하 따위가 무엇이란 말인가.

송宋나라 사람이 머리에 쓰는 관冠을 잔뜩 사가지고 그것을 팔러 월越나라에 갔다. 그러나 월나라 사람들은 머리를 짧게 깎고 문신을 해서 관이 소용없었다.

요임금은 천하를 잘 다스려 나라가 태평해지자, 멀리 막고야산으로 네 명의 신인을 만나러 갔다. 만나고 돌아오는 길에 분수汾水 북쪽 기슭에 다다랐을 때, 홀연히 천하를 잊어버리게 되었다喪其天下.

宋人資章甫而適諸越. 越人斷髮文身. 無所用之. 堯治天下之民. 平海內之政. 往見四子邈姑射之山. 汾水之陽. 窅然喪其天下焉.

– 〈소요유〉

장자, 쓸모없는 나무도 쓸모가 있다

문장의 연결이 교묘하고, 숨어 있는 속뜻이 은밀하다. 송나라 사람은 월나라에 가서 팔 욕심으로 관을 몽땅 샀던 것이다. 그는 월나라에 가는 동안 그 관을 팔아서 큰돈을 만지게 되는 환상에 잔뜩 부풀어 있었을 것이다. 그런데 막상 월나라에 도착해보니 그곳 사람들은 전혀 풍습이 달라 관이 소용없었다. 그가 얼마나 망연자실했을까? 그는 그 자리에서 관에 대한 모든 환상에서 홀연히 깨어났을 것이다.

　　요임금이 막고야산으로 가서 네 사람의 신인을 만났다. 요임금은 허유를 만났을 때와 마찬가지로 천하 다스리는 이야기를 했을 것이고, 네 사람의 신인은 세상을 초월하여 정치이야기 따위는 아무 흥미도 없으니 제발 돌아가달라고 했을 것이다. 말하자면 요 역시 송나라 사람처럼 무언가를 팔러 먼 길을 갔는데 막고야산의 풍습이 워낙 달라 못 팔고 만 것이다. 무엇을 못 팔았단 말인가? 나라를 못 판 것이다. 그는 거기에서 큰 충격을 받았을 것이다. 그리하여 요는 돌아오는 길에 분수라는 물가에 도달하자, 그만 자기가 애써 천하를 다스리는 일이 얼마나 허망한 것인가를 느끼고 홀연히 천하를 잊어버리게 된 것이다.

무하유지향無何有之鄕 이야기

큰 박의 용도

장자에게는 친구가 한 명 있었다. 단순한 친구라기보다는 강력한 라이벌이었다고 할 만한 인물인데, 그가 혜자惠子다. 혜자는 장자와는 달리 현실에서도 크게 성공하여 위魏나라에서 재상까지 지냈던 인물이다. 그의 본명은 혜시惠施이며, 제자백가 중 명가名家, 즉 논리학파에 속하는 사상가로 그와 장자와의 문답은 매우 유명하다.

혜자는《장자》전편에 걸쳐 등장하고, 등장할 때마다 만만치 않은 솜씨로 장자와 마주앉아 논전을 펼친다. 그는 논리학파답게 그 이론 전개가 지극히 논리적·분석적 경향을 띤다. 모든 논리와 분석을 넘어서서 우주의 대도와 하나가 되라는 초월주의 철학을 설파했던 장자에게 자기와는 정반대되는 이런 친구가 있었다는 점이 매우 아이러니하다.

아무래도 인생이라는 것은 커다란 시소게임 같은 것이어서, 너무 한쪽으로 기울면 정체가 오고 퇴보를 맞이할 수밖에 없다. 그러므로 자기의 인생이나 사상이 심오해지고 깊이를 더하기 위해서는 자기와 반대되는 것을 배척하고 무시하기보다는 오히려 접촉하고 받아들여 스스로를 단련하는 계기로 삼아야 한다. 그렇게 해야 한쪽으로 기울었던 것이 다시 균형을 회복할 수가 있는 것이다. 또한 그것이 장자가 말하는 도의 본성이기도 하다. 도란 원래 한 번 어두웠으면 한 번 밝아지는 것이기 때문이다.

　장자는 이렇게 하여 혜자를 자기 인생의 일부로 받아들여 그와 더불어 이겼다 지는 논전을 거듭해 가면서 자신의 사상을 더욱 원숙하게 가다듬었던 것이다. 사실 《장자》 전체에서 혜자와의 문답이 빠지면 《장자》는 그 활력의 상당량을 잃고, 지루하고도 일방적인 책이 되어버렸을 수도 있다. 이에 장자는 앞서 그것을 감지하고, 혜자를 적극 활용함으로써 자신의 저서에 팽팽한 긴장감을 조성할 수 있었던 것이다. 그 혜자가 여기 처음 얼굴을 내민다.

　혜자가 장자에게 말했다.

　"위魏나라 임금이 내게 큰 박씨를 주길래 심었더니 거기서 무려 크기가 다섯 섬이나 되는 박이 열렸네. 거기에 물을 채웠더니 너무 무거워 들 수가 없고, 쪼개어 바가지로 쓰려 했더니 너무 납작해서 아무것도 담을 수가 없더군. 크기만 컸지 아무짝에도 쓸모가 없어 부수어버렸다네."

　惠子謂莊子曰. 魏王貽我大瓠之種. 我樹之. 成而實五石. 以盛水漿. 其堅不能自擧也. 剖之以爲瓢. 則瓠落無所容. 非不呺然大也. 吾爲其無

用而掊之.

- 〈소요유〉

이게 무슨 말인가? 장자를 비꼬고 풍자하는 말이다. 장자가 곤이니 붕이니, 구름을 타고 용을 모느니 하는 등 워낙 허황된 소리를 늘어놓으니까 논리에 입각한 이 예리한 현실주의자가 한마디 하고 나선 것이다.

"자네의 말은 크기만 컸지 아무짝에도 쓸모가 없지 않은가!"

혜자를 끌어들여 자기 자신을 비판·공격하게 한다는 것, 이것이 사상가로서의 장자의 탁월한 점이다. 그런 면에서 장자는 실로 유연한 사람이다. 인류역사상 그보다 위대한 사상가는 있을 수 있어도 그보다 더 유연한 사상가는 찾아보기 어렵다. 그는 자화자찬을 하는 것이 아니라 자기부정을 한다. 장자는 이러한 자기부정을 통하여 자기 자신을 객관화할 수 있었던 것이고, 보다 심원한 경지에 도달할 수 있었던 것이다.

혜자의 말에 장자는 이렇게 대꾸한다.

여보게, 자네는 큰 것을 쓰는 방법이 매우 서툴군. 송나라에 손이 트지 않게 하는 약을 잘 만드는 사람이 있었네. 그 약을 손에 바르고 빨래하는 일을 대대로 하고 살았지. 어느 지나던 길손이 이 소문을 듣고 금 백 냥을 줄 터이니 약 만드는 비방을 팔라고 했지. 그러자 그 사람은 가족을 다 모아놓고 의논을 했지.

'우리가 대대로 빨래하는 일을 해왔으나 돈벌이가 변변치 못했다.

그러나 지금 이 기술을 팔면 하루아침에 큰 돈을 벌 수 있으니 이 기술을 팔기로 하자.' 그래서 그 길손은 비법을 얻게 되었지.

그 길손은 그 후 오吳나라 왕에게 가서 약의 효능을 설명했는데, 마침 월나라가 오나라를 침략하자 오나라 왕은 그를 수군대장으로 삼았다네. 마침 겨울에 수전水戰을 벌이게 돼 월나라를 크게 물리쳤다네. 월나라 군사들은 손이 심하게 터 잘 활동하지 못한 때문이지. 왕은 그 사람에게 땅을 떼어주고 영주로 삼았다네.

夫子固拙於用大矣. 宋人有善爲不龜手之藥者. 世世以洴澼絖爲事. 客聞之. 請買其方百金. 聚族而謀曰. 我世世爲洴澼絖. 不過數金. 今一朝而鬻技百金. 請與之. 客得之以說吳王. 越有難. 吳王使之將. 冬與越人水戰. 大敗越人. 裂地而封之.

이른바 쓸모란 무엇인가? 그것은 일정하게 정해져 있는 것이 아니다. 그것은 쓰는 사람의 도량과 안목에 따라 얼마든지 변할 수 있다. 너무 현실적인 실용성에 사로잡혀 있으면 사람이 근시안적인 조무래기와 소인배 수준을 벗어날 수 없게 된다. 세상을 넓게 보고 자유롭게 상상하라. 통념과 관습 속에 안주하지 말고 새로운 눈으로 사물을 보라. 장자의 말은 계속된다.

"손 안 트게 하는 약은 한가지인데, 어떤 사람은 그것으로 영주가 되고 어떤 사람은 빨래 빠는 일밖에 못했으니, 똑같은 것을 가지고도 쓰기에 따라 이렇게 달라지는 것이 아닌가? 자네는 다섯 섬이나 되는 큰 박을 가지고 있는데 어째서 그것으로 배를 만들어 강이나 호수에 띄워놓고 즐길 생각은 못하고, 납작해 아무것도 담을 수 없다고 걱정하고 있는가! 자네는 정말 꽉 막힌 사람이로군.”

사람은 작은 지혜에 사로잡혀 있으면 큰 지혜를 볼 수 없게 되며, 작은 실용성에 사로 잡혀 있으면 큰 쓰임을 볼 수 없게 된다. 매미와 메추라기 같은 시야를 가지고는 결코 대붕의 비상을 이해할 수 없는 것이다. 혜자여, 그리고 혜자를 닮은 우리 시대의 헛똑똑 지식인들이여, 그대들은 다섯 섬이나 되는 큰 박을 가지고 아무 쓸모도 없다고 그것을 부수어버리는 우를 범하지는 말게나.

커다란 가죽나무

장자로부터 ‘꽉 막힌 사람’이라는 핀잔을 들었으나, 그 정도 가지고 혜자가 물러설 사람이 아니다. 혜자가 다시 장자에게 이렇게 말했다.

나에게 큰 나무가 한 그루 있는데, 사람들은 그것을 가죽나무라 부르네. 몸체는 뒤틀리고 옹이가 가득해서 먹줄을 칠 수 없고, 작은 가지들은 꼬불꼬불해서 자를 댈 수가 없네. 길가에 서 있지만 목수들이 거들떠보지도 않네. 지금 자네가 하는 말도 이처럼 크기만 하고 쓸모가 없으니 사람들이 거들떠보지 않는 걸세.

吾有大樹. 人謂之樗. 其大本擁腫而不中繩墨. 其小枝卷曲而不中規矩.

장자, 쓸모없는 나무도 쓸모가 있다

立之塗. 匠者不顧. 今子之言. 大而無用. 衆所同去也.

- 〈소요유〉

혜자의 반격도 만만치 않다. 장자가 대용론大用論을 내세우자 혜자가 재차 비판하고 있다. 혜자의 말은 지금 모든 사물에는 본래적으로 타고난 용도가 있는 것이며, 그 정해진 용도를 벗어나면 그것은 무언가 쓸모없는 것이고 무가치한 것이라는 실용주의적 사고에 기초해 있다. 실용주의란 무엇인가? 그것은 우주만물에 대하여 오로지 인간의 관점을 강요하는 편협한 인간중심적 사고의 한 발단이다. 그러나 조물주가 우주만물을 만들 때 결코 인간을 위해, 인간의 편의를 도모하라고 만물을 만든 것이 아니다. 그것은 인간의 오래된 편견일 뿐이다. 조물주가 만물을 만들 때 결코 나무는 베어서 집 지을 때 재목으로 쓰라고 만든 것이 아니며, 박은 쪼개서 물 마실 때 바가지로 쓰라고 만든 것이 아니며, 거위는 잡아서 배 고플 때 간을 요리해 먹으라고 만든 것이 아니다.

장자가 이렇게 대꾸한다.

자네는 너구리나 살쾡이를 본 적이 없는가? 몸을 낮게 웅크리고 닭이나 쥐를 노리다가, 이리 뛰고 저리 뛰며 높고 낮은 데를 가리지 않다가 결국 그물이나 덫에 걸려 죽고 마네. 그런데 '이우'(남방의 산중에 사는 커다란 소)라는 들소를 보게. 그 크기가 하늘에 드리운 구름처럼 커다랗네. 그놈은 큰 일은 할 수 있지만 쥐는 잡지 못하네.

지금 자네는 그 큰 나무가 쓸모없다고 걱정하고 있지만 그럴 필요가 없네. 자네는 어째서 그 나무를 '무하유지향無何有之鄕', '광막지야廣莫之野'에 심어놓고 한가로이 '무위無爲'로서 그 곁을 왔다갔다 배회하거나 아니면 그 밑에서 '소요逍遙'하며 노닐다가 드러누워 낮잠을 자지 않는 것인가! 그 나무는 도끼에 찍히는 일도 없을 것이고, 달리 그것을 해치는 자도 없을 걸세. 쓸모없다고 해서 어찌 마음의 괴로움이 된단 말인가?

子獨不見狸狌乎. 卑身而伏. 以候敖者. 東西跳梁. 不避高下. 中於機辟. 死於罔罟. 今夫斄牛. 其大若垂天之雲. 此能爲大矣. 而不能執鼠. 今子有大樹. 患其无用. 何不樹之於無何有之鄕. 廣莫之野. 彷徨乎無爲其側. 逍遙乎寢臥其下. 不夭斤斧. 物無害者. 無所可用. 安所困苦哉.

- 〈소요유〉

이른바 '무용의 대용無用之大用'이다. 가죽나무가 크기는 하지만 쓸모가 없다는 혜자의 말에 대해 장자는 무위자연의 관점에서 가죽나무의 커다란 효용에 대해 말하고 있다. 나무가 설령 뒤틀리고 꼬부라져 있어서 집짓는 데 쓸모가 없으면 좀 어떤가. 그것은 실용주의자들의 좁아터진 안목일 뿐이다. 그런 비좁은 실용주의적 관점을 벗어나서 세상을 넓게 보라. 나무가 그렇게 크면 아무 거칠것 없는 존재의 고향, 드넓은 광막지야에 심어놓고 그 밑에서 한가로이 소요하기도 하고 낮잠도 자면 그 또한 좋을 일 아닌가! 그리하여 그대가 한번도 체험해보거나 가까이 가본 적 없는 저 축복된 무위자연의 성지에서 존재의 해방과 절대자유를 한번 누려보라. 왜 그대는 그렇게 나무만 보면 잘라서 목재로 쓸 생각만 하느냐.

중국인들은 원래 이 지구상에서 가장 현실적이고 실용주의적인 민족이다. 장자는 지금 이 오래된 실용주의자들을 앞에 모아두고 일장 연설을 하고 있는 것이다.

'제발 그 얄팍한 실용주의적 관점을 벗어던지고 인생을 깊은 안목으로 보라. 인생에는 실용을 따질 수 없는 보다 높고 고귀한 가치들이 있다.'

소요유의 참뜻

장자 사상의 중요한 특징은 인생을 바쁘게 살지 말라는 것이다. 하늘이 내려준 하루하루의 삶을 그 자체로서 중히 여기고 감사하고 고마운 마음으로 살아야지, 반대로 하루하루를 마치 무슨 목적을 완수하기 위한 수단인 것처럼 기계적 · 소모적으로 대해서는 안 된다는 것이다. 설령 그렇게 살아서 세칭 '성공'을 할지는 모르지만, 그것은 바보의 삶이다. 그렇게 자신도 돌보지 못하고 정신없이 사니까 성공해서 이제 고생 다했다 싶으면 덜컥 암이 찾아오지 않는가! 너무 바쁘게 살지 말라. 몸도 마음도 좀 쉬어가면서 살아라. 장자는 우리에게 인생에 있어서 '일'을 권한 사람이 아니라 '소풍'을 권한 사람이다. 인생의 관점을 바로잡아라.

삶은 그 자체가 목적이지, 무엇을 위한 수단이 결코 아니다. 당신이 CEO가 되고, 도지사가 되고, 대통령이 되는 것은 좋은 일이다. 그러나 그런 것들은 삶의 여러 수단 중 하나인 것이지 그것이 삶의 목적은 아니다. 그런데 문제는 그런 것들이 삶 자체의 목적이 되어버린 사람들이 있다. 주로 정치가 중에 이런 성격 유형을 가진 사람이 많다. 목적과 수단이 전도되어버린 이런 사람들은 교정이 불가능하다.

우리는 '일'하러 이 세상에 온 것도 아니고, '성공'하려고 이 세상에 온 것도 아니다. 그런 것은 다 부차적이고 수단적인 것이다. 우리 모두는 과거 생에 무엇을 잘했는지는 모르지만, 하늘로부터 삶을 '선물'로 받은 것이다. 이 우주에는 아직 삶을 선물 받지 못한 억조창생의 '대기조'들이 우주의 커다란 다락방에서 순번을 기다리고 있다. 그러나 최소한 당신과 나는 이 삶을 하늘로부터 선물로 받아 이렇게 지금 지구에 와 있지 않은가! 그런 당신과 나는 얼마나 행운아인가! 우리는 로또보다 더한 것을 하늘로부터 선물 받은 것이다. 이것이 삶을 보는 장자의 기본 관점이다. 그러므로 여기에 어떤 목적 관념을 끌어들이지 마라. 여타의 목적 관념을 끌어들이면 삶 자체가 수단으로 격하되어버린다. 그것은 하늘이 내린 신성한 삶을 비하하는 짓이며 더럽히는 짓이다.

삶을 수단시하지 마라. 삶 자체가 목적임을 알라. 이 삶이라는 여행은 무슨 목적지가 따로 있는 것이 아니라, 그 자체가 목적인 것이다. 그러니 그대여 이 여행 자체를 즐겨라. 장자가 말한 '소요유'란 바로 이런 의미다. 인생이란 소풍이다. 무슨 목적이 있어서 우리가 세상에 온 것이 아니다. 잘못된 목적 관념을 버려라. 그것은 그대가 인생을 지루해하니까 누가 그대를 위해 그럴듯한 거짓말을 지어낸 것뿐이다. 그것은 듣기는 좋지만 근본적으로 허구다. 하느님은 우리에게 소풍

장자, 쓸모없는 나무도 쓸모가 있다

을 보내면서 단지 열흘짜리 휴가증을 끊어주신 건데, 하느님이 사시는 중심우주와 우리가 사는 외곽우주가 서로 흐르는 시간대가 달라 그것이 백 년이 된 것뿐이다. 이를테면 도솔천의 하루가 이 세상에서는 1년이 되는 것처럼, 중심우주는 그것의 열 배, 그러니까 그곳에서의 하루가 이곳에서는 10년이 된 것이다. 그러니 얼마나 지루하겠는가. 그래서 우리는 이것이 소풍인 줄도 모르고 게슴츠레한 눈을 뜨고 늘어지게 하품을 하고 있는 것이다.

그러나 인생이 백 년이 된 것은 어디까지나 계산착오다. 하늘의 계산법으로 치면 우리는 여전히 열흘짜리 휴가를 온 것이 맞다. 부디 이 소풍의 의미를 잘 이해하도록 하고, 왜곡된 목적 관념을 버려라. 하루하루를 감사하고 기쁘게 살아라. 우리는 우주의 저 어두운 한켠에서 수천수만 년을 대기하고 있다가 환하게 빛나는 아름다운 별, 이곳 지구로 잠시 '소풍'을 온 것이다. 그러니 그대여, 우리가 바빠야 할 이유가 무엇 있겠는가!

장자가 말한 '소요유逍遙遊'에는 글자 어디를 뜯어봐도 바쁘거나 조급한 흔적이 눈곱만큼도 없다. 소逍자는 소풍간다는 뜻이고, 요遙자는 멀리 간다는 뜻이고, 유遊자는 노닌다는 뜻이다. 즉, 소요유는 '멀리 소풍가서 노는 이야기'다. 다시 말해 소요유란 한없는 여유로움 속에서 여유로움 자신이 여기저기 놀러다니다가 세상 바깥에까지 나가서 노닐게 된 커다란 여유로움에 관한 이야기다.

'소요유'는 묘하게도 글자 세 개가 모두 책받침 변辶으로 되어있다. 책받침辶은 원래 '착辵'에서 온 글자인데, 착이란 그 뜻이 '쉬엄쉬엄 갈 착辵'이다. 그러니 '소요유'를 제대로 할려면 내리 세 번을 쉬어야 한다. 갈 때 쉬고, 올 때 쉬고, 또 중간에 틈나는 대로 쉬고! 참 기막힌 이름이 아닐 수 없다. 나는 이 대목에서 곽상郭象(《장자》를 현재의 형태로 편집한 사람)의 노고에 심심한 찬사를 보내는 바다.

제2편

제 물 론 / 齊物論

천 지 만 물 은

하 나 이 다

하늘피리 이야기

장자가 던진 수수께끼

서양철학은 이성 중심의 철학이다. 서양철학의 창시자가 플라톤Platon이고, 플라톤 철학의 기본개념이 이데아Idea론인데, 이데아론이라고 하는 것이 다름이 아니라 인식에 있어서 감각을 배제하기 위한 철학이다. 즉, 불확실한 감각을 배제하고 오로지 확실한 이성의 눈으로만 파악할 수 있는 불변의 세계, 그것이 이데아의 세계인 것이다. 요컨대 이성이 없으면 이데아는 없다. 그러므로 이성철학의 시작은 플라톤이다.

이 이성 중심의 철학이 그 후 2천 년의 세월을 건너뛴 후 독일로 건너가 칸트Kant · 헤겔Hegel 등을 만나게 되는데, 칸트는 책 제목 자체가 《순수이성비판》, 《실천이성비판》이었던 사람이고, (단, 칸트는 이성을 절대적으로 신봉했던 것이 아니라 거기에 일정한 한계가 있다는 것을 지적했다는 점에서 다소 다른 면이 있다) 헤겔은 그의 핵심사상이 소위 '절대이성'이라는 한마디 안에 다 들어 있던 사람이다. 프랑스의 경

장자, 쓸모없는 나무도 쓸모가 있다

우도 마찬가지다. 데카르트Descartes의 이른바 "생각한다. 고로 존재한다cogito ergo sum."라는 명제나, 파스칼Pascal의 "인간은 생각하는 갈대다."라는 명제 역시 사실은 모두 이성 중심의 철학적 경향을 보여주는 것들이다. 이들 모두의 생각의 공통점은 인식에 있어서 감각은 불확실하여 믿을 수 없는 것이고, 확실한 것은 이성뿐이라는 것이다. 그러므로 이들에 의하면 이성은 특별한 대접을 받아야 한다.

이에 반해 동양철학은 전혀 이성중심의 철학이 아니다. 오히려 동양철학은 이성을 의도적으로 폐기시킨다. 동양철학에서 볼 때는 이 역시 감각에 비하여 '특별히 확실한 것'이 전혀 아니다. 왜냐하면 이성의 작용이라는 것 역시 조작과 선택이 가능한 하나의 '인위'에 지나지 않기 때문이다. '인위'를 통해서는 어느 누구도 도에 이를 수 없다. 동양의 현인, 철학자들은 수천 년 전부터 '이성 그 이상의 것'을 요구해왔다. 영원한 진리 혹은 우주의 궁극적 실재를 알기 위해서는 이성으로는 불가능하다. 왜냐하면 이성은 결국 주관과 객관의 이원성 아래 놓여 있기 때문이다. 즉, 이성이라는 주관은 자기가 객관으로 한정한 대상에 대하여만 인식능력을 발휘할 수 있을 뿐이며 그것을 벗어난 것에 대해서는 도무지 알 길이 없는 것이다. 이것이 주 · 객 이원성 아래서 움직이는 이성의 태생적 한계다.

그러나 우주의 참된 실재는 주 · 객으로 양분된 의식 상태로는 결코 체험할 수 없다. 그것을 체험하기 위해서는 주 · 객으로 분리되기 이전의 근원적 일심一心상태로 돌아가야 한다. 이러한 일심상태, 이것이 바로 '이성 그 너머의 것'이며, 이른바 '초의식Super-Consciousness'인 것이다. 《장자》에는 이러한 '초의식' 상태에 몰입해 있는 현자들에 관한 이야기가 여러 번 나온다. 그중 가장 극적으로 묘사되어 있는 것이 천뢰天籟, 즉 하늘의 피리소리를 듣고 있는 남곽자기南郭子綦에 관한 이야기다.

남곽에 사는 자기子綦라는 사람이 책상에 기대앉아서 하늘을 우러르며 길게 숨을 내쉬고 있는데, 멍하게 앉아 있는 모습이 마치 자기의 존재를 잊어버린 것 같았다. 제자인 안성자유顔成子遊가 그의 앞에서 시중들고 있다가 물었다.

"어째서 그러고 계십니까? 몸도 이렇게 마른나무처럼 될 수 있고, 마음도 불 꺼진 재처럼 될 수 있는 것입니까? 지금 책상에 기대앉아 계신 모습은 예전에 기대고 계시던 모습과는 다릅니다."

자기가 말했다.

"언偃아, 너 참 훌륭한 질문을 하는구나. 지금 나는 나 스스로를 잃어버렸다喪我. 너는 그걸 알 수 있겠느냐. 너는 사람들의 피리소리人籟는 들어보았겠지만, 땅의 피리소리地籟는 들어보지 못했을 것이다. 설령 땅의 피리소리 들어보았다 하더라도 하늘의 피리소리天籟는 듣지 못했을 것이다."

南郭子綦隱几而坐, 仰天而噓. 荅焉似喪其耦. 顔成子游立侍乎前. 曰.
何居乎. 形固可使如槁木. 而心固可使如死灰乎. 今之隱几者. 非昔之隱
几者也. 子綦曰. 偃. 不亦善乎. 而問之也. 今者吾喪我. 女知之乎. 女
聞人籟. 而未聞地籟. 女聞地籟. 而未聞天籟夫.

- 〈제물론〉

장자, 쓸모없는 나무도 쓸모가 있다

자기子綦는 지금 완전한 몰입, 즉 망아忘我의 경지에 들어 있다. 이 것을 장자는 '상아喪我'라고 부르고 있다. 이것은 불교의 '무아無我'와 똑같은 것이다. 망아, 상아, 무아, 이것들은 모두 높은 '초의식' 상태를 표현하는 다른 이름들이다. 이런 상태에 도달한 사람은 소위 의식의 지향성이 사라지고 마침내 모든 의식이 내면으로 집중되어 있기 때 문에 밖에서 보면 마치 텅 비어 정신이 나간 사람처럼 보인다. 그래서 이를 본 제자가 몸은 '마른나무'와 같고, 마음은 '불 꺼진 재'와 같이 되었다고 놀란 어투로 말하고 있다. 그는 이미 현상세계를 의식하지 않는다. 그는 세상을 잊었고, 나아가 자기 스스로를 잊었다. 말하자면 그는 지금 무념무상의 경지에 들어있는 것이다.

그런데 여기서 재미있는 것은 자기가 '나는 나 스스로를 잃어버렸 다'고 하면서 난데없이 하늘의 피리소리 이야기를 꺼낸다는 점이다. '나를 잃어버린 것'과 '하늘의 피리소리'는 무슨 연관이 있는 것일까? 장자는 아무 대답이 없다. 장자는 알 듯 말 듯한 묘한 질문만 던져놓 고 끝까지 답을 내놓지 않는다.

그래서 답답해진 제자가 "어떻게 하면 그 하늘의 피리소리를 들을 수 있습니까?" 하고 다시 묻지만, 역시 자기는 대략 20가지가 넘는 땅 의 피리소리 이야기만 잔뜩 늘어놓을 뿐 답을 말해주지 않는다. 그러 자 최종적으로 제자 자유가 다시 묻는다.

"땅의 피리소리란 결국 여러 구멍에서 나는 소리군요. 사람의 피리 소리는 대나무 피리소리를 말하는 것이구요. 그렇다면 하늘의 피 리소리란 무엇입니까?"

자기가 대답했다.

"온갖 것에 바람을 모두 다르게 불어넣으니 각자의 소리를 내는 것이지. 모두 제 소리를 내고 있다고 하지만, 과연 그 소리를 나게 하는 건 누구겠느냐?"

地籟則衆竅是已. 人籟則比竹是已. 敢問天籟. 子綦曰. 夫吹萬不同. 而使其自己也. 咸其自取. 怒者其誰邪.

하늘의 피리소리 이야기는 여기까지로 끝난다. 남곽자기는 마지막까지 천뢰소리가 무엇인지 답을 말하지 않는다. 과연 하늘의 피리소리란 무엇인가? 다만 한 가지 여기서 우리가 알 수 있는 것은 그것이 하늘의 선녀들이 부는 피리소리라거나, 무슨 오색찬란한 구름 사이에서 울려 퍼지는 신비한 소리 따위를 말하는 것은 아니라는 점이다. 자기의 말을 유심히 들어보면 하늘피리소리란 무슨 특별한 소리를 지칭하는 것이 아니라, 모든 소리의 배후에서 그 소리를 나게 하는 근원적인 힘을 말하는 것임을 알 수 있다. 말하자면 '도의 소리'다. 그리고 남곽자기에 따르면 그 '도의 소리'는 보통 사람의 귀에는 결코 들리지 않는다. 그것은 오로지 '자기 스스로를 텅 비운 사람', 즉 상아 내지 무아의 경지에 도달한 사람만이 들을 수 있는 소리다.

그러나 이렇게 말한다 하더라도 천뢰소리가 무엇인지 정확히 우리가 알기는 어렵다. 그리고 어떤 면에서는 그것이 장자의 본뜻인지도 모른다. 장자는 천뢰소리에 대해 우리에게 더는 말해주지 않는다. 그는 우리에게 수수께끼를 던진 것이다.

장자, 쓸모없는 나무도 쓸모가 있다

향엄격죽香嚴擊竹 이야기

중국 선종禪宗 오가칠종五家七宗 중에 위앙종潙仰宗이 있는데, 이 위앙종의 2대조가 향엄香嚴이다. 향엄은 일찍이 머리가 총명하여 하나를 들으면 열을 아는 천재였다. 그는 많은 책과 경전을 보았고 박학다식했으며 어떤 질문에도 막힘이 없었다. 요즘으로 치면 해박한 철학교수와 같은 사람이었다. 그러나 그의 공부에는 알맹이가 빠져 있었다. 그는 불립문자不立文字라는 돈오의 세계에 대해서는 아무런 깨우친 바가 없었다.

이 점을 예의주시하고 있던 스승, 위앙종의 창시자인 위산이 하루는 그를 조용히 불러 "책이나 글에 의지하지 말고 대답해보라. 부모에게서 태어나기 이전의 너의 본래모습은 어떤 모습이냐?"라고 물었다. 요컨대, '시간을 초월한 너의 존재의 내적본질은 무엇이냐'고 묻고 있는 것이다. 향엄은 위산의 이 질문에 아무런 대답을 할 수가 없었다. 책이나 글에 의지하자면 배웠던 것을 청산유수로 쏟아낼 수도 있는 향엄이었지만, 막상 스승의 준엄한 질문 앞에 서니 앞이 캄캄할 따름이었다. 스승은 '너 스스로의 목소리'로 답해보라고 명하고 계시는데, 머릿속이 남의 지식으로 꽉찬 향엄은 그렇게 할 수가 없었다. 향엄은 아무 대답도 하지 못하고 땀을 흘리며 뒷걸음질쳐 나왔다. 향엄은 스승 위산의 질문에 자신이 답을 할 수 없다는 사실에 커다란 정신적 충격을 받았다. 그는 몇 날 며칠을 고심하다가 그동안 자기가 보았던 책들을 모조리 불질러버리고, 울면서 스승 위산을 하직하고 정처 없는 유랑길에 올랐다.

그는 비통한 마음을 안고 정처 없이 전국을 떠돌다가 우연히 하남성 남양 충국사忠國寺 유적지에 들러 며칠 쉬게 되었다. 이 무렵 그의 심리상태는 극히 복잡하였을 것이다.

"10년이 넘게 수행해온 내 꼴이 이게 뭐란 말인가! 그동안 나는 수도 없이 많은 책을 읽고 경전을 공부했는데, 나는 여전히 한심한 바보로구나! 그 많은 공부를 하고도 나는 아직도 내 '내적본질'을 알지 못한다. 내가 아는 것은 모두 다 남이 먹다 버린 껍데기일 뿐이다. 이제야 내가 얼마나 헛된 것을 붙들고 있었는지 알 것 같다. 내가 나 자신의 '본래면목'을 알지 못한다면 그 모든 지식이 무슨 필요가 있겠는가! 나는 이 목숨이 붙어 있는 한 '시간을 초월한 저 근원의 내 본모습'을 반드시 알아내야만 한다. 아. 그런데 나는 내 '본래면목'을 대체 어떻게 해야 알 수 있단 말인가. 아. 나의 '본래면목'이여! 나의 '영원한 참 본성'이여!"

이러한 심리적 과정을 거치면서 향엄은 자신도 모르게 '부모미생전 본래면목'이라는 커다란 의문 속으로 빠져들게 되었다. 그러다 나중에는 그 의문으로부터 빠져나오지도 못하는 지경에까지 이르렀다. 그는 눈을 뜨나 감으나 이 질문만을 생각했고, 앉을 때나 설 때나 이 질문만을 되뇌었으며, 밥을 먹을 때나 안 먹을 때나 이 질문만을 품고 있었다. 그리하여 마침내 자기 자신과 이 의문이 완전히 하나가 되어버리는 경지에까지 이르게 되었다. 이것이 바로 진정한 의미의 '화두'다.

화두는 이렇게 철저히 무의식적으로, 그리고 전혀 예기치 못한 방식으로 전수되어야 한다. 그래야 화두가 활어처럼 생생히 살아 요동칠 수 있는 것이다. 요즘 불가에서 행해지고 있는 스승과 제자 사이의

장자, 쓸모없는 나무도 쓸모가 있다

화두의 전수는 그런 관점에서 볼 때 완전히 죽은 물건의 수수授受에 불과하다. 제자가 화두를 받겠다고 '의식적으로' 나서고, 스승은 그런 제자에게 '준비된' 화두를 공식적으로 전수하는 일련의 과정은 사실은 화두를 죽이는 과정이다. 그런 식으로 화두를 100개 주고받았다 한들 거기에 무슨 정신의 스파크가 생겨나겠는가? 그렇게 값싸게 주고받은 화두에서는 결코 진리의 싹이 틀 수 없다. 그런 것들은 죄다 죽은 물건이다.

화두의 생명은 첫째도 둘째도 '비예견성'에 있다. 수행의 세계는 말하자면 정치의 세계와는 정반대이어서 '준비된' 것은 다 가짜이고 무의미하다. 왜냐하면 정치는 기지既知의 세계에 관여하지만, 수행은 미지未知의 세계에 관여하기 때문이다. 제자는 언제나 나름대로 준비를 충실하게 할 수밖에 없다. 그러나 스승은 그런 제자를 꿰뚫어보고 사정없이 후려쳐서 적나라한 상태, 즉 인위가 가미되지 않은 본래의 상태로 되돌려놓아야 한다. 예리한 통찰력을 지닌 스승만이 전혀 예기치 못한 상태에서 제자의 허를 찌를 수 있다. 지금 한국의 간화선(화두를 들고 하는 수행법)에서는 이러한 일촉즉발의 긴장감이 보이지 않는다.

그러나 향엄은 달랐다. 그는 껍데기로 된 화두를 든 것이 아니다. 그는 '부모미생전 본래면목'이라는 심오한 철학적 명제에 완전히 빠져들었던 것이다. 이렇게 화두에 몰입하여 지내던 어느 날, 향엄은 충국사 뒤뜰에서 비를 들고 마당을 쓸고 있었다. 퇴락한 절이라 마당에는 깨진 기왓조각들이 여기저기 있었고 그 옆에는 무성한 대나무 숲이 있었다. 향엄은 손에는 비를 들고 열심히 마당을 쓸고 있는 것 같았지만 그의 눈에 이런 모든 것들이 들어올 리가 없었다. 그는 자기가 무엇을 쓰는지도 모르고 다만 환대받지 못하는 객승의 입장에서 어쩔 수 없이 밥값을 하느라고 그냥 건성으로 쓰는 척하고 있을 뿐이었다. 그의 머릿속은 온통 '부모미생전 본래면목' 이라는 화두로 꽉 차 있었다.

그 화두는 마치 그의 머릿속에 저주처럼 달라붙어 한시도 떠나지 않았다. 그리하여 그는 자기가 마당을 쓰는지, 화두가 마당을 쓰는지 모를 지경에까지 갔다. 말하자면 사람이 화두를 먹고, 화두가 사람을 먹은 경지라고나 할까. 이토록 강렬하게 화두에 몰입해 있는 바로 그 순간 향엄은 아무 생각 없이 빗자루로 흩어진 기왓조각들을 쓸고 있었는데, 하필 그중 하나가 대나무 숲으로 휙 날아가서 '딱' 하는 날카로운 소리를 내며 대나무에 부딪쳤다. 고요한 새벽공기를 가르는 예리한 대나무소리, 그 소리는 향엄으로서는 전혀 예기치 못한 소리였다. 그는 지금 딴일(화두)에 몰입해 있다가 갑자기 어디선가 들려오는 날카로운 소리에 소스라치게 놀랐다.

이 상황은 마치 도둑이 야밤에 남의 집에 몰래 들어가 물건을 훔치고 있는데 갑자기 등 뒤에서 '도둑이야' 하고 외치는 위급상황과 흡사하다. 이런 경우 도둑은 간이 철렁할 것이다. 향엄도 마찬가지다. 온몸에 식은땀이 나면서 그는 멍한 채 일순 얼어붙었을 것이다. 그렇지 않으면 안 된다. 여기서 중요한 것은 '얼어붙는'다는 것이다. 얼어붙지 못하면 다음 단계로 진입할 수가 없다. 얼어붙어야만 과거와의, 기억과의, 생각과의 단절이 일어난다. 이러한 단절이 일어나야 거기에 비로소 '존재의 진공상태'가 형성되는 것이다. 그래야 거기에서 그대가 아직까지 한번도 보지 못한 '순수존재pure being'의 영역이 비로소 드러나게 된다. 이 지구상에 존재하는 모든 종류의 명상비법이 노리는 것이 바로 이것이다.

어떤 이성과 논리, 추론과 계산도 개입하지 못하는 정신의 순수영역이 존재하는 바, 그 불가사의한 영역에 도달할 수 있는 고도로 집중된 의식 상태를 어떻게 조성할 것인가? 이것은 명상이라는 이름으로 포괄할 수 있는 세계의 모든 수행법들이 목표로 하고 있는 바의 것이다. 향엄은 갑작스런 대나무 소리에 깜짝 놀라 순간 그토록 강하게 움켜쥐고 있던 '본래면목'이라는 화두를 그만 놓쳐버렸다. 그리하여 그는 갑작스런 허虛의 상태로 빠져든 것이다. 말하자면 이것은 충격요법이 제대로 먹힌 케이스다. 물론, 천지자연이 그의 스승이 되어 행해준 충격요법인데, 그런 점에서 향엄은 크게 축복받은 사람이다.

향엄은 절대 놓쳐서는 안 될 필생의 화두를 놓쳐버렸다. 그는 대나무소리의 충격으로 순간 얼어붙어 아무것도 생각할 수 없었다. 모든 생각이 단절되어 그는 머릿속이 하얗게 되었을 것이다. 그리하여 그는 어떤 생각도 일어나지 않는 '존재의 진공상태'(이것을 장자는 좌망이라 불렀고, 불가에서는 무념무상이라고 부른다)에 갑작스레 도달하게 된 것이다. 이 지구상 모든 명상의 핵심은 이 무념무상에 있다. 텅 빈 상태, 생각이 일어나기 전의 우리의 마음, 이 일념무생의 마음의 상태가 바로 우리의 영원한 본질이며, 참 본성이고, 본래면목本來面目인 것이다.

요컨대 향엄은 순간적으로 전혀 예기치 않은 상황에서 언어(화두)가 아니라 실재로서의 '본래면목'을 보게 된 것이다. 그토록 갈망했던 '본래면목'을 본래면목이라는 '화두'를 내려놓고 나서야 보게 되다니! 그토록 사방으로 찾아 헤매던 봄이 내 집 정원에 와 있었다니! 향엄은 그날 수십 수백생生의 윤회의 고리를 끊고 비로소 자신의 영원한 내적 본질을 깨닫게 되었던 것이다. 이것이 소위 선가禪家에서 회자되는 향엄격죽이다.

천뢰소리

천뢰소리란 따로 존재하는 것이 아니다. 사람의 피리소리人籟도 천뢰소리가 될 수 있고, 땅의 피리소리도 천뢰소리가 될 수 있다. 향엄은 땅의 피리소리에서 천뢰소리를 들은 경우다. 향엄은 남이 들으면 평범한 기왓장 부딪히는 소리에서 남이 들을 수 없는 소리를 들었다. 향엄은 이 천뢰소리를 듣고 존재의 새로운 차원을 깨닫게 되었다. 그렇다면 향엄이 천뢰소리를 듣기 전과 들은 후의 차이점은 정확히 무엇인가? 그것은 다름 아닌 자아의 존재여부다.

향엄은 천뢰소리를 듣기 전 자아에 사로잡혀 있었다. 그러나 격죽소리를 듣는 순간 그 충격으로 자아가 용해되어버렸다. 이른바 망아忘我다. 그전에는 안과 밖 사이에 언제나 자아가 존재하여 외부의 상황을 자아가 주관적으로 분별·해석하여 내부에 전달했었다. 그러므로 언제나 내부(주관)와 외부(객관) 사이에 불일치가 있었다. 그런데 격죽 소리의 충격으로 인해 자아가 사라져버렸다. 순간 안과 밖이 하나가 돼버린 것이다. 소위 내외일여內外一如다.

그전에는 어떤 소리를 들으면 소리라는 객관과 소리를 듣는 주관이 따로 존재하여 항상 실재와 표상간의 이원론적인 분리가 존재했

장자, 쓸모없는 나무도 쓸모가 있다

었다면, 이날 향엄은 생애 처음으로 주관과 객관을 초월하는 내외일 여의 체험을 하게 된 것이다. 그날 거기에는 소리를 듣는 향엄도, 소리를 내는 대나무도 존재하지 않았다. 주관과 객관이 동시에 사라져버린 것이다. 거기 존재하는 것은 오로지 대나무소리 뿐이었다. 향엄은 그날 처음으로 자아를 상실해버렸다. 이것이 앞서 인용한 〈제물론〉 편에서 남곽자기가 말했던 '상아'다.

남곽자기는 그 상아, 즉 망아의 상태에서 하늘의 피리소리를 듣고 있었던 것이다. 이제 우리는 남곽자기와 향엄의 차이를 뚜렷이 알 수 있다. 남곽자기는 원숙한 경지에 든 도인이라서 책상에 기대어 앉은 채로도 자유자재로 무아의 경지에 들 수 있지만, 향엄은 이제 막 도에 입문한 초보(10년간 그는 도의 근처에 오지도 못했었다)로서 내공이 일천日淺한 까닭에 큰 충격을 받아야만 비로소 무아의 경지에 들어갈 수 있는 것이다. 물론 그 후 세월이 흘러 향엄도 원숙해졌을 것이고, 그때는 향엄도 남곽자기처럼 자유자재할 수 있게 되었을 것이다.

향엄이 마당을 쓸기 전에도 많은 사람들이 충국사의 뒤뜰에서 마당을 쓸었다. 또 향엄이 격죽 소리를 듣기 전에도 많은 사람들이 대나무 숲에서 나는 그 격죽 소리를 들었다. 그리고 그 후로도 역시 많은 사람들이 동일한 그 격죽 소리를 들었을 것이다. 그런데 왜 그 많은 사람 중에 유독 향엄만이 그 소리를 듣고 깨달음을 얻고 다른 사람들은 그러지 못했을까? 이것은 수행하는 사람들이 다시 한번 생각해볼 문제다. 왜냐하면 이 문제는 결코 과거완료형의 문제가 아니라 현재 진행형의 문제이기 때문이다.

이제는 어떤 누구도 중국 하남성 향엄사(과거의 충국사)에서 향엄처럼 격죽 소리를 듣고 거짓말처럼 깨달음을 얻을 수는 없다. 왜냐하면 그것은 이미 한번 천기누설이 되어버렸기 때문이다. 한번 천기누설된 것은 화두의 핵심요건인 비예견성을 상실한다. 그것은 이미 낡아빠진 것이 되어버렸다. 이제 향엄사의 격죽 소리는 다만 귀를 시끄럽게 하는 소음일 뿐이다. 그것은 우리가 이미 결말을 알고 있는 희극처럼 아무 재미도 없는, 두 번 보는 연극과 같다.

향엄에게는 격죽이 그의 길이었지만, 다른 사람은 각자 자신의 길을 찾아가야 한다. 격죽을 흉내내는 것, 혹은 향엄격죽이라는 화두를 들고 수행하는 것은 무의미하고도 어리석은 일이다. 진심은 결코 '연출'될 수 없다. 모든 화두는 '1회성의 원칙' 아래 놓여 있다. 그러므로 알려진 모든 화두는 죽은 화두다. 화두를 받지 마라. 그것은 무의미하다. 대신 자신만의 화두를 발견하라. 자기 자신의 문제의식을 가지고 세상과 부딪쳐라. 거기에 그대 자신의 화두가 있다. 그리하여 그대가 전 존재를 기울여 그것에 몰입한다면, 그대는 거기에서 어떤 근원의 소리, 소리 없는 소리를 들을 수 있을 것이다. 그 소리가 바로 그대만의 천뢰소리, 격죽 소리다.

장자, 쓸모없는 나무도 쓸모가 있다

조삼모사朝三暮四 이야기

시비지심 是非之心

장자의 우화 중에서도 가장 널리 알려진 이야기 중 하나가 바로 조삼모사 이야기다. 이 우화는 원숭이를 끌어들여 인간사회의 모순과 어리석음을 통렬히 풍자한다. 그러면서 장자는 우리에게 묻는다. 그대는 인간인가 원숭이인가?

만물이 본래 하나임을 알지 못하고 헛되이 애를 쓰며 한쪽에만 집착하는 것, 그것을 일러 '아침에 셋'이라 한다. '아침에 셋'이 무슨 뜻인가? 원숭이 부리는 사람이 원숭이들에게 도토리를 주면서 '아침에 세 개, 저녁에 네 개다.'고 했더니 원숭이들이 모두 화를 냈다. 그래서 '그럼 아침에 네 개, 저녁에 세 개다.'고 했더니 원숭이들이 모두 좋아했다. 명목이나 실질에 아무런 차이가 없는데도 원숭이들은 화를 내다가 기뻐했다. 자연의 모습을 있는 그대로 보아야 한다. 그러므로 성인은 모든 시비를 조화시키고, 모든 것을 고르게 하는 하늘의 균형에서 쉰다. 이를 일러 양행兩行, 대립된 두 쪽을 충돌 없이 아우르며 원만히 나아감이라 한다.

勞神明爲一. 而不知其同也. 謂之朝三. 何謂朝三. 曰. 狙公賦芋曰. 朝三而暮四. 衆狙皆怒. 曰. 然則朝四而暮三. 衆狙皆悅. 名實未虧而喜怒爲用. 亦因是也. 是以聖人和之以是非. 而休乎天釣. 是之謂兩行.

– 〈제물론〉

이 조삼모사 이야기는 중학교만 나와도 모르는 사람이 없을 정도로 많이 알려진 이야기인데, 그런데 우리는 이 이야기의 뜻을 제대로 이해하고 있는 것일까? 사람들이 하는 조삼모사 이야기를 들어보면 거의가 다 권모술수를 쓰는 저공狙公, 원숭이 부리는 이의 교활함이나 그것에 속는 원숭이의 어리석음 따위를 나타내는 것으로 생각하고 있는 듯하다. 그러나 그것은 조삼모사 이야기를 잘못 이해하는 대표적인 방식이다.

조삼모사 이야기는 전혀 그런 취지가 아니다. 우선 저공은 결코 교활한 사람이 아니다. 그는 어떤 권모술수도 쓰고 있지 않다. 그는 하루에 일곱 개라는 전체 총량을 그대로 유지하고 있다. 그가 몰래 하나를 빼먹고 총량을 여섯 개로 줄인다면 나쁜 짓이지만, 고스란히 일곱 개를 그대로 유지하면서 원숭이들의 복지 향상을 위해 편의를 제공하려 하고 있지 않는가. 그는 더군다나 원숭이들에게 충분한 발언권도 주었고, 그리하여 원숭이들이 반대하자 고스란히 그 의견을 반영하여 원숭이들이 원하는 쪽으로 정책을 바꿔서 집행해주지 않았는

장자, 쓸모없는 나무도 쓸모가 있다

가. 그는 결코 권모술수를 쓰는 사람이 아니다. 오히려 그는 국민의 말에 귀를 기울이는 사람이다. 요즘 정치지도자란 사람들은 국민의 말을 듣지 않는다. 그들은 국민이 원하는 것을 하지 않으며, 국민이 하지 말아달라는 것을 끝까지 강행하려 하며, 종국적으로 국민을 기만하려 든다. 그들은 정말로 총량 일곱 개에서 하나를 빼먹는 자들이다. 그러므로 그들과 저공을 비교해서는 안 된다. 그것은 저공에게 커다란 실례가 되는 일이다.

참고로, 《열자列子》라는 책에도 이 조삼모사 일화가 수록되어 있는데, 내용은 대체로 대동소이 하지만 디테일은 《열자》에 있는 것이 더 자세하다. 이것은 아마 《열자》가 《장자》를 보고 썼기 때문일 것이다. 그런데 문제는 《열자》가 조삼모사 이야기를 장자와 비슷하게 다 해놓고서 끝에 가서 터무니없는 결론을 내리고 있다. 그는 이렇게 말한다.

"능력 있는 자가 없는 자를 농락함이 모두 이와 같은 것이다. 성인이 지혜를 써서 뭇 어리석은 이들을 농락하는 것도 이와 같다."

아마 열자의 이러한 편향된 생각 때문에 장자의 조삼모사 이야기가 교활한 저공과 어리석은 원숭이라는 식의 정치적인 이야기로 일반인들에게 잘못 인식되지 않았나 생각된다.

자연 전체의 모습을 보는 것, 그것이 도道다. 그러나 인간의 인식은 자아의 한계에 사로잡혀 있어서 전체를 보지 못한다. 우리는 항상 부분만을 본다. 인간은 각기 저마다 자기가 보고 싶은 방식으로 세상을 보기 때문이다. 이것은 어쩌면 인간 마음의 본질적 한계인지도 모른다. 장자는 〈인간세〉 편 어딘가에서 '귀는 고작 소리를 들을 뿐이고,

마음은 고작 자신에게 부합하는 것만을 인식할 뿐이다'라고 말한 적이 있는데, 조삼모사 이야기는 이러한 보편적인 인간 마음의 한계를 염두에 두고 천천히 음미해봐야 할 이야기이다(여기서 장자가 인간 마음의 한계를 표현하면서 다름 아닌 '부절 부符' 자를 쓰고 있다는 점이 놀랍지 않은가! 장자의 말은 우리 인간의 마음이란 부절符節처럼 '자신에게 맞는 것만 접수하고, 맞지 않으면 버린다'는 뜻을 함축하고 있다. 실로 예리한 통찰력이다).

결국 인간은 마음을 통한 인식작용으로는 전체, 즉 도를 볼 수 없다는 것이 장자가 내린 결론이다. 그런데 이러한 결론은 춘추전국시대 당시 사상계를 이끌어 갔던 유가와 묵가 양대 세력 모두에게 일종의 비판의 화살로서 장자가 날린 것이었다. 왜냐하면 유·묵은 모두 이와는 달리 생각하고 있었기 때문이다. 그리고 유·묵이 아닌, 현대를 사는 우리 역시 그 점은 마찬가지다. 유·묵을 위시한 춘추전국시대의 제자백가들 모두는 하나의 커다란 인식론상의 오류를 범하고 있었는데, 그것은 우리 인간이 도에 이르기 위해서는 무엇보다 옳고 그름을 분명하게 가려내야만 한다고 믿고 있었다는 점이다. 이 말은 언뜻 들으면 그럴듯한 소리인 것처럼 들린다. 그러나 장자에 의하면 이모든 것은 자기기만이요, 아전인수의 논법에 지나지 않는 것이다. 참과 거짓을 구분하려는 그자, 그 주체는 누구인가? 옳고 그름을 분명하게 하려고 나서는 그자는 누구인가? 어느 누구에게 물어보아도 그 사람은 자기 자신이지 않으면 안될 것이다. 사태가 중대하면 할수록 아무도 남이 내린 참과 거짓, 옳고 그름의 판단을 받아들이려 하지 않을 것이다. 장자는 유·묵이 서로 대립하며 시비지심을 내세우는 것을 보면서 예리하게 그 논의의 이면에 숨은 인간심리의 본질을 꿰뚫어본 것이다. 그는 그들과는 전혀 다른 차원 위에 서 있다. 그의 눈은 부분이 아니라 전체를 보고 있다. 그는 말한다.

옳고 그름을 따지면 도道가 허물어진다.

是非之彰也 道之所以虧也

- 〈제물론〉

맹자는 이른바 시비지심是非之心을 중시했지만, 장자는 그것을 혐오하며 경계했다. 물론 복잡한 실생활에서는 명철하게 시비지심을 발휘해야 할 때도 적잖이 있을 것이다. 그래야 인생살이를 해나갈 수 있을 테니까. 그러나 문제는 시비지심을 발휘하는 자는 나 혼자만이 아니라는 점이다. 어떤 하나의 사태에 대하여 모든 사람은 각자의 기준을 가지고 시시비비를 가리려 한다. 그리하여 시비지심 때문에 거꾸로 시비가 붙고, 그 결과 사태는 해결되는 것이 아니고 오히려 갈등만 더 증폭시키고 감정의 골만 더 깊어진다.

더욱이 실생활의 영역이 아니라 근원의 도의 세계에서는 조금이라도 그 세계로 나아가기 위해서는 마음을 고요하고 순수히 하여 시비지심 따위로 오염되는 일이 없도록 해야 한다. 보이지 않는 순수 근원의 세계에까지 함부로 오염된 시비지심 혹은 분별지分別智를 들이대면 안 된다. 그렇게 되면 분할되어서는 안 되는 것이 인위적으로 분할되고, 구별이 사라져야 할 곳에 구별이 끼어들어 근원의 순수 통합체가 회복되지 못하고 와해되어버릴 수 있다. 장자는 시대적으로 맹자와 같은 시대에 활동했던 사람으로서 그는 확실히 맹자를 좋아하지 않았다. 그는 맹자의 주의주장 중에서도 특히 시비지심을 좋지 않은 것으로 보았다. 말하자면 맹자의 과도한 분별지에의 추구에 제동을 걸고 그 위험을 알리고자 했던 것이다. 그는 말한다.

> 시비를 가릴 때는 매나 화살이 날아가듯 날쌔다. 끝내 이기겠다는 것을 보면 그 끈덕진 모습이 마치 맹세를 지키는 듯하다. …… 늙어서도 욕심이 지나친 것을 보면 그 억눌린 모습이 꼭 막혀 있는 것과도 같다. '죽음에 가까워진 그 마음近死之心'은 다시 소생시킬 수가 없다.
>
> – 〈제물론〉

시비지심을 끝까지 몰고 가면 마음이 지혜로 가득 차게 되는 것이 아니라 그 마음은 경직되고 메마르게 되어 결국 죽음에 가까워지게 된다는 것이 장자의 경고다. 이것은 지식과잉인 현대산업 사회를 살아가는 현대인들이 특히 주의해서 들을 대목이다. 여기 조삼모사 이야기에 등장하는 원숭이들이란 다름 아닌 시비를 가리는 일에 너무 집착한 나머지 마음이 경직되어버린 사람, 다시 말해 '죽음에 가까워진 마음'의 소유자들을 말하는 것이다.

여기 원숭이들의 문제점은 두뇌는 빨라서 계산은 잘하는데 마음이 너무 비좁고 편협해서 전체를 보지 못한다는 데 있다. 그들은 도토리가 도합 7개라는 것을 알지 못한다. 왜? 그것은 보이는 것 너머에 있기 때문이다. 그들의 눈에 보이는 것은 오직 3개와 4개뿐이다. 그리고

3개는 4개보다 하나 적다는 것, 그것을 그들은 귀신처럼 안다. 그래서 그들은 3개에 반대하여 항의를 했던 것이다.

여기서 7이란 보이는 세계와 보이지 않는 세계를 합한 전체를 의미한다. 그리고 3이나 4라는 것은 각각 보이는 세계 혹은 보이지 않는 세계로서의 부분을 의미한다. 도라는 것은 자연 전체의 모습을 보는 것이다. 그러므로 도의 경지에 보면 그것은 셋이든 넷이든 모두 다 해서 항상 일곱으로 같다. 그러므로 도와 하나 된 사람은 셋에 반대하거나 넷에 찬성하는 일이 없다. 그는 그 모든 것에 초연하다. 그는 다만 전체의 상을 보려고 노력할 뿐이다. 그렇게 하기 위해서는 '영원의 관점'에서 사물을 보아야 한다. 장자가 조삼모사 우화를 통해 우리에게 전하는 말은 바로 이것이다. 자아의 집착에서 해방되어 영원의 관점에서 사물을 보라. 이것을 스피노자Spinoza는 '영원의 상相 아래에서'라고 불렀다.

장자 철학의 핵심은 〈제물론〉에 있고, 제물론의 핵심은 '만물은 하나이다'라는 경구로 압축할 수가 있는데, 장자의 이러한 원대한 만물제동萬物齊同 사상에 필적할 수 있는 서양 철학자는 엄밀히 말해 존재하지 않는다. 왜냐하면 서양철학이라는 것 자체가 시대의 철학이지 영원의 철학이 아니기 때문이다. 다만, 그에 대한 예외를 꼽는다면 스피노자가 있을 뿐이다. 내가 내 책에서 스피노자를 자주 언급하는 것은 그 때문이다. 스피노자에게 과도하게 나타나는 '신神'이라는 용어를 잘 걷어내고 보면 그 안에 '도'의 견지에서 보는 사물의 모습이 가지런하게 나타날 것이다. 스피노자는 '영원의 상'의 관념을 이렇게 피력했다.

사물을 영원의 상 아래에서 인식한다는 것은 사물을 신의 본질을 통하여 참된 존재로서 인식하는 것, 즉 사물을 그 존재가 신의 본질 속에 포함되어 있다고 인식하는 것이다.

– 〈에티카〉

'영원永遠의 관점'에서 사물을 보기 위해서는 '자아의 관점'에서 해방되어야 한다. 자아의 관점을 초월한 사람만이 우주만물을 차별 없이 보는 경지, 즉 만물제동의 경지를 우리에게 말해줄 수 있다.

도가道家들의 이상향

무릇 위대한 책이란 행간이 넓은 책이다. 거인들은 항상 행간이 넓은 책을 써왔다. 이에 반해 요즘 글을 쓴다는 난쟁이들은 책에 글자만 있고 아예 행간이 존재하지 않는다. 고대 동양인들은 그림에서 여백을 사랑했듯이, 글에서 행간을 사랑했다. 지식은 글 속에 떠다니지만, 지혜는 행간 속에 숨어 있다. 글과 글 사이에 흐르는 도도한 침묵, 그 침묵 안에 들어 있는 '글 아닌 글'을 읽어내지 못하면 그대는 그 책을 아직 해독하지 못한 것이다. 그 책은 여전히 그대에게 봉인된 채로 남아 있는 것이고, 가장 중요한 어떤 부분에서 그대의 이해는 막혀 있다. 요즘 사람들은 말로서 '말'을 전한다. 그러나 옛 사람들은 말로서 '뜻'을 전하려 했다. 그런데 뜻은 말보다 크고 깊어 그 뜻의 울림을 말에다 다 담을 수가 없는 것이다. 그래서 옛 사람들은 이렇게 말했다. '책은 말을 다 나타내지 못하고, 말은 뜻을 다 나타내지 못한

장자, 쓸모없는 나무도 쓸모가 있다

다(書不盡言 言不盡意).'

　동양의 고전들은 대체로 행간이 넓다. 그런데《장자》는 동양의 고전 중에서도 가장 행간이 넓은 책이다. 얼마나 넓은고 하니 거기에 풍덩 빠져서 아직 헤어나오지 못한 사람들이 부지기수일 만큼 넓다. 그런데 스스로 거기 빠져서 그걸 즐기고 있는 사람들이야 상관없지만, 행간이 이렇게 너무 넓다 보니 책을 제대로 이해하지 못하는 문제 또한 생긴다.《장자》를 처음 대할 때 왜 이렇게 책이 허술하고 느슨한가라고 생각했다면 그것은 당신이 행간에 흐르는 긴장감을 간파하지 못했기 때문이다. 처음에는 누구나 그럴 수 있다.《장자》는 겉보기처럼 그렇게 접근이 쉬운 책이 아니기 때문이다.

　그러다가 점점 이해가 깊어져서《장자》 전체가 파악되기 시작하면 그때 비로소 '행간'의 존재가 서서히 눈에 들어오기 시작한다. 특히《장자》의 내편 일곱 편은 별 뜻 없이 손길 닿는 데로 아무렇게나 배치해놓은 것이 결코 아니다.《장자》 내편은 고도로 치밀한 계획과 의도에 따라 현재의 방식으로 구성·배치된 것이다. 그것을 장자 본인이 했는지, 진나라 때의 곽상이 했는지는 중요한 것이 아니다. 중요한 사실은《장자》는 전체를 관통하는 하나의 흐름을 가지고 의미심장하게 배열됐다는 사실이며, 그 최초의 의도 안에 행간의 존재가 본질적 일부로서 고려되었었다는 사실이다.

　나는 앞에서 장자철학의 핵심은 〈제물론〉 편에 있다고 말한 바 있다. 제물론이란 만물이 하나인 근원적인 통일의 세계를 말하는 것인데, 이 〈제물론〉에 대해서는 학자들도 이구동성으로 '중국철학사의 최고봉'으로 여기고 있고, 또한 그런 만큼 난해하기로 유명하며, 철학적으로도 가장 많은 논의가 집중되어 있다. 제자백가시대 많은 인물들이 많은 학문과 사상을 논하기는 하였지만, 중국이라는 나라의 특성상 사실 그중 95퍼센트는 정치학 내지는 정치사회학이었고, 철학이라 할 만한 부분은 실로 미미했다. 이른바 철학이라고 이름 붙일 수 있는 학문의 영역을 개척했던 사람은 노자와 장자 두 사람뿐이었다.

더욱이 노자는 자신의 심오한 철학을 완결된 형태를 갖춰 운문의 형식으로 내놓은 까닭에 후학들이 별로 크게 논의를 벌일 만한 일거리를 남겨놓지 않았다. 그러나 장자는 일종의 미완의 형태를 즐기면서, 산문의 형식으로 글을 썼기 때문에 후학들에게 커다란 논쟁거리를 남겨주었다. 그러므로 노자의 철학을 일종의 '미학적 철학'이었다고 한다면, 장자의 철학은 이른바 '본격철학'이었다고 할 수 있을 것이다. 장자는 그러한 본격철학의 창시자답게 중국역사에서 많은 철학적 논의를 촉발시켰다. 그리고 그 논의의 가장 많은 부분이 바로 〈제물론〉 편에 집중되어 있다. 그러므로 〈제물론〉을 이해한다는 것은 장자철학의 핵심을 이해하는 것이며, 나아가 중국철학의 가장 심오한 부분을 이해하는 것이기도 하다.

그런데 〈제물론〉은 어떻게 시작하는가? 그것은 〈소요유〉 다음에 등장한다. 말하자면 〈소요유〉는 《장자》라는 철학적 심포니 전체의 서곡에 해당하는 것이고, 이 환상적인 서곡이 끝나는 곳에서 장중한 스타일의 〈제물론〉이 비로소 모습을 드러낸다. 〈제물론〉은 중요한 부분인 만큼 그 양도 다른 편의 두 배에서 세배에 이른다. 〈제물론〉은 먼저 신비스러운 '하늘의 피리소리 이야기'로 시작하여 독자의 궁금증을 자극한다. 그리고서는 정작 해답은 제시하지도 않고 미완의 형태로 남겨놓음으로써 그 궁금증을 최대한으로 증폭시켰다. 이것은 장자의 치밀한 전략이다.

그 다음 장자가 들고 나오는 문제는 인간의 감각작용과 지각작용의 한계에 관한 것이다. 넓은 의미에서 볼 때 인간의 인식작용 전체에 대해 철학적 문제의식을 제기하는 것이다. 이것이 소위 장자가 말하는 '사람이 부는 피리소리'에 해당하는 것이다. 즉, 〈제물론〉은 인간의 이성에 대하여 그 실체는 무엇이며, 그것들이 행하는 바의 인식작용이라는 것은 왜 한계를 가질 수밖에 없는지를 밝혀내는 일에 주력한다. 독일식으로 표현하자면 일종의 '선험적 이성비판'이라고나 할까. 요컨대, 〈제물론〉은 인간의 인식에는 본질적인 오류가 있다는 것을 중요 테마로 삼고 있다.

우리가 앞서 살펴본 '조삼모사 이야기'도 바로 이러한 맥락에서 등장한다. 그러므로 조삼모사 이야기의 핵심은 인간 안에 내재된 본질적인 인식의 오류를 논하는 데 있는 것이며, 무슨 정치적인 책략과 속임수에 관한 이야기가 아니다. 〈제물론〉은 '하늘의 피리소리'에서 시작하여 '조삼모사 이야기'에서 분위기가 고조되고 '그림자끼리의 대화'에서 점점 신비로움을 더해가다가 마침내 '나비의 꿈 이야기'에서 장엄한 클라이맥스를 맞는다. 그런 다음 잠시 소강상태를 보인 후 장자는 다시 천천히 변주하듯이 〈양생주養生主〉, 〈인간세人間世〉, 〈덕충부德充符〉를 기교를 넣어 활발하게 연주하고, 그런 다음 다시 장중한 톤으로 바꿔 〈대종사大宗師〉와 〈응제왕應帝王〉을 연주함으로써 전체 심포니를 끝마친다. 이것이 큰 얼개에서 본 《장자》라는 책의 전체 구조다.

여기서 좀더 세부적으로 들어가 〈소요유〉와 〈제물론〉의 관계를 보자. 《장자》는 〈소요유〉에서 실로 환상적인 세계를 우리에게 펼쳐 보여준다.

《장자》 첫 페이지를 펼치면 거기에 나타나는 것은 신화 속의 새, 즉 붕이라는 거대한 새다. 등 길이가 몇천 리인지도 알 수 없는 거대한 새가 구만 리 창천으로 날아오르면서 장자의 이야기는 시작된다. 붕은 날아 어디로 가는 것일까? 붕은 아무런 거리낌 없는 절대자유의 경지를 향해 날아간다. 이것이 바로 '소요유'이다. 속된 세상을 초월하여 아무런 제약없이 절대의 경지에서 한가로이 노니는 것, 그것이 장자가 보여주는 초월의 철학이다. 〈소요유〉 편에서 붕이 날아올라 마지막으로 당도하는 곳이 남극바다, 즉 천지라 하였다. 천지라! 천지, 즉 하늘연못이란 과연 어떤 곳일까? 그곳이 어떤 곳이라고 장자는 명확히 말해주지 않는다. 그러나 우리는 그곳이 분명 예사로운 곳이 아님을 알 수 있다. 그곳은 세상의 번잡함이 미치지 못하는 아득히 먼 곳이고, 높디높은 초월의 영역임에 틀림없다.

때 묻지 않은 그런 순수의 공간을 붓다는 서방정토西方淨土라 하였고, 예수는 하늘나라天國라 하였으며, 장자 자신은 또 다른 이름으로 '무하유지향'이라 불렀다. 그러므로 천지 혹은 무하유지향이란 장자가 우리에게 펼쳐 보이는 유토피아이며 파라다이스인 것이다. 다만, 장자는 궁금증 나게 그것을 우리에게 살짝 보여주고는 얼른 〈소요유〉 편의 막을 내려버린다.

이것이 《장자》라는 책이 불경이나 성경과 다른 점이다. 그는 결코 그것을 우리에게 오래 보여주지 않는다. 이것이 장자의 방식이다. 이

장자, 쓸모없는 나무도 쓸모가 있다

방식이 친절하기 짝이 없는 설명형의 글에 익숙한 현대인들에게는 왠지 생소하며 뭔가 부족하게 느껴질 것이다. 그는 전혀 강조하거나 목청을 높이지 않는다. 그러나 실은 이것이야말로 가장 고차적인 문학의 방식이다. 장자의 글은 자연을 닮아 있다. 가장 아름답게 지는 저녁노을, 우리는 그 장면을 붙들어보려 애쓰지만 노을은 신비스러운 한 컷을 슬쩍 보여주고 무심히 시간 속으로 사라져버린다.

이렇게 해서 〈소요유〉 편이 끝이 난다. 그리고 이어지는 것이 〈제물론〉 편이다. 〈제물론〉은 앞서 살펴본 것처럼 첫머리가 스승 남곽자기와 제자 자유 사이의 '하늘피리 이야기'로부터 시작된다. 남곽자기는 도가 높은 스승이다. 그는 굳이 반듯하게 가부좌를 틀고 앉아 단전호흡·명상을 한다거나, 엄숙히 무릎 꿇고 앉아 기도·묵상을 한다거나 함이 없이 단지 책상에 기대앉은 채로 자유자재로 깊은 사마디samadhi에 들 수 있을 만큼 원숙한 경지에 도달한 인물이다. 그가 얼마나 깊이 도의 세계에 몰입을 했던지 그를 옆에서 보던 제자가 깜짝 놀라 자기 스승에게 무슨 변이 생긴 줄 알고 "스승님 몸이 마치 죽은 나무와 꺼진 재와도 같습니다"라고 말을 할 정도다. 그러자 남곽자기가 대답한다.

"그래, 너 잘 보았다. 나는 지금 나를 초상 치뤄버렸다吾喪我 …… 그런데 너는 혹시 하늘의 피리소리라는 것을 들어본 적이 있느냐?"

왜 장자는 〈제물론〉 편의 맨 앞에다 '고목사회枯木死灰'와 '무아'(상아喪我란 결국 무아를 말하는 것이다) 이야기를 등장시키는 것일까?

〈제물론〉 편의 이 이야기는 〈소요유〉 편과 무슨 관계가 있을까? 필자가 보기에 〈소요유〉 편은 그 자체로 완결된 것이 아니다. 〈소요유〉

편은 다만 차별적 · 상대적 세계를 넘어선 절대의 세계가 있음을 보여준다. 그리고 그 절대의 세계에 대해서는 그것이 정확히 어떤 세계인지 말이 없다. 붕이란 차별적 '현실'세계에서 무차별적 '절대'의 세계로 초월을 감행한 어떤 위대한 인물에 대한 하나의 은유다. 그러므로 우리도 이 붕처럼 구만 리 창천을 날아올라야 한다. 붕처럼 날아올라서 우리도 궁극적으로 저 절대의 세계에 도달하여야 한다. 그곳이 장자에 의하면 남명바다이고, 천지이고 무하유지향인 것이다.

그러면 과연 그 세계는 정확히 어떤 내용의 세계인가? 붕은 그렇다 치지만, 사람은 어떻게 하는 것이 구만리 창천을 날아오르는 것인가? 천지와 무하유지향에 도달하기 위해서 사람은 어떤 정신적 내면을 지니고 있어야 하는가?

장자는, 이에 대한 모든 대답을 바로 〈제물론〉 편의 하늘피리 이야기에서 제시하고 있다. 요컨대, 절대의 세계란 결국 무아를 통해서만 도달할 수 있는 세계라는 것이다. 남명바다 · 천지 · 무하유지향이란 곳은 무아의 경지에 도달한 사람만이 와서 소요유할 수 있는 곳이다. 이 점이 특히 장자의 철학이 기독교와 다른 점이다. 장자는 천국을 이야기할 때 무엇보다 자아의 소멸을 요구한다. 자아의 욕망에 봉사하는 자는 절대의 세계를 체험할 수 없다. 너희는 자아를 지닌 채로 천국을 구해서는 안 된다. 자아와 하느님나라는 양립할 수 없다. 자아를 넘어서라. 자아를 초상 치루어라. 자아我, 에고ego는 죽고 참나吾, 셀프self로 다시 태어나라! 오상아吾喪我! 이것이 이른바 붕이 구만 리 창천을 날아오르는 것이다. 그렇게 함으로써 우리는 궁극적으로 저 축복받은 절대 자유의 경지에 들 수 있게 되는 것이다. 그리고 이 높은 무아의 경지에서 내려다보이는 것이 바로 제물론의 세계, 즉 만물이 하나로 통하는 절대의 세계인 것이다.

자아를 넘어선 순수의식의 경지에 올라서면 우주만물을 차별 없이 보는 눈을 얻을 수 있다. 그 눈은 인간의 눈인 동시에 신의 눈이다. 자아를 넘어선 그 이가 진인이며, 신인이며, 초인이다. 그리고 그가 바로 회오리바람을 일으켜 구만 리 창천을 날아오르는 붕이다. 오직 그 사람만이 모든 제약을 벗어나고 모든 분별 · 대립을 초월하여 절대의 세계에서 조물자와 더불어 유유히 소요유할 수 있는 것이다. 그리하여 그의 눈에는 이제 원숭이들과는 다르게, 보이는 세계와 보이지 않는 세계의 차별이 사라져 전체의 영원한 상이 통일된 하나의 모습으로 장엄하게 계시되는 것이다. 이것이 조삼모사 이야기의 참뜻이다.

나비의 꿈 이야기

장자와 선불교禪佛敎

《장자》라는 책은 내편內篇 7편, 외편外篇 15편, 잡편雜篇 11편 도합 33편으로 이루어져 있다. 외편과 잡편도 물론 중요한 책이고, 그 안에 인생에 대한 번득이는 통찰력을 담고 있는 우화의 단편들이 곳곳에 산재해 있는 것도 사실이다. 그러나 아무리 그렇다 하더라도 외편과 잡편을 감히 내편에 견줄 수는 없다. 내편은 사상이 심오하고 장대하며 내용이 수미일관되어 있고 형식이 정리정돈되어 있다. 그리고 내편 7편 중에서도 〈제물론〉이 가장 뛰어나다. 말하자면 〈제물론〉은 장자철학의 꽃이다. 장자철학의 가장 심오한 내용을 담고 있는 〈제물론〉, 이 〈제물론〉은 약 20개에 이르는 작은 이야기들이 기다란 연결고리처럼 형성되어 있는데, 그 이야기들은 각자 독립된 뜻을 지니고 있는 것 같지만 깊이 들여다보면 서로 유기적으로 연관되어 있다.

그러므로 《장자》 중에서 그럴듯해 보이는 부분만 일부 빌췌해서 설명하는 방식으로는 장자철학의 핵심에 도달하기 어렵다. 이야기와 이야기 사이에 놓여 있는 연결고리가 중요하다. 그 연결고리는 《장자》라는 책의 보이지 않는 부분이지만 동시에 본질적인 부분이다. 장자는 이 연결고리를 마치 계단처럼 쌓아올려서 우리가 하나씩 밟고 올라 높은 산의 정상에 다다를 수 있도록 준비해놓은 것 같다. 그리고 이렇게 쌓아올린 계단의 맨꼭대기에 '나비의 꿈' 이야기가 있다. 그러므로 우리가 '나비의 꿈' 이야기를 제대로 이해하기 위해서는 장자가 심오한 의도를 가지고 고차적인 손길로 배려해놓은 장자만의 방식에 따라야 할 필요가 있다.

설결齧缺이 스승 왕예王倪에게 물었다. '선생님은 누구나 하나같이 옳다고 인정하는 절대적 가치를 지닌 것을 아십니까?'
'내가 어찌 그것을 알겠나?'
'그러면 선생님은 자신이 알지 못하고 계시다는 것을 알고 계십니까?'
'내가 어찌 그것을 알겠나?'
'그렇다면 선생님은 모든 사물에 대해 아무것도 모른단 말씀입니까?'
'내가 어찌 그것을 알겠나? 하지만 그 문제에 대해 한번 따져보자. 내가 알고 있다고 했지만 실은 알지 못하는 건지도 모르고, 내가 모른다고 했지만 실은 알고 있는 건지도 모르지 않느냐.'

齧缺問乎王倪曰. 子知物之所同是乎. 曰. 吾惡乎知之. 子知子之所不知邪. 曰. 吾惡乎知之.然則物無知邪. 曰. 吾惡乎知之. 雖然. 嘗試言之. 庸詎知吾所謂知之非不知邪. 庸詎知吾所謂不知之非知邪.

여기서 스승 왕예는 제자의 세 가지 질문에 세 번 다 '내가 어찌 그것을 알겠나'라고 답한다. 물론, 이것은 전형적인 도가풍의 답변이다. 그러나 이 이야기에는 〈제물론〉에서 처음부터 장자가 문제 삼고 있는 시비지심 내지는 분별심에 관한 논의가 바탕에 깔려 있다. 설결이 스승 왕예에게 던진 질문은 단순한 이론상의 질문이 아니다. 설결은 왕예에게 '절대적 진리'가 있는가를 물었다. 이것은, 그런 절대적 진리가 있다면 그것을 기준으로 사물에 대하여 '옳고 그름'을 판가름할 수 있지 않겠느냐는 다분히 의도가 깔린 질문이다. 요컨대, 이것은 '옳고 그름'을 따져 보고자 하는 마음에서 비롯된 질문들이다. 이에 대해 장자의 태도는 확고부동하다. 그는 이미 말했다.

是非之彰也 道之所以虧也

시비지창야 도지소이휴야

‒ 옳고 그름을 따지면 이로써 도가 허물어진다.

이것이 〈제물론〉의 기본전제다. 〈제물론〉이란 우주 만물이 모두 하나임을 아는 경지다. 옳고 그름을 따지기 시작하면 만물이 수천수만 가지로 쪼개진다. 그러면 도의 세계는 허물어진다. 그런데 "옳고 그름을 따지면 이로써 도가 허물어진다"는 〈제물론〉의 이 위대한 명제는 여기서 끝난 것이 아니다. 그것은 후일 다름 아닌 선불교로 들어가게 되고, 거기에서 완전히 꽃을 피우게 된다. 선불교는 중국 내에서 많은 우여곡절을 겪은 끝에 생겨난 종파다. 특히, 선불교의 완성을 6조 혜능慧能이라고 보면 1조 달마達磨의 손을 떠난 후부터 2조 혜가慧可, 3조

승찬僧璨, 4조 도신道信, 5조 홍인弘忍에 이르기까지 4대 약 150년간은 선불교가 과연 중국 땅에 뿌리를 내리고 살아남을지가 매우 불투명한 위험스러운 시간이었다. 이 사이에 선불교는 대代가 끊길 수도 있었다. 그러나 이 외롭고 고독한 시기에 선의 조사祖師들은 착실하게 내실을 다져 복잡하고 번쇄한 인도불교를 단순하고 명쾌한 중국 불교로 변모시킴으로써 토착화에 성공하였던 것이다. 조사들은 이 과정에서 다름 아닌 도가, 그중에서도 특히 장자에게서 많은 영감을 받았다. "옳고 그름을 따지면 도가 허물어진다"는 〈제물론〉상의 명제를 직접적으로 수용한 사람은 3조 승찬이었다. 승찬은 《신심명信心銘》이라는 유명한 저서를 한 권 남겼는데 거기에서 이렇게 말한다.

至道無難 唯嫌揀擇
지도무난 유혐간택

이 말은, '지극한 도는 어렵지 않다. 다만, 분별심揀擇이 없어야 한다.'는 뜻이다. 이것은 표현의 방식만 바뀌었지 앞서 우리가 살펴본 〈제물론〉의 '시비지창야 도지소이휴야是非之彰也 道之所以虧也'와 완전히 동일한 정신의 표현이다. 다만, 3조 승찬은 '시비是非'라는 직접적인 표현을 피하고 대신 고전적이고 우아한 '간택揀擇'이라는 용어를 사용함으로써 표현을 시적으로 부드럽게 하고 있을 뿐이다.

3조 승찬 이후 '지도무난 유혐간택'의 시구는 선가의 귀감으로 널리 애송되었고, 이러한 정신은 더욱 발전하여 후일 마조馬祖 도일道一에 이르러 '평상심시도平常心是道'라는 위대한 선언에까지 이르게 된다. '지도무난', '평상심시도' 등 진리에 대한 이러한 단순명쾌한 통찰은 실로 인도불교에서는 찾아보기 힘든 중국 불교의 위대한 점이다. 그리고 이것은 많은 부분 장자의 정신에서 비롯된 것이었다는 점을 우리는 기억할 필요가 있다.

사람과 미꾸라지

설결과 스승 왕예의 이야기로 다시 돌아가 보자. 왕예는 제자의 질문에 세 번 다 '모른다'고 답했다. 그것은 '시비'의 무의미함을 이미 다 통찰하고 한 답변이었다. 그리고서는 왕예는 거꾸로 제자에게 질문을 던진다.

> 그럼 어디 너한테 물어보자. 사람은 습지에서 자면 허리에 병이 생겨 반신불수가 되지만, 미꾸라지도 그렇던가? 또, 나무 위에 있으면 사람은 무섭고 떨리지만, 원숭이도 그렇던가? 이 셋 중에서 어느 쪽이 올바른 거처를 알고 있는 걸까?
> 또, 사람은 고기를 먹고, 사슴은 풀을 먹고, 지네는 뱀을 먹기 좋아하고, 올빼미는 쥐를 먹기 좋아한다. 이 넷 중에서 어느 쪽이 올바른 맛을 알고 있는 것일까?
> …… 내가 보건데, 인의仁義의 발단이나 시비의 기준은 (저마다 주관적 가치판단을 따를 수밖에 없어) 어수선하고 어지럽다. 그런데 어찌 내가 그 구별을 알 수 있겠나?

且吾嘗試問乎女. 民濕寢則腰疾偏死. 鰍然乎哉. 木處則惴慄恂懼. 猨猴然乎哉. 三者孰知正處. 民食芻豢. 麋鹿食薦. 蝍蛆甘帶. 鴟鴉耆鼠. 四者孰知正味. 自我觀之. 仁義之端. 是非之塗. 樊然殽亂. 吾惡能知其辯.

우리 인간은 자신의 인식이 절대적인 것으로 믿고 살아가지만, 그러나 시야를 넓혀 한 차원만 더 멀리 보면 인간의 인식이 얼마나 자기중심적이고 편협한 것인지 알게 된다. 장자는 〈제물론〉 전편을 통하여 우리에게 인간의 자기중심주의적 폐쇄성을 넘어서라고 지칠 줄 모르고 요구한다. 천지 만물을 관통하는 근원의 도를 보기 위해서는 만사를 인간의 관점에서 보려고 해서는 안 된다는 것이다. 그것은 각자의 '의견'일 뿐이지 천지자연의 '도'가 될 수는 없다.

이 점에서 장자의 철학은 고대 그리스의 소피스트 철학과 궤를 달리한다. 특히 장자는 소피스트 중에서도 '인간은 만물의 척도'라고 외쳤던 프로타고라스Protagoras와 대비를 이룬다. 프로타고라스는 이렇게 말했다.

"인간은 만물의 척도다. 존재하는 것에 대하여는 존재한다는 것의, 존재하지 않는 것에 대하여는 존재하지 않는다는 것의 척도."

이것은 말 그대로 인간의 감각을 진리판단의 기준으로 삼아 인간의 눈에 보이면 존재하는 것이고, 인간의 눈에 보이지 않으면 존재하지 않는 것이라는 의미다.

이러한 프로타고라스의 상대주의Relativism 입장에서 보면, '내가 지각하는 것은 나에게 참이고 당신이 지각하는 것은 당신에게 참이다.' 그러나 이렇게 되면 진리가 이 세상 안에 수천수만 가지가 되어버린다. 이것을 뒤집어 말하면 나에게 진리인 것이 남에게는 거짓이고, 남에게 진리인 것이 나에게는 거짓이 될 수 있다는 것이다. 그러나 한 번은 진리인 것이 한 번은 거짓이 되고, 한 번은 거짓인 것이 한 번은 진리가 될 수 있다면, 도대체 진리란 것은 무엇인가? 한 번 진리이면 이 세상에 종말이 오더라도 영원히 진리여야지, 무슨 진리가 창녀처럼 참과 거짓 사이에서 갈짓자 걸음을 걷는단 말인가! 이것이야말로 장자가 우려했던 사태다. 이렇게 되면 결국 이 세상에 천지만물을 하나로 관통하는 참된 도나 진리는 존재하지 않게 된다.

다만, 여기서 한 가지 프로타고라스를 위한 변론 한 토막을 하고 넘어가자. 프로타고라스는 분명 '커다란 진리' 내지는 '모든 것이 통하여 하나가 되는 위대한 진리'에 대해서는 별로 아는 바가 없었지만, 적어도 그는 자신의 견해가 '절대적'이라는 주장은 하지 않았다는 점이다. 소위 프로타고라스의 '상대주의'가 지닌 유연성이라고나 할까. 그는 자신의 상대주의 철학을 세상 앞에 명료하게 제시했다. '인간은 만물의 척도'라는 말로써 그가 뜻했던 바는 각자가 지각하는 것은 그 '각자에게' 진리이다라는 것이다. 그는 결코 '절대주의'를 내세우지 않았다. 이 점이 프로타고라스의 탁월한 점이다.

고대 중국 춘추전국시대에는 이런 프로타고라스 같은 인물이 존재하지 않는다. 제자백가니 백가쟁명百家爭鳴이니 하지만 그 백가 중에 일가가 빠졌으니, 그 일가란 다름 아닌 '상대주의 철학'이다. 춘추전국시대의 사상가들은 저마다 자신의 견해가 유일하게 올바른 절대적 진리라고 힘주어 말했던 사람들이다. 유가는 묵가를 상대로, 묵가는 유가를 상대로 그들은 각자 자신의 입장을 밀어붙였다. 장자는 왕예의 입을 통해 바로 그점을 지적하고 있는 것이다. 그들은 말하자면 자기가 지각하는 것은 '자기에게' 진리라고 주장하지 않고, '모두에게' 진리라고 목청을 높였던 사람들이다. 그러나 이것은 터무니없는 아전인수요 견강부회다. 이 부분에 관한 한 프로타고라스가 옳다.

자기가 지각하는 것은 분명 '자기에게' 진리다. 그리고 그뿐이다. 그러므로 마찬가지로, 모두가 지각하는 것이라야 '모두에게' 진리가 될 것이다. 그러나 흔히 우리 인간은 자기가 지각하는 것이 모두에게 진리라는 착각과 오류 속에서 살아간다. '모두에게' 진리인 무언가를 말하려면 먼저 편협한 자기중심주의를 벗어나야 함에도 그것을 생각하는 사람은 없다. 철학자라는 사람들도 마찬가지다. 아니, 어쩌면 더 할는지도 모른다. 장자의 말대로 도는 모든 것이 통하여 하나가 된 세계이다. 여기서 중요한 것은 '통하여' 하나가 된다는 것이다. 각자가 자기의 입장을 끝까지 내세운다면 우리는 통하지 못할 것이다. '통한다'는 것은 프로타고라스적인 용어로 말한다면 '자기만이' 혼자서 지각하는 것이어서는 안 되고 '모두가 다' 차별 없이 지각할 수 있는 어떤 무엇이라야 한다.

우리 인간은 천지만물 중 하나일 뿐이다. 우리의 지각과 판단은 우리 인류라는 종의 생존에 필요한 형태로 진화되어 왔다. 따라서 그것은 우리에게 진리다. 그러나 어디까지나 그것은 우리 인간에게 진리이지, 천지만물 중 인간을 뺀 나머지 여타의 종 전체에게까지 진리인 것은 아니다. 장자는 말한다. 사람은 집에서 살고, 미꾸라지는 습지에서 살며, 원숭이는 나무 위에서 산다. 이 셋 중에서 어느 쪽이 올바른 거처에서 살고 있는 것인가? 우리가 미꾸라지나 원숭이 더러 왜 너희들은 도대체 집에서 살지 않느냐고 말할 수 있을까? 사람은 밥과 고기를 먹고, 사슴은 풀을 먹고, 지네는 뱀을 먹고 올빼미는 쥐를 먹는데, 이 넷 중에서 어느 쪽이 올바른 맛을 알고 있는 것인가? 우리가 사슴이나 올빼미한테 왜 너희들은 도대체 밥을 먹지 않는 거냐고 말할 수 있을까? 이건 말도 안 되는 소리가 아닌가! 그런데 우리는 왜 이와 비슷한 말과 행동을 하면서 살아가는 걸까? 장자의 이 말은 우리 인간의 인식에는 필연적으로 오류가 따라다닐 수밖에 없다는 것을 보여준다. 왜냐하면 우리는 생태적으로 '인간중심적 사고'를 하고 살아가기 때문이다.

〈제물론〉의 철학적 가치는 이 세상 어떤 철학과 종교보다도 가장 예리하게 '인간중심주의'의 편협한 본질을 파헤쳐 보인다는 점이다. 이 점에서 장자는 프로타고라스와 완전히 결별한다. 〈제물론〉 전체는 옹졸하고 자폐적인 사상, 즉 인간중심주의에 대한 날카로운 풍자가 깔려 있다. 타물의 관계에서는 인간중심주의, 타집단과의 관계에서는 집단이기주의, 타인과의 관계에서는 자기중심주의라 불리는 이 여러 모습의 심리상태는 본질적으로 하나의 동일한 심리상태, 즉 '폐쇄성'에서 기인하는 것이다. 장자는 〈제물론〉을 통하여 우리 모두가 필연적으로 가지고 있는 우리 마음의 폐쇄성을 지적하며 그것을 넘어설 것을 권한다. 장자는 폐쇄되고 경직된 그 마음을 '근사지심近死之心'이라 불렀다. 〈제물론〉이란 이러한 마음의 상태를 넘어서라는 권유 외의 어떤 것도 아니다. '통하여' 하나가 된 세계, 그것이 제물론의 세계이며 천국이다. '막히고 폐쇄되어' 둘로 갈라진 세계, 그것이 고립된 자아의 세계이고, 지옥이다. 통通하면 살고 폐閉하면 죽는다.

장자, 쓸모없는 나무도 쓸모가 있다

꿈과 현실

장자가 〈제물론〉에서 하고자 하는 말은 결국 우리에게 저마다의 깊은 꿈에서 깨어나 높은 영원의 지평 위에서 인생을 바라보라는 것이다. 그렇게 보면 우리 인생이 달리 보일 것이다. 우리는 감각을 통하여 객관세계에 대한 '인상'을 받아들이고, 받아들여진 여러 인상을 모으고 종합하여 세계에 대한 우리의 '표상'을 완성시킨다. 그리고는 우리는 이것을 세계에 대한 참된 '인식'이라고 간주하고 살아간다. 그러나 이러한 우리의 인식은 사물 자체에 대한 참된 인식이 아니다. 우리는 다만 사물을 자기에게 맞게 감각적으로 표상하는 것뿐이지, 사물의 본성을 참답게 인식하는 것이 아니다.

다시 말하면 우리는 사물에 대하여 개인적 인상을 매개로 한 감각적 표상을 알 뿐이며, 이것을 사물자체로 간주하며 살아가고 있는 것이다. 요컨대 우리의 인식에는 본질적으로 결함이 내재되어 있다. 그리고 그 결함의 한복판에는 다름 아닌 우리의 욕망이 투사되어 있는 것이다. 이것이 철학자들과 깨달은 현자들이 한결같이 우리의 인생이란 꿈과 같은 것이라고 말하는 이유다. 그러나 철학자나 현자가 아닌 우리 평범한 사람들도 문득 어느 한순간 우리의 의식이 관조의 높은 경지에 이르러 각자의 생을 내려다보면, 그토록 생생하던 인생의 장면들이 마치 꿈속의 모습처럼 아득히 느껴질 때가 있다. 그때 우리는 인생이라는 꿈으로부터 잠시 깨어나 투명하고 순수한 세계를 힐끗 한번 예감해보는 것인지도 모른다. 큰 깨달음을 얻은 도인 장자가 여기 꿈 이야기를 내놓는다.

꿈속에서 술을 마시며 즐거워하던 자가 아침이 되면 현실에 슬피 울고, 꿈속에서 슬피 울던 자가 아침이 되면 즐겁게 사냥을 떠난다. 우리가 꿈을 꿀 때는 그것이 꿈인 줄도 모른다. 심지어 꿈속에서 해몽도 한다. 깨어나서야 비로소 그것이 꿈이었음을 알게 된다(覺而後 知其夢也). 또한 큰 깨어남이 있어야만 비로소 이 삶이 큰 꿈이라는 것을 알게 되는 것이다(大覺而後 知此其大夢也). 그런데도 어리석은 사람들은 자기들이 항상 깨어 있다고 자만하여 주제넘게 아는 체를 하면서 임금이니 목동이니 하지만 고루하기 짝이 없는 짓이다. 공자도 자네도 다 꿈을 꾸고 있는 것이며, 내가 공자나 자네나 꿈을 꾸고 있다고 말하는 것도 역시 꿈이다. 이러한 말을 사람들은 지극히 기묘하다고 할 것이다. 그러나 만세 뒤에 위대한 성인을 한번 만나서 그 뜻을 알게 된다 하더라도 그것은 일찍 만나는 행운이라 할 것이다.

夢飲酒者. 旦而哭泣. 夢哭泣者. 旦而田獵. 方其夢也. 不知其夢也. 夢之中又占其夢焉. 覺而後知其夢也. 且有大覺. 而後知此其大夢也. 而愚者自以爲覺. 竊竊然知之. 君乎牧乎. 固哉. 丘也與女皆夢也. 予謂女夢. 亦夢也. 是其言也. 其名爲弔詭. 萬世之後. 而一遇大聖. 知其解者. 是旦暮遇之也.

꿈과 현실의 차이는 무엇인가? 꿈을 꾸는 동안에는 그것이 꿈인 줄 모른다. 꿈에서 깨어나 현실로 돌아온 뒤에야 비로소 우리는 그것이 꿈이었음을 알게 된다. 즉, 우리가 꿈을 꿈인 줄 아는 것은 꿈에서 깨

장자, 쓸모없는 나무도 쓸모가 있다

어난 이후의 일이다. 만약 어떤 일로 인해 우리가 깨어나지 못하는 꿈을 계속 꾸도록 프로그래밍되어있다면 우리는 그것이 영원히 꿈인 줄도 모르고 몽유병자처럼 살다가 죽을 것이다. 그러나 우리는 다행히 그렇게 프로그래밍 되어있지 않다. 우리는 하루 8시간을 자면 깨어나게 되어있다. 이것이 우리 통상인과 몽유병자와의 차이다.

몽유병자는 하루 24시간이 꿈이다. 그에게는 잠자는 것도 꿈이고 깨어 있는 것도 꿈이다. 그리고 그 꿈이 그에게는 유일한 현실이다. 왜냐하면 그는 참된 현실을 보지 못하기 때문이다. 그는 자아 혹은 자아의 신화에 너무 골똘한 나머지 객관세계를 보지 못한다. 그에게는 자아 자체가 그대로 세계이며 현실이다. 자아를 벗어난 어떤 것도 그의 감각에는 지각되지 않는다. 그의 의식 수준은 철창으로 둘러싸인 캄캄한 감옥 안에 '단추구멍'이 하나 나 있는 정도다. 외부의 빛은 거의 들어오지 않는다. 그는 깊은 존재의 어둠 속에 갇혀 있는 사람이다. 그에 비해 우리 의식 수준은 그 감옥에 자그마한 '창문'이 하나 달려 있는 정도다. 겨우 암흑상태를 면했지만 여전히 어둡고 답답하며, 고립되어 있고 단절되어 있다. 그는 사물을 한쪽밖에 보지 못한다. 그가 보는 사물은 왜곡되어 있다.

장자는 여기서 한 단계 더 너머를 이야기하고 있다. 우리 통상인의 삶도 몽유병자의 그것과 마찬가지로 꿈의 연속인 것이며, 다만 우리는(역시 몽유병자처럼) 그것을 모르고 살아가고 있다는 것이다. 그런데 통상인은 여기서 깨어날 길이 없기 때문에 영원히 이것이 꿈인 줄을 모르고 살다 죽는다는 것이다. 장자는 말한다. 오직 큰 깨달음을 얻은 자만이 비로소 우리의 이 삶이 큰 꿈이라는 것을 알게 된다. 몽유병자와 통상인 사이에 현저한 의식 수준의 차이가 있듯이, 통상인과 깨달은 사람 사이에도 현저한 차이가 있다.

대각大覺, 즉 큰 깨어남이란 무엇인가? 그것은 우리 통상인이 갇혀 있는 캄캄한 감옥이라고 하는 것이 실은 우리 자신이 만들어낸 것이라는 것을 깨닫는다는 것이다. 깨달은 사람이란 어떤 사람인가? 그 존재의 감옥을 부수고 나와 모든 제약과 굴레를 벗어나서 절대 자유의 경지에서 훨훨 날아다니는 사람이다. 그는 사물의 참모습을 본다. 그는 사물을 왜곡시키지 않는다. 그는 사물을 있는 그대로 본다. 그는 다만 순수한 하늘의 눈目이 되어 거울처럼 사물을 볼 뿐, 인간의 관점에서 사물을 보지 않는다. 크게 깨어난 사람은 우리의 삶이 꿈의 소재로 이루어져 있음을 안다. 그러므로 그는 어떤 것에도 집착하지 않는다. 그는 분별심을 내지 않는다. 그는 유연하며 천지만물과 통한다. 그러나 잠들어 있는 몽중인은 우리의 삶이 꿈인 줄을 모른다. 그러므로 그는 눈 앞의 것에 집착한다. 그는 조바심을 내며 시비를 따지고 분별한다. 그는 경직되어 있고 천지만물과 막혀 있다.

본 그림자와 그림자의 그림자

장자의 우화 중에 매우 기이한 이야기가 두 그림자 사이에 주고받는 이야기다. 장자에 따르면 그림자에도 두 종류가 있는데, 영景과 망량罔兩이 그것이다. 영이란 본 그림자를 말하고, 망량罔兩이란 본 그림자 둘레에 생기는 희미한 그림자, 말하자면 그림자의 그림자다. 영은 물物의 본체로부터 한 차원 먼 것이고, 망량은 두 차원 먼 것이다.

그림자의 그림자가 그림자에게 물었다.

"당신은 조금 전에는 걸어가더니 지금은 멈추었고, 조금 전에는 앉아 있더니 지금은 서 있소. 어째서 그렇게 지조가 없는 거요?"

그림자가 대답했다.

"그것은, 내가 딴 것에 의존하기 때문에 그런 것이 아니겠소? 내가 의존하는 그것 역시 또 딴 것에 의존하기 때문에 그런 것이 아니겠소? 나는 뱀의 비늘이나 매미의 날개에 의존하는 셈 아니겠소? 그러나 왜 그런지를 내 알 수 없고, 왜 안 그런지 역시 내 알 수 없소."

罔兩問景曰. 曩子行. 今子止. 曩子坐. 今子起. 何其無特操與. 景曰. 吾有待而然者邪. 吾所待. 又有待而然者邪. 吾待蛇蚹蜩翼邪. 惡識所以然. 惡識所以不然.

이야기가 심오하다. 이 이야기는, 과연 우리 인간은 이 우주 안에서 완전하게 독립적 실체로서 존재하는가를 묻고 있다. 외형적으로 얼핏 보면 우리 인간은 자유의지free will를 가지고 자기의 판단에 따라 자유롭고 독립적으로 살아가는 것처럼 보인다. 그러나 그것은 많은 부분 우리의 착각이다. 우리는 한시도 이 우주, 이 존재계 전체의 도움 없이는 살아갈 수 없다. 그리고 존재계는 한없이 작은 미립자의 세계로부터 무한히 큰 은하계에 이르기까지 서로가 서로에게 상호 의존되어 있다. 이 우주 안에서 인과율의 지배를 받지 않는 것은 아무것도 없다. 하나의 사물이 있으면 그 사물에는 반드시 원인이 있으며, 그 원인에는 다시 더 높은 원인이 있고, 그 원인의 원인에는 또 그보다 한 차원

더 높은 원인이 있다. 이렇게 하여 근원에까지 올라가면 인간의 지혜로는 알 수 없는 궁극의 원인에 도달하게 될 것이고, 그 궁극의 원인이란 결국 도일 것이다. 그러므로 천지만물은 모두 도의 자식이다. 빅뱅Big-Bang의 반작용으로 우주가 붕괴되고 천지만물이 다 소멸한다 하더라도 이 우주의 에너지, 즉 기氣, 음양이기는 남을 것이며 음양이기를 지배할 도道도 남을 것이다. 도는 영원한 본체이며 사물은 오고가는 현상일 뿐이다. 그런 의미에서 우리 모두는 도의 그림자일 뿐이다. 그런 우리가 어찌 이 우주 안에서 완전한 독립적 실체라고 할 수 있겠는가. 모든 존재는 어느 누구도 이 우주 안에서 독립적일 수 없다. 모든 것은 모든 것에 대하여 상호 의존되어 있다. 우리는 마치 우리가 실체인 것처럼 알고 살아가고 있지만, 깊은 안목으로 우주의 실상을 바라보면 우리는 실체가 아니라 하나의 그림자에 불과한 것인지도 모른다는 것, 이것이 장자가 우리에게 던지는 메시지다.

여기서 한 가지, 장자는 묘하게도 〈물체〉와 〈그림자〉를 등장인물로 하지 않고 〈그림자〉와 〈그림자의 그림자〉를 등장인물로 내세우고 있다. 이 자체가 이채롭지 않은가? 역시, 장자의 철학적 깊이가 느껴지는 대목이다. 통상의 경우 우선 본체가 있고 그 다음에 그 본체의 그림자가 있기 때문에 2급의 작가들 같으면 여기서 아무 생각 없이 〈본체〉와 〈그림자〉를 들고 나왔을 텐데, 장자는 벌써 한 단계를 건너뛰고 있다. 여기에는 본체 자체는 보이지도 않는다. 본체는 아예 모습도 안 드러내는데 그림자끼리 서로 책임을 따지며 티격태격 말싸움을 하고 있다. 이 모습이 너무 가소롭지 않은가. 너무 우스꽝스럽지 않은가. 어떤 일에 대하여 진정으로 답을 알고 있는 자, 진정으로 책임을 떠맡고 있는 자는 아무 말이 없는데 아무것도 모르는 것들끼리 모여 매우 진지한 얼굴로 심각한 토론을 계속하고 있는 상황을 장자는 우리에게 아무 설명 없이 보여준다. 장자는 이 기이한 그림자 극을 통하여 우리 인생이라는 무대에 대해 깊은 통찰을 던진다. 너희 모두 역시 저와 같은 하나의 그림자가 아니겠느냐고 그는 묻는다.

두 번째로, 여기 그림자 이야기에는 뭔가 본말이 전도된 부분이 있다. 여기서 지금 지조가 있니 없니 하며 따지면서 책임추궁을 하고 있는데, 우스운 것은 따지는 쪽이 영景이 아니라 망량이라는 점이다.

사실 망량은 지금 영에게 무언가를 따질 입장이 전혀 아니다. 왜냐하면 망량은 자신의 존재 자체가 본 그림자에게 완전히 의존된 허깨비의 허깨비다. 그런 주제에 누구를 책망한단 말인가! 그는 본 그림자를 책망해서는 안 되고 무릎 꿇고 넙죽 절을 해야 맞다. 그런데도 망량은 이상한 자신감에 가득 차서 자신의 존재의 근원인 본 그림자에게 책임추궁을 하고 있다. 장자가 보여주는 이 모습 또한 얼마나 가소로우며 우스꽝스러운가. 참으로 신랄하기 그지없는 풍자다. 장자의 풍자는 너무도 예리해서 우리는 여기서 풍자를 하는지도 모르고 넘어갈 수도 있다. 본 그림자는 참 어이가 없었을 것이다. 그래도 어찌할 것인가.

'어리석은 자에게 내 무엇을 바라랴!' 그는 담담한 어조로 망량이 알아듣던 말던 자신이 아는 인생의 진실을 말해줄 뿐이다.

"그대와 나, 우리는 모두 누군가에게 의존해 있는 게 아니겠소. 우리 모두는 이 우주 안에서 도의 그림자가 아니겠소."

위에서 살펴본 장자의 그림자 이야기는 시인들의 마음에도 영감을 주었던 것 같다. 특히, 전원시인으로 알려진 도연명陶淵明은 노장사상에 심취했던 사람이었는데, 그의 시 중에 위의 그림자 이야기를 상기시키는 듯한 철학적인 시가 서너 편 있다. 그중 한 편을 소개한다.

그림자가 육체에게 답하다(影答形)

생명의 존재에 대해서는 말할 수도 없고 (存生不可言)

그 삶을 지키기에도 서툴러 언제나 괴롭다. (衛生每苦拙)

진실로 곤륜산과 화산華山에서 노닐고 싶지만 (誠願遊崑華)

그곳으로 가는 길은 아득하고 멀게 보인다. (邈然玆道絶)

그대와 만나 함께 한 이후로 (與子相遇來)

슬픔과 기쁨을 따로 생각하지 않았다. (未嘗異悲悅)

그늘에서 쉴 적에는 잠시 떨어진 듯하다가 (憩蔭若暫乖)

햇볕에만 나서면 함께 공존함을 느낀다. (止日終不別)

이러한 공존도 영원하기 어려운 것이니 (此同旣難常)

때가 오면 어둠 속으로 함께 사라진다. (黯爾俱時滅)

도연명의 이 시에서는 그림자가 자신의 존재에 대해서 깊이 이해하고 있는 점이 〈제물론〉 편의 그림자 이야기와는 좋은 대조를 이룬다. 다만, 그림자가 자기 존재의 덧없음을 너무 깊이 통찰하고 있어 전체적인 분위기가 우수에 젖어 있다.

장자와 나비

이야기가 드디어 '나비의 꿈' 이야기에까지 왔다. 《장자》라는 책의 최고봉은 〈제물론〉이고, 〈제물론〉의 정점은 나비의 꿈 이야기다. 그러므로 나비의 꿈 이야기는 장자의 '뼈 중의 뼈요, 살 중의 살'이다.

어느날 장주莊周는 꿈에 나비가 되었네.
훨훨 날아다니는 나비가 된 채
기분 좋게 즐기면서도 자기가 장주임을 알지 못하였네.
문득 깨어나 보니 엄연히 자신은 장주였네.
장주가 나비가 되는 꿈을 꾸었는지
나비가 장주가 되는 꿈을 꾸었는지 알 수가 없도다.
장주와 나비 사이에는 필시 구별이 있을 것이다.
이러한 변화를 일러 '물화物化'라 한다.

昔者. 莊周夢爲蝴蝶. 栩栩然蝴蝶也. 自喩適志與. 不知周也. 俄然覺,
則蘧蘧然周也. 不知周之夢爲胡蝶與. 胡蝶之夢爲周與. 周與胡蝶. 則必
有分矣. 此之謂物化.

한문 원문으로 치면 불과 60여 자에 불과한 '나비의 꿈' 이야기. 장자는 어떻게 이리도 심오한 이야기를 이토록 짧은 글 안에 다 담아냈

장주莊周 : '주周'는 장자의 이름.

단 말인가! 보면 볼수록 놀랍고 신기하다. 우선 여기에는 무얼 하면 천당 가고, 무얼 하면 지옥 간다는 식의 유치한 이야기는 전혀 없다. 장자의 세계는 그런 천박하고 야비한 세계가 아니다. 그리고 또 여기에는 열반적정涅槃寂靜이니 제법무아諸法無我니 하는 어려운 철학적 용어도 전혀 없다. 장자는 그런 개념적이고 관념적인 용어를 싫어한다. 그는 다만 우리에게 친근하고 평이한 어조로 우화 한 토막을 들려준다. 그런데 그 우화가 완전히 직관의 덩어리이다! 그리고 더욱 놀라운 것은 그 내용을 음미해보면 거기에 이미 천당과 지옥의 핵심문제, 열반적정과 제법무아의 참뜻이 다 들어있다는 점이다. 이 짧은 우화 한 토막 안에! 첫째 연을 보자.

어느날 장주는 꿈에 나비가 되었네.

그럴 수 있다. 또, 장자처럼 우리도 꿈에 나비가 될 수도 있고, 새가 될 수도 있고, 구름이 될 수도 있다. 다만, 여기서 눈여겨볼 부분은 그것이 왜 하필 '나비'인가 하는 점이다. 장자는 많은 후보군 중에서 의도적으로 나비를 선택했음이 분명하다. 사실 장자가 꿈에 소나 말 혹은 염소나 돼지가 되었다고 한다면 이 우화는 이렇게 성공하지 못했을 것이다. 성공은 고사하고 아마 《장자》에서 바로 퇴출되었을 것이다. 장자는 예리한 감각으로 나비로 정한 것이다. 같은 날아다니는 것이라고는 하지만, 벌도 아니고 나방도 아니고 잠자리도 아니다. 오로지 이 우화에는 나비만이 어울린다.

나비는 나비가 되기까지 무려 4단계의 존재의 변형을 겪는 곤충이다. 나비는 처음 알에서 시작하여 유충으로 한번 화化하고, 유충은 다시금 번데기로 화化하고, 번데기는 허물을 벗고 나비로 화하는 것이다. 그런데 이미 주지하다시피 《장자》 전체를 관통하여 흐르는 사상이 바로 '화'다.

장자의 철학은 이른바 '변화의 철학'이다. 《장자》 제1편 〈소요유〉 첫머리에서 장자가 들고 나온 문제가 바로 '존재의 변화'에 관한 문제다. 〈소요유〉 편 첫머리는 알다시피 물고기 곤이 붕으로 변화하는 것으로 시작된다. 소위 화하여 새가 된다는 '화이위조化而爲鳥'다. 장자는 인생에서 '화'를 매우 중요시하였다. 그는 거듭해서 '화'를 이야기한다. 변화하라. 변형되라. 낡은 허물을 벗고 새로운 존재로 다시 탄생하라. 장자가 말하는 '화'란 되어감becoming의 세계다. 이것은 있음being의 세계와는 다른 것이다. 옳건 그르건 지금의 세계는 항상 하나의 'Being'이다. 그러나 내일의 세계는 항상 하나의 'Becoming'이다. 'Being'은 오늘을 정점으로 낡아간다. 'Becoming'은 이 'Being'의 세계를 깨트리고 나오는 새로운 세계다.

우리 조상들은 항상 이 'Becoming의 세계', 즉 되어감化의 세계를 중시하였다. 대한민국 서울의 한복판에 있는 문의 이름이 광화문光化門 아닌가. 광화란 어둠이 물러가고 빛의 세계로 변모되어간다는 뜻 아닌가(광화문이란 이름은 세종 때 집현전에서 지은 것이다). 또 돈화문敦化門, 홍화문弘化門, 현재의 동소문등 문의 이름에 '될 화化' 자를 많이 사용했다. 돈화敦化란 점점 두터워지는 세계를, 홍화弘化란 점점 넓어지는 세계를 지향하는 의미들이다(유가에서도 화의 중요성을 알아본 것일까? 물론 그것은 당연한 이야기다. 유가에서도 변화를 이야기한다. 그러나 유가에서 말하는 것은 일종의 사회적·정치적 구호와도 같은 것이다. 존재론적 측면에서 개인의 영혼에 대해 이야기 하는 '내적 변화'의 철학은 장자에게서 비롯된 것이다).

나비는 몇 번이고 변화하여 보다 새롭고 위대한 존재로 다시 탄생한다. 장자는 나비를 보고 자기 철학의 위대한 상징물을 발견했던 것은 아닐까.

훨훨 날아다니는 나비가 된 채
기분 좋게 즐기면서도 자기가 장주임을 알지 못하였네.

장자는 지금 꿈속에 있다. 그러나 자기가 꿈속에 있음을 알지 못한다. 그는 나비가 되어 유쾌하게 여기저기 훨훨 날아다닌다. 그는 자신이 장주임을 잊어버리고 나비인 줄로만 알고 있다. 이것은 우리도 마찬가지다. 여기까지는 장자나 우리나 아무 차이가 없다. 우리 모두는 몽중인이며, 예쁜 꽃을 찾아 신나게 여기저기를 날아다닐 뿐이다.

문득 깨어나보니 엄연히 자신은 장주였네.

여기까지도 우리가 장자와 하등 다를 바 없었다. 문득 깨어나 자기 동일성을 확인하고 일상으로 돌아가는 과정이다.

장주가 나비가 되는 꿈을 꾸었는지
나비가 장주가 되는 꿈을 꾸었는지 알 수가 없도다.

장자, 쓸모없는 나무도 쓸모가 있다

이 구절이 문제다. 여기에서 장자와 우리는 확연히 갈린다. 우리 같으면, 유쾌하게 날아다니는 나비 꿈을 잘 꾸고 났으면 그걸로 끝이다. 그거야 어쩌다 한번 운 좋게 우리가 나비가 되는 꿈을 꾼 것이지, 그 꿈에 무슨 별다른 뜻이 있겠는가? 그런데 장자 이 사람, 정말 특이한 사람이다. 그는 여기서 우리와는 생각이 다르다. 장자는 그 꿈을 꾸고 나서 '장주가 나비가 되는 꿈을 꾸었구나' 하면 간단하게 끝날 일을 이상하게시리 한번 더 꼬와 일을 복잡하게 만들어버린다. 그는 이렇게 반문한다. '장주가 나비가 되는 꿈을 꾼 걸까, 아니면 나비가 장주가 되는 꿈을 꾼 걸까?' 아니, 뭐라구! 나비가 장주가 되는 꿈이라구! 실로 허를 찌르는 질문이다. 나는 아직까지 이렇게 심대하게 우리 인류라는 종의 전반적 존재기반을 무너뜨리는 질문을 들어본 적이 없다. 대체, 나비가 사람이 되는 꿈이라니!

장자는 나비 꿈을 꾸다가 잠에서 깨어났다. 그런데 아무래도 그 꿈이 심상치 않았던 모양이다. 꿈도 여러 종류가 있다. 어떤 때는 꿈을 꾸면서도 '이것이 꿈이구나' 하면서 꾸는 꿈도 있다. 이것은 아주 엷은 꿈으로, 의식과 무의식의 경계면에서 발생하는 꿈이다. 흔히 비몽사몽이라는 것이다. 이런 꿈에는 아무 의미가 없다. 둘째는 보다 깊은 꿈인데, 이것은 무의식의 중간층에서 발생하는 것으로, 보통 사람들이 꾸는 통상적인 꿈이 여기 해당한다. 이런 꿈에는 다소의 의미가 들어있다. 셋째는 아주 깊은 꿈인데, 이것은 저 밑바닥 무의식의 심층에서 떠오르는 꿈이다. 이것은 한 사람이 평생 두세 번 꿀까 말까 하는 특별한 꿈이고 거기에는 그 사람의 인생에 대한 중대한 계시가 들어있다. 첫 번째와 두 번째 꿈은 대체로 흑백화면인 데 반해, 세 번째 꿈은 총천연색이라는 게 이 분야 전공 학자들의 일반적 견해다. 아마 장자는 그날 세 번째 유형의 꿈을 꾸지 않았나 싶다. 현실보다도 더 강렬한 리얼리티를 가진 계시와도 같은 꿈, 그런 꿈은 너무도 생생하여 꿈이라고만 하고 그냥 넘어갈 수 없는 무엇이 그 안에 있다.

어찌됐건 장자는 나비 꿈을 꾸고 깨어났다. 그리고 그것이 꿈이라는 걸 알았다. 그러나 꿈에서 깨어난 후 장자는 우리가 살고 있는 이 우주체계에 대하여 곰곰이 생각해보다가 마침내 위대한 통찰에 도달하게 되었다. 즉, 사실은 자기가 장주가 아니라 원래 나비인데 세상사에 바삐 쫓기다 보니 나비라는 자신의 본 모습을 잊어버리고, 그 나비가 꾼 꿈속에서 장주라는 인물이 되어 살아가고 있는 것이 아닌가 하는 심오한 깨달음에 도달한 것이다. 이른바 장자의 득도의 순간이다. 요컨대 장자는 이날 두 번 꿈을 깬 것이다. 한 번은 나비가 되어 날던 꿈을 꾸다가 깬 것이고, 두 번째는 장주가 되어 살고 있는 꿈을 꾸다가 깬 것이다. 첫 번째 꿈을 깬 것은 나비가 꿈이란 것을 알게 된 평범한 '각覺'이고, 두 번째 꿈을 깬 것은 장주 역시 하나의 꿈일 수 있다는 것을 깨우친 '대각'이다. 이른바 큰 깨어남이 있어야 비로소 이 삶이 큰 꿈이라는 것을 알게 되는 것(大覺而後知此其大夢也)이라던 앞에서의 장자의 말은 바로 이것을 두고 하는 말이다. 이 '대각'을 통하여 장자는 높은 도의 경지에 올라선 것이다.

또한 여기서 장주 역시 하나의 꿈일 수 있다는 결론은 앞의 그림자 이야기에서 나왔던 결론과 같은 맥락이라는 점을 상기하기 바란다. 본 그림자가 말하지 않았던가.

"우리 모두는 딴 것에 의존하는 존재가 아니겠소. 우리 모두는 이 우주 안에서 도의 그림자가 아니겠소."

그렇다. 우리 모두는 엄격히 따지자면 도의 그림자요 꿈이다.

12세기 페르시아의 위대한 시인이요, 신비주의자였던 오마르 카이얌Omar khayyam은 그의 시집 《루바이야트The Rubaiyat》에서 장자와 어깨를 견줄 만한 심오한 통찰을 보여준다.

우리들은 그림자극劇에 나타나는 그림자와 같은 것.
극을 연출하시는 그분께서
한밤중에 태양의 등을 환히 켜면
우리는 일제히 거기 맞춰 줄지어 오고간다.

– 68번 루바이

낮과 밤이 수놓아진 인생의 장기판 위에
우리들은 그분의 부림을 받는 힘없는 말들.
이리저리 뛰어다니며 장군멍군 하다가
이윽고 하나씩 무대 뒤로 사라져간다.

– 69번 루바이

폴로경기의 공은 싫다 좋다 말이 없다.
다만 치는 자의 뜻에 따라 이리저리 굴러갈 뿐
그대를 이 필드field 안으로 굴려 넣으신 분,
그분만이 모든 것을 알고 계시리, 오직 그분만이

– 70번 루바이

오마르 카이얌은 우리 존재의 무상한 본질을 꿰뚫어본다. 그는 이 우주의 참 주인이 누구인지를 안다. 그는 단호한 초월주의적 세계관 위에 서서 담담한 어조로 우리에게 말한다. '그대와 나, 우리 모두는 무대 위의 그림자요 꿈이다.'라고. 다만 오마르 카이얌은 유신론적 문화권 안에서 살았기 때문에 장자가 모든 것을 도에 돌렸던 것처럼 신에게 돌리고 있는 것뿐이다. 그러나 양자의 관점은 같은 것이다. 만약 오마르가 《장자》를 읽었다면 그는 남몰래 슬며시 미소 짓지 않았을까.

장주와 나비 사이에는 필시 구별分이 있을 것이다.
이러한 변화를 일러 '물화物化'라 한다.

'나비의 꿈' 이야기의 결론 부분이다. 그는 여기서 두 가지를 이야기한다. 첫째는 사물과 사물 사이의 구별分, 둘째는 사물과 사물 사이의 구별을 뛰어넘는 변화, 즉 '물화'가 그것이다. '물화'란 장자가 제시하는 〈제물론〉의 최종 결론이다. 이 '물화'는 매우 번역하기 어려운 용어다. 제대로 설명하려면 이 용어 하나만을 가지고도 책을 한 권 쓸 수 있을 정도다. 다만 나는 이것을 우선 '사물과 사물의 넘나듦'이라고 번역해두기로 한다.

장자는 우선 사물과 사물 사이의 구별을 말한다. 그가 아무리 초월론자라고 하더라도 눈앞에 존재하는 물物과 물物 사이의 구별을 부인할 만큼 과격하지는 않다. 분명 장주는 장주고 나비는 나비다. 이 둘 사이에는 분명히 구별이 있다. 현실의 세계에서 이것을 부인할 수는 없다. 그러나 현실을 형성시키며 현실을 있게 만드는, 현실 너머의 근원의 세계에서도 양자에는 구별이 있을까? 그 보이지 않는 세계에서도 양자는 처음부터 구별되는 존재였을까? 이 우주만물 전체는 언젠가 모두가 모두를 서로 품었던 혼연일체의 한 덩어리이지 않았던가. 천지만물은 결국 한 몸이 아닌가.

장자에 의할 때 '물'이 형성되기 이전에 이 우주는 '기'로 가득 차 있었다. 물이란 형체를 가진 개별적 존재이며, 기란 형체가 없는 우주적 존재다. 기가 모이면 물이 되고, 물이 흩어지면 기가 된다. 즉, 만물은 모두 기로 이루어진 것이다. 요컨대, '만물일기萬物一氣'다.

《장자》의 나비의 꿈 이야기를 배후에서 이론적으로 떠받치고 있는 사상이 바로 이 '만물일기사상'이다. 나비의 꿈 이야기는 이 만물일기 사상 없이는 제대로 이해될 수 없다. 장주와 나비는 각자 다른 형상을 가진 개물個物로서 존재하고 있지만, 그 물이라는 형상을 한꺼풀 벗기고 나면 장주와 나비는 모두 동일한 하나의 기로 되어있다. 그렇기 때문에 근원의 관점에서 볼 때 양자는 서로 넘나들 수 있는 것이다.

〈대종사大宗師〉 편에 보면 나비의 꿈 이야기와는 외형상 다르지만, 역시 또한 만물일기사상을 근거로 하여 사물과 사물이 서로 넘나드는 '물화'에 관한 이야기가 나온다. 자사子祀, 자여子輿, 자려子犁, 자래子來, 네 사람은 친구 사이다. 그것도 아주 절친한 친구, 소위 막역지우莫逆之友다. 그런데 이들이 두가지 이야기를 전하는데, 첫 번째 이야기는 이들 중 자여가 루게릭 같은 희귀병에 걸려 사지가 오그라들자 자사가 문병을 가는 걸로 시작한다.

자여가 갑자기 병이 나서 자사가 문병을 했다. 자여가 말했다.

"위대하구나. 저 조물자. 나를 이처럼 오그라들게 하다니."

그의 등은 곱추처럼 굽고, 등뼈는 튀어나오고, 오장은 위로 올라가고, 턱은 배꼽에 묻히고, 어깨는 정수리보다 높고, 목덜미는 하늘을 가리키고 있었다. 음양의기가 어지러워진 것이다.

(중략)

자사가 물어보았다. "자네는 그게 싫은가?"

자여는 대답했다. "천만에. 내가 왜 싫어하겠는가? 조물자가 내 왼팔을 점점 변하게 하여 '닭'으로 만들면 나는 그것으로 새벽을 알리겠네. 조물자가 내 오른팔을 점점 변하게 하여 '활'로 만들면 나는 그것으로 새를 잡아 구워 먹겠네."

俄而子輿有病. 子祀往問之. 曰. 偉哉. 夫造物者. 將以予爲此拘拘也.
曲僂發背. 上有五管. 頤隱於齊. 肩高於頂 句贅指天. 陰陽之氣有沴.
子祀曰. 汝惡之乎. 曰. 亡. 予何惡. 浸假而化予之左臂以爲雞. 予因以
求時夜. 浸假而化予之右臂以爲彈. 予因以求鴞炙

- 〈대종사〉

이 이야기에서 주목할 점은 병든 자여가 하는 말이다. 그는 자기 왼팔이 닭으로 변하고, 오른팔이 활로 변할 수 있다는 이야기를 태연히 하고 있다. 앞서의 장주와 나비 사이의 '물화'보다 훨씬 더 세분화되고 구체화된 형태의 '물화'를 보여주고 있다. 또 나비의 꿈에서는 나비라는 것이 꿈속의 대상이었는 데 반해 여기서는 닭 혹은 활이라는 것

장자, 쓸모없는 나무도 쓸모가 있다

이 현실의 대상이라는 점도 다른 점이다. 꿈도 아니고 현실에서 사람의 팔이 변하여 닭이 된다는 것은 기이한 상상력이지만, 이 상상력의 이면에는 사람의 팔이나 닭이 모두 음양의 기로 만들어져 있다는 만물일기의 관념이 깔려 있는 것이다(그리고 이 이야기는 오늘날 첨단 생명공학, 특히 줄기세포 등의 관점에서 볼 때 그리 놀랄 일도 아니다. 오늘날의 의료기술은 이미 동물 사이에서 종의 장벽을 뛰어넘고 있지 않은가).

두 번째 이야기는 나머지 두 사람, 자래와 자려 사이에서 벌어진다. 여기서는 자래가 병이 나서 죽게 되자 자려가 문병을 가는 걸로 되어 있다. 앞서 자여의 병보다 위중하다. 자여는 단지 병에 걸린 상태일 뿐이지만 여기의 자래는 바야흐로 죽어가고 있다.

갑자기 자래에게 병이 났다. 숨이 차서 금방이라도 죽을 것 같아 처와 자식들이 둘러앉아 울고 있었다. 그때 문병 간 자려가 "자, 저리들 비키세요. 돌아가시는 분을 놀라게 하지 마세요." 하더니 문에 기대어 자래에게 이렇게 말했다. "위대하구나, 저 조화여! 조화의 힘은 또 자네를 무엇으로 만들고 어디로 데려가려는 것일까? 자네를 '쥐의 간鼠肝'으로 만들려나, '벌레의 팔뚝蟲臂'으로 만들려나?"

俄而子來有病. 喘喘然將死. 其妻子環而泣之. 子犁往問之. 曰. 叱. 避. 無怛化. 倚其戶與之語. 曰. 偉哉. 造化又將奚以汝爲. 將奚以汝適. 以汝爲鼠肝乎. 以汝爲蟲臂乎.

— 〈대종사〉

'나비의 꿈'에서 장주와 나비가 서로 넘나드는 것과 마찬가지로 여기서도 역시 종의 구별을 뛰어넘어 자래가 쥐나 벌레와 서로 넘나들 수 있다는 관념을 보여주고 있다. 다만, 장자는 여기서는 나비처럼 우아한 생물을 들고 나오는 것이 아니라 하필이면 쥐나 벌레 따위의 징그러운 생물을 예로 들고 있다. 왜 그랬을까? 그것은 아마도 장자가 가장 위대한 종인 인간(적어도 우리는 그렇게 생각하고 있으니까)과 가장 하찮은 종인 미물을 일부러 대비시키기 위함일 것이다. 말하자면 종의 차이가 가장 큰 것들을 의도적으로 대비시킴으로써 우리 인간들에게 무언가 생각해볼 기회를 주는 것이라고나 할까. 어찌됐건 나비가 아니라 쥐나 벌레, 그것도 보다 세분하여 쥐에서는 간, 벌레에서는 팔뚝이라는 식으로 구체적이고도 사실적으로 적시하고 있는데, 이런 점들 때문에 표현이 생생하다.

나비의 꿈은 나비의 '꿈속'에서의 이야기였다. 그리고 앞서 자여의 이야기에서 닭으로의 변화는 '현실'에서의 이야기였다. 그런데 여기 자래의 이야기에서 쥐의 간이나 벌레의 팔뚝으로의 변화는 죽은 후의 '내생'에 관한 이야기다. 즉, 장자는 '물화物化'에 관하여 물화가 행해질 수 있는 전全 영역을 보여준 셈이라 하겠다. 꿈에서, 현실에서, 그리고 내생에서의 사물끼리의 넘나듦을 장자는 모두 보여준다. 물화는 '나비의 꿈'에서처럼 꿈에서만 일어나는 것이 아니라 현실에서도 일어날 수 있는 것이다. 꿈을 통해서는 우리가 '물화'에 대한 최초의 통찰을 얻은 것이고, 그렇게 얻은 위대한 통찰력으로 사물을 꿰뚫어보았더니 현실의 사물들 상호 간에도 '물화'가 행해지고 있음을 알게 된 것이며, 그 '물화'는 또한 하나의 개체가 죽은 이후에도 시간을 초월하여 이 우

장자, 쓸모없는 나무도 쓸모가 있다

주 안에서 영원히 행해지고 있다는 사실을 아울러 깨닫게 된 것이다.

장자는 말한다. 우주만물은 하나이다萬物一氣. 모든 것은 모든 것과 서로 연결되어 있다. 그 자체로 홀로 독립자존하는 개별적 실체라는 것은 이 우주에 존재하지 않는다. 사물의 외형에 사로잡히지 마라. 보이지 않는 사물의 이면을 꿰뚫어보라. 장주와 나비, 무엇이 같고 무엇이 다른가?

장주와 나비 사이에는 필시 구별分이 있을 것이다.
이러한 변화를 일러 '물화物化'라 한다.

겉에서 보기에는 장주와 나비 사이에는 분명 구별이 있다. 그러나 보이지 않는 근원의 힘은 현상세계의 벽을 가로지른다. 그 힘은 사물과 사물사이를 넘나든다. 이것이 바로 '물화'다. 혼연일체의 근원적 세계에 무슨 물物과 물物의 구분이 있겠는가. 거기에서는 장주가 나비이고, 나비가 장주가 될 수 있는 것이다. 장자 〈제물론〉이 보여주는 '물화'의 세계는 아무런 차별도 존재하지 않는 궁극의 세계다.

'물화'의 세계는 자기만은 기어이 천국에 가겠다고 아등바등하는 그 자아가 이미 소멸한 경지, 즉 상아 혹은 무아의 경지로서 천당과 지옥이 이미 다 녹아내린 절대의 세계. 거기에는 나와 너의 구별이 존재하지 않는다. 거기에는 모든 것이 서로 통하여 한 가지가 된다. 이것이 장자가 말하는 '도'다. 남곽자기(제물론의 첫 장면에 등장했던 그 사람)는 드높은 망아의 경지에 올라앉아 자신을 잊어버린 채 고요히 하늘피리소리를 듣고 있다. 남곽자기는 제법무아諸法無我가 무엇인지, 열반적정涅槃寂靜이 무엇인지 모르지만 이미 그 자신이 그 경지를 즐기고 있는 사람이다. 더욱이 그는 혼자만의 고립된 열반 같은 것은 원하지도 않는다. 그는 상아의 경지에 들어 모든 만물이 통하여 하나가 된 '도'의 세계, 만물이 서로서로 넘나들며 교류하는 '물화'의 세계에서 이 우주와 더불어 영원 속을 오가며 소요유하고 있는 것이다.

장자와 플라톤과 붓다

장자에게 '나비의 꿈' 우화가 있다면, 플라톤에게는 '동굴의 비유'가 있다. 플라톤에 의하면 인간은 땅밑에 있는 동굴 모양의 거처에서 살고 있는 죄수들이며, 그러한 인간이 보는 사물이란 동굴 외부에 존재하는 실물이 불빛을 받아 그로 인해 동굴 벽에 투영된 그림자에 지나지 않는다. 그러나 사정이 이와 같음에도 불구하고 우리 인간은 태어나면서부터 동굴에 갇혀 손발이 묶인 채 오직 벽면에 투영된 그림자만 보아왔기 때문에 여전히 그림자를 실물로 착각하며 살아가고 있다는 것이다.

"땅밑에 있는 동굴 모양의 거처에서 살고 있는 사람들을 상상해주게. 그 사람들은 그 거처 속에서 어려서부터 발과 목이 묶여 있기 때문에 같은 자리에만 머물러 있고, 사슬 때문에 머리를 뒤로 돌릴 수가 없어 그저 앞만 보고 있는 것이지. 그리고 또 이렇게도 상상해보게. 그들의 뒤쪽 높고 먼 곳에 불이 타고 있어서 그 불빛이 그들을 비추고 있는데, 그 불과 죄수들과의 사이에는 길 하나가 뒤쪽으로 나있고, 그 길에 따라 벽이 세워져 있다고 하세. 그건 마치 인형 조종사 앞에 칸막이가 놓여 있어서 그 위에서 구경꾼들에게 꼭 두각시 놀음을 보여주는 것과 같은 경우일세." 하고 내가 말했네.

"그참, 이상한 모습의 이상한 죄수들의 비유를 말씀하시는군요." 하고 그가 말했네.

"그들은 우리 자신과 비슷한 사람들일세." 하고 내가 말했네.

"왜 그런고 하니, 우선 첫째로 그런 사람들은 그들 자신이나 서로 간에 그들의 정면에 있는 동굴의 일부에 불빛으로 인해 투영된 그림자 말고 뭔가 다른 것을 본 일이 있으리라고 자넨 생각하는가?"

"만약 그들이 평생토록 머리를 움직이지 못하게 억압당하고 있다면, 그런 일은 가능하지 않겠지요." 하고 그가 말했네.

"이렇게 해서, 그런 죄수들은 모든 면에 있어서 오직 여러 가지 인공적인 물건의 그림자만을 진실한 것이라고 생각하는 걸세." 하고 내가 말했네.

– 《국가》, 플라톤

플라톤이 제시한 이러한 관점은 장자가 나비의 꿈에서 제시한 초월적 세계관과 아무런 차이가 없다. 한 사람은 인간이 보는 현실이 '그림자'라고 하고, 또 한 사람은 '꿈'이라고 하고 있다. 요컨대, 플라톤의 '동굴의 비유'는 장자의 '나비의 꿈' 우화와 별 다를 바가 없다. 양자는 동일한 세계관의 표현이다. 다만, 플라톤은 관념철학의 대가답게 위의 논의로부터 자기철학의 종국적 개념인 '선의 이데아'를 도출해내는 데 반해, 장자는 대각을 이룬 원숙한 현자답게 모든 만물을 하나로 보는 '제물론'의 위대한 세계로 우리를 이끌어간다. 이것이 중국과 그리스 철학의 최고봉에서 우리가 마주치는 장면이다.

그러면 인도 쪽에서는 어떤가? 인도 쪽에는 인류역사상 가장 강력한 초월주의 철학자 붓다가 있다. 우리는 지금까지 장자와 플라톤을 통해 인간이 보는 현실이 어딘가 꿈과 같고, 또 그림자 같다는 결론을 몇 차례 접한 바 있다. 그런데 이러한 결론은 우리가 불교에 발을 디디는 순간 도처에서 메아리처럼 들려오게 된다. 붓다는 많은 경을 말하였는데, 그 중 붓다의 핵심적 사상을 담고 있는 경전 중 하나가《반야경般若經》계통이다. 이 반야경은 전체가 무려 600권에 달하는 방대한 양인데 이 반야경을 대표하는 것이《금강반야경》, 즉 우리가《금강경金剛經》이라고 부르는 것이다. 금강경은 많은 위대한 통찰로 가득차 있는 책이지만, 그 책의 결론부는 특히 유명하다. 붓다는 반야부 600권 전체의 결론을 하나의 문장에 담는다.

> 일체의 사물은 꿈夢과 같고 환영幻과 같고
> 물거품泡과 같고 그림자影와 같으며,
> 또한 이슬露과 같고 번개電와 같도다.

> 一切有爲法 如夢幻泡影 如露亦如電

붓다는 충격적이며 장엄한 이 초월주의적 선언으로 자신의 세계를 완결시켰다. 붓다의 세계인식은 이와 같았고, 여기로부터 한 발짝도 물러설 수 없었다. 그러나 후일 불교가 중국에 수입되었을 때 너무도 철학적인 이러한 불교는 중국인들의 현세주의에 부닥쳐 고전을 면치 못하게 되었다. 그때 뛰어난 불교승려들이 발견했던 복음과도 같은 책, 그것이 바로《장자》였다. 특히, 장자의〈제물론〉은 불교의 핵심경전인《금강경》의 사상을 중국식으로 풀이해놓은 듯한 착각을 불러일으켰다. 장자는〈제물론〉에서 몇 번이고 말하지 않았던가. 인생은 꿈과 같고, 그림자 같다고. 양자는 높은 초월적 세계관에서 근원적으로 일맥상통하는 그 무엇인가를 지니고 있었던 것이다.

제3편

양생주 / 養生主

생 명 을

키 우 는

큰 / 기 틀

푸줏간 주인 포정 이야기

포정과 문혜군

장자는 〈제물론〉에서 차별이 없고 구별이 없는 절대의 세계를 펼쳐 보였다. 그 세계는 장자가 꿈에 그리는 이상향이며 유토피아이며 파라다이스다. 그 세계는 높고 위대하다. 아무나 쉽게 그 세계에 도달할 수는 없다. 소수의 선택받은 사람들만이 그 궁극의 세계를 체험할 수 있다. 그렇다면 그 세계를 체험하고 다시 세상으로 돌아온 사람들은 어떤 모습으로 살아갈까? 그런 사람들이야말로 외형상 드러난 사회적 신분과는 무관하게, 진실로 '참된 인생을 살아가는 방법'을 알고 있는 사람들 아닐까? 〈제물론〉 다음에 이어지는 〈양생주養生主〉에서 장자는 이 문제를 논한다.

〈양생주〉란 어의語意에 충실하게 해석하자면 '생명을 북돋는 일養生의 요체主'라고 할 수 있지만, 조금 넓게 해석하면 '참된 인생을 누리게 하는 요체' 혹은 단순히 '참된 인생을 살아가는 방법'이라고 할 수도 있다. 장자는 이 이야기를 비천한 직업을 가진 푸줏간주인 정丁과

임금 문혜군文惠君을 내세워 풀어간다.

포정이라는 요리사가 문혜군을 위해 소를 잡은 일이 있었다. 그가 손을 대거나, 어깨를 기울이거나, 발로 누르거나, 무릎을 구부리거나 하면 그 동작에 따라 살과 뼈가 툭툭 떨어져 나갔다. 칼이 지나갈 때마다 서걱서걱 설경설경 소리가 나는데 모두가 음률에 들어맞았다. 그의 동작은 상림桑林, 은나라 때의 음에 맞춰 춤추는 듯하였고, 경수經首, 요임금 때의 음악에 맞춰 율동하는 것 같았다.

문혜군이 말했다. "아 훌륭하구나. 기술技이 어찌 이런 경지에까지 오를 수가 있는가?"

포정이 칼을 내려놓고 대답했다. "제가 귀히 여기는 것은 도道입니다. 기술을 넘어선 것이지요. 제가 처음 소를 잡을 때는 눈에 보이는 것이 온통 소뿐이었습니다. 삼 년이 지나자 완전한 소가 보이는 일이 없어졌습니다. 지금에 이르러서는 저는 정신으로 소를 대하지 눈으로 보지 않습니다. 감각의 작용이 멈추면官知止, 정신이 알아서 저절로 움직이는 것입니다神慾行. 천연의 결天理을 따라 큰 틈바구니에 칼을 밀어넣고, 큰 구멍에 칼을 댑니다. 소의 본래의 구조에 따라 칼을 쓰므로 인대나 근육을 베어본 일이 없습니다. 큰 뼈야 말할 나위도 없지 않겠습니까?

훌륭한 백정은 1년마다 칼을 바꾸는데, 그것은 살을 자르기 때문입니다. 보통 백정들은 한 달마다 칼을 바꾸는데, 그것은 뼈를 자르기 때문입니다. 지금 저의 칼은 19년이 되었으며, 그 사이 잡은 소는 수천 마리나 됩니다. 그러나 칼날은 이제 막 숫돌에 갈려 나

장자, 쓸모없는 나무도 쓸모가 있다

온 것 같습니다. 소의 뼈마디에는 틈이 있고, 이 칼날에는 두께가 없습니다. 두께 없는 칼날이 틈 있는 뼈마디로 들어가니 텅 빈 것처럼 넓어, 칼이 마음대로 놀 수 있는 여지가 생기는 것입니다. 그러기에 19년이 지났는데도 칼날이 숫돌에서 막 갈려 나온 것 같은 것입니다.

그렇지만 근육과 뼈가 닿는 곳에 이를 때마다 저는 다루기 어려움을 알고 두려워 조심합니다. 시선은 하는 일에만 집중하고 동작을 늦추며 칼을 매우 미세하게 움직이게 됩니다. 그러면 뼈와 살이 툭 하고 갈라지는데 그 소리가 마치 흙덩이가 땅에 떨어지는 소리와 같습니다. 그러면 칼을 들고 서서 사방을 둘러보며 만족스런 기분에 잠깁니다. 그리고는 칼을 닦아 잘 간수해둡니다."

문혜군이 말했다.

"훌륭한지고! 나는 오늘 포정의 말을 듣고 '양생'의 도를 터득했노라."

庖丁爲文惠君解牛. 手之所觸. 肩之所倚. 足之所履. 膝之所踦. 砉然嚮然. 奏刀騞然. 莫不中音. 合於桑林之舞. 乃中經首之會. 文惠君曰. 譆. 善哉. 技蓋至此乎. 庖丁釋刀對曰. 臣之所好者道也. 進乎技矣. 始臣之解牛之時. 所見無非全牛者. 三年之後. 未嘗見全牛也. 方今之時. 臣以神遇. 而不以目視. 官知止而神欲行. 依乎天理. 批大郤. 導大窾. 因其固然. 技經肯綮之未嘗. 而況大軱乎. 良庖歲更刀. 割也. 族庖月更刀. 折也. 今臣之刀十九年矣. 所解數千牛矣. 而刀刃若新發於硎. 彼節者有間. 而刀刃者無厚. 以無厚入有間. 恢恢乎. 其於遊刃. 必有餘地

矣. 是以十九年而刀刃若新發於硎. 雖然. 每至於族. 吾見其難爲. 怵
然爲戒. 視爲止. 行爲遲. 動刀甚微. 謋然已解. 如土委地. 提刀而立.
爲之四顧. 爲之躊躇滿志. 善刀而藏之. 文惠君曰. 善哉. 吾聞包丁之
言. 得養生焉.

- 〈양생주〉

먼저 인물들을 살펴보자. 포정과 문혜군, 둘 다 예사로운 인물들이
아니다. 물론 포정은 가공의 인물이다. 반면 문혜군은 역사상 실존했
던 인물이다. 장자는 지금 가공의 인물 포정과 실제의 인물 문혜군을
내세워 한 편의 설화를 만들어내고 있다. 여기 등장하는 문혜군은 전
국시대 양梁나라의 혜왕惠王이라는 인물이다. 그가 군君으로도 불리고
왕으로도 불리는 것은 원래 그가 제후로서 일개 군이었으나 스스로
왕을 칭하였기 때문이다. 춘추시대 5패 중 하나였던 진晉이 전국시대
에 이르러 한·위·조 삼국으로 분할되는데, 문혜군은 이중 위나라의
제후였던 바, 그중에서 가장 먼저 왕이라 칭하였던 인물이다.

여기서 문혜군, 즉 양혜왕은 두 가지 점에서 주목을 요한다.

첫째는 이 인물이 맹자에게 자신의 치세가 다른 왕들보다 낫지 않느
냐고 물었다가 당신의 치세나 다른 왕들의 치세나 모두 '50보 100보'
라는 그 유명한 핀잔을 들은 바로 그 사람이다(50보 100보 어원이 여기
서 유래한 것이다). 맹자는 그 일로 결국 양혜왕에게 부름을 받지 못하
고 끝난다. 두 번째는 《장자》에 대화의 상대방으로 자주 등장하는 장
자의 라이벌 혜시惠施가 있다. 이 혜시가 한창 때 어떤 왕 밑에서 재상
을 지낸 적이 있는데 바로 그 왕이 양혜왕이다. 정리해보자면 양혜왕

장자, 쓸모없는 나무도 쓸모가 있다

은 맹자는 내치고 혜시는 받아들였던 것이다.

양혜왕은 여러 제후국 중에서 가장 먼저 왕을 칭했던 만큼 세력 확장의 야망을 크게 가졌던 인물이고, 그러다 보니 천하의 인재를 끌어들이기 위해 나름대로 애를 썼던 인물이었던 모양이다. 사마천의《사기史記》에 '양혜왕 35년, 왕이 겸손한 태도와 후한 예물로써 어진 이를 청했기 때문에 맹자가 양梁나라에 이르렀다'고 기록되어 있다. 장자가 〈양생주〉에서 포정 이야기를 하면서 양혜왕 문혜군을 끌어들인 것은 아마도 그가 '어진 이'를 청하는 일로 당시에 상당히 유명했던 인물이었기 때문이 아닌가 생각된다. 어찌됐건 장자로서는 친구 혜시를 통해 문혜군이 어떤 인물인지를 상당히 소상하게 들었을 것이기 때문에 그걸 기초로 해서 이 설화를 보다 생생하게 구성하지 않았나 싶다.

두 번째로 포정을 살펴보자. 이 이야기의 주인공은 포정인데, 그렇다면 포정은 대체 어떤 인물인가? 그는 말하자면 평범한 외관 속에 자신을 감추고 사는 위대한 인물에 대한 하나의 은유다. 옛 사람들의 말에 '소은小隱은 산 속에 숨고 대은大隱은 시항市巷에 숨는다'라는 말이 있는데, 여기의 포정이 바로 시장 바닥에 숨은 대은이다. 그는 세상을 벗어나 어디 깊은 산속으로 숨지 않는다. 그는 어디로도 숨지 않는다. 그는 도시에서 사람들과 섞여 산다. 아무도 그가 누군지 모른다. 그는 완전히 자신을 감춘 채 평범한 외관을 하고 살아간다. 여기 포정은 평범하다 못해 비천한 외관을 하고 있다. 그는 백정이다.

이 설정은 다소 충격적이다. 아무리 문혜군이 통큰 인물이라 하더라도 일개 소 잡는 백정에게 양생의 도를 물을 수는 없다. 요컨대 문혜군과 포정은 만날 수 있는 사이가 아니다. 그런데도 장자는 두 인물을 만나게 한다. 여기부터가 재미있는 이야기다. 이렇게 해놓아야 거기에서 진기한 어떤 스토리가 한 토막 나오게 되는 것이다.

왕이란 그 나라의 지존이다. 백정이란 그 나라에서 가장 천한 직업이다. 지금이야 그렇지 않지만, 과거 동양사회에서는 백정은 그 사회의 가장 밑바닥에 놓인 비천한 직업군으로서, 인간 이하의 대접을 받고 살았다. 어떻게 백정이 감히 임금의 용안을 알현할 수가 있었겠는가. 그건 현실적으로 있을 수 없는 일이다. 더욱이 이 이야기에서 대화의 주인공은 백정이고, 임금은 대화의 객체에 불과하다.

위에서 살펴본 바와 같이 포정은 거의 법을 설設하는 위치에 있고, 문혜군은 열심히 경청하다가 박수나 치는 역을 맡고 있다. 포정이 하는 설법의 내용도 중요하지만, 이러한 형식 자체가 우선 중요하다. 이러한 형식은 유가적 위계질서관념을 뒤흔들어놓는다. 유가의 경전 중에 백정이 설교를 하고 왕이 공손히 경청하는 따위의 것은 존재하지 않는다. 장자는 지금 왕과 백정을 뒤집어놓은 것이다. 세상일에서는 왕이 위에 있고 백정은 가장 아래 있는 자이지만, 도에 있어서는 백정이 위에 있고 왕이 아래에 있음을 장자는 우리에게 보여주고 있다. 장자는 상식을 뒤엎고 통념을 폐기시킨다. 장자는 이것을 반어적 어법으로 이렇게 말한다.

하늘의 소인이 사람에게는 군자요,
하늘의 군자가 사람에게는 소인이라.
天之小人 人之君子, 天之君子 人之小人

– 〈대종사〉

장자, 쓸모없는 나무도 쓸모가 있다

이 말은 예수가 하늘의 것과 땅의 것에 관한 제자의 질문에 "카이자의 것은 카이자에게"라고 했던 말보다 훨씬 더 불온하며 선동적인 말이다. 예수는 하늘의 것을 카이자의 것과 엄격히 분리하여 양자를 정리하였지만, 장자는 하늘의 것과 사람의 것이 뒤바뀌어 있으니 이를 뒤집어 바로잡아야 한다고 말하고 있는 것이다. 은근한 어투로 말하는 것 같지만, 장자는 사실상 정신의 영역에서 혁명을 기도하고 있다. 위대한 도를 깨우친 사람들은 이처럼 모두 혁명가들이다. 그들의 눈은 사물의 가장 깊은 곳을 꿰뚫는다. 그들은 위험하다. 그들의 말을 들으면 안 된다. 그런데 어찌하여 문혜군은 포정에게 이끌려 그의 말을 듣고 있단 말인가!

그러면 이제 포정이 소를 잡는 모습을 보자. 그가 손을 대거나, 어깨를 기울이거나, 발로 구르거나, 무릎을 구부리거나 하면 별 동작을 취한 것도 아닌데 소의 살과 뼈가 마치 흙덩어리처럼 툭툭 떨어진다. 또 그의 칼이 지나면 거기서 나는 소리가 리듬이 척척 맞고, 그의 몸동작은 마치 음악에 맞춰 춤을 추듯 조화롭고 자연스러웠다. 이렇게 포정이 칼을 들고 무엇엔가 깊이 몰입하여 마치 춤을 추는 듯한 동작을 취하고 나면 소 한 마리가 그새 완전히 해체되어버린다는 것이다. 상상을 초월하는 '달인'의 경지가 아닐 수 없다.

이를 보고 있던 문혜군이 감탄을 금치 못하며 "아. 훌륭하구나. 기술이 어찌 이런 경지에까지 오를 수가 있는가?"라고 묻는다. 그러자 포정은 왕에게 정색을 하며 말한다. 지금 자기가 행하는 것은 기술이 아니라 도다. 그런데 어찌하여 왕께서는 무식하게시리 도를 몰라본다는 말인가! 지금 일개 백정이 바야흐로 왕을 상대로 도와 인생에 대하여 설법을 시작한다. 그의 말을 들어보면 도에 이르는 데는 세 단계가 있다. 첫째는 눈에 보이는 것이 온통 소뿐인 단계다. 이때는 다른 것을 살필 여유가 없다. 그는 정신이 혼미한 이런 초보 단계를 3년을 보냈다. 둘째는 완전한 소가 눈앞에서 사라지는 단계다. 이제 소를 바라보면 소가 보이는 것이 아니라 소의 뼈대와 근육과 살 등이 따로따로 보인다. 이미 어떻게 칼질을 할지가 눈에 보이기 시작하는 것이다. 셋째는 소를 눈으로 보지 않고 정신으로 대하는 단계다. 장자에 따르면 이 단계에서는

> 모든 감각기관의 작용이 멈추고(官知止)
> 정신이 알아서 저절로 움직인다(神慾行).

이 경지에 이르르면 소도 사라지고 자신도 사라진다. 오로지 칼이 저절로 움직이며 모든 것을 행하고 끝낸다. 행위자는 사라지고 행위 자체만이 남는 것이다. 이것은 위대한 도의 경지가 그대로 일상생활 속에 나타난 것이다. 불가의 선禪 수행자들은 이것을 일러 '일행삼매—行三昧, 한 가지 일에 몰입하여 삼매를 이루는 것'라 하고, 도가의 창시자 노자는 이것을 일러 '무위'라 하였다. 장자 본인 역시 이러한 궁극의 경지를 여러 가지 용어로 표현하였는데, 특히 그가 말하는 '좌망'이 바로 이 경지다. 장자는 자신의 위대한 '좌망'을 불과 14자의 글귀로 압축해놓고 있는데, 그것은 다음과 같다.

> 타지체(墮枝体, 손발이나 신체를 잊어버리고)

출총명(黜聰明, 눈과 귀의 작용을 멈추고)

이형거지(離形去知, 육체를 떠나고 마음의 지각을 버림으로써)

동어대통(同於大通, 만물과 통하는 대도와 하나가 되는 것)

이것이 바로 좌망이다. 그런데 이것은 위에서 세 번째 단계를 설명하면서 장자가 했던 말과 매우 비슷함을 알 수 있다. 장자가 말하는 '타지체 출총명 이형거지'를 모두 아울러 한 마디로 표현한 것이 바로 앞서의 '관지지官知止'에 해당하는 것이다. 관지지란 정확히 번역하자면 '모든 감각기관을 통한 인식작용이 멈춘다'는 뜻이다. 그렇게 모든 감각기관의 작용이 완벽하게 멈추어야 그때 비로소 내면의 신령한 것이 마침내 알아서 저절로 움직이기 시작하는 것이다.

나는 항상 장자의 위대한 좌망에 대해 깊은 공감을 표시해오면서도 한 가지 표현상의 의문이 있어왔는데, 여기 포정의 이야기를 읽다가 그 의문이 해소되었다. 장자의 '좌망'에 관한 설명을 읽다 보면 '타지체 출총명 이형거지'까지는 다 좋은데, 이렇게 자아를 다 비운 연후에 그렇다면 대체 무엇이 남아 '동어대통'하느냐 하는 논리상의 난점이 있어왔던 것이 사실이다.

지금까지 난 이 점을 지적하는 사람을 본 적이 없다. 그런데 포정의 이야기를 읽다 문득 답을 발견하게 되었다. 장자에 의하면 우리 인간의 존재의 핵심은 '신神'이다. 그리고 장자가 말하는 '신'은 일상적인 마음心과 구별된다는 점에서 그냥 정신으로 번역하기에는 어딘가 부족해 보인다. 장자가 말하려는 것은 무언가 인간 내면의 신령한 기운, 즉 현대의 용어를 쓰자면 '초월적 의식Transcendental Consciousness' 같은 것이다. 일상적인 의식, 즉 마음의 여러 잡다한 작용이 사라졌을 때 비로소 그 존재가 드러나는 내면의 신령한 의식, 그것을 장자는 '신'이라고 부르고 있다.

그러므로 장자에 의하면 인간은 육체形와 마음心과 초의식神 세 가지로 이루어져 있다. 위의 좌망설법에서 말하는 지체枝体란 육체를 말하는 것이고, 총명聰明이란 마음의 작용을 말하는 것이고, 이형거지離形去知란 다시 한번 육체와 마음을 초월해야 함을 강조한 것이다. 그러면 이렇게까지 자아를 다 비운 연후에 남는 것은 무엇인가. 그것은 바로 신神, 즉 초의식인 것이다. 존재를 텅 비워내면 우리 내면에 초의식만이 남게 되는 것이고 바로 이 초의식이 '동어대통'하는 것이다 (결코 육체나 자아가 '동어대통'하는 것이 아니다).

참선이나 명상도 마찬가지이지만 좌망이 꼭 '앉아서坐' 하는 것이라고 생각하면 안 된다. 오히려 어떤 면에서는 '서서立' 일상생활을 영위하면서 명상의 상태를 유지할 수 있어야 한다. 사실 그것이 더 중요하다. 부동不動의 자세로 앉아 있을 때는 명상 상태를 잘 유지하다가도 동動의 상태로 일상생활에 돌입해서는 명상 상태가 깨져버린다면 그것은 잘못된 수행이다. 이른바 도를 추구한다는 수행자들 중에 그런 사람들이 상당히 많다. 그들의 도는 다만 고요한 침묵 속의 정지된 도다. 그러나 그것은 죽은 도다. 진정한 도는 살아 움직인다. 도는 정지된 것이 결코 아니며, 영원에서 영원에 이르기까지 쉼없이 움직인다.

지금 포정이 보여주는 것이 바로 그것이다. 포정의 도는 깊은 산속에 있는 정지된 도가 아니다. 그의 도는 현실 속에 살아 움직이는 역동적인 도다. 장자가 말하는 초월은 세상을 등지고 은둔하라는 것이 아니다. 그런 초월은 무의미한 것이다. 그것은 초월이 아니라 도피다. 장자가 말하는 초월은 이 현실을 떠나지 않은 채로 현실을 넘어서는 것을 말한다. 마치 연꽃이 더러운 물을 떠나지 않은 채로 그 속에서 피어오르는 것처럼. 이것이 바로 '시항市巷 속에 숨은 대은大隱'이다.

　포정의 말은 계속된다. 감각기관의 작용이 멈추고, 내면의 신령한 것이 저절로 움직이기 시작하면 소에게 본래부터 있던 '천연의 결天理'이 눈에 훤히 보이게 되어 그 결을 따라 칼을 쓰므로 인대나 근육 같은 것을 상할 일도 없고, 칼이 뼈에 부딪힐 일도 없다는 것이다. 그리하여 자신의 칼은 19년이 지났건만 칼날이 이제 막 숫돌에 갈려나온 것 같다고 한다. 그러나 그는 또한 경계의 말도 잊지 않는다. 즉, 이처럼 자연의 순리를 따르되 방심해서는 안 되며, 특히 어려운 고비에는 스스로 두려움을 갖고 더욱 조심해서 칼을 놀려야 한다는 점을 이야기한다. 그러자 문혜군이 포정을 칭찬하면서 자기는 오늘 포정의 말을 듣고 비로소 '양생'의 도를 터득했다고 말하면서 이 설화는 끝이 난다. 그런데 포정의 이야기와 비슷한 설화가 외편 〈달생達生〉편에 또 있다.

목수 재경梓慶

　앞에서는 푸줏간의 백정이 이야기의 주인공이었는데, 여기서는 나무 다루는 목수가 주인공이다.

　재경이라는 목수가 나무를 깎아 거鐻라고 하는 악기걸이를 만들었는데, 그것을 본 사람들은 귀신의 솜씨 같다고 모두 놀랐다. 노魯나라 임금이 그것을 보고 물었다.

"자네는 무슨 기술로 이렇게 만드는가?"

재경이 대답했다.

"저는 목수일 따름입니다. 무슨 특별한 기술이 있겠습니까? 다만 있다면 한 가지가 있습니다. 장차 거를 만들려고 할 때는 저는 감히 기를 소모시키지 않습니다 반드시 재계하여 마음을 고요하게 만듭니다. 재계한 지 3일이 되면 상이나 작위, 녹봉에 대한 생각을 품지 않게 됩니다. 재계한 지 5일이 되면 사람들의 칭찬이나 비난, 잘 만들고 못 만들고 하는 등의 생각도 품지 않게 됩니다. 재계한 지 7일이 되면 내게 팔다리와 형체가 있다는 생각도 잊어버리게 됩니다忘吾有四枝形体. 이때에 이르면 나라의 조정도 안중에 없고, 오로지 안으로 기술에만 전념하여 마음을 어지럽히는 외적인 것들은 모두 사라집니다. 그렇게 된 뒤에야 산의 숲으로 들어가 나무의 천성天性을 관찰하여 모양이 더할 수 없이 좋은 것을 찾게 됩니다. 그런 뒤에 완성될 모양이 마음속에 떠오르게 되면 그제야 손을 댑니다. 그렇지 않으면 관둡니다. 이것이 바로 나의 천성을 나무의 천성과 합치시키는 것以天合天입니다. 제가 만든 기구가 귀신 같다고 하는 이유가 여기에 있을 겁니다.

梓慶削木爲鐻. 鐻成. 見者驚猶鬼神. 魯侯見而問焉曰. 子何術以爲焉. 對曰臣工人. 何術之有. 雖然有一焉. 臣將爲鐻. 未嘗敢以耗氣也. 必齋以靜心. 齊三日. 而不敢懷慶賞爵祿. 齊五日. 不敢懷非譽巧拙. 齊七日. 輒然忘吾有四枝形體也. 當是時也. 无公朝. 其巧專而外滑消. 然後

장자, 쓸모없는 나무도 쓸모가 있다

入山林. 觀天性形軀至矣. 然後成見鐻. 然後加手焉. 不然則已. 則以天
合天. 器之所以疑神者. 其由是與.

- 〈달생〉

이 목수 재경의 이야기도 앞서의 포정의 이야기와 같은 구조를 가
지고 있다. 다만 여기서는 목수 재경이 거를 만드는 과정을 설명하고
있다. 임금이 그의 귀신 같은 솜씨를 보고 탄복하여 "대체 자네 노하
우가 뭔가?"라고 물었다. 그러자 재경은 자기에게 무슨 특별한 노하
우가 있겠냐면서 비밀 아닌 비밀을 이야기해준다. 그런데 재경이 하
는 이야기를 자세히 들어보면 기를 소모하지 않는다든가, 재계를 한
다든가, 마음을 고요하게靜心 한다든가 하는 말이 목수의 이야기인지
도인의 이야기인지 구분하기가 어렵다.

3일, 5일, 7일, 재계의 날짜가 더해감에 따라 점점 깊어져가는 도의
세계를 설명함에 이르르면 이 인물이 목수를 가장한 도인임을 비로
소 우리는 알게 된다. 재계 7일에 이르러서 그가 하는 말—내게 팔다
리와 형체가 있다는 생각도 잊어버리게 됩니다忘吾有四枝形体—은 우리
가 앞서 살펴본 '좌망'에 관한 설명을 떠오르게 한다. 사지와 형체를
잊어버린다는 것은 '좌망'의 핵심적 부분이 아니었던가. 결국, 장자는
목수 재경을 통하여 앉아서 하는 좌망이 아니라 서서 일상생활을 해
나가면서 하는 좌망을 다시 한번 역설하고 있다고나 할까.

목수 재경은 이렇게 완전히 마음을 비운 상태가 된 다음에 비로소
숲속으로 들어가 나무의 천성天性을 관찰하고 거기서 쓸 만한 나무를
골라 작업을 시작한다. 그러면서 그는 여기서 '이천합천以天合天'이라

는 심오한 개념을 내놓는다. 이것은 전혀 인위人爲가 들어 있지 않은, 두 존재의 가장 순수한 만남을 지칭하는 장자 특유의 표현이다. 포정의 이야기에서나 목수 재경의 이야기에서 결국 장자가 가장 중요시한 것은 소위 '인위'의 배격이다. 장자가 포정의 이야기에서 칼질을 할 때 '천연의 결을 따른다'고 말한 것이나, 목수 재경의 이야기에서 '나무의 천성을 관찰한다'고 말한 것 등이 모두 그 뜻이다. 포정의 이야기에서 전체 내용을 아우르는 가장 핵심적인 한 마디는 바로 '천리'이며, 목수 재경의 이야기에서 가장 핵심적인 한 마디는 바로 '천성'이다. 그리고 이것들은 모두 가장 깊은 의미에서 '자연'을 뜻한다. 요컨대, 장자에 의하면 '참된 인생을 살아가는 방법養生主'이란 다름이 아니라 자연을 항상 따르고 사물의 본성을 거스르지 않는 데 있는 것이다.

장자는 백정 혹은 목수 등 평범하기 이를 데 없는 사람들을 내세워 양생의 도를 설파한다. 나는 이러한 방식이야말로 장자의 위대함의 일부라고 생각한다. 이것은 아무나 쉽게 생각할 수 있는 방식이 아니다. 그리고 동시에 나는 저 평범한 외양을 한 백정이나 목수가 허연 수염을 날리며 히말라야 산맥이나 천산산맥 깊은 골짜기에 앉아 있는 도인들보다 더욱 높은 경지에 도달한 것이라고 말하고 싶다. 여기 설화에 등장하는 요리사 포정이나 목수 재경은 세상을 도피한 사람들이 아니다. 그들은 바로 이곳 시장바닥이 그들의 히말라야이며 천산산맥이다. 그들은 어디로도 숨지 않는다. 그들은 '생의 한가운데' 서 있다. 히말라야 산꼭대기에 앉아 있으면 우리 마음을 괴롭히며 성가시게 할 것이 무에 있겠는가? 거기서는 그냥 가만히 앉아 있는 채로 누구나 도인이 될 수밖에 없을 것이다. 그러나 거기에는 긴장과 도전이

장자, 쓸모없는 나무도 쓸모가 있다

없다. 긴장과 도전이 없으면 참된 성숙이 없다. 그런 곳에서 삶은 정체되고 후퇴한다. 그것은 결코 초월이 아니다. 그것은 도피다. 그것은 옳은 길이 아니다. 인생은 시련 속에서 단련되는 것이다. 장자는 포정과 목수 재경을 통해 진정한 초월이 무엇인지를 우리에게 보여준다. 진정한 초월은 평범한 모습을 하고 있다. 진정한 초월은 우리 가까이에 있다. 참된 도를 멀리서 구하지마라. 도처에 도가 있다. 참된 도는 무소부재無所不在다.

장자와 동곽자東郭子

장자는 외편 중 〈지북유知北遊〉에서 진리란 무엇인가에 관하여 실로 놀랍고도 파격적인 한 편의 대화를 들려준다. 장자는 이 대화에서 후일 동아시아 전체의 도학道學에 관한 담론에 있어서 하나의 위대한 전범典範이 되기에 부족함이 없는 이야기 한 편을 남겼다.

동곽자가 장자에게 물었다.
"이른바 도道라고 하는 것은 어디에 있습니까?"
장자가 대답했다.
"존재하지 않는 곳이 없다無所不在."
"구체적인 예를 들어 말씀해주십시오."
"땅강아지나 개미에게 있다."
"어째서 그처럼 낮은 것에 있습니까?"
"기장이나 피에도 있다."

"어째서 점점 더 낮아집니까?"

"기와나 벽돌에도 있다."

"어째서 차츰 더 심하게 낮아집니까?"

"똥이나 오줌에도 있다."

동곽자는 말문이 막혀 아무 대꾸도 하지 못하였다. 장자가 말했다.
"그대의 질문은 애당초 본질에서 먼 것이다. 가령, 장터를 관장하는
벼슬아치가 감독자에게 돼지를 밟아보고 그 살찐 정도를 조사하게
할 적에도, 발이 점점 더 아래로 내려갈수록 돼지의 살찐 상태를 더
잘 알게 되는 것이다. 그대는 도가 꼭 어디에 있는가하고 한정시키
려 하지 말라. 도와 동떨어져 있는 것은 아무것도 없다. 지극한 도
란 이와 같은 것이다. 위대한 가르침 역시 이와 마찬가지다. 주周,
두루, 편偏, 널리, 함咸, 모두 이 세 가지는 이름은 다르지만 실제 뜻
은 같은 것이다. 이처럼 '도'란 두루 · 널리 · 어디에나 있는 것이다.

東郭子問於莊子曰. 所謂道惡乎在. 莊子曰. 无所不在. 東郭子曰. 期而
後可. 莊子曰. 在螻蟻. 曰. 何其下邪. 曰. 在稊稗. 曰. 何其愈下邪.
曰. 在瓦甓. 曰. 何其愈甚邪. 曰. 在屎溺. 東郭子不應. 莊子曰. 夫子
之問也. 固不及質. 正獲之問於監市履狶也. 每下愈況. 汝唯莫必. 无乎
逃物. 至道若是. 大言亦然. 周遍咸三者. 異名同實. 其指一也.

– 〈지북유〉

도가 어디에 있느냐는 조심스러운 질문에 장자는 대뜸 무소부재无
所不在라고 일갈한다. 동곽자가 누구인지 알 수 없지만 우리는 그가 꿍

장자, 쓸모없는 나무도 쓸모가 있다

장히 노심초사한 끝에 이 중대한 질문을 장자에게 던졌을 것으로 추정할 수 있다. 그는 인생의 중요 국면에 이르러 진리에 목말라 하면서 아주 진지한 태도로 이 질문을 했을 것이다. 그러면서 그는 내심 진리는 우리가 쉽게 다가갈 수 없는 저 높은 하늘 꼭대기 어딘가에 비밀스럽게 숨겨져 있을 것으로 생각하고 있었을 것이다. 수행의 세계에 처음 뛰어든 사람들은 항상 그렇게 생각하는 경향이 있다.

그러나 진리는 그런 것이 아니다. 장자는 말한다.

"아니다. 그대는 잘못 생각하고 있다. 도는 없는 데가 없다."

이 답변에 동곽자는 심히 충격을 받았을 것이다. 도가 없는 데가 없다니! 아니 그렇다면, 나는 왜 이때까지 도를 발견하지 못했단 말인가! 그러면 그동안 행해온 나의 진리탐구는 대체 무어란 말인가! 이리하여 동곽자가 거듭 묻고 장자가 거듭 답하기를 무려 4차례나 반복한다. 그런데 웬일인지 대화가 진행될수록 도가 존재한다는 장소가 신성한 곳을 향해 점점 높아져가는 것이 아니라, 오히려 평범하고 남루한 곳으로 점점 낮아져만 간다.

장자는 처음에는 동물계 혹은 곤충계(땅강아지나 개미)를 거론하다가, 두 번째는 식물계(기장이나 피)로 내려가더니, 세 번째는 생명없는 광물계(기와나 벽돌)까지 내려가고, 마지막에는 더 갈 데가 없어 오물의 세계에까지 내려간다. 진리가 무엇이냐는 질문에 그 답변으로 똥과 오줌을 들이대는 데까지 이르렀으니 동곽자로서는 어찌 말문이 막히지 않겠는가. '장자는 위대한 철인이라고 들었는데, 도대체 왜 나한테 이런 답변을 하는 걸까? 나한테 무엇이 잘못된 것일까?'

그의 질문은 처음부터 잘못된 것이다. 스승은 제자가 질문하는 것만 봐도 그가 지금 어떤 단계에 와 있는지를 안다. 지금 동곽자는 도가 사물을 초월하여 어떤 특정한 곳에 존재하는 것으로 착각하고 있다. 장자는 말한다. 동곽자여, 그대는 도가 어디에 한정된 것이라 생각치 말라. 이 우주 안에 도道로부터 벗어난 사물은 아무것도 없다.

흔히 우리는 진리에 대하여 동곽자와 같은 착각을 하며 살아간다. 진리라는 것은 숭고한 것이어서 저 높은 초월의 영역에만 있는 것이지 냄새나는 땅 위에는 존재하지 않는 것으로 생각하기 쉽다. 그러나 진리는 그런 반토막짜리 진실이 아니다. 진리는 천지만물 모든 것을 똑같이 품에 안는다. 숭고한 것과 숭고하지 않은 것의 구별은 진리 안에는 없다. 그것은 우리 인간의 편견에 불과하다. 도 안에서는 하늘의 영역과 땅의 영역이 구분되지도, 초월적 영역과 일상적 영역이 구분되지도, 신성한 영역과 신성치 않은 영역이 구분되지도 않는다. 또 도道 안에서는 위대한 것과 왜소한 것, 큰 것과 작은 것, 아름다운 것과 추한 것, 고상한 것과 고상하지 않은 것의 구별도 존재하지 않는다. 그런 구별은 인간의 머리에서 나온 것이다. 모든 천지만물이 하나임을 아는 것, 그것이 도다. 그렇기 때문에 도는 무소부재인 것이다. 우주 삼라만상 그 어떤 것도 도로부터 벗어나 있는 것은 없다. 그러니 어찌 땅강아지와 개미, 기장과 피, 기와와 벽돌, 똥과 오줌이라고 하여 도로부터 멀리 떨어져 있겠는가.

도에 관한 장자의 이러한 심오한 관점은 일상의 세계에서 우리가 만나는 평범한 모든 사물들을 새로운 빛 아래서 바라볼 수 있게 해준다. 평범한 사물이라고 해서 어떤 값비싼 사물보다 덜 귀중하거나 덜 가치 있는 것이 아니다. 말하자면 평범한 일상의 세계가 도의 빛 아래서 새롭게 깨어나 구원받는 것이다. 이것이 장자의 도가 갖는 위대함이다. 장자가 말하는 도 안에서는 어떤 사물도 실존론적으로 '소외'되는 일이 없다. 장자의 도 안에서는 모든 사물의 존재론적 가치가 동일하다. 그리하여 잃어버린 보물을 문득 되찾게 되는 것처럼 모든 사물의 본성이 회복되는 것이며, 삶의 일상성이 회복되는 것이고, 평범한 것의 가치가 회복되는 것이다.

그러므로 장자에 따르면 이 세상 천지만물 중에 평범하거나 무가치한 것은 하나도 없다. 우리 인간의 눈에 평범해 보이는 사물이라 할지라도 도의 빛에 비추어 보면 그 자체로 모두 특별하고 귀하며 가치 있는 사물이다. 장자에 의하면 신적神的인 사물이 따로 있는 것이 아니다. 모든 사물이 신적인 기운을 똑같이 머금고 있다. 특별한 사물이 도의 빛을 반영한다면 평범한 사물 역시 당연히 도의 빛을 반영한다. 왜냐하면 평범과 특별이란 결국 인간의 구별에 불과한 것이기 때문이다.

이러한 높고 심원한 장자의 사상은 후일 선불교의 발전에 지대한 영향을 끼치게 된다. 특히, 운문종雲門宗의 창시자 운문선사雲門禪師의 일화는 위에서 살펴본 장자와 동곽자의 대화를 떠올리지 않을 수 없게 만든다. 어느 날 운문선사가 화장실에 들러 볼 일을 보고서 바지춤을 올리며 걸어나오고 있었다. 그때 한 학인學人이 물었다. "스님, 부처가 무엇이옵니까?"(이 말은 "진리란 무엇입니까?"와 같은 뜻이다). 그러자 운문이 퉁명스럽게 대답했다.

"마른 똥막대기乾屎橛이니라."

이 말을 듣고 학인이 어쨌다는 말은 기록에는 없지만, 내 생각에는 아마 심장마비를 일으켜 그 자리에서 쓰러지지 않았나 싶다.

운문은 지금 도가 어디에 있느냐는 질문에 '간시궐(똥막대기)!'이라고 답변했다. 옛날 중국이나 한국의 재래식 화장실에는 볼일을 보고 난 뒤 젓기 위한 용도로 긴 막대기가 하나씩 있었다. 운문은 지금 그 똥막대기를 말하고 있는 것이다! 실로 기가 찰 노릇이다. 자기 종교의 창시자에 대해서 '똥막대기'라고 말하고도 화형을 당하지 않는 종교가 세상에 있다니 놀라울 따름이다. 만약 서구사회에서 어떤 명망있는 신부가 '예수의 본질이 무엇이냐?'는 질문에 대해 똥막대기라고 대답했다면 그 신부는 어찌 되었을까? 보지 않아도 결과가 훤하다. 그러나 동양에서는 이런 질문과 답변이 아무 거리낌 없이 허용됐었다. 심지어 운문선사는 중국 선종을 대표하는 5대 문파 중의 하나인 운문종의 창시자로서 지금도 추앙받고 있다.

운문의 '똥막대기' 일화에 대해 사람들은 이것이 우상파괴적인 뜻을 보여준 것이라고들 말한다. 물론 틀린 말은 아니다. 그가 말한 '똥막대기'에는 우상파괴적인 면이 분명히 있다. 그러나 그것이 전부는 아니다. 여기에는 그보다 심오한 뜻이 들어있다. 그는 이 우주 삼라만상 어느 것도 부처 아닌 것이 없다고 말하고 있는 것이다. 다만 똥막대기라는 기이한 물건이 이야기 전면에 튀어나온 것은 그날 그 장소에서 가장 직접적인 사물이 똥막대기였기 때문에 아무런 차별의식 없이 즉각적으로 '똥막대기'라고 대답했던 것뿐이다. 그는 평소 천지만물 모든 것에서 부처와 진리를 발견하라고 외쳤던 사람이다. 그는 어떤 제자가 "무엇이 올바른 진리의 눈正法眼입니까?"라고 묻자 단 한

마디로 "보普, 이 우주 삼라만상을 포함한 모든 것"이라고 대답했었다. 즉, 진리가 무엇이냐고 묻자 눈앞의 모든 사물이라고 응답한 것이다. 그는 똥막대기와 부처를 구분하지 않는다. 그는 위대한 것과 왜소한 것, 아름다운 것과 추한 것, 고상한 것과 고상하지 않은 것을 구별하지 않는다. 이런 점에서 그는 분명 장자의 정신을 상속받은 자다. 천지만물이 아무 구별이나 차별 없이 통하여 하나임을 아는 것, 그것이 장자가 말하는 도道다. 그렇기 때문에 도는 무소부재인 것이며 그렇기 때문에 도는 똥과 오줌에도 있는 것이다. 결국 운문의 '똥막대기'나 '보普'는 바로 장자의 '똥과 오줌'이며 '무소부재'인 것이다.

장자의 위대한 정신은 실로 선사들이 꽃피웠다고 할 수밖에 없는데, 위에서 살펴본 운문의 경우 외에도 비슷한 사례는 많다. '무엇이 부처입니까'라는 질문에 '마 삼 근麻三斤, 삼베 서 근'이라고 대답했던 동산洞山의 경우도 마찬가지이고, 진리는 무엇인가라는 질문에 '뜰 앞의 잣나무'라고 대답했던 조주趙州도 역시 같은 맥락에 서 있으며, '무엇이 도인가?'라는 질문에 저 유명한 '평상심시도平常心是道'를 말했던 마조馬祖 역시 마찬가지다. 이들 모두는 도가 무언가 특별하고 신성한 장소에 따로 모셔져 있는 것이 아니라 이 우주의 삼라만상 모든 것 안에 다 깃들어 있음을 말하고 있다. 이것이 장자가 말하는 도의 '무소부재' 바로 그것이 아닌가!

그러므로 중국 선의 기라성 같은 인물들, 즉 운문, 동산, 조주, 마조, 이들이야말로(신선술이나 불로장생술 따위를 연마하는 도교수행자들이 아니라)장자의 진정한 계승자들이다. '간시궐', '마삼근', '뜰앞의 잣나무', '평상심시도' 이 모든 것들은 선악, 미추 등으로 구분된 이원론적 세계관을 극복하고 모든 하찮은 사물에서도 진리의 모습을 볼 수 있었던 축복받은 일원론의 세계를 표현하고 있는 것이다. 그리고 또한 이것이 동아시아 불교가 인도 불교와 다른 점이기도 하다. 인도 불교가 '제법공상諸法空相'을 전면에 내세워 현실부정을 가르쳤다면, 동아시아의 불교는 '만물제동萬物齊同'이라는 장자의 철학을 받아들여 현실긍정을 가르치게 된 것이다. 이러한 점은 인도 불교로서는 생각도 못할 일이다. 인도 불교에서는 일체의 사물은 모두 실재하지 않는 것, 즉 공空일 뿐이다. 그러나 동아시아의 위대한 선사들은 일체의 사물에서 도의 모습을 본다. 요컨대 세상이 '환영'이 아니라 그대로 '진리'라는 것이다. 얼마나 위대한 세계긍정인가! 얼마나 심오한 생의 찬미인가!

우리는 도가 어떤 특정한 곳에 머무르는 것이 아니라 '무소부재' 하다는 것을 지금껏 살펴보았다. 사실 도는 어떤 특수한 세계, 특히 사람들이 생각하는 것처럼 신비주의적이고 초월적인 어떤 세계에만 한정되어 있는 것이 아니다. 대도大道는 무문無門이고, 대상大象은 무형無形이다. 요컨대 도처에 도가 있다. 우리의 눈이 가려져 있고 영靈이 막혀 있어서 그것을 보지 못하고 듣지 못할 뿐이다. 도는 높은 하늘 위에 있는 것이 아니다. 도는 소 잡는 백정에게도 있으며 기물을 만드는 목수에게도 있다. 장자가 푸줏간 주인 포정과 목수 재경 이야기를 하는 것은 바로 이것을 말하기 위함이다.

발 잘린 장군 이야기

공문헌과 장군

〈양생주〉에서 재미있는 사실 하나는 여기에 발이 잘린 장군이 등장한다는 점이다. 발 잘린 장군과 양생의 도! 이것부터가 눈여겨볼 부분이다. 발 잘린 장군은 누가 보더라도 양생을 제대로 못한 사람으로밖에 볼 수 없는데, 장자는 여기서도 통념을 뒤엎고 앞 편의 포정庖丁보다 더 파격적인 인물을 내세워 참된 양생이 무엇인지를 보여준다.

공문헌公文軒은 우사右師, 오른쪽 장군를 보자 놀라서 말했다.
"이건 어찌된 사람인가? 어이하여 한 발이 잘렸는가? 하늘이 그랬는가, 사람이 그랬는가?"
우사가 대답했다.
"하늘이 그런 것이지, 사람이 그런 것이 아니네. 하늘이 나를 낳으실 때 외발이 되도록 정해주신 것이네. 사람의 모양이란 본래 두 발을 갖추게 되어있는 것이지. 그러니 이를 보아도 내 외발이 하늘이

한 일이지 사람이 한 일이 아님을 알 수 있네. 못가에 사는 꿩은 열 발자국을 걸어야 겨우 모이를 한 번 쪼아 먹을 수 있고, 백 발자국을 걸어야 물을 한 번 마실 수 있네. 그러나 새장 속에 갇혀 길러지기를 바라지 않네. 새장 속에서는 먹이가 충분하여 기력은 왕성하겠지만 신이 나지 않기 때문이지."

公文軒見右師而驚曰. 是何人也. 惡乎介也. 天與. 其人與. 曰. 天也. 非人也. 天之生是使獨也. 人之貌有與也. 以是知其天也. 非人也. 澤雉十步一啄. 百步一食. 不蘄畜乎樊中. 神雖王. 不善也.

공문헌이라는 사람과 우사는 친구 사이인 모양이다. 공문헌은 오랜만에 우사를 만났는데 우사가 발이 하나 잘리고 없다. 그래서 깜짝 놀라 어찌된 일이냐고 물어본다.

"하늘이 그랬는가 사람이 그랬는가?"

원문에 의하면 발 잘린 것을 표현하면서 '개介' 자를 쓰고 있는데, 학자들에 의하면 '개介'란 고대 중국에서 쓰던 형벌의 하나라고 한다. 그렇다면 우사가 발을 잘린 것은 천재지변이나 사고로 인한 것이 아님이 분명하다. 즉, 우사가 그렇게 된 것은 명백히 사람이 한 일이다. 그런데도 우사는 공문헌의 물음에 '하늘이 그런 것이지 사람이 그런 것이 아니네'라고 대답하고 있다.

우리는 교통사고 같은 것을 당해서 발가락 하나라도 잘려나가면 가해자에 대해 두고두고 원망을 한다. 거기에 자신의 과실이 전혀 없다고 볼 수 없는 사건임에도 그렇다. 그런데 여기 등장하는 외발 우사는

장자, 쓸모없는 나무도 쓸모가 있다

어찌된 영문인지 우리와는 정반대로 행동하고 있다. 그는 가해자가 분명히 존재하는 사건임에도 불구하고 가해자를 탓하기는 고사하고 그가 누군지조차 관심이 없다. 그는 자신에게 일어났던 그 사건에서 자신의 기억으로부터 가해자를 깨끗이 지워버렸다. 그리고 그는 그 일을 종국적으로 하늘이 한 것이지 사람이 한 것이 아니라고 하고 있다. 대체 이 발 잘린 장군은 어떤 사람인가? 바보인가? 성인인가? 세상의 관점에서는 바보이고, 하늘의 관점에서는 성인이다. 《장자》에는 이런 사람들이 많이 등장한다. 이해득실의 관점에서 보면 분명히 바보 멍텅구리인데, 장자는 마치 그런 사람들이 자기 친구라도 되는 양 자기의 책 여기저기에 등장시킨다. 그리고 그들의 투박하고, 덜떨어지고, 세련되지 못한 행동을 우리에게 보여준다. 그런데 그것이 묘하게 사람의 심금을 울린다.

여기 발 잘린 장군 이야기도 마찬가지다. 장자는 여기서 다름 아닌 양생을 이야기하고 있다. 양생을 말하려면 일단 선풍도골仙風道骨에 이목구비가 수려하고 윤기가 잘잘 흐르는 풍채 좋은 인물을 내세워야 할 텐데, 장자는 이상하게도 이것과는 정반대편에 있는 인물을 골라서 우리에게 보여준다. 그리고 이것은 순전히 의도적이다. 바보, 찌질이, 곱추, 왕추남, 미치광이. 이들이 주로 장자가 연출하는 무대에 등장하는 캐릭터들이다. 그렇다면 이것은 정말로 '관객모독'이라고 하지 않을 수 없다! 춘추전국시대 작품을 통틀어 나는 이보다 더한 관객모독을 본 적이 없다. 그러나 이 바보와 찌질이들의 이야기를 계속 따라가다 보면 관객모독 너머에 그것을 뛰어넘는 심오한 생각이 깔려 있음을 우리는 알게 된다. 장자는 계속해서 우리의 통념을 뒤집는다. 그는 우리의 고정관념을 흔들고 세상의 가치기준을 전복시킨다. 그러면서 그는 우리에게 선입견을 버리고 열린 눈으로 세상을 보라고 권유한다.

여기 발 잘린 장군 이야기에서도 장자가 전하려고 하는 뜻은 명백하다. 이른바 양생이란 완전한 신체를 지닌다거나 오래 장수하는 데 있는 것이 아니라는 것이다. 진정한 양생이란 매 순간 순간 자신의 분수를 잊지 않고 자연의 순리를 따르는 데 있다. 자기 앞에 닥친 불행을 놓고 계속 타인을 원망하면서 분노에 사로잡힌 삶을 살지 말 일이며, 돌이킬 수 없는 일에 대해서는 그것을 하늘의 운명으로 받아들여 담담하게 살아갈 일이다. 외발이라고 부자유하고 두 발이 성하다고 자유로운 것은 아니다. 세상을 보라. 두발이 멀쩡한데도 어딘가에 얽매어 정신적으로 자유롭지 못한 사람들이 얼마나 많은가! 그러면서 장자는 못가의 꿩을 예로 든다. 꿩이 새장에 갇힌 채 주는 먹이를 먹고 피둥피둥 살이 쪄 아무리 풍채가 좋아진다 하더라도, 그것은 비록 먹이 때문에 고생은 할망정 자연 속에서 천성대로 살아가는 자유로운 삶에 비할 수는 없는 것이다.

삶生과 앎知

장자가 자신의 저서 전편을 통해 줄기차게 주장하는 것 중에 하나가 '과도한 앎知'을 경계하는 것이다. 장자는 〈양생주〉에서도 역시 '앎'에 대해 경계한다.

우리의 삶生에는 끝이 있지만

앎에는 끝이 없다.

끝이 있는 것으로 끝이 없는 것을 뒤쫓는 것은

위태로운 일이다.

그런데도 계속 앎을 추구하는 자가 있다면

더욱 위태로울 뿐이다.

吾生也有涯. 而知也无涯. 以有涯隨无涯. 殆已. 已而爲知者. 殆而已矣.

인간의 욕망 중에서 가장 위험한 욕망이 '지식욕'이다. 지식욕에 비하면 권력욕이란 한낱 천박하고 저급한 욕구에 지나지 않는다. 우리 인간은 우주의 신비를 다 파헤쳐 알아내고 싶어한다. 그리하여 그 전지전능함이 마침내 신에 이르기를 바란다. 이것이 기본적으로 지식욕 안에 숨겨진 인간의 야망이다. 이 야망에 희생된 사람들의 명단을 알기 원하는가? 인류 최초의 인간 아담(기독교 성경의 선악과 이야기는 바로 이것이다)이 바로 그런 사람이고, 악마에게 영혼을 팔았던 파우스트가 그런 사람이며, 지금 골방에 쳐박혀 먼지 나는 책에 코를 박고 있는 철학자 제씨들 또한 그런 사람들이다. 장자는 그들 모두에게 경고한다. 지식은 쓰레기처럼 무한히 커져만 간다. 그것을 다 안다는 것은 무의미하다. 지금 여기서 앎을 버려라. 총명을 버리고 지식의 추구를 멈춰라. 지식의 추구가 멈춘 곳에서 참된 지혜의 문이 열린다. 그것이 바로 직관이다.

직관은 그대 내부에 들어 있는 빛이다. 그것은 한시도 꺼진 적이 없는 영원한 빛이며, 한순간도 그대로부터 떨어진 적이 없는 본래 밝은 빛이다. 잠시 그대가 망각했을지언정 그것은 언제나 그대 안에 있다. 지식은 남이 먹다 버린 찌꺼기다. 지식에 의지하지 마라. 직관에 의지하라. 양생의 도를 터득했던 고금의 모든 현인들은 지식을 추구하지 않았다. 그들은 앎을 버리고 사물과 하나가 되었다. 지식이란 원래 사물을 쪼갬으로써 얻는 인식이다. 지식은 주관과 객관의 이원론 위에 서 있다. 그러므로 지식은 언제나 일방적이며 부분적이다. 요컨대 모든 지식은 하나의 의견이다. 그것은 사물의 참모습이 아니다. 그것은 전체의 상을 결하고 있다.

앎을 버리고 사물과 하나가 되라. 그것이 진정으로 사물의 참모습을 보는 것이다. 참된 양생의 도를 터득한 자는 앎을 추구하지 않는다. 그는 무심한 직관 속에서 언제나 자연을 따르며 사물의 본성을 거스르지 않는다. 그것이 그의 행복의 비결이다.

제4편

인 간 세 / 人間世

| 인 | 간 | 들 |
| 세 | | 상 |

심재心齋 이야기

출사의 변辯

심재 이야기는 〈인간세〉 편의 중심 테마다. '인간세'란 '사람들이 살아가는 세상'이란 의미다. 이 속된 세상에서 우리는 어떻게 살아가야 하는가. 〈인간세〉 편은 그것을 묻는다. 장자는 결코 인간세가 속된 세상이라고 해서 도피하라거나 은둔하라고 가르치지 않는다. 그는 바람을 타고 올라 무궁의 경지에서 소요유 하는 것을 즐기는 도인이지만, 현실 문제에 부닥치면 뒷짐 지고 물러서는 허약한 선비는 절대 아니다. 그는 보기 드문 강골이다. 그의 트레이드 마크인 장대한 스케일, 예리한 풍자, 넉넉한 비유 등은 모두 그의 이러한 기질에서 나온 것들이다. 그는 도와 수행의 세계에서 흔히 만나게 되는 그런 약골이 전혀 아니다. 이것이 장자의 특별함이다. 그는 현실세계를 결코 두려워하지 않는다. 그는 인간세를 피하는 것이 아니라 그 속으로 들어간다. 그 속으로 파고 들어가 그는 진정한 의미의 변혁을 꿈꾼다. 심재 이야기는 안회顔回가 공자에게 여행을 허락해달라고 청하면서 시작된다.

자기는 폭군이 다스리는 위衛나라에 가서 압제에 신음하는 백성들을 돕겠다는 뜻을 밝힌다. 물론 이 이야기는 사실이 아니다. 장자는 자신의 책 여기저기에 필요에 따라 가공의 인물들을 등장시키는데, 이 이야기 역시 마찬가지다. 여기의 안회와 공자 역시 장자가 찾아낸 가상의 캐릭터들이다. 그러나 다른 많은 제자를 제쳐두고 굳이 공자의 제자 중 가장 뛰어났던 안회를 등장시킨 것은 장자가 그만큼 심재 이야기를 중요한 것으로 다루고 있다는 뜻일 것이다. 안회가 공자에게 자신의 출사의 변辯을 이렇게 토로한다.

저는 선생님께서 '잘 다스려지고 있는 나라를 떠나 어지러운 나라로 가라. 의원 집 문앞에는 병자가 많은 법'이라 하신 말씀에 따라, 위衛나라의 병을 고쳐볼까 합니다.

안회의 말투는 자신감으로 가득 차 있다. 그러나 공자는 무모한 일이라고 만류하며 나선다.

"아서라. 네가 가봐야 형벌이나 받게 될 것이다. 무릇 도란 잡다해서는 안 된다. 잡다해지면 혼란스러워지고, 혼란스러워지면 근심걱정이 생긴다. 근심걱정이 생기면 그는 남을 구할 수 없다. 옛 현인들은 먼저 자신을 돌본 뒤에야 다른 사람을 도왔다. 자기 하나 확실히 못 갖추고서 어떻게 포악한 자를 상대할 수 있겠느냐?"

공자는 안회에게 지금 너 자신 근심걱정이 많은 주제에 누구를 구하겠다는 것이냐며 힐난하고 있다. 남 구한다는 생각 말고 먼저 너 자신이나 잘 간수하라는 것이다. 공자는 정치에 입문하려는 안회의 기를 여지없이 꺾어놓고 있다. 그러면서 공자는 이렇게 말한다.

> 너는 덕이 어떻게 녹아 없어지고, 앎이 어디서 생겨나는지 아느냐?
> 덕은 명예심 때문에 녹아 없어지고, 앎은 경쟁심에서 생긴다. 명예
> 란 얻으려 하면 서로 헐뜯게 되고, 앎이란 경쟁을 위한 무기일 뿐이
> 다. 둘 다 흉한 무기라서 함부로 써서는 안 될 것들이다.
> (중략) …… 옛날 걸桀왕이 관룡봉關龍逢을 죽이고, 주紂왕은 왕자
> 비간比干을 죽였다. 이렇게 죽은 두 사람은 인격을 잘 닦은 사람들
> 이었지만, 신하의 신분으로 백성의 편을 들어 그들을 동정하다가
> 임금의 눈에 거슬리게 되었다. 그래서 임금은 그들의 행동을 이유
> 로 하여 그들을 제거해버렸던 것이다. 이 두 사람은 모두 명예를 좋
> 아하던 사람들이었다.

> 且若亦知夫德之所蕩. 而知之所爲出乎哉. 德蕩乎名. 知出乎爭. 名也
> 者相軋也. 知也者爭之器也. 二者凶器. 非所以盡行也. 且昔者桀殺關
> 龍逢. 紂殺王子比干. 是皆修其身. 以下傴拊人之民. 以下拂其上者也.
> 故其君因其修以擠之. 是好名者也.

- 〈인간세〉

공자는 왕의 폭정을 간하다 죽은 옛 왕조의 관룡봉과 비간을 예로
들며 안회에게 잘못하면 너 또한 죽음을 당할 수 있으니 그런 일에 나
설 생각을 하지 말라는 것이다. 그러나 이렇게 타이르는 공자의 말에
는 뼈가 들어있다. 공자는 지금 모든 정치적 대의명분 배후에 숨어 있

는 공명심을 지적하고 있다. 그러면서 안회에게 너는 그러한 명예심으로부터 자유로운가 하고 묻고 있다. 과연 네가 위나라로 가서 선정을 베푼다고 하는 것이 그 나라 백성들을 위한 것인지 아니면 제 자신의 명예심을 위한 것인지 가슴에 손을 얹고 생각해보라는 것이다. 공자 역시 정치에 관여했던 인물이다. 그런 공자가 스스로의 입을 통해 정치에 관여하려는 사람들의 진정한 동기가 무엇인지를 묻고 있는 이 장면은 다소 우스꽝스러워 보인다. 어찌됐건 공자는 여기에서 인간의 심리를 꿰뚫어보는 예리함을 보여주고 있다.

제2출사의 변

'위나라의 병을 고쳐볼까 합니다'라며 자신만만하게 말을 꺼냈던 안회는 스승에게 보기 좋게 거절을 당하고 나자, 이번에는 사뭇 신중해진 말투로 이렇게 말한다.

> 그러면 바르고 겸허한 태도端而虛로 처음부터 끝까지
> 한결같은 마음으로 임하면 되지 않겠습니까?

그러나 공자는 여기에 대해서도 안 된다고 대답한다.
"안 되지. 그런다고 뭐가 될 것 같으냐? 위나라 임금은 본래 자신감이 넘치고 교만하며 한결같지 못한 사람이다. 아무도 그 비위를 맞출 수 없다. 그래서 다른 사람의 감정 같은 것은 거들떠보지도 않고, 자기 마음 내키는 대로 행동한다. 고집이 세어 꺾을 수가 없다. 겉으로는 타협하는 척할지 모르지만 속으로는 반성을 하지 않을 터인데, 무슨 일이 되겠느냐?" 공자가 이렇게 거듭 안 된다고 말하자 안회는 난감해졌다. 안회는 순진하게 '자기 마음만 바르고 깨끗하면 되지 않겠습니까'라고 물은 것인데, 공자는 그런 내적인 마음가짐 같은 것은 폭군에게는 아무 소용이 없는 일이라고 말하고 있는 것이다.

공자는 여기서 지금 정치의 본질을 꿰뚫어보고 있다. 그는 안회에게 '너는 어찌 권력의 속성을 그리도 모르느냐. 그래가지고 무슨 정치를 하겠느냐'고 묻고 있다. 순진한 이상주의자 안회는 현실 정치가 무엇인지를 아직 모른다. 다만 그는 진심 하나면 모든 것이 통할 것이라고 굳게 믿고 정치를 시작하려 한다. 이것은 아마 동서고금의 모든 정치인들에게 공통된 사항이 아닌가 생각된다. 지금은 썩고 부패한 정치인이 되어 많은 사람들의 지탄의 대상이 되어있는 사람도 처음 정치를 시작했을 때에는 안회 이상으로 순수한 정치적 이상에 불타 있었을 것이다.

물론 처음부터 사리사욕을 위해 천박하고 사악한 생각을 가지고 정치무대 주변을 기웃거리는 자도 없지 않지만, 대개의 정치지망생들은 처음 정치에 입문할 때만 해도 다들 안회처럼 '바르고 겸허한 태도端而虛'로 임하지 않았겠는가. 또 도탄에 빠진 이 세상을 기어이 자기가 구해내겠다고 굳은 결의를 하지 않았겠는가. 그런데 이런 인물들은 정작 정치에 뛰어들면 얼마 가지를 못한다. 그들은 현실정치를 이해하기에는 너무 순진하다. 그들은 정치판에 뛰어들어 인생을 망치는 많은 젊은이들 중의 하나가 될 뿐이다. 지금 공자가 안회에게 하는 말이 그것이다. '이 순진한 친구야. 정치가 무엇인지 알고나 있는가!'

장자, 쓸모없는 나무도 쓸모가 있다

제3출사의 변

두 번째 단계에서 안회가 스승에게 질책을 받은 것은 현실 정치에 대한 이해부족 때문이었다. 안회는 이제 그것을 이해했다. 만사를 진심 하나로 풀어가려 해서는 한계가 있다는 점을 알아들은 것이다. 그리하여 안회는 며칠 동안 궁리 끝에 나름대로 큰 융통성을 발휘하여 최종적으로 이렇게 말한다.

그러면 제가 속으로는 곧은 마음을 지니되 겉으로는 굽실거리겠습니다內直而外曲. 또 제 의견을 말할 때에도 반드시 옛 선현들의 말에 붙여 인용하도록 하겠습니다. 그러니까 제가 속으로 곧은 마음을 지닌다는 것은 하늘을 벗 삼는다는 뜻이며, 겉으로 굽실거린다는 것은 사람의 벗이 되겠다는 뜻입니다. 또 옛 선현들의 말에 붙여 인용하겠다는 것은 옛 선현들의 벗이 된다는 뜻입니다. 이 정도면 되지 않겠습니까?

然則我內直而外曲. 成而上比. 內直者. 與天爲徒. 與天爲徒者. 知天子之與己. 皆天之所子.而獨以己言. 蘄乎而人善之. 蘄乎而人不善之邪. 若然者. 人謂之童子. 是之謂與天爲徒. 外曲者. 與人之爲徒也. 擎跽曲拳. 人臣之禮也. 人皆爲之. 吾敢不爲邪. 爲人之所爲者. 人亦無疵焉. 是之謂與人爲徒. 成而上比者. 與古爲徒. 其言雖敎. 讁之實也. 古之有也. 非吾有也. 若然者. 雖直而不病. 是之謂與古爲徒. 若是則可乎.

안회가 변했다. 어찌보면 교활해진 것도 같고 어찌보면 성숙해진 것도 같다. 제2단계에서 무조건 '바르고 겸허하게端而虛'를 외치던 천진난만한 안회가 아니다. 그는 이제 타협할 줄 안다. 그의 입에서 '내직이외곡內直而外曲', 즉 속으로는 곧은 마음을 지니되 겉으로는 굽실거리겠다는 말까지 나왔다. 그러나 공자는 매정하게도 이 말에 대해서도 퇴짜를 놓는다.

"안 된다. 그렇게 해서 될 것 같으냐? 그것은 너무 꾸밈이 많아 안 된다. 잘하면 벌은 면하겠구나. 그러나 그뿐이다. 그것으로 어떻게 그 사람을 변화시킬 수 있겠느냐? 너는 아직 자기 생각에만 얽매여 있구나."

안회는 자기로서는 최선의 안이라고 생각해서 내놓은 답변이었는데, 그것마저 무참히 거부당하자 더 이상 어찌 해볼 수가 없어 마침내 무릎을 꿇고 항복한다.

저로서는 이제 더 어떻게 해볼 도리가 없습니다.
부디 방법을 가르쳐주십시오.

여기까지가 심재 이야기의 도입부다.

장자, 쓸모없는 나무도 쓸모가 있다

심재

대화가 여기에 이르자 공자는 비로소 저 유명한 심재 설법을 펼친다.

"재계齋戒를 하라. 그대에게 말해주겠다만 작위적인 마음을 가지고 행동을 한다면 어찌 잘 되겠느냐. 잘된다고 생각하는 자가 있다면 하늘이 마땅치 않게 여기실 것이다."

이에 안회가 말했다.

"저희 집은 가난해서 술을 마시지도 않고 고기도 먹어본 지가 여러 달이 됩니다. 이만하면 재계를 한 것이라 할 수 있지 않겠습니까?"

공자가 대답했다.

"그것은 '제사 때의 제계祭祀之齋'이지 '심재', 즉 마음의 재계가 아니다."

그러자 안회가 말했다. "부디 심재에 대해 가르쳐주십시오."

공자가 대답했다.

"그대는 잡념을 없애고 마음을 하나로 통일하라. 귀耳로 듣지 말고, 마음으로 듣도록 하라. 다음에는 마음으로도 듣지 말고, 기로 듣도록 하라. 귀는 고작 소리를 들을 뿐이고耳止於聽, 마음은 고작 사물을 인식할 뿐이지만心止於符, 기는 텅 빈 채로 모든 사물에 응하는 것이다虛而待物. 도란 오로지 텅 빈 허虛에 모이는 법, 이렇게 텅 비게 하는 것이 곧 심재인 것이다唯道集虛 虛者心齋也."

齋. 吾將語若. 有而爲之. 其易邪. 易之者. 皞天不宜. 顏回曰. 回之家
貧. 唯不飮酒. 不茹葷者. 數月矣. 若此則可以爲齋乎. 曰. 是祭祀之
齋. 非心齋也. 回曰. 敢問心齋. 仲尼曰. 若一志. 無聽之以耳. 而聽之
以心. 無聽之以心. 而聽之以氣. 聽止於耳. 心止於符. 氣也者. 虛而待
物者也. 唯道集虛. 虛者心齋也.

- 〈인간세〉

공자는 안회에게 재계를 하라고 말한다. 원래 공자의 유교라는 것
은 제사를 주관하는 일을 전문적으로 했었기 때문에 공자와 그의 제
자들 사이에서 '재계'라는 용어는 평소에 자주 사용되는 극히 일상적
인 용어였을 것이다. 그리고 그것은 당연히 '목욕재계沐浴齋戒'라는 의
미로 쓰였을 것이다. 더구나 안회는 집도 가난하니까 술이나 고기 따
위를 먹어본 지도 오래되고 해서 그렇다면 자기에게 재계는 이미 충
분하지 않겠냐고 되묻는다. 그러자 놀랍게도 공자의 입에서 유가에
서 행하는 재계와는 전혀 다른 재계, 즉 심재에 관한 이야기가 튀어
나온다.

아마 장자는 평소에 유가에서 행하는 형식적 재계에 대해 못마땅
하게 생각하고 있었던 것 같다. 그리하여 장자는 공자로 하여금 자기
수제자를 앞에 앉혀놓고 유가식의 재계가 아니라 도가식의 재계인
심재에 대해 설법을 하도록 하는 장자 특유의 설화를 보여주고 있다.

'재齋'라는 글자를 우리는 종래 '목욕재계'라고 할 때의 재계라는 뜻
으로 오해하고 있지만, 원래 '재'라는 글자의 본래 뜻은 '굶다'다. 다시
말해 심재란 마치 단식 때 몸이 음식을 멀리하듯 온갖 사념들을 멀리

장자, 쓸모없는 나무도 쓸모가 있다

하고 마음을 굶긴다는 뜻이다. 즉 심재란 '마음의 단식' 내지 '마음의 비움'을 말하는 것이다. 그렇다면 결국 장자가 말하는 심재는 불가의 무념무상無念無想과 동일한 것임을 우리는 알 수 있다.

공자는 여러 차례에 걸친 안회의 '출마의 변'을 모두 부족하다고 내친 다음 심재 이야기를 꺼냈다. 안회는 심재라는 말을 처음 듣는지라 의아해하며 그것이 무엇인지를 다시 묻는다. 그러자 공자는 먼저 잡념을 버리고 마음을 통일하라고 한다. 그런 다음 귀로 듣지 말고 마음으로 들으며, 그 다음엔 마음도 아닌 기로 들으라고 한다. 첫째 귀, 청각기관을 탈락시키고, 둘째 마음, 인식기관을 탈락시켜서, 마침내 기氣, 근원적 에너지를 통해 들으라는 것이다. 요컨대 감각기관과 인식기관을 멀리하고 우주에 속해 있는 순수에너지를 통해 만물과 교통하라는 것이다. 이것이 곧 비움이며, 이 비움이 곧 심재다.

심재를 설명하면서 장자는 우리의 지각과 인식에 대하여 중요한 이야기를 남겼다. 장자에 의하면 인간의 귀는 모든 소리를 듣는 것이 아니고 자기가 듣고자 하는 소리만 듣는다는 것이다. 장자는 이것을 '이지어청耳止於聽'이라고 표현하고 있다. 귀는 듣는 데서 그친다는 뜻이다. 여기서 장자는 듣는다는 표현으로 '청聽' 자를 쓰고 있는데 이것은 '문聞' 자와는 구별되는 것이다.

'청'이란 능동적으로 자기가 들으려 하는 것을 말하는 것이고, '문'이란 수동적으로 가만히 있을 때 들려오는 것을 말한다. 정확히 말해 전자는 '들을 청'이며, 후자는 '들릴 문'이다. 장자가 여기서 '문'이 아니라 '청' 자는 쓰는 것은 인간의 청각이라고 하는 것이 소리를 있는 그대로 듣는 것이 아니고 자기의 의도에 따라 듣고자 하는 소리만 골라서 듣는다는 사실을 말하기 위함이다.

이것은 시각작용에 대해서도 마찬가지다. '본다'는 뜻의 한문도 두 가지가 있다. '볼 시視'와 '보일 견見'. 시는 능동적으로 무엇인가를 보려고 하는 것이고, 견은 아무런 의도 없이 수동적으로 가만히 있을 때 보이는 것을 말한다. 그래서 특정한 목적 없이 마음을 비우고 넓은 세상을 두루 돌아보는 것은 '견문見聞'을 넓히는 것이지만, 특정한 교육목적을 가지고 한 교실 안에 학생들을 넣어두고 영사기를 돌리는 것은 '시청視聽'각 교육이라고 하지 '견문'을 넓힌다고 하지 않는다.

그렇다면 우리의 마음은 어떤가? 마음은 모든 감각기관들이 채취한 1차 자료를 모아 분석하고 정리하는 기능을 한다. 그리하여 단순한 '인상印象'을 의미 있는 '인식認識'으로 전환시킨다. 이 과정에서 마음이 행하는 기능은 정확히 무엇일까? 거기에는 분명 나自我라는 유기체의 생존과 발전이 가장 중요한 동기로 작동할 수밖에 없을 것이다. 따라서 당연히 선별과 제거, 분석과 종합이 분주히 행해질 수밖에 없다. 요컨대 우리는 사물을 있는 그대로 인식하는 것이 아니고 나라는 유기체의 존속에 필요한 방식으로 사물을 인식하게 되는 것이다. 즉, 우리가 인식하는 것은 '사물의 참 모습'이 아니라 '사물의 편집된 모습'인 것이다. 이것을 장자는 단적으로 표현하여 '심지어부心止於符'라고 말하고 있다. 마음은 부합하는 데서 그친다는 것이다.

장자가 여기서 부합할 '부符' 자를 쓰고 있다는 점에 주목하기 바란다. 부란 원래 신표信標 혹은 부절符節을 뜻하는 것으로, 가령 예를 들자면 고주몽의 아들이 성년이 되어 고구려 땅으로 아버지를 만나러 왔을 때 가슴속에 품고 왔던 반쪽짜리 칼 같은 것을 말한다. 이때 고

주몽은 어떻게 하는가. 자기가 가지고 있던 나머지 반쪽과 붙여본다. 그래서 하나로 붙으면 그 아이를 자기 아들로 받아들이고, 하나로 붙지 않으면 내친다. 장자의 말은 우리 마음의 인식작용이 하는 짓이 마치 이와 같다는 뜻이다.

즉, 장자에 의하면 인간의 마음은 마치 부절符節처럼 자신에게 맞는 것만 접수하고, 맞지 않으면 버린다는 것인데, 이보다 더 마음의 인식작용의 한계를 예리하게 보여주는 표현은 현대 심리학에서도 찾아보기 어렵다. 이것은 장자가 심心의 한계를 뛰어넘은 사람이기에 할 수 있는 이야기다. 아직 마음 속에 머물러 있는 사람에게는 그 너머의 세계가 보이지 않는다. 그 너머의 세계란 무엇인가? 바로 허의 세계다. 안회의 말이 이어진다.

"제가 심재를 실천하기 전에는 실로 제가 존재했습니다. 그러나 선생님의 가르침을 받고 심재를 행하자 제 존재가 없어져버렸습니다. 이것을 허虛라고 할 수 있겠습니까?

"그렇다. 내 너에게 말하겠노라. 네가 위나라에 들어가 그 속박의 세계에서 행동할 때 명예 따위에 마음이 흔들려서는 안 된다. 네 말을 들어주면 말하고, 안 들어주면 그만두어라. 마음에 문도 세우지 말고, 담도 쌓지 말며, 한결같음을 지키고 부득이 할 때만 응하면 그런대로 무난할 것이니라."

回之未始得使. 實有回也. 得使之也. 未始有回也. 可謂虛乎. 夫子曰. 盡矣. 吾語若. 若能入遊其樊. 而無感其名. 入則鳴. 不入則止. 無門無

毒. 一宅而寓於不得已. 則幾矣.

- 〈인간세〉

안회가 심재를 이해하고 몸소 그 경지를 체험한 후 공자와 다시 대화를 나누고 있다. 내용상 자세히는 나타나지 않지만 안회는 심재를 행함으로써 일종의 존재의 변형을 체험한 사람처럼 보인다. 공자도 안회가 허의 경지를 체득했다는 것을 인정하고 있다. 이제 심재 이야기가 거의 끝나가고 있다. 공자는 마지막으로 '좌치坐馳, 앉은 채 달림'에 대해 경고한다. 좌치란 심재의 고요함이 깨진 상태, 즉 마음의 동요를 말한다.

걷지 않기란 쉽다.
허나, 걸으면서 자취를 안 남기기는 어렵다.
사람에게 사역使役될 때 그를 속이기란 쉽다.
허나, 하늘에게 사역될 때 하늘을 속이기는 어렵다.
날개를 가지고 난다는 말은 들어보았어도
날개 없이 난다는 말은 못 들었으리.
지각知覺을 통해 안다는 말은 들어 보았어도
지각을 넘어 안다는 말은 못 들었으리.

그대는 저 빈 것을 보라.(瞻彼闋者)
텅 빈 방에서 뿜어져 나오는 새하얀 빛.(虛室生白)
복된 것은 오직 멈춤에 있나니 (吉祥止止)

장자, 쓸모없는 나무도 쓸모가 있다

멈추지 못하면 (夫且不止)

이를 일러 좌치라 하네. (是之謂坐馳)

絶迹易. 無行地難. 爲人使易以僞. 爲天使難以僞. 聞以有翼飛者矣. 未
聞以無翼飛者也. 聞以有知知者矣. 未聞以無知知者也.

　신비로움이 감도는 한 편의 멋진 시詩다!《장자》안에는 잘 들여다
보면 이처럼 멋진 시가 보석처럼 곳곳에 박혀 있다. 이것은 장자가 꼭
시를 쓰려 해서가 아니라, 그의 철학이 지닌 본질적인 여유로움에서
기인하는 것으로 보인다. 장자의 철학은 허虛의 철학이다. 심재란 내
면의 허를 말한다. 장자의 허란 붓다의 공空과 같은 것이다. 허 혹은
공이란 인간의 마음이 도달할 수 있는 궁극의 경지다. 이 궁극의 경지
를 체험한 사람, 그가 바로 날개 없이 나는 사람이오, 지각을 통하지
않고 아는 사람이다.

　'텅 빈 방에서 뿜어져 나오는 새하얀 빛(虛室生白)'.

　장자는 여기서 매우 신비주의적인 표현을 남기고 있다. 허실虛室은
무엇이고, 생백生白은 또 무엇인가? 여기서 '허실'이란 텅 빈 마음의
방을 말한다. 마음은 허라는 절대적 경지에 도달하면 스스로 환한 빛
을 발한다. 그 빛은 외부에서 온 것이 아니다. 그것은 본래부터 거기
에 있었다. 다만 우리는 겹겹이 두른 존재의 어둠 때문에 이 빛을 보
지 못한다. 지구상의 모든 종교, 모든 종교적 체험의 배후에는 이 빛

이 있다. 장자 스스로는 이 빛을 '조철朝徹, 꿰뚫어보는 밝음'이라고 불렀고, 붓다는 '무시보리본광명체無始菩提本光明体, 시작을 알 수 없는 지혜의 광명체'라고 불렀으며, 천부경天符經에서는 '본본심 본태양本本心本太陽, 태양처럼 환한 본래마음'이라고 불렀다. 또한 이 빛은 동양에만 있었던 것이 아니다. 서양에서도 수준 높은 영적 엘리트들은 오랫동안 이 빛을 찾아다녔다. 그들이 바로 오늘날 영지주의자靈知主義者, gnostic라고 불리는 사람들이다. 예수 사후 이천 년 이래 서양의 영지주의자들이 찾아 헤메던 '신성한 빛'이 바로 이것이며, 특히 그중에서도 퀘이커Quaker교의 창시자 조지 폭스George Fox가 애타게 찾아 헤메던 '내면의 빛'이 바로 이것이며, 한국에서는 만년에 함석헌 등이 찾아 헤메던 바로 그 빛이다. 우리 인간 모두는 이 빛을 찾지 못하면 헛된 삶을 살다 헛되이 죽는 것이다. 인간의 모든 종교와 철학은 이 빛을 찾으려는 노력이다. 장자는 종교의 창시자로서의 삶을 살지는 않았지만 그의 사상 안에는 분명 하나의 종교를 태동시킬 만한 심오한 체험이 들어 있다.

장자는 말한다.

복된 것은 오직 멈춤에 있나니 (吉祥止止).

나는 이보다 더 행복의 정의를 정확히 내린 것을 여지껏 보지 못했다. 행복에 도달한 사람들의 한결같은 특징은 더 이상 외부세계를 향해 눈을 두리번거리지 않는다는 점이다. 그들은 자기 존재의 근원에 도달한 자들이다. 존재의 중심에 견고하게 뿌리 내린 채 이들은 천상의 지복至福 속에 고요히 잠겨 있다. 어떤 것도 그들의 고요를 깨트릴 수 없다. 그들은 이 우주만물과 물아일체를 이루어 인간으로서 누릴 수 있는 가장 완벽한 기쁨을 누리고 있다. 그들의 마음은 '여기, 이곳'에 있다. 그들은 '저기, 그곳'을 찾지 않는다. 그들의 마음에는 사념들이 떠돌아다니지 않는다. 그들의 마음은 텅 비어 있다. 그들의 마음은 궁극에 도달하여 깊이 휴식하고 있다. 이것이 장자가 말하는 멈춤, 즉 지지止止다.

> 멈추지 못하면 (夫且不止)
> 이를 일러 좌치라 하네 (是之謂坐馳)

좌치란 어떤 상태인가 하면 몸은 이곳에 앉아 있으면서 마음은 딴곳을 달리고 있는 상태다. 말하자면 마음이 한곳에 머물지 못하고 자꾸 여기저기로 내달리고 있는 상황이다. 이 좌치라는 것을 직역하면 '앉은 채 달려간다'는 것인데, 그 표현이 너무도 절묘하여 웃음을 자아내게 한다. 사람들에게 명상을 시켜보면 대개의 사람들이 명상이 아니라 망상을 하는 것을 보게 되는데, 명상의 외형을 갖추고 앉아서 실은 머릿속에서는 망상에 종사하는 이 모습이야말로 '좌치'라는 표현이 딱 들어맞는다.

장자의 좌치라는 개념은 실은 좌망과 하나의 켤레를 이루는 개념이다. 먼저 좌망이 있고, 그 부산물이 좌치다. 명상이 제대로 안 되면 망상이 되는 것처럼, 좌망이 제대로 안 되면 좌치가 되고 만다. 장자가 말하는 지지는 불교의 사마디와 같은 것이다. 사마디에서 마음은 완전히 정지한다. 사마디는 궁극의 황홀경이다. 그것을 장자는 길상지지吉祥止止라고 표현하고 있다. 그렇다면 좌치는 무엇인가. 좌치, 그것은 마음의 지옥이다.

장자의 핵심 사상을 몇 가지 꼽는다면 우리는 〈제물론〉 편에서의 '상아', 〈대종사〉 편에서의 '좌망', 그리고 여기 〈인간세〉 편에서의 '심재'를 들 수 있다. 장자는 이 개념들을 알맞은 장소에서 알맞은 때에 각각 다른 모습으로 우리 앞에 보여주었지만, 그러나 사실은 이 세 가지 핵심 개념들은 모두 같은 것들이다. 상아도 심재도 좌망도 모두 마음비움에 관한 이야기이며 종국적으로는 모두 자아의 소멸, 즉 무아를 의미하는 것들이다. 사람으로 태어나 우리는 모두 자기를 완성시키고자 갈망한다. 그러나 자기를 완성하기 위해 우리가 진정으로 해야 하는 것은 무엇인가? 자기를 완성하려면 우리는 무엇인가로 자기를 가득 채워야 하는 걸로 생각한다. 그러나 그것은 착각이 아닐까? 여기 심재문답을 끝내면서 노자의 다음 경구를 음미해보라.

진정으로 자기를 완성하려면
자기를 비워야 하지 않겠는가?

非以其無私邪故能成其私

— 《도덕경》, 제7장

장자, 쓸모없는 나무도 쓸모가 있다

자고子高 이야기

공자와 자고

섭공葉公 자고라는 사람이 있었다. 그는 초楚나라의 대부大夫였다. 어느날 자고는 왕명을 받아 사신으로 제齊나라에 가게 되었다. 그런데 그는 자기가 맡은 소임이 너무 막중하여 심하게 스트레스를 받다가 공자를 찾아와 조언을 구하였다. 제나라는 사신을 정중하게 대접하지만 협상에는 시간을 질질 끌며 매우 까다롭게 군다는 사실을 자고는 잘 알고 있었다. 자고는 이 일 때문에 걱정이 이만저만이 아니었다. 이러한 자고가 공자를 찾아온 것이다. 공자는 한때 자고에게 이렇게 말한 적이 있었다.

모든 일은 크고 작고 간에 올바른 도를 따르지 않고서는 원만히 이룰 수가 없습니다. 만약 성공시키지 못하면 필시 사람으로부터 해를 받을 것이고必有人道之患, 만약 성공시키면 필시 음양으로부터 해를 받게 될 것입니다必有陰陽之患. 일을 성공시키건 성공시키지 못하건 간에 나중에 해를 당하지 않을 사람은 오직 덕德을 가진 사람뿐입니다.

凡事若小若大. 寡不道以懽成. 事若不成. 則必有人道之患. 事若成. 則必有陰陽之患. 若成若不成. 而無後患者. 唯有德者能之.

— 〈인간세〉

말이 상당히 교묘하다. 얼른 알아먹기가 어렵게 되어 있다. 성공 못하면 사람으로부터 해를 받는다는 것은 알겠는데, 성공하면 음양으로부터 해를 받는다는 것은 대체 무슨 소리일까? 자고도 처음 공자에게 이 말을 들었을 때 자못 의아했던 모양이다. 그러나 이날 왕명을 받고서 그는 공자의 저 애매한 말을 단박에 이해하게 돼버렸다. 그는 아침에 왕명을 받고 속에 열이 난 나머지 저녁에 얼음물을 벌컥벌컥 들이켰다. 요컨대 너무 애를 쓴 까닭에 병이 나고 만 것이다(이것이 음양으로부터 해를 받는 것이다). 그리하여 그는 위의 말뜻을 새롭게 이해하고서 공자를 신뢰하게 되었던지 다시금 공자를 찾아와서 조언을 구했다. 그는 자기의 괴로움을 이렇게 토로한다.

"저는 아직 일을 실행하기도 전에 애를 너무 써서 음양으로부터 해를 받은 셈입니다. 또 만약 일이 안 되면 반드시 사람(왕을 가리킴)으로부터 해를 받게 될 것입니다. 이렇게 되면 저는 이중으로 해를 당하게 되는 것입니다. 이래서야 남의 신하로서 임무를 다할 수가 없습니다. 어떻게 하면 될지 선생님께서 한 말씀 해주십시오."

그러자 공자가 이렇게 대답했다.

장자, 쓸모없는 나무도 쓸모가 있다

세상에는 큰 법칙이 두 가지가 있습니다. 하나는 운명命이고, 다른 하나는 의리義입니다. 자식이 어버이를 섬기는 것은 운명이며 마음에서 그것을 버릴 수는 없는 것입니다. 신하가 임금을 섬기는 것은 의리이며 어디를 가나 임금은 임금인 것입니다. 이 세상 어디를 가도 이 두 가지를 피할 수 없습니다. 그러므로 어버이를 섬기는 자는 신분의 고하를 막론하고 어버이를 편하게 모시는 것이 최고의 효이며, 군주를 섬기는 자는 사태를 가리지 않고 군주를 편하게 모시는 것이 최고의 충입니다.

그리고 스스로 자기 마음을 섬기는 사람은 눈앞에 어떤 일이 일어나든 기쁘거나 슬퍼하는 감정을 나타내지 말아야 하며, 사람의 힘으로는 어쩔 수 없는 일이 있다는 사실을 알고 마음 편히 운명을 따라야 합니다. 이것을 최고의 덕이라 합니다. 나라의 신하된 사람은 자기로서는 어쩔 수 없는 일이 있는 법이니, 오직 충실히 일을 하고 제 자신을 잊어야 합니다. 삶을 기뻐하고 죽음을 싫어할 겨를이 어디 있겠습니까? 선생도 이런 마음을 가지고 가는 게 좋을 것입니다.

天下有大戒二. 其一命也. 其一義也. 子之愛親命也, 不可解於心. 臣之事君義也. 無適而非君也. 無所逃於天地之間. 是之謂大戒. 是以夫事其親者. 不擇地而安之. 孝之至也. 夫事其君者. 不擇事而安之. 忠之盛也. 自事其心者. 哀樂不易施乎前. 知其不可奈何. 而安之若命. 德之至也. 爲人臣子者. 固有所不得已. 行事之情而忘其身. 何暇至於悅生而惡死. 夫子其行可矣.

- 〈인간세〉

충과 효는 유가의 중요한 덕목이다. 여기에 나타난 공자의 대답은 유가의 사상 그대로다. 부모에 대한 효도와 마찬가지로 임금에 대한 충성은 사람으로서는 피할 수 없는 일이니, 임금으로부터 어떤 명命이 내리면 이것저것 따지지 말고 그 일을 충실히 행하고 자기 자신을 잊어버려야 한다는 것이다. 이 단계는 아직 공자가 장자화莊子化하기 전 단계다.

이런 말을 하면서 공자는 나라의 사신이 어떻게 처신해야 하는지를 부연해서 설명한다.

"무릇 가까운 나라와 교류할 때는 반드시 신의로써 대하고, 먼 나라와 교류할 때는 반드시 말로써 충실함을 표시하여야 합니다. 그 말은 또한 반드시 누군가가 가서 전해주어야 합니다. 양쪽이 제 각각 기뻐하거나 노하는 것을 말로 전하기란 지극히 어려운 일입니다. 양쪽이 다 기쁘면 서로 지나치게 좋은 말을 많이 하고, 양쪽이 다 노여우면 서로 지나치게 나쁜 말을 많이 하는 법입니다. 지나친 말이란 사실과는 먼 것입니다. 사실과 먼 것은 신의가 없습니다. 신의가 없으면 말을 전한 자가 화를 입게 됩니다. 그래서 격언에 이르기를 '있는 그대로 전하고 지나친 말을 전하지 않으면 안전하다'고 했습니다."

나라와 나라 사이에 사신이 없을 수 없고, 또 사신은 이 나라 말을 저 나라에 옮겨야 하는 임무를 수행하는데 이때 사신은 다른 나라에 가서 지나친 말들을 전달해서는 안 된다는 점을 공자는 설명하고 있다. 외교관이 지녀야 할 심득 사항을 잘 정리해서 말해주고 있는 셈이다.

공자의 말은 계속된다.

장자, 쓸모없는 나무도 쓸모가 있다

"말이란 바람이나 물결과 같습니다. 언행에는 득실이 따릅니다. 바람이나 물결은 요동치기 쉽고, 득실이 있으면 위태로와 지기 쉽습니다. 사람이 화를 내는 것은 이유가 다른 데 있는 것이 아니라 바로 간사한 말과 교묘한 말에 있습니다. 그러므로 격언에 이르기를 '군주의 명령을 고치지도 말고, 이루려고 너무 애쓰지도 말라'고 한 것입니다. 도度를 넘는 것은 쓸데없는 것이기 때문입니다. 주어진 명령을 고치거나 꼭 이루려 너무 애쓰는 것은 위험한 일입니다."

계속해서 공자는 말을 조심하고 도를 넘지 말라고 자고를 타이르고 있다.

유遊의 철학

공자와 섭공, 둘이 만나서 논의를 시작하여 여기에 이르기까지 공자는 평범한 유가적 가치관에 따른 여러 가지 충고를 섭공 자고에게 해주었다. 그러나 그것은 여기까지다. 이 말을 마치고 공자는 돌아서서 마침내 도가道家적 면모를 드러내는 일구一句를 날린다.

마음이 사물의 흐름을 타고 유유히 노닐도록 하십시오乘物以遊心. 부득이한 일은 그대로 맡겨두고, 중심을 기르는 데 전념하십시오託不得已以養中. 이것이 최상입니다. 무엇을 더 꾸며서 보고할 필요가 있겠습니까?

《장자》라는 책의 가치는 바로 이런 데 있다. 결국 장자는 이 한 마디를 하기 위해 공자와 자고를 등장시켰던 것이다. 장자가 어떤 사람인가? 그가 평범하게 유가의 말을 되풀이하고 있을 사람인가? 장자에게 결코 그런 일은 없다. 장자는 자기철학의 존재이유를 명확히 알고 있던 인물이다. 《장자》에는 공자가 수십 차례 등장한다. 그러나 장자가 공자를 통하여 하는 말은 처음에는 유가의 말인 듯하지만 끝에 가면 결코 유가의 말이 아니다. 장자는 사실은 자기의 사상을 전달하기 위하여 공자를 무대 위에 올려놓은 것이다. 그리하여 《장자》에서 우리가 보게 되는 공자는 철저히 장자화莊子化된 공자다. 여기의 마지막 대화는 유교와는 아무 상관이 없는 것이다. 유교에서는 결코 인생에 대해 이렇게 자유롭고 초월적인 통찰을 제시하지 못한다. 초월과 자유, 그것은 처음부터 유교와는 인연이 먼 것이다. 장자의 말을 다시 들어보자.

사물의 흐름을 타고乘物, 마음이 유유히 노닐도록 하십시오遊心. 부득이한 일은 그대로 맡겨두고託不得已, 중심을 기르십시오養中.

이른바 유심遊心 설법이다. 앞서 공자는 안회에게 심재 설법을 펼쳐 보였었는데, 여기의 유심은 그 심재와 궤를 같이하는 것이다. 다만, 심재가 마음을 텅 비워 어떤 움직임도 없는 정적상태를 말한다면, 유심은 어떤 속박이나 장애도 없이 마음이 자유롭게 노니는 동적 상태를 가리킨다. 장자가 보기에 우리 인간의 마음은 항상 외물外物에 집착해 있다. 말하자면 정신이 물질에 굴복해 있는 노예 상태인 것이다. 장자가 말하는 '승물乘物'이란 바로 이 노예 상태를 극복하라는 것이다. 사

장자, 쓸모없는 나무도 쓸모가 있다

물에 짓눌려 신음하지 말고 자기 삶의 주인이 되라. 사물에 부림을 받는 것이 아니라 사물을 지배하라. 문자적으로 보면 '승물'이란 마부가 말에 올라타듯 사물에 올라타라는 것이다. 요컨대, '승물'이란 물질에 대한 정신의 승리를 의미하는 장자 특유의 용어다. 승물, 즉 사물을 충분히 지배하게 되면 비로소 그 사람의 마음은 유심의 경지에 도달하여 어떤 것에도 구애됨이 없이 세상 밖에서 유유히 노닐게 되는 것이다. 그 사람은 인간의 힘이 미칠 수 있는 것과 미칠 수 없는 것을 정확히 파악하며 헛된 욕망을 버리고 자기 분수를 지키며 산다.

'탁부득이託不得已'란 인간의 한계를 깨달은 자의 삶의 방식이다. 그는 운명 앞에 겸손하다. 그는 인생에서 많은 걸 요구하지 않는다. 그는 세상일에는 한계가 있음을 알고 한 발짝 물러나 고요히 내면의 세계를 기른다. 이것이 양중養中이다. 승물, 유심, 탁부득이, 양중, 이것들은 모두 도가의 중요개념들이다. 특히, 여기 유심의 '유遊'는 《장자》 제1편 소요유에서의 '유'와 같은 것이다. 장자는 초월과 자유를 말할 때 '유遊'자를 쓴다. '유'는 장자 철학의 독특한 개념이다. '유'를 이해하지 못하면 결코 장자를 이해하지 못한다.

'유'는 공자는 물론이고 심지어 노자에게도 없는 개념이다. 또 그것은 수행자가 많기로 유명한 인도 땅에도 없는 개념이며, 예수의 고향 유대 땅에도 없는 개념이다.

세계 역사를 돌이켜 볼 때 나는 유대 땅에 '유遊의 철학'이 존재하지 않았던 점이 못내 아쉽다. 개인적으로 아쉬운 것이 아니라 온 인류와 더불어 뼛속 깊이 아쉽다. 과연 유대 땅에 장자와 같이 한없이 유유자적하며 한없이 세상 밖을 노니는 '유遊의 철학가'가 한 사람이라도 존재했더라면 중동의 역사, 나아가 세계의 역사가 이렇게까지 서로 대립과 항쟁을 반복하며 각박하게 흘러왔을까?

또 인도의 경우도 생각해볼 점이 있다. 수행의 궁극적 경지를 표현하는 방식을 놓고 볼 때 장자는 인도인들과는 정반대의 상상력을 가지고 있기 때문이다. 인도인들은 일체의 번뇌망상이 사라진 무념무상의 경지를 표현할 때 사마디samadhi, 삼매라고 한다. 원래 사마디란 공동묘지를 뜻하는 영어의 cemetery와 어원이 같다. 요컨대, 사마디란 개미새끼 한 마리 얼씬거리지 않는 공동묘지의 적막감과 유사한 어떤 무엇이다. 그것은 어딘가 너무 쓸쓸하고 고독해 보인다.

그러나 장자는 이와 다르다. 장자는 궁극의 경지를 표시하면서도 결코 심각하지 않다. 그는 그것을 '사마디'(몰입)라고 하지 않고 '소요유'라고 부른다. 그에게는 항상 유유히 노니는 여유로움이 있다. 장자가 만약 사마디라는 말을 들었다면 그는 별로 그것을 좋아하지 않았을 것이다. 그리고 거기에 왜 그렇게 심각한 이름을 붙였는지 의아해할 것이다. 그는 〈제물론〉에서 말했던 것처럼 죽음과 가까워진 마음, 즉 '근사지심近死之心'을 싫어한다. 그는 무언가 역동적인 것을 좋아하며, 사람 사는 냄새를 좋아하며, 여유 있는 것을 좋아하며, 무엇보다 노는 것遊을 좋아한다. 물론 여기서의 노는 것이란 우주와 더불어 크게 한판 노는 것을 말한다.

장자는 어떤 경우에도 심각하지 않다. 그는 우주 안에서 유유히 노닌다. 그는 초월과 자유, 정신의 비상과 영혼의 구원을 이야기하지만 그의 목소리는 전혀 날카롭지도, 시끄럽지도, 위협적이지도 않다. 그는 그냥 지나가는 소리로, 그것도 직설화법이 아니라 은유와 상징이

가득한 간접화법으로 슬쩍 한두 마디 던지고 갈 뿐이다. 그는 사람들을 앉혀놓고 내 말을 들으라고 소리치지 않는다. 그런 것들은 모두 자신의 근본 사상인 '소요유'에 배치되는 것들이다. 그는 우주와 더불어 영원 속을 오가며 유유히 노닌다. 그는 인류 역사상 깨달음에 도달한 현자들 중에서도 가장 마음이 넓은 사람이다. 그는 노자보다도 마음이 넓고, 붓다보다도 마음이 넓으며, 예수보다도 마음이 넓다. 그의 말투에는 전혀 긴장감이 감돌지 않는다. 그는 가장 심오한 이야기를 하면서도 입가에 웃음을 띄고 있다. 그는 심각한 것과는 정반대되는 유형의 사람이다. 오히려 그는 장난기가 가득한 사람이다. 그의 주특기인 풍자는 사실 이 장난기의 일부다. 그는 강조하는 대신 놀려준다. 그는 고함을 지르는 대신 살짝 허를 찌른다. 그는 웅변을 하는 대신 우화를 한 토막 들려준다. 그러나 사람들의 귀는 날카롭고, 위협적이며, 선동적인 목소리에 쉽게 반응하지, 장자 같은 여유롭고, 느긋한 목소리에는 잘 반응할 줄 모른다.

사람들은 그래서 기껏해야 장자에게서 '재밌는 이야기 한 토막'을 듣는 것을 전부로 생각하지만, 그것은 장자의 껍데기에 불과하다.《장자》는 여러 층으로 구성된 건축물과 같다. 피상적인 사람은 그 외형만 볼 것이다. 생각이 있는 사람은 그 속도 들여다볼 것이다. 그리고 마지막 남은 몇몇 사람은 장자의 본질을 보게 될 것이다. 장자는 결코 쉽게 자신을 드러내 보이지 않는다. 그것은 장자가 직설법을 쓰지 않는다는 데서 일부 기인하지만 그보다는 장자가 설명형의 개념어가 아니라 압축된 직관어를 사용하기 때문이다. 그렇다면 개념어와 직관어의 차이는 무엇인가. 개념어는 드러난 것 외에 다른 것이 없다. 있는 그대로가 전부다. 그러나 직관어는 드러난 것이 전부가 아니다. 더 많은 것이 감추어져 있다. 직관어는 빙산과 같다. 그것은 우리에게 일각만을 보여준다. 이 점이 우리가 《장자》를 읽을 때 주의해야 할 점이다.

《장자》는 쉽게 읽히지만 결코 쉽게 섭렵될 수 없는 책이다. 이 점에서 《장자》는 불경이나 기독교의 성경과 대비된다. 《장자》를 펼치면 처음부터 끝까지 어디를 보더라도 어려운 말이 거의 없다. 장자는 자신의 사상을 개진하면서 철학적 용어를 거의 쓰지 않는다. 그는 평범한 일상의 언어로 철학하는 사람이다. 그러나 불경은 그렇지 않다. 불경은 어렵고 난해하다. 거기에는 기초 지식이 없는 사람은 도무지 무슨 말인지 알아먹을 수 없는 고도의 철학적 개념들이 가득하다. 붓다는 위대한 직관의 천재였지만, 그의 언어가 담긴 경전은 매우 개념적이고 관념적이다. 초기경전인 《숫타니파타》나 《법구경》 등은 아직 소박한 언어 속에 직관의 아우라가 남아 있지만, 후기의 대승경전들은 이와는 달리 현란한 언어로 난해한 철학적 개념들을 구사하고 있다. 대신 불경은 처음 이해하기가 어렵지 한 번 이해하면 그걸로 충분하다. 철학적 개념 안에 모든 것이 응축되어 있기 때문에 언외言外의 뜻에 대하여 특별히 주의할 것은 없다.

그러나 《장자》는 그렇지 않다. 《장자》는 오히려 이와는 정반대의 경우다. 《장자》는 분명 쉽게 읽힌다. 어려운 용어가 별로 없기 때문이다. 그러나 그 속뜻은 잘 파악되지 않는다. 사람들은 《장자》를 읽고 넘어간다. 그러나 여전히 《장자》는 읽히지 않은 채로 남아 있다. 《장자》는 흙 속에 묻힌 진주와 같다. 그것은 아직 가공되지 않은 상태로 남아 있다.

장자, 쓸모없는 나무도 쓸모가 있다

이에 비해 기독교의 성경은 불경처럼 철학적인 성격의 책도 아니지만, 그렇다고 《장자》처럼 직관적인 성격의 책도 아니다. 그것이 일상의 언어를 쓰는 것은 《장자》와 같으나, 반면에 그것은 직접화법을 쓰고 있다는 점에서 《장자》와 다르다. 그러므로 기독교의 성경은 가장 읽기 쉽고, 가장 이해하기 쉽다. 그것은 오독의 가능성이 거의 없다. 이에 비해 불경은 가장 읽기 어렵고, 가장 이해하기 어렵다. 허나, 이것 역시 처음 이해하기가 어렵지, 오독의 가능성은 별로 없다. 그러나 《장자》는 이 둘과 성격이 다르다. 《장자》는 읽기 쉽지만, 이해하기는 어렵다. 여기에는 항상 오독의 가능성이 남아 있다. 이런 점에서 《장자》는 다소 위험한 책이다. 그러나 빙산이 위험한 것은 보이는 것을 전부로 믿는 우리 인간의 미숙함 때문이라는 점을 잊어서는 안 된다.

제5편

덕충부 / 德充符

충덕표

만식

한의들

왕태 이야기

마음의 덕과 육체의 덕

덕충부란 '덕이 마음속에 충만하여 저절로 겉으로 나타난 표시'라는 뜻이다. 우리 인간은 아무리 속임수에 능하다 하더라도 나쁜 생각을 품고 있으면 나쁜 표정이 밖으로 드러나기 마련이며, 또 좋은 생각을 품고 있으면 좋은 표정이 드러나기 마련이다. 덕충부란 표현은 기본적으로 이런 관념을 기초로 한 것이다. 그러면 〈덕충부〉에는 어떤 인물들이 등장하여야 할까? 당연히 외모가 미끈한 미남미녀들이 나와야 할 것이다. 남자라면 도골선풍道骨仙風에다 기름기가 잘잘 흐르는 꽃미남이라야 할 것이고, 여자라면 하늘하늘 비단옷자락을 펄럭이며 천상에서 막 내려온 듯한 선녀같아야 할 것이다. '건전한 육체에 건전한 정신' 아닌가!

또한 이러한 생각은 고대 그리스인들의 미에 대한 관념이기도 하다. 고대 그리스인들은 육체가 아름다운 사람은 그 영혼도 착하고 선량하다고 생각하는 경향이 있었다. 이 그리스적 관념에 따른다면 〈덕충부〉에는 반드시 화사하기 그지없는 미남미녀들이 등장해야 한다. 호머의《일리아드》나《오딧세이》를 보라. 거기서는 반드시 위대한 인물은 미남미녀로 그려진다. 서양문학의 아버지인 호머조차도 인간 내면에 대한 탐구가 피상적이다. 고대 그리스의 수많은 신화와 문학에는 줄리안 제인스Julian Jaynes의 지적처럼 주체적 자각과 자기성찰이 결여되어 있다. 그 세계에서는 선남선녀란 곧 미남미녀를 가리킬 뿐이다.

그러나 이와는 반대로 장자의 〈덕충부〉에 그런 인물들은 한 명도 나오지 않는다. 어떤 인물들이 등장하냐면, 놀랍게도 〈덕충부〉에 등장하는 사람들은 한결같이 육체적으로 온전치 못한 사람들, 즉 불구자들이다. 덕이 충만한 인물들로 다름 아닌 장애인들을 내세울 생각을 했다는 점, 이 점이야말로 장자 철학의 위대한 점이다. 이 한 가지 사실만으로도 장자는 실로 이루 말할 수 없이 위대한 일을 한 것이다. 인류 역사상 어떤 위대한 사상가, 철학자도 여기까지 생각이 미쳤던 사람은 없다.

예수도 자기를 따르는 무리 중에 오갈 데 없는 자, 부랑자, 불구자, 문둥병 환자 등 사회적으로 열악한 위치에 있는 자들을 특별히 긍휼히 여겨 여러모로 그들을 위해 애쓰는 모습이 복음서에 기록돼 있지만 이것은 어디까지나 그들이 '불쌍한 사람', 다시 말하면 어딘가 '덕이 부족한 사람'이라는 인식 아래에서다. 물론 이러한 것은 우리 모두가 본받아야 할 훌륭한 태도인 것은 사실이지만, 지금 장자가 하고자 하는 말은 그것이 아니다. 장자는 덕이 부족한 사람으로서의 불구자를 말하는 것이 아니라, 반대로 덕이 충만한 사람으로서의 불구자를 말하는 것이다. 이것은 실로 위대한 '파격'이다. 장자철학의 묘미는 이런 데서 나온다. 장자는 보통 사람들이 생각할 수 없는 것을 생

장자, 쓸모없는 나무도 쓸모가 있다

각하고, 말할 수 없는 것을 말하고, 행할 수 없는 것을 행한다. 그는 세상의 속물들이 가지고 있는 낡은 통념들을 비웃으며 뒤집어엎는다.

그는 자기 입으로 자신은 이 세상에서 통용되는 가치의 전도를 부르짖는 철학자라고 소리높여 주장하지도 않는다. 그는 크게 말하지도 않는다. 오히려 그는 낮은 목소리로 조용조용히, 그러나 특유의 풍자와 유머를 섞어가며 이야기를 이끌어간다. 따라서 둔감한 귀를 가진 사람들은 장자가 지금 무슨 의도로 저 이야기를 하는지도 모르고 지나간다. 그래도 장자는 개의치 않는다. 사람들이 자기 말을 알아들어도 좋고, 못 알아들어도 좋다. 그는 결코 사람들에게 자기 말을 들어보라고 강요하지 않는다. 그는 어떤 경우에도 목소리를 높이지 않는다. 그는 중대한 국면에 접어들면 오히려 더 차분하고 침착해진다. 그는 야단법석을 떨지 않으니 겉에서 보기엔 아무것도 하는 게 없어 보인다. 그러나 귀 있는 사람들은 그의 차분한 목소리 안에서 통념을 뒤집는 그의 위대한 발상을 알아보고, 거기에 깊은 공감을 느끼게 된다. 가치의 전도가 아무도 모르는 사이에 벌써 행해지고 있는 것이다. 그는 이렇게 아무것도 행하는 바 없이 모든 것을 다 행한다. 이것이 노자가 말한 '무위이무불위無爲而無不爲'라는 것이다. 그는 몸소 이렇게 '무위'의 참뜻을 보여준다. 그런 의미에서 장자 자신이야말로 가장 덕이 충만한 사람인지도 모른다.

왕태와 공자

　무슨 연유에서인지는 알 수 없으나 형벌을 받아 발 하나를 잘린 왕태王駘라는 사람이 노魯나라에 살고 있었다. 노나라는 알다시피 공자의 본고장이다. 공자는 그곳에서 태어나고 활동했으며 명성을 얻었다. 그런데 이렇게 불구자인 왕태가 노나라에서 공자와 맞먹을 만큼 많은 제자를 거느리고 있었다. 이 문제를 놓고 공자와 제자 상계常季가 바야흐로 논의를 벌이고 있다. 상계는 먼저 공자에게 이렇게 묻는다. "왕태는 외발 병신입니다. 그런데 따르는 자가 선생님의 제자와 노나라를 양분하고 있을 정도입니다. 그는 서 있어도 가르치지 않고, 앉아 있어도 토론하는 일이 없는데, 사람들이 빈 마음으로 찾아가서 가득 얻어 돌아온다고 합니다. 정말 '말 없는 가르침不言之敎'이라는 게 있는 겁니까? 왕태는 겉으로는 불구이지만 속으로는 마음이 완성된 사람일까요? 왕태는 대체 어떤 인물일까요?"

　왕태는 정말 어떤 인물일까? 왕태는 불구의 몸인데도 무수한 사람들이 그를 위대한 스승으로 모시고 따르고 있다. 그리고 그는 알려진 바에 의하면 별 특별한 가르침도 펼쳐 보이는 것이 없다고 한다. 그런데도 사람들은 왕태를 찾아가고, 찾아간 사람은 텅 빈 마음으로 갔다가 가득 채워 돌아온다는 것이다. 이게 대체 어찌된 영문일까? 이런 일이 가능한 것 일까? 이 시절에 사람들이 왕태를 찾아가고 또 어떤 현인을 찾아가고 하는 것은 요즘 학생들이 어느 대학을 진학하고 또 어느 학과를 선택하고 하는 것과는 전적으로 다른 이야기다. 대학을 진학하고 수강신청을 하고 공부를 하는 것은 먹고 살기 위해서 하는 것이고 또 학점을 따기 위한 것일 뿐, 어떤 스승을 찾아가 꼭 그분에게 가르침을 받고 싶어서 그러는 학생은 대한민국 천지에 한 명도 없다. 이게 옳은 것일까? 이게 대학의 올바른 모습일까? 그러나 장자가 이 글을 쓰던 시절에는 그렇지 않았다. 그들이 어떤 현인(여기 나오는 왕태는 그런 현인 중의 한 명인 가공의 인물이다)을 찾아가서 배움을 청하는 것은 학점을 따기 위한 것이 아니었다. 누가 출석체크를 하는 것도 아니고, 수학하였다고 해서 졸업장을 주는 것도 아니었다. 그들은 완전히 자발적으로 덕이 충만한 스승을 찾아가서 우주와 진리에 대해 배움을 청하였던 것이다. 요컨대 이 시절의 스승과 제자의 관계라고 하는 것은 오늘날의 그것과는 비교할 수 없을 정도로 깊이가 있고 의미가 있는 관계였다.

불구자임에도 불구하고 그를 따르는 제자가 공자의 제자와 대등할 정도로 수가 많은 수수께끼의 인물 왕태, 상계는 이 왕태가 어떤 인물인지 너무나 궁금하였다. 그래서 상계는 자기 머리로는 도저히 이해가 가지 않아서 왕태가 무슨 신비한 비법을 쓰는 게 아닌가 싶어 '불언지교不言之敎라는 것이 정말로 있는 겁니까?'라고 공자에게 묻고 있는 것이다.

참고로, 여기서 '불언지교'란 노자의 《도덕경》에 나오는 말로 성인의 가르침의 한 특징이다. 노자에 의하면 성인은 무위로써 일을 처리하고, 말 없는 가르침을 행한다. 아마도 이 시절 '불언지교'란 말에는 후일에 나타나는 불교의 '이심전심以心傳心'이라는 말처럼 상당한 신비주의적 후광이 어려 있었던 모양이다. 공자가 대답했다.

"그분은 성인이다. 나도 꾸물거리다가 아직 찾아뵙지 못했다. 나도 앞으로 스승으로 모시려 하는데, 나보다 못한 사람들이야 말할 것이 있겠느냐? 어찌 노나라 사람들뿐이겠느냐? 나는 온 세상 사람을 이끌고 그분을 따르려 한다." 그러자 상계가 "그런 훌륭한 분은 어떤 마음가짐을 지니고 있는 것입니까?" 하고 묻자, 공자가 이렇게 대답한다.

"죽고 사는 것이 중대한 일이지만, 그는 그러한 변화에도 동요하지 않는다. 비록 하늘이 무너지고 땅이 꺼져도 까딱하지 않는다. 진리를 깨닫고 있는 까닭에 사물의 변천에 동요하지 않으며, 사물의 변화를 운명으로 여기고 도의 근본을 지켜나가고 있는 것이다."

死生亦大矣. 而不得與之變 雖天地覆墜. 亦裝不與之遺. 審乎無假. 而不與物遷. 命物之化. 而守其宗也.

이상이 왕태에 대한 공자의 평가다. 지금 공자의 말을 들어보면 왕태의 특징은 두 가지다. 첫째는 왕태라는 인물은 죽고 사는 문제에 초연하다는 것이고, 둘째는 진리를 깨우쳐서 사물의 변화에 동요를 일으키지 않는다는 것이다. 그러나 공자의 이 말은 어딘지 공자의 말이라고 하기에는 어색하다. 이것은 사실 도가적인 말이다. 공자가 이렇게 도가적 발언을 하자 제자 상계가 마치 못 알아듣겠다는 듯이 "그건 무슨 뜻입니까?" 하고 재차 묻는다. 그러자 공자가 대답했다.

다름의 입장에서 보면 간과 쓸개도 초나라와 월나라처럼 멀지만, 같은 입장에서 보면 만물이 모두 하나이다萬物皆一. 왕태와 같은 이는 귀나 눈이 즐거워하는 것 따위에는 상관하지 않으며, 마음을 덕의 조화된 경지에 노닐게 한다遊心乎德之和. 만물에서 그 동일한 것을 보고 외형상의 변화를 보지 않는다. 그러니 발 하나 떨어져나간 것쯤은 흙덩어리 하나 떨어져나간 것에 지나지 않지.

自其異者視之. 肝膽楚越也. 自其同者視之. 萬物皆一也. 夫若然者. 且不知耳目之所宜. 而遊心乎德之和. 物視其所一. 而不見其所喪. 視喪其足. 猶遺土也.

간과 쓸개란 신체장부 중에서 서로 나란히 붙어 있어 가장 가까이 있는 것이고, 초나라와 월나라란 세상의 나라 중에서 서로 가장 멀리 떨어져 있는 나라다. 장자의 시대에는 초나라와 월나라란 세상의 끝을 의미하는 것이었다. 우리 인간이란 동물은 사소한 차이에도 호들갑을 떨면서 과장하는 버릇이 있는데, 그런 사람들은 생사의 문제에 이르면 혼비백산해서 얼이 다 빠지고 말 것이다. 그러나 왕태라는 인물은 이미 생사의 문제에 초연한 경지에 이른 인물이다. 그에게는 모든 것이 같다. 그에게는 모든 사물이 차별이 없다. 어떤 호들갑스런 사람들은 간과 쓸개도 초나라와 월나라처럼 멀리 있는 것처럼 말하지만, 왕태에게는 이 세상 만물이 모두 하나다萬物皆一.

그렇다면 왕태는 어떻게 하여 저렇게 높은 도의 경지에 이르게 된 것인가? 그것은 왕태가 귀나 눈, 즉 감각기관이 좋아하는 것 따위에는 더는 아무 관심도 기울이지 않기 때문이다. 세상에는 감각기관의 노예가 되어 살아가는 허깨비 같은 사람들이 많다. 그들에게는 눈과 귀가 주인이며, 마음은 그 눈과 귀의 욕구 충족을 위한 종에 지나지 않는다. 그들에게는 마음이 명령을 내리고 눈과 귀가 거기에 복종하는 것이 아니라, 반대로 눈과 귀가 제멋대로 상전 노릇을 하며 명령을 내리고 마음이 종처럼 거기에 봉사한다. 이것이 바로 욕망이며 집착이다. 이렇게 되면 마음은 유연성을 잃고 돌처럼 딱딱해져 자기 마음을 자기 마음대로 할 수 없는 지경에 이르게 된다. 이른바 존재의 노예상태가 초래된 것이다. 장자는 이렇게 딱딱하게 경직된 마음을 앞서 〈제물론〉에서 '성심成心'이라 불렀다. 그러면 이러한 경직된 마음, 즉 '성심'과 가장 반대되는 마음은 어떤 마음인가? 장자는 그것을 자유롭게 노니는 마음, 즉 '유심'이라고 불렀다. 장자는 말한다. '왕태와 같은 이는 귀나 눈이 즐거워하는 것 따위에는 상관하지 않으며, 덕의 조화된 경지에 마음을 노닐게遊心한다.'

앞서도 지적한 바 있지만 '유심'이란 장자철학의 특별한 개념이다. '유심'은 인간의 마음이 도달할 수 있는 가장 자유로운 경지를 말한다. 장자는 '마음'과 '감각기관'의 상호관계에 대하여 누구보다 예리하게 꿰뚫어보고 있다. 감각기관의 작용이 마음을 제압하면 마음은 마비되고 경직되어 '성심成心'의 상태에 빠지고, 반대로 마음이 감각기관을 제압하면 마음은 세상을 초월하여 자유로운 '유심'의 경지에 노닐게 되는 것이다. 이것은《장자》전편을 관통하여 흐르는 장자의 기본사상이다. 요컨대 감각의 노예가 되지 말고, 사물을 있는 그대로 보라는 뜻이다. 그리고 이것은 〈덕충부〉의 기본 명제이기도 하다. 왕태는 감각에 봉사하는 사람이 아니다. 그가 위대한 것은 바로 이 때문이다. 그는 감각을 떠나서 마음으로 사물을 본다. 따라서 그는 '만물에서 그 동일한 것을 보고 외형상의 변화를 보지 않는다. 그러니 발 하나 떨어져 나간 것쯤은 흙덩어리 하나 떨어져 나간 것에 지나지 않은 것이다.'

공자가 이렇게 말하자 상계가 다시 물었다.

"그는 자기의 지혜로 마음을 터득하고, 그 마음으로써 일정한 마음常心을 터득하는 등 자기 수양에만 전념했을 뿐인데, 어떻게 사람들이 모여드는 것일까요?" 공자가 대답했다.

> 사람은 흐르는 물流水로 거울을 삼을 수 없고, 고요히 멈춰 있는 물止水로 거울을 삼는다. 고요함만이 고요함을 찾는 뭇사람들을 모여들게 할 수 있는 것이다.

> 常季曰. 彼爲己. 以其知得其心. 以其心得其常心. 物何爲最之哉. 仲尼曰. 人莫鑑於流水. 而鑑於止水. 惟止能止衆止.

정지된 물, 즉 지수止水만이 만물의 모습을 그대로 비출 수 있다. 왕태는 지수와 같은 사람이다. 이것이 왕태의 비밀이다. 그에게 오면 모든 마음의 산란함이 사라지고 내면이 고요해진다. 그가 무슨 특별한 술법을 쓰는 것이 아니다. 그는 서 있을 때나 앉아 있을 때나 무엇을 가르치는 것도 아니다. 다만, 그는 그 자신의 내면이 깊고 깊은 고요에 도달해 있을 뿐이다. 이 말 없는 내면의 고요로부터 고요함이 번져나와 주변세계를 고요함의 진동 속으로 빨아들이는 것이다. 그것이 뭇사람들이 왕태에게 모여드는 이유다.

신도가申徒嘉 이야기

신도가와 정자산

〈덕충부〉의 두 번째 이야기는 신도가 이야기다. 그런데 이 신도가 역시 형벌로 발이 하나 잘린 사람이다. 첫 번째 이야기에 나왔던 왕태王駘와 똑같다. 이들을 소위 올자兀者라고 부른다. 올兀이란 한자는 '형벌로 발이 잘리다'라는 뜻이다. 장자는 이들이 무슨 연유로 발을 잘렸는지 아무 설명이 없다. 장자는 그냥 대뜸 아무 설명도 없이 올자를 전면에 내세워 이야기를 전개해갈 뿐이다.

정鄭나라에 신도가라는 현인賢人이 살고 있었다. 그는 발이 하나 없는 불구의 몸이다. 그에게 친구 정자산鄭子産이란 인물이 있었는데, 이들 두 사람은 함께 백혼무인伯昏無人이란 사람을 스승으로 삼고 동문수학하는 사이다. 그런데 정자산은 사회적으로 성공하여 벼슬이 정나라의 재상宰相에 이르렀던 인물이다. 이에 반해 신도가는 벼슬은 고사하고 몸도 성하지 못한 사람이다. 한 사람은 재상, 한 사람은 불구의 몸, 이것이 이 우화의 기본 틀이다.

정자산은 자기처럼 지체 높은 사람이 병신인 신도가와 동창생이란 사실이 못마땅했다. 그는 사람들 앞에 신도가와 함께 다녀야 한다는 사실을 몹시 창피스럽게 여겨 어느 날 신도가에게 이렇게 말했다.

"내가 먼저 나가면 자네가 남아 있고, 자네가 먼저 나가면 내가 남아 있기로 하세." 둘이 함께 있는 모습이 다른 사람들 눈에 띌까 무서워하는 말이다. 재상이란 자가 하는 말이라고는! 아마 이날 그래서 둘 중 하나가 먼저 나가고 나머지 하나가 나중에 나갔던 모양이다. 그리고 그 다음날 둘이 또 한 방에 들어가 같은 자리에 앉게 되자, 정자산이 신도가에게 다시 말했다.

"내가 먼저 나가면 자네가 남아 있고, 자네가 먼저 나가면 내가 남아 있기로 하세."

그러더니 또 이렇게 말한다.

"지금 내가 먼저 나갈 터이니 자네가 남아 있어주겠는가, 아니면 못 하겠나. 그런데 말이야 자네는 나 같은 재상을 보고도 공손하게 자리를 비키지 않으니 대체 자네가 재상과 동등하다는 것인가?" 이 옹졸한 사내는 자기가 재상이라는 것을 신도가가 알아주지 않자 차마 안 해도 될 말을 하고 만 것이다. 그러자 신도가가 이렇게 응대한다.

선생님의 문하에 정말로 이처럼 재상이라는 것이 있었던가? 자네는 재상이라고 우쭐해서 남을 깔보는 모양일세. 이런 말이 있지. "거울이 맑으면 먼지가 끼지 않고, 먼지가 끼면 정말로 맑은 거울이 아니다. 오랫동안 현인과 함께 지내면 곧 잘못이 없어진다."라고. 지금 자네가 크게 높이며 배우고 있는 분은 우리 선생님이네.

그런데도 아직 그런 소리를 하고 있으니 그것이야말로 잘못된 것이 아닐까?

先生之門. 固有執政焉如此哉. 子而悅子之執政. 而後人者也. 聞之曰. 鑑明則塵垢不止. 止則不明也. 久與賢人處. 則無過. 今子之所取大者. 先生也. 而猶出言若是. 不亦過乎.

신도가는 비록 절름발이에 천한 신분이지만 그는 전혀 기죽지 않는다. 그의 말은 어딘가 자신감에 차 있으며 행동은 의젓하다. 신도가는 스스로 자신의 겉모양이나 신분 따위에 아무 구애됨이 없이 당당하고 떳떳하다. 그는 수행이 깊어 이미 그런 외적인 것은 초월한 지 오래다. 지금 신도가는 예리한 한 마디 말로 정자산을 일깨우고 있다. 그러나 정자산은 말귀를 알아듣지 못하고 이렇게 대꾸한다.

"자네는 그 병신 꼴에 요임금보다 훌륭해지려하고 있군. 자네의 덕을 헤아려보게. 형벌로 발까지 잘렸으면서 스스로 반성할 줄 모른단 말인가?"

실로 치사하고도 졸렬한 언사다. 일국의 재상이란 자가 이런 소리를 하다니! 이에 대해 신도가는 아무 동요도 없이 담담하게 이렇게 대답한다.

자기 잘못을 변명하면서 벌 받은 것이 억울하다 생각하는 사람은 많지만, 자기 잘못을 변명하지도 않고 온전한 몸으로 살아남은 것을 오히려 황송하다 생각하는 사람은 적다. 사람의 힘으로 어쩔 수

장자, 쓸모없는 나무도 쓸모가 있다

없음을 알고, 그러한 경지에 편안히 머물러 운명을 순순히 따르는 것은 덕이 있는 자有德者만이 할 수 있는 일이지.

自狀其過. 以不當亡者衆. 不狀其過. 以不當存者寡. 知不可奈何. 而安之若命. 惟有德者能之.

이 세상은 어찌된 일인지 인격자보다는 속물들이 더 성공한다. 얼굴이 두껍고, 기회를 잘 타며, 못하는 짓이 없는 자들이 더 떵떵거리며 활개치고 산다. 성공한 속물들이 설쳐대는 모습은 장자의 시대나 지금이나 별 차이가 없어 보인다. 여기 등장하는 정자산은 이른바 '성공한 속물'을 대표하는 자다. 그는 일국의 국무총리 자리까지 올랐다. 이 얼마나 큰 성공인가? 모든 사람이 자기를 우러러보고 머리를 조아린다. 그리고 그것이 그는 매우 기분이 좋고 뿌듯하다. 그런데 어찌된 영문인지 신도가는 발 하나 없는 병신 주제에 자기를 알아주지 않는다. 이런 경을 칠 자가 있나? 이자는 대체 국무총리가 얼마나 높은 자리인지 모른단 말인가? 모른다. 신도가는 재상이니 임금이니 하는 것 따위는 모른다. 유가들은 그런 것을 중시하지만 도가 철학자들은 세상의 벼슬이니 명예니 하는 것에 별 관심이 없다. 이것은 요임금과 허유의 이야기에서부터 지속적으로 반복되어 나오는 장자철학의 기본 관념이다.

사람을 외모로 평가하지 말라

인류역사상 많은 철학자 중에 장자만큼 권력과 거리를 두었던 철학자는 없었다. 그는 권력에 비판적이었을 뿐만 아니라 권력 자체를 백안시하였다. 그는 그리스의 견유철학자 디오게네스Diogenes보다 더 권력을 조롱했다. 장자의 이러한 큰 여유는 어디서 나오는 것일까? 그것은 아마도 장자가 눈에 보이는 이 현실세계를 넘어선, 어떤 위대한 도의 세계를 보았기 때문이 아니겠는가! 이 우화에서도 장자는 신도가를 통해 여지없이 권력의 껍데기를 벗겨낸다.

"선생님의 문하에 정말로 이처럼 재상이라는 것이 있었던가?"

그러나 이렇게 심한 조롱과 면박을 당하고도 정자산은 말귀를 알아듣지 못한다. 그러면서 화를 벌컥 내면서 그는 신도가에게 '형벌로 발까지 잘렸으면서'라며 어이없게도 인신공격을 하는 지경에까지 이른다. 성공한 속물의 본색을 여지없이 드러내 보이는 장면이다. 그러자 신도가가 최종적으로 이렇게 말한다.

"활 잘 쏘는 사람 예羿를 알고 있겠지. 예는 워낙에 명궁이어서 사정거리 안에 있기만 하다면 모조리 명중이었지. 그 거리 안에 있으면서도 활에 맞지 않았다면 그것은 운일세. 사람들은 두 발이 온전하다고 해서 내 발 하나 없는 것을 많이들 비웃는다네. 나도 그때마다 발끈하여 화를 내지만 선생님 앞에 가면 말끔히 잊어버리고 평상시로 돌아온다네. 선생님께서 덕으로 씻어주시는 것이겠지. 내가 지금껏 선생님을 19년 동안이나 모시고 있지만 선생님께

서는 아직도 내가 외발인 것을 아시는 척한 적이 한 번도 없으시
네. 지금 자네와 나는 몸 안의 세계形骸之內를 배우는데 자네는 아
직 몸 밖의 세계形骸之外에만 눈을 돌리고 있으니 이것 역시 뭔가
잘못된 것 아닌가?"
그러자 자산은 부끄러워 풀이 죽은 채 낯빛을 바꾸고 태도를 고치
며 말했다. "여보게, 이 이야기는 없던 것으로 하세."

遊於羿之彀中. 中央者中地也. 然而不中者命也. 人以其全足笑吾不全
足者衆矣. 我怫然而怒. 而適先生之所. 則廢然而反. 不知先生之洗我以
善邪. 吾與夫子遊十九年矣. 而未嘗知吾兀者也. 今子與我遊於形骸之
內. 而子索我於形骸之外. 不亦過乎. 子産蹴然改容更貌曰. 子無乃稱.

　여기 나오는 예羿는 옛날 중국 하夏나라의 장군으로 활 잘 쏘기로
천하에 소문난 사람이다. 그는 얼마나 활을 잘 쏘았던지 어느 해인가
는 태양을 쏘아 떨어뜨렸다는 전설까지 있는 인물이다. 신도가는 지
금 병신이 되고 안 되고의 문제를 예의 화살에 비유해 이야기하고 있
다. 즉, 우리가 살아가는 이 인간세상이란 마치 명궁 예가 마구잡이로
쏘아대는 화살이 사방으로 날아다니는 그런 부조리한 세상이라는 것
이다. 그러니 제멋대로 날아가는 그 화살에 맞고 안맞고는 전적으로
운에 달린 것이지 누가 잘나고 못나서가 아니다. 어떤 사람은 운이 없
어 그 활에 맞아 외발이 된 것뿐이고 어떤 사람은 운이 좋아 그 활에
맞지 않아서 몸이 온전하게 된 것뿐이다. 그리고 이것은 개인의 몸만
그런 것이 아니라 사회적 신분도 마찬가지다. 즉, 어떤 사람은 운이

좋아 그 활에 맞지 않아서 부귀영화를 누리며 살아가는 것뿐이다. 그러니 자네가 지금 재상이라고 해서 뻐기며 뽐내는 모양인데 그건 너무 속물스럽지 않은가!

얼마나 통렬한 일침인가. 참으로 신랄하기 이를 데 없다. 이렇게 현실을 뒤집어엎고 들었다 놓는 통 큰 사고방식, 이것이 장자의 진면목이다. 장자가 현실찬양, 현상유지status quo적인 발언을 한다면 그것은 장자가 아니다. 도가의 존재목적은 그런 데에 있는 것이 아니다. 그런 것은 유가로서 충분하다. 도가는 언제나 현실을 뒤집어엎는다. 그러나 여기서 한 가지 오해해서는 안 되는 것이 있다. 그것은, 그렇다고 해서 도가가 현실전복, 현상타파를 지향하는 정치세력 따위는 아니라는 점이다. 도가는 결코 무슨 세력 따위가 아니다. 도가야말로 고대 동아시아에서 진정으로 '개인'을 중시했던 철학이다. 그것도 사회적 존재로서의 개인이 아니라 우주적 존재로서의 개인을 말한다. 도가에서는 결코 인간을 도구적 존재로 보지 않는다. 도가는 인간을 그 자체 목적론적으로 대한다. 그러므로 도가에 의하면 인간은 결코 한낱 국가 내적 존재에 머무를 수 없다. 인간이 어떤 한 국가에 태어나는 것은 전적으로 우연의 소산이다. 그것이 인간의 본질을 지배해서는 안 된다. 인간의 본질은 국가에 앞선다. 다시 말해 인간의 근원적 본질은 초국가적인 것이다. 그러므로 국가가 아무리 훌륭한 어젠다agenda를 수립하여 현실을 이끌어간다 하더라도 도가는 그것에 만족할 수가 없다. 요컨대, 어떤 경우에라도 도가는 현실에 만족할 수가 없는 것이며, 또 그것은 정치적 이유 때문이 아니라 철학적 이유 때문인 것이다. 여기에 도가의 존재이유가 있다.

이 우화에 등장하는 신도가와 백혼무인은 가공의 인물이다. 그러나 정자산은 실존인물이다. 자산은 춘추시대 정나라에서 실제로 재상을 지냈던 인물로 공자가 매우 존경했던 인물이다. 《논어》〈공야장〉편을 보면 공자가 자산에 대해 '군자의 네 가지 도를 가진 사람'이라고 높이 평가했음을 알 수 있다. 즉, 이 우화에서 정자산은 유가적 가치관을 대변하는 인물로 장자가 무대 위에 올린 것이다. 공자로부터 높은 평가를 받는 정자산이 고작 이 정도의 인물밖에 되지 않았는지는 의문이지만, 아무튼 이 우화에서 정자산은 신도가에게 혼쭐이 나고 있다. 여기서 이 우화를 통해 장자가 전하고자 하는 메시지는 명확하다. 그것은 사람을 외모로 평가하지 말라는 것이다. 인간적인 양식을 지닌 이라면 누구나 사람을 외모로 평가하는 것에 거부감을 가지고 있을 것이다. 왜냐하면 그것은 올바른 일이 아니기 때문이다. 그런데 유교적 가치관에 따르면 사람을 판별하는 기준이 소위 '신언서판身言書判'이라는 것으로서, 그 첫째가 바로 신身, 즉 외모다. 국가 공무원 채용 고시 등에 있어서 한국 등 유교권 국가들에서 그토록 오랫동안 장애인들을 홀대하고 무시해왔던 것은 이러한 유교적 가치관과 결코 무관한 것이 아니다. 유교가 내세운 인간에 대한 이런 기준들은 깊이 음미해볼수록 천박하며 속물적이다. 이러한 생각들은 인간을 인간 자체로 보는 것이 아니라 도구화하는 것이다.

정자산은 유교적 가치관으로 볼 때 크게 성공한 사람인데, 인격적으로는 터무니없이 함량미달이다. 그는 신도가를 외모로 평가하고 거기에다 인신공격까지 가하는 졸렬함을 보인다. 그러자 거기에 대해 신도가가 담담하게 말한다. 내가 지금껏 오랫동안 선생님을 모시고 있지만 선생님은 한번도 사람을 외모로 평가하신 적이 없다. 선생님은 심지어 내가 외발이라는 것을 다 아시면서도 아시는 척한 적도 없다. 그런데 자네 하는 짓은 지금 이게 무엇인가? 우리는 지금 선생님 밑에서 정신의 세계에 대해 묻고 배우는데 자네는 아직도 형체에 대해 집착하고 있단 말인가! 신도가의 말이 여기에까지 이르자 그제야 정자산은 부끄러워 낯을 붉히며 이 이야기는 그만 없던 것으로 해달라고 간청한다. 일국의 재상이라는 자가 어쩌다 이런 꼴을 당하고 있다는 말인가. 정자산을 꾸짖는 신도가의 목소리가 쩌렁쩌렁 울리는 듯하다.

장자, 쓸모없는 나무도 쓸모가 있다

제6편

덕충부 / 德充符

인 생 의

큰 / 스 승

진인眞人 이야기

진인眞人과 진지眞知

인생을 살아가면서 훌륭한 스승을 만나는 것보다 더 복된 일은 없을 것이다. 다른 사람 앞에서라면 깊이 감출 속내를 아무 거리낌 없이 그의 발 앞에 털어놓을 수 있는 사람, 인간적인 신뢰와 존경을 아무런 유보 없이 표할 수 있는 사람, 파도치는 인생의 거친 바다 위에서 마치 등대와도 같이 항상 자신의 항로에 빛이 되어주는 사람, 그런 사람을 한 명이라도 인생에서 만나 스승으로 모실 수 있다면 그는 실로 행복한 사람이다. 그러나 인생에서 그런 스승을 만나기가 쉽지만은 않다. 그러면 인생에 그런 스승은 없는 것일까?

아니다, 있다. 장자는 〈대종사〉 편에서 이에 대해 답하고 있다.

대종사大宗師란 가장 위대한 스승 혹은 가장 으뜸되는 스승이란 의미다. 아마 장자의 시절에도 지금처럼 '우리 시대에 스승은 없는 것일까?' 하고 사람들이 목을 길게 빼고 서로 쳐다보면서 물었던 모양이다. 그러나 생각해보라. 어떻게 스승이 없이 부처가 부처가 되며,'노

　　　　　　　　　　　　　　장자, 쓸모없는 나무도 쓸모가 있다

자가 노자가 되고, 장자가 장자가 되었겠는가? 그들은 모두 스승의 거룩한 은총을 입어 그리된 것이다. 그러면 스승이란 무엇인가? 그것은 바로 천지자연의 도다. 궁극적으로 우리가 따라야 할 '가장 으뜸이 되는 스승'이란 다름 아닌 도인 것이다. 노자가 《도덕경》에서 말하지 않았던가. 사람은 땅을 본받고人法地, 땅은 하늘을 본받고地法天, 하늘은 도를 본받고天法道, 도는 '스스로 그러함'을 본받는다道法自然라고. 장자의 〈대종사〉 편은 노자의 위 구절을 내용적으로 이어받고 있다. 우주 만물은 무엇이든 도를 떠나 존재하는 것은 없다. 모든 사물은 도의 운행에 의해 생겨나고 죽어간다. 그 도에는 인위적인 것이 없다. 도는 무위無爲이며 자연自然이다. 여기서 자연이란 산천초목을 말하는 것이 아니다. 그것은 인위가 개입되지 않은 '스스로 그러함'을 말한다.

장자는 궁극의 대종사로서 도를 제시하고 있지만, 도는 너무 추상적인 것이라서 통상의 범인들이 이를 따르기는 쉽지 않다. 그리하여 장자는 이러한 도를 터득한 사람을 현실적으로 우리 눈앞에 보여준다. 그가 바로 진인眞人, 즉 참사람이다. 장자의 철학은 진인의 철학이다. 동양철학은 '진인'의 개념 없이는 논의될 수 없다. 이 '진인'의 창안자가 바로 장자다.

'진인'은 후일 불교에까지 영향을 미쳐 임제종臨濟宗의 창시자 임제 선사는 '무위진인無位眞人, 차별 없는 참사람'을 자기 철학의 중심개념으로 삼았다.

천지자연의 도는 궁극의 스승이지만, 그것은 너무 높고 고원하여 우리는 그것을 미처 스승으로 삼고 따를 수 없다. 그러나 '진인'은 우리가 따를 수 있다. 왜냐하면 '진인'은 눈에 보이기 때문이다. 그러므로 장자철학에서 '진인'이란 불교적으로 말하자면 법신法身, 즉 진리 그 자체는 아니지만 화신化身, 즉 진리의 구체적 현현과 같은 것이다.

장자는 〈대종사〉 편에서 '참된 앎眞知'이란 무엇인지에 대해 깊이 고민한다. 세상에는 많은 지식이 흩어져 있다. 그리고 사람들은 저마다 자기가 아는 지식이 '참된 앎'이라고 생각한다. 하지만 그것은 착각이거나 오류일수 있다. 그러면 진실과 오류는 어떻게 구분할 것인가? 이것은 매우 어렵고도 까다로운 문제다.

> '하늘이 하는 일天之所爲'을 알고, '사람이 하는 일人之所爲'을 알면 인지人知의 최고다. 그러나 여기에 하나의 문제점이 있다. 지식이란 것은 의거하는 표준이 있어야 비로소 올바른 지식이 된다. 그런데 그 표준이 아직 확정되지 않았다는 점이다.
> 내가 '하늘'이라고 하는 것이 사실은 '사람'에 관한 것이고, 내가 '사람'이라고 하는 것이 사실은 '하늘'에 관한 것이 아닌지를 어떻게 알 것인가?

> 知天之所爲. 知人之所爲者. 至矣. 雖然有患. 夫知有所待而後當. 其所待者. 特未定也. 庸詎知吾天之非人乎. 所謂人之非天乎.

장자는 지금 '자연天'과 '인위人'를 대비시키면서, 자연을 따르고 인위를 피하는 일이 가장 최고의 삶이지만 각자가 판단하는 '자연' 과 '인위'라는 것이 사실은 상호 뒤바뀐 것일 수 있다는 것이다. 왜

장자, 쓸모없는 나무도 쓸모가 있다

냐하면 우리 범인凡人들은 진인이 아닌 까닭에 저마다의 욕망과 어리석음을 지닌 채 잘못된 선입견을 가지고 사물을 보기 때문이다. 장자는 바로 이러한 관점에서 '진인'에 관한 이야기를 시작한다.

그러므로 진인이 있은 연후라야 비로소 진지眞知가 있는 것이다眞人而後有眞知. 진인이란 어떤 사람인가? 옛날의 진인은 역경이라고 거역하지 않았고, 성공이라고 자랑하지 않았으며, 무엇을 해보려고 꾀하지 않았다. 진인은 실수를 해도 후회하지 않으며, 일이 잘되어도 자만하지 않았다. 이런 사람은 높은 곳에 올라가도 무서워하지 않으며, 물속에 들어가도 젖지 않으며, 불 속에 들어가도 뜨거워하지 않았다. 이는 그의 앎이 세속을 초월하여 도에 이르렀기 때문에 그런 것이다.

且有眞人而後有眞知. 何謂眞人. 古之眞人. 不逆寡. 不雄成. 不謨士. 若然者. 過而弗悔. 當而不自得也. 若然者. 登高不慄. 入水不濡. 入火不熱. 是知之能登假於道者也若此.

인간이 어리석은 동안에는 그가 하는 행동이 모두 어리석을 수밖에 없다. 한두 가지 지식을 더 갖춘다고 해서 그가 참사람眞人이 될 수 있는 것은 아니다. 어떤 의미에서는 오히려 더 많은 지식을 가진 자가 더 교활하고 사악한 범죄를 저지른다. 이것은 우리가 나날의 삶에서 매일 신문지상을 통해 확인하는 일이다. 대학졸업장, 석사·박사 학위가 '사람'을 만들어주지 않는다. 지식은 그 자체로 아무 색깔이 없다. 지식은 무색무취한 것이다. 가령 그것은 한 자루의 칼과 같다. 칼을 의사가 쥐면 활인도活人刀가 되지만, 강도가 쥐면 살인검殺人劍이 되는 것처럼, 지식 역시 사악한 인간의 손에 들어가면 사악한 용도로 쓰이고 선량한 인간의 손에 들어가면 선량한 용도로 쓰이는 것뿐이다. 요컨대 지식이 먼저가 아니라 사람 됨됨이가 먼저다. 즉, 참사람眞人이 없으면 참지식眞知도 없다.

이것이 장자가 말하는 '진인이후유진지眞人而後有眞知'라는 명제의 의미다.

진인眞人의 호흡법

장자는 이렇게 사람 됨됨이와 앎의 관계를 바로잡은 후, 진인이 어떤 사람인지를 설명하고 있다. 다소 신비한 표현을 쓰고는 있으나 자구字句에 얽매일 필요는 없다고 본다. 장자는 언제나 비유적으로 말하기를 좋아하는 사람이기 때문이다. 진인에 관한 장자의 설명은 계속된다.

옛날의 진인은 잠자도 꿈꾸지 않고 (寢不夢)
깨어 있어도 근심이 없었다. (覺無憂)
맛있는 것을 찾지 않았고,
숨을 쉬어도 아주 깊이 쉬었다.
진인은 발뒤꿈치로 숨을 쉬고, (眞人之息以踵)
범인은 목구멍으로 숨을 쉰다. (衆人之息以喉)

장자, 쓸모없는 나무도 쓸모가 있다

외부의 것들에 굴복한 사람은

그 목에서 나오는 소리가 마치 토하는 것 같고,

욕망이 깊은 사람은 그 마음의 작용이 얕다.

古之眞人. 其寢不夢. 其覺無憂. 其食不甘. 其息深深. 眞人之息以踵.

衆人之息以喉. 屈服者. 其嗌言若哇. 其耆欲深者. 其天機淺.

장자는 참사람의 특징으로 잠잘 때 꿈이 없다는 점寢不夢을 들고 있다. 이것은 소위 '대인무몽大人無夢'과 같은 것이다. 동양의 위대한 현인들은 모두 하나같이 꿈에 대해 이와 비슷한 이야기를 했다. 이에 반해 서양의 정신분석학자들은 꿈에 대해서 많은 연구를 하고 많은 논문을 남겼지만, 아직 누구 하나 이런 깊은 통찰을 보인 사람이 없다. 그것은 그들이 꿈 너머에 어떤 의식의 단계가 있는지를 모르기 때문이다. 장자는 잠잘 때 꿈을 꾸는 것은 깨어 있을 때 근심이 많은 것과 같다고 말했다. 진인은 잠잘 때 꿈을 꾸지 않는다. 왜냐하면 그는 깨어 있을 때 아무 번뇌 망상이 없기 때문이다.

또 장자는 여기서 '진인지식이종眞人之息以踵, 중인지식이후衆人之息以喉'라는 유명한 말을 남겼다. 진인은 발뒤꿈치 호흡을 하고, 범인은 목구멍 호흡을 한다는 것이다. 호흡법들에 대해서 요즘 다들 지대한 관심을 가지고 있는 듯한데, 그러면 여기서 소위 '발뒤꿈치 호흡법'에 대해서 알아보기로 하자. 과연 장자는 여기서 우리에게 '발뒤꿈치 호흡'을 권하고 있는 것일까?

《장자》에 대하여는 그 난해성 때문에 많은 사람들이 주석서를 남겼는데, 그중 어떤 사람들은 '진인지식이종'이라는 구절에 대하여 '호흡이 발뒤꿈치에서 일어나 온몸에 퍼지는 것'이라거나 혹은 '그 내쉬고 들이쉬는 숨이 깊고 고요하여 모두 발뒤꿈치에서 올라와 입과 귀에 이르는 것'이라고 해석하기도 하였다. 표현은 다소 다르지만, 실제로 발뒤꿈치로 호흡을 한다는 것이다. 그러나 이것은 어리석은 생각이다. 조물주는 우리 인간에게 땅을 굳건히 딛고 걸어다니라고 발뒤꿈치를 준 것이지 호흡하라고 발뒤꿈치를 준 것이 아니다. 조물주가 호흡을 위해서 만들어준 기관은 폐이지 결코 발뒤꿈치가 아니다. 더욱이 장자는 무엇보다 자연과 인위의 구별을 중시했던 사람이 아닌가. 그런 장자가 자연이 준 호흡기관을 버리고 발뒤꿈치라는 해괴한 기관으로 인위적인 호흡을 하라고 권한다는 게 말이 되겠는가. 그건 장자의 말의 뜻을 잘못 이해한 것이다.

그러면 여기서 장자가 말하는 '발뒤꿈치踵'란 무엇인가? 발뒤꿈치란 우리 인체의 가장 밑에 있는 부분이다. 말하자면 발뒤꿈치란 상징적인 의미에서 우리 존재의 가장 깊숙한 곳을 가리키는 것이다. 반면 '목구멍喉'이란 우리 인체의 위쪽에 붙어 있는 기관이다. 즉, '진인지식이종 중인지식이후'란 말은 진인은 마음이 안정되어 있어서 그만큼 호흡을 고요하고 깊숙이 하는 반면, 범인은 마음이 늘 불안정하여 그만큼 호흡도 헐떡이며 얕게 한다는 뜻이다. 주지하다시피 장자는 원래 비유와 상징, 과장과 역설을 즐기는 사람 아닌가. 요컨대 '발뒤꿈치 호흡법'이란 진인의 면모를 보여주기 위해 장자가 내놓은 하나의 상징일 뿐이다. 그래도 뭔가 의혹이 남아 있는 사람이 있다면《장자》외편 중 〈각의刻意〉 편을 보기 바란다. 〈각의〉 편을 보면 장자가 단전

장자, 쓸모없는 나무도 쓸모가 있다

호흡이나 도인술導引術, 양생술養生術 따위를 얼마나 무의미한 것으로 평가했는지를 알 수 있다.

장자는 우리에게 '발뒤꿈치 호흡'을 권한다. 그렇다고 정말로 발뒤꿈치를 매만져볼 필요는 없다. 왜냐하면 그것은 비유적인 의미이기 때문이다. 다만, 장자의 이 말을 통해서 우리는 마음을 한번 더 가라앉히고, 호흡을 한번 더 깊숙이 하면 모두에게 좋은 것이다. 장자는 진인에 관한 이야기를 계속 이어간다.

옛날의 진인은 삶을 즐거워할 줄도 모르고 죽음을 싫어할 줄도 몰랐다. 태어남을 기뻐하지도 않고 죽음을 거역하지도 않았다. 의연히 가고 의연히 올 따름이다. 그는 처음을 모르며 끝을 알려 하지도 않는다. 삶을 받으면 그것을 기뻐하고, 삶을 잃으면 그것을 제자리로 돌려보낸다. 이런 경지를 마음으로써 도를 해치는 일이 없으며 사람의 일로써 하늘의 일에 간섭치 않음이라 한다. 이런 사람이 바로 진인이다.

古之眞人. 不知說生. 不知惡死. 其出不訴. 其入不距. 翛然而往. 翛然而來而已矣. 不忘其所始. 不求其所終. 受而喜之. 忘而復之. 是之謂不以心損道. 不以人助天. 是之謂眞人.

장자에 따르면 이런 사람은 그의 마음이 모든 것을 잊고, 그의 얼굴이 고요하며, 그의 이마가 널찍하다. 시원하기가 가을 같고, 훈훈하기가 봄과 같다. 기쁨이나 노여움이 계절의 변화처럼 자연스럽고, 만물과 조화를 이루어 그 한계를 알 수가 없다. 이런 사람이 참사람이다. 이 얼마나 넉넉한 인간의 모습인가. 그는 모든 것을 품고 동시에 모든 것으로부터 자유롭다. 그는 자아를 비웠기 때문이다.

진인은 좋아하는 것과도 하나요.
좋아하지 않는 것과도 하나입니다.
하나인 것과도 하나요,
하나 아닌 것과도 하나입니다.
하나인 것은 하늘의 무리요,
하나가 아닌 것은 사람의 무리입니다.
하늘과 사람이 서로 이기려 하지 않는 것,
이것이 바로 진인의 경지입니다.

故其好之也一. 其弗好之也一. 其一也一. 其不一也一. 其一與天爲徒. 其不一與人爲徒. 天與人不相勝也. 是之謂眞人.

우리는 메시아나 초인이라는 이름으로 혹시 '하늘을 이기는 영웅'을 기대하며 살아가고 있는 것은 아닐까? 만일 우리가 그런 인물의 출현을 바란다면 우리는 장자와는 더 이상 같이 길을 갈 수가 없다. 왜냐하면 장자가 제시하는 가장 위대한 인간 진인은 이른바 하늘과 사람이 서로 이기려 하지 않는 경지, 즉 천인불상승天人不相勝의 경지에서 노니는 사람이기 때문이다.

조철朝徹 이야기

유위有爲를 멀리하라

장자는 도에 대해서 이야기하지만 어떻게 그 도에 이르러야 하는지 방법론에 대해서는 일체 말이 없다. 무엇인가를 이 우주와 인생에서 가장 중대한 것이라고 강조했으면 당연히 그것에 도달하는 구체적인 방법론에 대해서도 소상하게 언급해주는 것이 마땅한 도리일 텐데, 장자는 도대체 그럴 기미를 보이지 않는다. 어찌된 영문일까? 장자는 지금 독자를 무시하는 걸까? 아니면 일부러 약을 올리는 걸까? 그것도 아니면 워낙 중요한 물건이라 마지막까지 감춰두고 안 보여주려는 것일까?—그 어느 것도 아니다. 장자에 의하면 도에 이르는 방법은 오직 '무위無爲'가 있을 따름이다. 우리는 이것을 깊이깊이 이해해야 한다. 이것을 제대로 이해하지 못하면 우리는《장자》라는 책을 한 권 다 읽고도 장자가 하는 말을 알아듣지 못하고 결국 오해할 수밖에 없다.

'무위'는 노자에서 시작되어 장자에서 꽃을 피운, 도가철학의 핵심 개념이다. 장자에 의하면 다른 것이 아니라 바로 '무위'가 도다. 요컨대 '무위즉도無爲卽道'인 것이다. 그러므로 장자에 따르면 도에 이르기 위해서는 무엇보다 '인위人爲'를 버리지 않으면 안 된다. 그런데 문제는 바로 여기에 있다. 우리 어리석은 범인凡人들이 수백 권의 책을 뒤지며 불철주야 찾아 헤매는 소위 도에 관한 '구체적 방법론'이라고 하는 것이 사실은 죄다 '인위'에 지나지 않기 때문이다.

'방법론'이라고 불리울 수 있는 것은 사실상 100퍼센트 인위다. 그것이 정교하면 정교할수록 인위의 도度가 더할 뿐이다. 이점을 명확히 이해하도록 하라. 만약 여기서 그대가 이를 명확하게 이해하지 못하게 되면 그대는 종교와 영혼의 영역에 득실대는 사기꾼과 협잡꾼들의 먹잇감이 되고 말 것이다. 어떤 종교, 어떤 종파에만 수백 년간 비밀리에 전수되어 내려온 이른바 수행비법 따위란 사실은 '무의미無意味한 언어의 유의미有意味한 나열'에 불과한 것이다. 나는 그런 '비법' 따위가 존재하지 않는다고 말하는 것이 아니다. 소위 그런 '비법' 따위가 존재한다 하더라도 그런 것은 본연의 도의 입장에서 볼 때 무의미하다는 것이다. '비법'들이라고 하는 것은 그것이 세상에 알려지지 않는 특별한 것이면 더 특별한 만큼, 그것은 더 도에서 멀리 떨어져 있는 것들이다. 도는 바로 '지금 여기'에 있다. 도는 무슨 비법 따위속에 숨어 있는 것이 아니다. 도는 이 우주 모든 사물 속에 깃들어 있다. 요컨대 '방법론'의 환상에서 깨어나라. 모든 유위를 멀리하라. 인위적 조작과 의도적 선택이 없는 것, 그것이 바로 무위다. 도에는 어떤 비법, 어떤 방법론도 없다. 굳이 비법을 논하자면 오직 '무위'만이 진정한 비법일 뿐이다. 이것이 바로 '대도무문大道無門'이다. 문은 항상 열려 있다. 그런데도 아무도 그것을 통과하지 못한다. 왜냐? 사람들은 이미 열려 있는 그 문을 또 열려고 하기 때문이다. 그들은 열기 위

장자, 쓸모없는 나무도 쓸모가 있다

해 없는 문을 만든다. 그들은 없는 문을 만든 다음 이번엔 열쇠를 찾아다닌다. '수행비법'이란 이름의 열쇠들을 말이다. 이것은 얼마나 우스운 넌센스인가!

도에 관한 이러한 관점과 태도로 인하여 장자는 자신의 저서 전체를 통해 득도의 단계라든가 수행의 과정 따위에 대해 거의 언급을 하지 않는다. 장자로서는 자기 입으로 '수행법' 따위를 논한다는 것이 자기철학의 입장과는 배치되는 것이기 때문에 별로 내키지 않았을 것이다. 장자는 다만 '상아', '심재', '좌망' 등을 통해 명상의 본질에 대하여 깊은 통찰을 드러내는 짧막한 경구들을 남겼을 뿐이다.

도道의 일곱 단계

이런 장자가 〈대종사〉 편에 와서 처음으로 '수행의 단계' 혹은 '깨달음의 단계'라고 할 만한 이야기를 펼쳐 보인다. 이것은 《장자》 전편에 걸쳐서 이례적인 일이다. 아마 이것은 장자가 특별히 제자들을 위하여 자기 철학의 입장을 누그러뜨리고 최대한의 양보를 한 것으로 보인다.

남백자규南伯子葵가 진인眞人 여우女偊에게 물었다.

"선생님은 나이가 많으신데도 얼굴빛이 아이들과 같으니 이는 어째서 그런겁니까?"

"나는 도를 들었기 때문이오."

남백자규가 물었다. "저도 도를 배울 수 있겠습니까?"

"아니되오. 당신은 그럴 만한 사람이 못되오. 복량의 卜梁倚라는 사람은 성인의 재질聖人之才은 있으나 성인의 도가 없었고, 나는 성인의 도는 있으나 성인의 재질이 없었소. 그래서 나는 그 사람을 가르치고 싶었지. 그가 과연 성인이 될 수 있을까 생각하면서."

南伯子葵. 問乎如偶曰. 子之年長矣. 而色若孺子. 何也. 曰. 吾聞道矣. 南伯子葵曰. 道可得學邪. 曰. 惡. 惡可. 子非其人也. 夫卜梁倚. 有聖人之才. 而無聖人之道. 我有聖人之道. 而無聖人之才. 吾欲以敎之. 庶幾其果爲聖人乎.

남백자규가 진인 여우에게 도를 배우기를 희망하는데 여우는 일언지하에 안 된다고 한다. 제자들을 한 명이라도 더 늘리려고 하는 게 선생들의 욕심일 텐데, 여우는 그런 선생들하고는 다른 유형의 사람인 듯하다.

그렇게는 못되더라도, 성인의 도를 성인의 재질이 있는 자에게 가르치기는 그래도 쉬운 거요. 나는 신중하게 그를 지켜보았소. 3일이 지나자 그는 세상을 잊었소外天下. 세상을 잊었으므로 다시 잘 지켜보았더니, 7일이 지나자 사물을 잊었소外物. 사물을 잊었기에 다시 잘 지켜보았더니, 9일이 지나자 삶을 잊었소外生. 삶을 잊게 되자 비로소 그는 '아침햇살처럼 맑은 직관력', 즉 '조철'을 얻게 되었소. 조철을 얻게 되자 그는 비로소 근원의 하나를 보게 되었소見獨. 근원의 하나를 보게 되자 그는 시간을 초월하였소無古今. 시간을

장자, 쓸모없는 나무도 쓸모가 있다

초월하게 되자 그는 불생불멸의 경지에 들어가게 되었소不死不生.

不然. 以聖人之道. 告聖人之才. 亦易矣. 吾猶守而告之. 參日而後能外
天下. 已外天下矣. 吾又守之. 七日而後能外物. 已外物矣. 吾又守之.
九日而後能外生. 已外生矣. 而後能朝徹. 朝徹而後能見獨. 見獨而後能
無古今. 無古今而後能入於不死不生.

여기서 장자는 보기 드문 자상함으로 도의 일곱 단계를 이야기하고
있다. 첫째 외천하外天下 세상을 잊어버린 경지, 둘째 외물外物 사물을
잊어버린 경지, 셋째 외생外生 삶을 잊어버린 경지, 넷째 조철 아침햇
살처럼 맑은 직관력의 경지, 다섯째 견독見獨 근원의 하나를 보게 되
는 경지, 여섯째 무고금無古今 시간이 사라져버린 경지, 일곱째 불사불
생不死不生 죽음도 삶도 없는 경지가 그것이다.

그런데 이 이야기 전체에서의 핵심은 다름 아닌 아침햇살처럼 맑
은 직관력, 즉 조철에 있다. 장자는 첫 번째부터 세 번째까지 내리 세
번을 '외外' 자를 쓰고 있다. 여기서 '외'란 '초월'을 뜻하는 것이다. 그
만큼 초월이 중요하다는 것이다. 먼저 추상적 개념인 세상을 초월外
天下하고, 그 다음으로 구체적인 사물을 초월外物해야 한다. 이 두 가
지를 초월한 연후라야 우리는 삶에 대한 집착을 완전히 벗어났다고
할 수 있는 것이다. 이것이 외생外生이다. 이러한 외생, 즉 삶에 대한
초월이 없이는 우리 인간의 의식은 내부로 향하지 못한다. 외부의 것
에 의해 방해를 받으면 정신통일이 이루어질 수 없다. 외부의 어떤 것
에 의해서도 방해 받음이 없는 순수하고도 맑은 의식이 내부로 향했

을 때 깨달음의 순간이 온다. 이것이 장자가 말하는 아침햇살처럼 환한 '조철'의 경지다.

장자가 조철을 위해 무려 3단계의 초월을 요구하고 있다는 점을 유의하라. 이것은 존재의 껍질을 세 차례나 벗겨내야 한다는 뜻이다. 그래야 우리는 비로소 내부의 빛, 즉 조철을 마주하게 되는 것이다. '조철'이란 사물을 꿰뚫어보는 '초월적 직관력'을 말한다. 그런 의미에서 '조철'이란 붓다가 말하는 '반야般若, prajna'와 같은 것이다. 붓다에 따르면 수행자는 종국적으로 '반야'의 직관지直觀智를 통하여 궁극의 진리인 공空을 깨우치게 되는 것처럼, 장자에 따르면 '조철'의 직관력으로 사물을 꿰뚫어보아야만 비로소 사물의 배후에 있는 근원적인 하나, 즉 도를 보게 되는 것이다. 이것이 장자가 말하는 견독見獨의 경지다. 여기서 독獨이란 일一을 말한다.

장자는 〈인간세〉 편에서 '심재心齋'를 논하면서 우리 존재 내부의 빛에 관한 이야기를 한 적이 있다.

그대는 저 빈 것을 보라.(瞻彼闋者)
텅 빈 방에서 뿜어져 나오는 새하얀 빛.(虛室生白)

우리가 지금 논하고 있는 조철은 우리 내부에 깃든 의식의 밝은 빛을 말한다. 그것은 위 시구에서 말하고 있는 '텅 빈 방에서 뿜어져 나오는 새하얀 빛'과 동일한 바로 그 빛이다. 텅 빈 고요 속에서 환한 빛이 뿜어져 나올 때 그 빛은 사물의 배후에 있는 근원적인 것을 꿰뚫어본다. 바꾸어 말하면, 우리는 '조철'의 경지에서 도를 알게 되는 것이

장자, 쓸모없는 나무도 쓸모가 있다

다. 그리하여 도를 보게 되는 견독의 경지에 이르면 이제 그 사람에게
는 시간과 공간이 사라져버린다. 도 안에서는 시간과 공간의 구분이
무의미하기 때문이다. 이것이 무고금無古今이다. 그는 이제 영원의 경
지에 올라선 것이다. 그리하여 마침내 그는 생사의 구별마저 넘어서
서 불생불멸의 경지에 도달하게 되는 것이다. 여우의 말은 계속된다.

삶을 초월한 사람에게 죽음은 없고, 삶은 탐하는 사람에게 삶은 없
소. 그것이 도요. 도는 모든 것을 보내고將 모든 것을 맞아들이며迎,
모든 것을 파괴하고毀 모든 것을 이룩하오成. 이를 일러 '동요 속의
평온攖寧'이라 하오.

殺生者不死. 生生者不生. 其爲物. 無不將也. 無不迎也. 無不毁也. 無
不成也. 其名爲攖寧. 攖寧也者. 攖而後成者也.

참된 도의 관점에서는 모든 구별이 사라지고 일체의 것은 모두 통
하여 하나가 된다. 사물을 대할 때 차별의 관점에서 보면 보냄將이 따
로 있고 맞이함迎이 따로 있지만, 전체의 관점에서 보면 보냄도 없고
맞아들임도 없다. 양자는 결국 동일한 하나의 양면일 뿐이다. 또 상
대적 관점에서 보면 파괴毁가 따로 있고 완성成이 따로 있지만, 절대
적 관점에서 보면 파괴도 없고 완성도 없다. 파괴되거나 완성되거나
사물이 어디로 간게 아니다. 모두 도의 품 안에 고스란히 남아 있다.
그러므로 도의 견지에서 보면 모든 것은 결국 동일한 하나인 것이다.
그 파괴 혹은 허물어짐의 직접적인 과정은 그것을 지켜보는 우리의

눈에는 격심한 혼란이며 동요일 것이나, 우주의 모습이 본래 그러함을 아는 사람은 그 혼란과 동요 속에서도 평온을 유지할 수 있을 것이다. 이것을 장자는 동요 속의 평온, 즉 영녕撄寧이라고 부르고 있다.

장자는 여우의 입을 통하여 우리에게 '조철'을 말해주었다. 아침햇살처럼 밝은 '직관력'을 가지고 살라는 이야기다. 장자는 결코 우리에게 '지식'을 많이 쌓으라고 하지 않았다. 오히려 지식이란 장자의 관점에서 볼 때 직관력을 얻는 데 방해가 되는 물건이었을 것이다. 장자가 득도의 두 번째 단계에서 '사물을 잊었다外物'라고 했는데, 여기에서 사물物이란 엄격히 말해서 '사물에 대한 온갖 잡다한 이론과 지식'을 말하는 것이다. 잡다한 이론과 지식은 오히려 안개처럼 우리의 눈을 가려 사물의 본 모습을 못 보게 만든다. 장자는 언제나 이것을 염려하고 경계하였다. 사실, 조철을 통해서 우리가 비로소 보게 되는 것은 다른 어떤 것이 아니라 바로 사물의 본모습인 것이다. 사물의 본래 그러한 모습, 이것이 바로 도다. 도는 이것 외의 그 어떤 것도 아니다. 그런데 우리는 도를 보지 못한다. 우리가 도를 보지 못하는 것은 왜인가? 그것은 우리들 자신의 자의적 판단과 인위적 선택 때문이다. 우리는 그 모든 '인위人爲'를 내려놓아야 한다. 우리가 여우의 제자 복량의처럼 그 모든 인위를 내려놓게 될 때 우리는 비로소 조철을 얻어 사물의 참 모습을 보게 될 것이다. 인간의 눈으로 더럽혀진 사물이 아니라 천지가 만들어낸 본래의 모습 그대로. 그러면 그때 우리는 우리를 둘러싼 존재들의 소멸과 파괴 속에서도 동요됨이 없이 평정을 유지할 수 있게 될 것이다. 왜냐하면 우리는 그 소멸과 파괴 속에서 완성과 복귀를 보기 때문이다.

방외지사方外之士 이야기

막역지우莫逆之友 세 사람

도에 이르른 사람에게는 삶과 죽음이 하나이며, 존재와 무無가 한 몸이다. 그는 죽음을 크게 슬퍼하지도 않고 삶을 특히 즐거워하지도 않는다. 그의 마음은 항상 우주의 도에 머물러 있어 이 세상 어떤 것에도 집착이 없다. 그렇기 때문에 그는 누구보다 온전하게 자신의 삶을 완성시키면서도 동시에 의연한 태도로 삶을 초월할 수 있는 것이다. 그는 생성됐다 소멸하는 지상의 모든 사물들 너머에서 결코 생성된 적도 없으며, 소멸하는 법도 없는 근원의 도를 본다. 이런 사람이바로 진인이다. 우리는 현실 세계에서 이런 진인들을 만나기 어렵다. 우리는 속물들의 세계에서 살다가 속물들에게 질린 나머지 속물들이 없는 세계로 도피하고자 하나, 그런 순수의 세계는 동화 속에나 있는 것이지 현실에는 존재하지 않는다는 것을 매번 깨닫게 된다. 그러나 혹시 그대가 이 인생에서 그런 친구를 한 사람이라도 만날 수 있다면 그대의 인생은 정말 운이 좋은 것이다. 그런데 만약 그대가 그런 친구를 만난다면 그대는 그와 더불어 무슨 말을 주고받을 것인가?

여기 현실이 아닌 가상의 공간에서 장자는 그런 친구들이 만나는 모습을 우리에게 보여준다. 장자가 그려 보이는 우화의 세계가 아니라면 결코 어디에서도 감상해볼 수 없는 장면이다.

자사, 자여, 자려, 자래, 네 사람이 모여 이야기를 했습니다.

"누가 무無로 머리를 삼고

삶生을 척추로 알며

죽음死을 꼬리로 여길 수 있을까?

누가 죽음과 삶, 존재와 소멸이 모두 한 몸이라는 것

사생존망지일체死生存亡之一体를 알 수 있을까?

나는 이런 사람과 벗하고 싶네."

네 사람은 서로 쳐다보고 웃었습니다.

마음에 거역하는 바가 없어莫逆於心 결국 모두 벗이 되었습니다.

子祀. 子輿. 子犁. 子來. 四人相與語曰. 孰能以無爲首. 以生爲脊. 以死爲尻. 孰知死生存亡之一體者. 吾與之友矣. 四人相視而笑. 莫逆於心. 遂相與爲友.

이 네 사람의 이야기는 앞서 살펴보았던 진인 여우女偶의 이야기를 내용적으로 이어받고 있다. 여우에 따르면 아침 햇살 같은 직관력을 얻은 사람이 비로소 도를 보게 되고見獨, 도를 본 자라야 무시간의 경지無古今를 맛보게 되고 그리하여 마침내 죽음도 삶도 없는 불사불

장자, 쓸모없는 나무도 쓸모가 있다

생不死不生의 경지에 이르게 되는 것인데, 이 마지막 단계인 불사불생의 개념이 내용적으로 다듬어지고 확장된 것, 그것이 바로 장자가 말하는 '사생존망지일체死生存亡之一体'라는 것이다. 그런 의미에서 '사생존망지일체'란 장자철학의 최종적인 시금석에 해당한다. 요컨대 사생존망지일체를 아는 사람은 진인이고, 그것을 알지 못하는 사람은 범부凡夫다. 위의 네 사람은 이른바 '막역지우莫逆之友'다. 이 막역지우 네 사람 중 일부는 병이 나고 일부는 문병을 가는 이야기가 이어서 나오는데 나는 이미 그 이야기를 〈제물론〉 편에서 한 바가 있다. 따라서 여기서는 생략기로 한다.

그런데 〈대종사〉 한 장章을 넘기고 나면 또 다른 막역지우 세 사람의 이야기가 나온다. 자상호子桑戶, 맹자반孟子反, 자금장子琴張 세 사람이다. 이들 셋이 모여 이렇게 말한다.

"누가 서로 사귐이 없는 데서 사귈 수 있고,
서로 돕는 게 아니면서 도울 수 있을까?
누가 하늘에 올라 안개 속을 노닐며,
무극 속을 자유롭게 돌아다니고,
서로 삶도 잊은 채 끝없이 나아갈 수 있을까?"
세 사람은 서로 쳐다보고 웃었습니다.
마음에 거역하는 바가 없어莫逆於心 결국 모두 벗이 되었습니다.

子桑戶. 孟子反. 子琴張. 三人相與語曰. 孰能相與於無相與. 相爲於無相爲. 孰能登天遊霧. 撓挑無極. 相忘以生. 無所終窮. 三人相視而笑.

莫逆於心. 遂相與爲友.

이들의 이야기는 앞서 네 사람의 이야기와 내용적으로 닮아 있다. 이 세 사람은 참되고 진실한 벗이며, 이심전심以心傳心으로 통하는 벗이다. 이들은 일상의 삶이 무위의 경지에 도달해 있다. 사귐에 있어서도 이들은 무위로 사귀고, 서로 돕는 일에 있어서도 무위로 돕는다.

'누가 서로 사귐이 없는 데서 사귈 수 있고, 서로 돕는 게 아니면서 도울 수 있을까?'란 바로 이 뜻이다. 또한 이들은 '무위'를 통해 정신의 절대적 자유를 획득한 사람들인지라 '하늘에 올라 안개 속을 노닐고, 무극 속을 자유롭게 돌아다니며, 서로 삶도 잊은 채 끝없이 나아갈 수 있는' 것이다. 이것은 이들의 정신에 대한 비유다. 그런데 이렇게 절친한 세 사람의 친구 중에서 어느 날 그만 자상호가 죽었다. 그리고 이 대목에서 이제 예禮의 전도사, 공자가 등장한다.

아직 장례를 치르기 전에 공자가 이 말을 듣고 제자 자공子貢을 보내 일을 돕도록 했다. 그런데 자공이 가보니 맹자반과 자금장 두 사람이 하나는 노래를 짓고 또 하나는 거문고를 타면서 목소리를 맞추어 노래를 부르고 있었다.
"아. 상호여, 상호여.
그대는 이제 근원으로 돌아갔는데
우리는 아직 사람의 모습으로 남아 있구나."
이 노래를 듣고 자공이 종종걸음으로 나아가 말했다.
"감히 물어보겠습니다만, 주검을 앞에 두고 이렇게 노래 부르는 것

장자, 쓸모없는 나무도 쓸모가 있다

이 예禮입니까?"

두 사람은 마주보고 싱긋 웃으며 말했다.

"이 친구가 어찌 예의 뜻을 알겠나."

未葬. 孔子聞之. 使子貢往侍事焉. 或編曲. 或鼓琴. 相和而歌曰. 嗟來 桑戶乎. 而已反其眞. 而我猶爲人猗. 子貢趨而進曰. 敢問. 臨尸而歌禮 乎. 二人相視而笑曰. 是惡知禮意.

놀라운 일이다. 이 자들은 도대체 친한 친구가 죽었는데 그 앞에서 거문고를 뜯으며 노래를 부르다니. 곡을 해도 모자랄 판 아닌가! 더 군다나 이것이 예냐고 따져 묻는 우리의 모범생 자공을 경멸하듯 비 웃고 있지 않은가! 그리하여 자공은 어안이 벙벙하여 돌아가 공자에 게 말했다.

"그 사람들은 도대체 어떻게 된 사람들입니까? 예절바른 행동은 전 혀 없고, 자기들의 외모도 도외시한 채 주검 앞에서 노래를 부르며 얼 굴빛조차 변하지 않으니, 참 뭐라고 말할 수가 없습니다. 그들은 대체 어떤 사람들입니까?"

그러자 공자가 이렇게 대답한다.

그들은 이 세상 밖에서 노니는 사람들 (方之外者)

나는 이 세상 안에서 노니는 사람 (方之內者)

밖과 안은 서로 만날 수 없는 법

내가 너를 보내 문상하게 했으니,

내 생각이 좁았구나.

彼遊方之外者也. 而丘遊方之內者也. 外內不相及. 而丘使女往弔之. 丘
則陋矣.

방지외方之外란 영역의 바깥을 뜻하며 통념의 세계를 벗어난 세계
이며 어떤 것에도 구애되지 않는 자유로운 세계다. 불교적으로 말하
자면 출세간出世間의 세계다. 이 세계에 속한 사람을 우리는 방외지
사方外之士라 부른다. 이에 반해 방지내方之內란 영역의 안쪽을 뜻하며
상식과 통념의 세계이며 우리 범인들이 모여 사는 올망졸망한 인간
사회다. 불교적으로는 세간이다. 이 세계에 속한 사람을 방내지사方
內之士라 부른다. 장자는 지금 공자의 입을 통해 '방외지사'와 '방내지
사'를 예리하게 대립시키고 있다. 장자가 볼 때 눈만 뜨면 인仁이니
예禮니 하는 유가의 무리들은 현실세계 외에는 다른 세계를 알지 못
하는, 속좁고 완고한 방내인들이다. 그들은 말 잘 듣고, 무난하며, 충
직하지만 그것이 전부다. 그들은 한번 정해놓은 형식과 예절을 중요
시하여 열심히 따르고 지키지만 참된 예의 뜻을 알지 못한다. 이런 방
내인들은 옹졸하고 도량이 좁아 방외인들을 이해하지 못한다. 그들은
세상의 다양성을 인정하려 하지 않는다. 그리하여 방외인과 방내인은
서로 만날 수 없는 것인데, 그것을 모르고 공자는 방내인인 자공을 방
외인에게 보냈으니 이것은 실수다. 그래서 공자는 '내 생각이 좁았구
나' 하며 탄식하고 있다.

장자, 쓸모없는 나무도 쓸모가 있다

그 사람들은 조물자와 벗이 되어 천지일기天地一氣 속에서 노니는 사람들이다. 그들은 삶을 마치 군살이나 혹이 달라붙은 것처럼 생각하며, 죽음을 마치 부스럼이나 종기가 깨끗이 터진 결로 여긴다. 도대체 이런 사람들이 어찌 삶과 죽음의 우열을 따지겠느냐? '여러 가지 물질을 빌려 잠시 하나의 몸체를 이루는 것假於異物 託於同体'뿐이니, 자기의 간이나 쓸개까지도 잊고, 자기의 귀와 눈 같은 것도 잊은 채 무한히 반복되는 우주 안에서 그 시원始源을 묻지 않는다. 모든 것을 잊고 속세 밖을 유유히 돌아다니며 무위자연의 경지에서 한가로이 노닌다. 이런 사람들이 어찌 구차스럽게 세속의 예礼 따위를 따라함으로써 세상 사람들의 평판에 부응하려 하겠느냐.

彼方且與造物者爲人. 而遊乎天地之一氣. 彼以生爲附贅縣疣. 以死爲決肬潰癕. 夫若然者. 又惡知死生先後之所在. 假於異物. 托於同體. 忘其肝膽. 遺其耳目. 反覆終始. 不知端倪. 芒然彷徨乎塵垢之外. 逍遙乎無爲之業. 彼又惡能憒憒然爲世俗之禮. 以觀衆人之耳目哉.

공자에 따르면 그 사람들은 조물자와 벗이 되어 '천지일기天地一氣' 속에서 노니는 사람들이다. 천지일기란 천지 우주를 감싸는 근원의 일기一氣를 뜻하는 것으로 후일 북송北宋의 기철학자氣哲學者 장횡거가 말한 바로 태허일기太虛一氣다.

천지일기, 태허일기란 요컨대 아직 음양이기陰陽二氣로 분화하기 전의 순수한 하나의 기를 말하는 것이다. 그러므로 '천지일기' 속에서 노닌다는 것은 사물이 분화하기 전의 근원적 무차별의 세계에서 노닌다는 의미다. 그들은 삶과 죽음을 구별하지 않는다. 그들은 자연이 삶을 주면 힘써 일하고 죽음을 주면 편히 쉰다. 장횡거의 기철학에 따르면 이 우주는 에너지氣의 자기전개 과정이다. 즉, 근원적 에너지인 천지일기—氣는 음양이기二氣로 분화되고, 음양은 다시 오행五行으로 분화되며, 이렇게 분화된 오행이 서로 작용과 반작용에 따른 이합집산을 통해 비로소 물物을 형성하는 것이다. 그리고 이렇게 형성된 물은 다시 일정한 시간이 다하고 나면 또 다시 동일한 이합집산에 의하여 기가 되어 우주로 흩어진다. 다시금 태허일기太虛—氣 속으로 복귀하는 것이다. 이것이 존재하는 우주만물의 참모습이다.

가탁假託의 철학

이 우주에 영원한 것은 없으며, 어떤 사물에도 고정불변의 실체는 없다. 천지간의 모든 만물은 지금 하나의 형상을 하고 서 있지만 그것은 그 자신의 고유한 실체로써 이루어진 것이 아니다. 존재하는 일체의 만물은 모두 이 우주로부터 여러 가지 물질을 잠시 빌려와서 한시적으로 하나의 형체를 이루고 있는 것뿐이다. 그러므로 때가 되면 우리는 주인한테 그 물질들을 다시 돌려줘야 한다.

이것을 장자는 '가어이물 탁어동체假於異物 託於同体'라고 부르고 있다. 여러 가지 물질異物을 잠시 빌려 하나의 몸체同体를 이루어 거기에 가탁假託하는 것이 우리의 존재라는 것이다. 이른바 '가탁의 철학'이다. 존재 안에는 처음부터 실체實体란 없고, 우리의 형체란 본래 거짓임을 알라는 것이다. 요컨대 우리 몸은 우리가 소유주가 아니고 다만

장자, 쓸모없는 나무도 쓸모가 있다

빌려 쓰는 일종의 렌터카인 것이다. 그러므로 간이니 쓸개니, 귀니 눈이니 하는 것도 원래는 내것이 아니다. 실로 존재의 본질을 꿰뚫어보는 심오한 통찰이 아닐 수 없다.

이러한 장자의 '가탁의 철학'은 말하자면 붓다의 '공空의 철학'과 같은 것이다. 붓다는 《반야심경》에서 자신의 사상을 '색즉시공色卽是空'이라는 한마디 말로 압축하였는데 이것의 의미는 '형체色란 본래 거짓空'이라는 뜻이다. 양자 모두 존재 안에 실체란 없으며, 형체란 것은 잠시 빌려온 것에 불과하다는 비실체주의 철학이다. 그 점에서 장자와 붓다는 매우 다른 용어를 쓰고 있음에도 불구하고 사실은 아주 비슷한 사상을 공유했던 것이라고 말할 수 있다. 그러나 공자는 이런 사상을 공유했던 사람이 아니다. 그는 눈앞의 현실세계 외에는 다른 것을 인정하지 않았다.

자공이 물었다.

"그렇다면 선생님께서는 어떤 세계를 따르고 계시는 겁니까?"

공자가 대답했다. "나는 하늘의 벌을 받은 사람으로 세속에 얽매여 살지. 나는 너와 함께 이 세속에 머물 것이다."

…… 자공이 물었다.

"그 기인들(맹자반과 자금장등)에 대해 말씀해 주십시오."

"기인이란 사람으로서는 기이하지만, 하늘에 대하여는 어울리는 사람이다. 그러므로 이르기를 '하늘의 소인이 사람 세계에서는 군자요天之小人 人之君子, 하늘의 군자가 사람 세계에서는 소인이라天之君子 人之小人'한 것이다."

子貢曰. 然則夫子何方之依. 曰. 丘天之戮民也. 雖然吾與汝共之. 子貢
曰. 敢問畸人. 曰畸. 畸人者. 畸於人而侔於天. 故曰. 天之小人. 人之
君子. 天之君子. 人之小人也.

이로써 공자와 자공의 이야기도 끝이 났다. 장자는 세 사람의 기인
을 등장시켜 결국 공자와 자공을 바보로 만들고 그리하여 마침내 공
자가 자기부정을 하기에까지 이르렀다. 참으로 신랄하기 이를 데 없
는 비판과 조롱이다. 제자백가 중에서 가장 스케일이 큰 사람 장자가
어찌하여 유가에 대해서만은 이다지도 신랄하게 대했던 것일까? 장
자는 지금 사람 세계에서 가장 큰 군자로 추앙받던 공자를 이른바 '하
늘의 소인天之小人'에 불과하다고 사정없이 깎아내리고 있다.

좌망坐忘 이야기

유위有爲와 무위無爲

장자가 자신의 저서 전편을 통해 줄기차게 전달하려고 하는 것은 오직 하나, 무위자연의 도이다. 춘추전국시대의 다른 많은 사상가들도 각자 저마다의 도를 주장했지만, 장자가 보기에 그들이 말하는 도는 참다운 도가 아니었다. 그들 중 일부는 인의仁義와 예악禮樂을 도라 하였고, 일부는 겸애兼愛와 비공(非攻, 평화주의)을 도라 하였으며 또 일부는 법法과 술術에서 도를 찾았고, 또 다른 일부는 쾌락주의와 염세주의에서 도를 찾았다. 그러나 이 모든 것은 무위자연과는 거리가 멀었다. 그들이 주장했던 많은 것은 무위가 아니라 유위였으며, 자연이 아니라 인위였다.

바로 이 점에서 노자와 장자는 다른 모든 제자백가들과 차별화된다. 달리 말하자면 다른 많은 사람들이 사회규범의 도를 논하였던 반면에 노자·장자는 천지자연의 도를 논하였던 것이다. 요컨대 장자가 말하는 도란 우주의 궁극적 원리를 가리키는 것이다.

도는 태극太極보다 높은데 있으면서도

높다하지 아니하고,

육극六極보다 낮은데 있으면서도

깊다하지 아니하도다.

천지보다 먼저 태어났으면서도

오래되었다 하지 아니하고,

까마득한 옛날보다 오래됐으면서도

늙었다 하지 아니하도다.

在太極之先而不爲高

在六極之下而不爲深

先天地生而不爲久

長於上古而不爲老

- 〈대종사〉

장자의 도는 태극보다 높고, 육극(六極, 천지와 사방의 끝)보다 깊으며, 천지보다 먼저 있었고, 옛날보다 오래되었다. 한마디로 장자의 도는 이 우주를 초월하며 동시에 천지 우주 만물을 품어 안는 것이다. 그렇다면 이토록 장대하면서도 심오한 도에 우리 인간은 어떻게 도달할 수 있을 것인가? 이 문제에 봉착하면 우리는 평소에 하던 대로 다음과 같이 생각한다. 즉, 도가 아무리 어렵다 한들 열과 성을 다해 배우면學 되지 않겠는가라고. 그러나 이것은 커다란 착각이다. 도는 결코 배울 수 있는 물건이 아니다. 배워서 알 수 있는 것과 배워서 알 수 없는 것 사이에 가로 놓인 오해와 혼돈의 역사는 이미 그 뿌리가 깊다.

배움學이란 배울 수 있는 인식대상이 앞에 존재하고 그것을 지각하는 인식주관이 따로 존재할 때 성립되는 지적 행위이다. 요컨대 배움이란 인식주체와 인식객체라는 이원론 위에서 성립되는 행위이다. 그러나 도는 이와는 완전히 판이한 것이다. 도는 인식하는 주체가 따로 있고 인식되는 객체가 따로 있는 이원론 위에서는 논할 수 없는 무엇이다. 도는 인식되는 객체가 전혀 아니다. 인식주관과 인식객관이라는 의식의 이원적 분리상태가 소멸 되는 곳에서만 도가 나타난다. 여기서 핵심은 '인식주관의 소거消去'이다. 인식주관이 사라지면 인식객관도 사라진다. 그때 의식은 우주와 하나가 되어 주관과 객관을 동시에 잊고 비로소 도에 드는 것이다.

배울 수 있는 것學과 배울 수 없는 것道 사이의 오해에 대해서는 노자가 남긴 유명한 경구가 있다.

> 학문은 하루하루 더해가는 것이고.(爲學日益)
> 도는 하루하루 덜어내는 것.(爲道日損)
> 덜고 또 덜어.(損之又損)
> 무위의 경지에 이르십시오.(以至於無爲)
> 무위에 이르면.(無爲而)
> 하지 못하는 일이 없습니다.(無不爲)
>
> - 《도덕경》, 제48장

하루하루 더해간다는 것은 유위이고, 하루하루 덜어낸다는 것은 무위이다. 덜고 또 덜어서 더 이상 덜어낼 것이 없다는 것은 다름 아닌 인식주관이 완전히 소거된 상태, 즉 무아의 경지를 말하는 것이다. 노자에 의하면 도는 무위이며, 학은 유위이다.

여기서 하나의 중대한 문제점이 떠오른다. 그렇다면 수행법 또는 명상법은 과연 유위인가 무위인가? 지금 지구상에서 행해지고 수행법들은 99퍼센트가 유위이다. 나머지 고작 1%정도만이 무위에 접근해있다. 문제는 99퍼센트 이상의 유위법 수행자들이 자기들이 행하는 것이 어떤 위치, 어떤 수준에 처해있는 것인지도 모른 채 그 수행법이라고 하는 것에 맹종, 맹신하고 있다는 사실이다. 이것은 수행에 관한 기본철학이 잘못된 것이다. 그런 수행법들은 결국 자신을 속이고 세상을 속이는 것밖에 되지 않는다. 그렇다면 어떤 수행법이 최상의 수행법인가? 일체의 수행이나 노력을 부자연스러운 인위로서 배척하는 수행법, 요컨대 무위의 수행법이 최상승의 수행법인 것이다. 이 역설을 이해하라. 이를 이해하지 못하면 그 사람은 영원히 헛것을 붙들고 그 자리를 맴돌 수밖에 없다.

좌망, 인식주관의 소거 消去

이러한 관점을 기본토대로 깔고 장자의 '좌망' 문답을 들어보라. 그대가 귀를 가지고 있다면 그대는 장자의 '좌망'에서 도의 소리를 들을 수 있을 것이다.

안회顔回가 말했다.

장자, 쓸모없는 나무도 쓸모가 있다

"저는 뭔가 얻은 바가 있습니다."

공자가 물었다. "무엇 말이냐?"

"저는 인仁이니 의義니 하는 것을 잊어버렸습니다."

"좋다. 허나 아직 멀었다."

얼마 후 안회가 다시 공자를 만나서 말했다.

"저는 뭔가 얻은 바가 있습니다."

"무엇 말이냐?"

"저는 예礼니 악樂이니 하는 것을 잊어버렸습니다."

"좋다. 허나 아직 멀었다."

얼마 후 안회가 다시 공자를 만나서 말했다.

"저는 뭔가 얻은바가 있습니다."

"무엇 말이냐?"

"저는 좌망坐忘을 하게 되었습니다."

공자가 깜짝 놀라 물었다.

"좌망이라니 그게 무슨 말이냐?"

"손발이나 신체를 잊어버리고. (墮枝体)

눈과 귀의 작용을 멈추고. (黜聰明)

육체를 떠나고 마음의 지각을 버림으로서. (離形去知)

무한의 세계와 하나가 되는 것. (同於大通)

이것이 좌망입니다."(此謂坐忘)

공자가 말했다.

"도와 하나가 되면 싫다 좋다가 없어지고, 변화를 따르면 막히는 데가 없게 된다. 그대는 과연 현명하구나. 청컨대, 나도 그대의 뒤를 따르게 해다오."

顔回曰. 回益矣. 仲尼曰. 何謂也. 曰. 回忘禮樂矣. 曰. 可矣. 猶未也.
它日復見曰. 回益矣. 曰. 何謂也. 曰. 回坐忘矣. 仲尼蹴然曰. 何謂坐
忘. 顔回曰. 墮肢體. 黜聰明. 離形去知. 同於大通. 此謂坐忘. 仲尼曰.
同則無好也. 化則無常也. 而果其賢乎. 丘也請從而後也.

중요한 대목에 이른지라 역시 거기에 걸맞게 안회가 등장하고 있
다. 먼저 안회는 유가의 핵심가치인 인의를 헌신짝처럼 내던진다. 그
러나 그에 대해서 공자는 안회를 나무라는 것이 아니라 오히려 부족
하다고 독려하고 있다. 공자가 완전히 장자화한 모습이다. 두 번째로
안회는 역시 유가에서 존중하는 예악을 내팽개친다. 그러자 이번에
도 공자는 아무 놀란 기색이 없다. 장자는 지금 좌망문답에서 의도적
으로 인의·예악이라는 유가의 중심사상을 폐기 시키고 있다. 장자는
원래 공자의 형식주의를 싫어했던 사람이다. 공자는 인의니 예악이
니 하면서 인간사회의 윤리도덕을 역설했지만, 장자는 공자의 그러한
태도 속에 깃든 '인위'가 오히려 사람들의 순박한 천성을 해하고 있음
을 간파했던 것이다. 따라서 '무위자연'에 이르기 위해서는 먼저 그러
한 '인위'를 폐기시키지 않으면 안된다. 그런 다음 세 번째에 이르러
서야 비로소 안회는 공자에게 '좌망'을 이야기한다. 공자는 좌망 이야
기를 듣고 깜짝 놀란다.
　"좌망이라니 그게 무슨 말이냐?"
　좌망은 장자의 사상 중에서 가장 중요한 사상 중의 하나이다. 좌망

은 그 자체로는 14글자에 불과하지만 그것을 설명하는데 14권의 책으로도 모자란다. 그리고 이미 역사적으로 그동안 2천 년에 걸쳐서 좌망을 설명하려 했던 책이 수백 권도 넘는다. 그러나 좌망은 결코 책을 통해 이해될 수 있는 개념이 아니다. 왜냐하면 좌망은 모든 개념적 지식을 초월했을 때만 체험할 수 있는 무엇이기 때문이다.

좌망이란 말 그대로 '앉은 채로 모든 것을 잊어버리는' 것이다. 그러나 이 세상에 어떤 위대한 초인이 있어 일언지하에 거두절미하고 그야말로 '앉은 채로 모든 것을 다 잊어버릴 수' 있겠는가? 그럴 수 있는 인물은 현재 이 지구상에 극도의 예외를 제외하고는 없다. 다만 있다면 붓다나 예수, 노자나 장자, 그리고 그와 동급의 위대한 인물들뿐이다. 만약 지금이라도 당장 누가 말 그대로의 '좌망'을 행할 수 있다면, 그 사람은 이 우주 안에서 자신의 궁극의 운명을 모두 다 이룬 사람이다.

나는 앞에서 도를 설명하면서 인식주관과 인식객관이라는 이원론이 소멸하는 곳에서만 도가 나타나며, 여기서의 핵심은 인식주관의 소거라고 말한 바 있다. 좌망을 심리학적 측면에서 설명한다면 그것은 바로 내가 말한 '인식주관의 소거'와 같은 것이다. 타지체墮枝体, 출총명黜聰明, 이형거지離形去知, 이 모든 것이 무엇인가? 그것들은 모두 인식주관의 소거, 즉 자아의 소멸을 가리키고 있는 것이다.

장자는 좌망을 설명함에 있어서 여러 가지 유사개념을 다채롭게 구사하고 있는데, 그중 하나가 '망기忘己'이다. 장자는 노자의 입을 빌어 이렇게 말한다.

구(丘, 공자의 이름)야. 나는 네가 들을 수도 말할 수도 없었던 것을 너에게 말해주겠다. 모름지기 형체를 지녔으면서有形도 형체도 모습도 없는無形無狀 도와 하나가 되어 존재하는 자는 거의 없다. 그 형체 있는 것들의 움직임과 멈춤, 그 죽음과 삶, 그 흥망과 성쇠 또한 그것들 자신 때문은 아니다. 바로 도에 의해 그렇게 되는 것이다. 그것을 다스리려함은 사람의 짓이다. 사람은 그런 것들을 그만 두고 자연에 맡겨 두어야 한다. 사물을 잊고 하늘을 잊는 것, 그것을 일컬어 '망기忘己'라 한다. 자기를 잊은 자忘己之人야 말로 소위 하늘에 들어간다入於天고 하는 것이다.

丘. 予告若. 而所不能聞. 與而所不能言. 凡有首有趾无心无耳者衆. 有形者與无形 无狀而皆存者盡无. 其動止也. 其死生也. 其廢起也. 此又非其所以也. 有治在人. 忘乎物. 忘乎天. 其名爲忘己. 忘己之人. 是之謂入於天.

– 〈천지〉

사물을 잊고, 하늘을 잊고, 마침내 자기 자신 마저도 잊어버리는 것, 그것이 '망기'다. 망기는 망아이며, 무아이며, 좌망이다. 결국 모든 명상은 궁극적으로 인식주관의 소거, 즉 자아의 소멸로 귀결되는 것이다.

그러나 많은 독자들은 여전히 장자의 설법이나 나의 해명이 무슨 소리인지 머리로는 이해가 되지만 가슴으로는 와 닿지 않는다고 말할 것이다. 사실 장자의 좌망 설법은 명상의 요체를 설명함에 있어 지

장자, 쓸모없는 나무도 쓸모가 있다

구상에 존재하는 어떤 경전보다도 그 에센스를 담고 있는 까닭에 그것을 진정으로 요해了解한다는 것은 어려운 일이다. 그리고 '인식주관의 소거'라는 나의 해명도 초월심리학에 관한 깊은 이해 없이는 역시 알아듣기 어려운 이야기 일 수밖에 없을 것이다.

여기에 보다 친절하고 쉬운 설명이 있다. 독자들은 부디 다음의 시편들을 통해 명상 혹은 좌망의 요체를 잘 파악하기 바란다. 이 시편들은 인도의 위대한 경전《바가바드 기타Bhagavad-Gita》에 들어 있는 것으로서, 크리슈나Krishna 신神이 친히 아르쥬나Arjuna에게 들려준 것들이다.

10. 요가 수행자는 항시 한적한 곳에 처하여
    홀로 자신을 수련할지어다.
    몸과 마음을 제어하며
    모든 욕망과 가진 것을 버리고.

11. 자신을 위해 깨끗한 곳에 자리를 잡으라.
    헝겊이나 가죽이나 풀로 덮힌
    너무 높지도 않고 너무 낮지도 않은
    고정된 좌석을 마련하고.

12. 거기서 마음을 한 곳에 모으고
    생각과 감각기관의 활동을 제어하고
    자리에 앉아 자신의 정화를 위해

요가Yoga를 수련할지어다.

13. 고정하여 몸과 머리와 목을
    움직이지 말고 가지런히 하며
    자신의 코끝을 응시하면서
    사방을 둘러보지 말며

14. 고요한 마음으로 두려움없이
    금욕의 맹세 위에 굳게 서서
    생각을 나(크리슈나)에게 맡기고 마음을 제어하면서
    오로지 나에게 열중한 채 좌정할지어다.

15. 그처럼 자기 마음을 정복하여 요가를 닦는 자는
    언제나 정신을 통일하여
    내 안에 항상 있는
    궁극의 니르바나nirvana에 도달하느니라.

16. 그러나 아르쥬나야
    이 요가는 너무 과식하는 자나 너무 절식하는 자,
    너무 많이 자는 자나 너무 지나치게 깨어 있는 자도
    얻지 못하느니라.

17. 음식과 휴식에서 절제를 알고

장자, 쓸모없는 나무도 쓸모가 있다

행위에 있어서 절제를 알며

잠과 깨어있음에 절제를 아는 사람에게만

요가는 고통을 꺼버리는 힘이 되느니라.

18. 마음을 완전히 가라앉혀

오로지 아트만에만 안주하며

쾌락을 바라는 일체의 욕망에서 벗어나면

그때 비로소 정신통일을 이룬자라 하느니라.

19. 바람 없는 곳의 등불은 흔들림이 없나니,

생각을 정복하고

아트만의 통합을 이룬 요가 수행자가

그와 같으니라.

– 《바가바드 기타》 제6장

이 시편들은 그 자체로 얼마나 매혹적이며 또 얼마나 이국적인가!
그러나 언젠가 그대가 '진리의 흐름'에 들게 되면 《바가바드 기타》의
요가나 《장자》의 좌망이나 나의 초월심리학이 모두 하나임을 알게
될 것이다.

제7편

응제왕 / 應帝王

제 왕 이
될 / 자 격

철인왕哲人王 이야기

<응제왕應帝王> 편의 의미

《장자》를 읽을 때 그냥 무심히 읽지 말고 각 편의 제목들을 음미하면서 읽어보라. 그러면 당신은 장자가 얼마나 제목 하나하나에 세심한 공을 들였는지 새삼 느끼게 될 것이다. 장자는 제목을 허투루 지은 것이 하나도 없다. 《장자》 내편은 총 일곱 편이다. 그런데 이 일곱 편 안에는 자세히 들여다보면 전혀 다른 두 개의 세계가 공존하고 있음을 알 수 있다. 그 두 개의 세계란 다름 아닌 절대의 세계와 현실의 세계다. 만약 장자가 관념적인 도에 심취한 나머지 절대의 세계만을 붙들고 고상하고 추상적인 이야기만을 전개해 나갔다면 《장자》라는 책은 지금과 같은 설득력을 얻지 못했을 것이다. 이천 년 넘게 지속되어오는 《장자》의 설득력은 균형감에서 온다. 장자는 항상 균형감을 염두에 두었다. 장자는 추상적인 관념의 유희에 머물지 않고, 절대의 세계에 관한 논의 다음에는 반드시 현실 세계에 관한 논의를 진행시켰던 것이다.

절대의 세계를 보여주는 것들로는 〈소요유〉, 〈제물론〉, 〈양생주〉를 들 수 있으며, 현실의 세계를 보여주는 것들로는 〈인간세〉, 〈덕충부〉, 〈응제왕〉을 들 수 있다. 다만 〈대종사〉(스승을 찾는 일)는 절대의 세계에서도, 현실의 세계에서도 공히 중시 여겨야 할 사항이라 중간적 성격의 것이라 볼 수 있다. 절대의 세계는 제물론에서 정점에 달한다.

우주만물이 모두 하나임을 아는 궁극의 차원이 〈제물론〉이다. 제물론을 통해 우주에 대한 심원한 통찰력을 얻은 인간의 정신은 이제 일체의 속박으로부터 벗어나 절대 자유의 경지에서 노닐게 된다. 이것이 〈소요유〉다. 그리고 이렇게 정신의 자유를 획득한 사람은 언제 어디에 처하든 자연의 흐름과 사물의 본성에 따라 행동하며 양생의 큰 기틀을 훼손시키지 않는다. 이것이 〈양생주〉의 주제다.

그러나 인간은 아무리 위대하고 숭고한 존재라 하더라도 현실 세계를 떠나 존재할 수 없다. 현실을 제대로 보지 못하는 철학은 그 순간 공허해진다. 영원한 절대의 세계에 노닐다 보면 사람이 까딱하면 현실감을 상실하게 된다. 현실이란 거칠고 위험한 곳이며, 속되고 탁한 곳이다. 착각해서는 안 된다. 이곳은 모든 물物이 '가지런하게 하나'인 것이 아니라 각각의 물物과 물物이 저마다 난립하여 소리치며 싸우는 곳이며, 태평하게 신선이 되어 '소요유'할 수 있는 곳이 아니며, 또한 팔자 좋게 '양생'의 도를 즐기는 곳도 아니며, 까딱하면 파멸에 직면하는 곳이다. 이곳이 바로 〈인간세〉다.

인간세를 제대로 이해하지 못하면 사람은 한순간에 바보가 될 수 있다. 인간 중에서 가장 위대하고 탁월한 정신을 가진 인물이 가장 속물적이고 저열한 인간에게 배후를 공격당해 어이없이 쓰러지는 일

장자, 쓸모없는 나무도 쓸모가 있다

이 이곳에서는 얼마든지 생긴다. 이러한 인간세계를 정확하게 이해하라. 그리고 이러한 인간세계를 살아가면서도 덕으로 충만한 사람들이 세상곳곳에 있음을 잊지 마라. 이것이 〈덕충부〉의 메시지다. 그들은 비록 남루한 외양, 불구의 신체를 지니고 있을지 모르지만 그들의 내면에는 실로 위대한 덕이 가득 차 있어서 자연스레 그 덕의 향기가 흘러나와 사람들을 감화시킨다. 이들이야말로 진정한 현자들이다. 이들은 세상의 시선 따위에는 아랑곳 않고 지혜롭고 꿋꿋하게 삶을 살아간다.

그러나 이것으로 세상이 변화되지는 않는다. 세상을 변화시키기 위해서는 무엇보다 철인왕의 존재가 필요하다. 플라톤platon이 꿈꾸었던 것처럼 철학자가 왕이 되던가 아니면 왕이 철학자가 되던가 해야 한다는 것이다. 이것이 바로 〈응제왕〉 편의 테마다. 말하자면 철인통치론이다. 이 편에서 장자는 제왕이 될 만한 자격을 가진 자가 누구인지 자격심사를 행한다. 그런데 그의 심사기준은 실로 엄격하다. 지구상의 어떤 누구도 장자보다 엄격한 기준을 가진 사람은 없다. 그는 플라톤보다도 까다롭다. 그는 플라톤이 중시했던 '변증법辨證法, dialectic' 따위는 안중에도 없다. 장자의 관점에서 볼 때 변증법, 즉 철학적 문답법이란 진리를 인식하기 위한 방법이 아니라 진리가 무엇인지 모르는 자들이 진리가 무엇인지 아는 것처럼 말로써 탑을 쌓아 올린 것에 불과한 것이다. 그것은 문답이 지속되는 오랜 시간 동안 서로에게 철학적 위안이 될 수는 있겠지만, 종국적으로는 형이상학적 자기만족으로 끝날 확률이 높다. 장자에 따르면 절대 궁극의 경지는 말로 표현될 수 없다. 왜냐하면 말에는 실재가 없기 때문이다. 그러므로 궁극의 진리를 전달하는 방법에는 다만 '불언지교不言之敎'가 있을 뿐, 변증법 혹은 문답법 따위에 의지할 일이 아니다. 그것은 언어나 논리, 개념이나 관념이 도달할 수 없는 절대 초월의 경지를 체험해보지 못한 인사들의 순진한 발상에 지나지 않는다. 장자는 말한다. "변론이란 도를 보지 못했을 때 생겨나는 것이다辯也者 有不見也."

그러나 장자의 기준은 여기서 끝나지 않는다. 장자가 철인왕을 평가하는 심사기준은 플라톤이 최종기준으로 제시했던 '선의 이데아Idea'마저도 뛰어넘는다. 만물제동萬物齊同이라는 제물론의 절대적 철학의 입장에서는 그것이 설령 이데아에 관한 것이라 하더라도 선·악의 구별을 용납할 수 없는 것이다. 장자에 따르면 도의 견지에서는 모든 것은 통하여 하나가 될 뿐이다. 선·악이 따로 존재하거나 옳고·그름이 따로 존재하는 것은 아직 도가 아니다. 도는 어떤 형태의 것이든 일체의 이원론을 폐기시킨다. 도 안에서는 선악, 미추, 장단, 고저 구분이 존재하지 않는다. 그런 것이 존재하는 것은 현상세계에서의 일일 뿐이다.

"한쪽에서의 분산은 다른 쪽에서의 완성이며, 한쪽에서의 완성은 다른 쪽에서의 파괴다. 모든 사물은 완성이건 파괴이건 다같이 하나다." 장자는 자신의 철학을 아직 사물이 생겨나기 전의 상태, 즉 미시 유물자, 무극의 차원으로까지 끌어올린다. 이 절대적 차원에 선과 악의 구별은 존재하지 않는다. 이점에서 같은 철인왕의 존재를 염원했으면서도, 일체의 선악을 초월한 '제물론'의 절대적 철학(장자)은 선악의 구별하에 놓인 '이데아'의 상대적 철학(플라톤)과는 많은 면에서 달랐던 것이다.

광접여狂接輿 설화

광접여란 미친 사람 접여接輿라는 뜻이다. 광접여는《장자》에 여러 차례 등장한다. 그는 등장했다 하면 미친 사람처럼 엉뚱하고 충격적인 말을 던진다. 그런데 그 말속에 뼈가 들어있다. 이른바 언중유골言中有骨이다. 그는 인사치레로 하는 말이 없다. 그는 직설적으로 말하며, 남의 눈치를 보지 않으며, 사태의 핵심을 바로 찌른다. 그는 체면과 명분에 사로잡힌 대다수의 사람들 사이에 예고도 없이 불쑥 뛰어들어 불편한 진실을 만천하에 폭로함으로써 세상의 위선과 허위를 한순간에 벗겨낸다. 그러니 어찌 그의 별명이 '미친 사람 접여'가 되지 않을 수 있겠는가?

광인狂人에는 두 종류가 있다. 스스로의 행동을 통제할 수가 없어서 어쩔 수 없이 이세상과 저세상 사이를 왔다갔다 하는 사람, 이 사람은 정말로 미쳐버린 사람이다. 그에게는 세상의 따뜻한 보살핌이 필요하다. 그러나 스스로의 행동을 충분히 통제할 수 있으면서 의도적으로 이 세상과 저 세상 사이를 왔다갔다 하는 듯한 사람, 이 사람은 실은 미친 사람이 아니다. 이렇게 거짓으로 미친 체 행동하는 것을 소위 양광佯狂이라 하는데, 바로 광접여가 이 경우다. 접여는 미치지 않았다. 그러나 그는 미친 체한다. 왜 그럴까? 세상이 어지럽기 때문이다. 그는 일부러 미친 척하며 어지러운 세상을 피했던 것이다. 그는 광인이 아니라 실은 현인이다. 그런데 너무 현명한 나머지 세상에 대하여, 권력에 대하여, 인간에 대하여 너무 많은 것을 알고 있다. 너무 많은 것을 알고 있는 사람은 괴롭다. 이 괴로움이 그를 미친 사람 행세를 하도록 만든다.

접여는 원래 초楚나라의 현인으로, 실존했던 인물이다. 그는 실제로 미치광이로 가장하여 세상을 등지고 살았던 은자隱者다. 접여의 이야기는 본래 공자의 《논어》에 나온다. 《논어》 〈미자〉 편을 보면 미친 사람 접여가 등장하여 공자에게 '권력을 좇는 자는 위태롭게 될 것'이라며 따끔한 일침을 가하고 유유히 사라지는 장면이 나온다. 도가들이 보기에 너무 멋있는 장면이 아닐 수 없다. 장자는 아마 이 장면에서 영감을 얻어 광접여라는 캐릭터를 여러 차례 자신의 책에 등장시킨 것이 아닐까? 《장자》에서 광접여는 여러모로 장자가 하고 싶었던 말을 대신 해주는 인물이다. 어찌 보면 광접여는 바로 장자 자신이다.

견오見吾와 광접여는 친구 사이다. 어느 날 두 사람이 만나게 되었는데 접여가 견오에게 일전에 중시中始, 국무총리격의 벼슬아치가 무슨 말을 하더냐고 묻자 견오가 다음과 같이 들었다고 대답한다.

임금 된 자가 자기 생각대로 갖가지 규범과 법도를 만들어낸다고 하더라도, 어떤 사람이 감히 그에 따라 교화되지 않을 수 있겠느냐고 말했네.

이 말은 지금 철인왕이 아니라 독재자 내지 참주僭主가 등장했을 때의 상황을 가정한 것이다. 가령 어느 머저리 같은 독재자가 있어 터무니 없는 기준을 정해놓고 젊은이들의 두발은 너무 길다고 강제로 자른다거나, 아니면 미니스커트가 너무 짧다고 과태료를 부과한다던가 하는 짓들이 이런 경우다. 그에 대해 접여가 말했다.

그건 거짓 덕이다. 그따위로 천하를 다스린다는 것은 바다를 걸어서 건너고, 강을 손으로 파헤치며, 모기 등에다 산을 지우는 것과 같은 짓이다. 성인이 천하를 다스림에 밖을 다스리겠는가? 먼저 자신을 올바르게 한 후라야 제대로 다스려지는 법이니 확고하게 자기 일을 해낼 뿐이다. 새는 높이 날아야 화살을 피하고, 들쥐는 신단神壇 밑에 굴을 깊숙이 파야 연기에 그을리거나 파헤쳐지는 화를 면한다. 그러니 중시의 말을 그대로 따르는 자네는 저 두 미물보다 못하구나.

是欺德也. 其於治天下也. 猶涉海鑿河. 而使蚊負山也. 夫聖人之治也. 治外乎. 正而後行.確乎能其事者而已矣. 且鳥高飛. 以避贈弋之害. 鼹鼠深穴乎神丘之下. 以避熏鑿之患. 而曾二蟲之無如.

세상은 법이나 제도 혹은 권력의 강압이나 강제력에 의해 다스려지는 것이 아니라는 이야기다. 그런 외적요소를 가지고 천하를 다스리려 하는 자는 반드시 실패한다. 먼저 스스로를 올바르게 한 후라야 비로소 천하를 다스릴 수 있는 것이다. 임금 혹은 대통령이라는 자가 권력의 단맛에 도취되어 자신은 제멋대로 국정을 농단하면서 국민들을 향하여 개혁과 변화를 논하고 규범과 법도의 준수를 요구한다고 해서 그것이 통할 수 있겠는가? 그런 술수 따위로 천하를 통치할 수는 없는 것이다. 성인은 천하를 다스림에 먼저 안을 다스린다.

무명인無名人 설화

장자는 의인화擬人化의 명수다. 그는 모든 것을 의인화한다. 아마 중국의 제자백가 중에서 장자만큼 의인법을 폭넓게 활용했던 인물은 없을 것이다. 왜 그랬을까? 그것은 장자 자신이 생각하는 세계와 현실세계 사이에 커다란 괴리가 존재했음을 말해준다. 자신이 말하고자 하는 사물이 현실세계 안에 다 존재하는 사람에게는 굳이 의인법따위가 필요치 않다. 그는 눈앞의 사물에 만족하여 그것을 충실히 묘사하는 것만으로도 할 말을 다 한 것으로 생각하기 때문에 의인법을 즐겨 쓸 이유가 없다. 그러나 사람 중에는 눈앞의 현실세계가 비좁은 사람들도 있다. 세상에서 통용되는 언어와 문법이 너무 답답하고, 세상이 사용하는 사물의 이름과 용어가 너무 왜소하게 느껴질 때 이 사람들은 자신의 속마음을 전달하기 위해 불가피하게 자신만의 언어를 창조해내지 않을 수 없다. 이것이 넓은 의미에서는 은유법이 되고 좁은 의미에서는 의인법이 되는 것이다. 장자는 전체적으로 은유와 상징을 즐겼을 뿐만 아니라 구체적인 사물에 있어서 의인법을 매우 광범위하게 활용했다.

여기에서는 '천근天根'과 '무명인無名人'이라는 두 사람이 등장한다. 둘 다 의인화된 인물임은 물론이다. 천근이란 말 그대로 하늘의 뿌리혹은 우주의 근본이란 뜻인데, 장자는 이런 커다란 추상적 개념을 아무렇지도 않게 사람 이름인 것처럼 천연덕스럽게 갖다 쓰고 있다. 또무명인이란 이름 역시 상징성이 강한 이름이다. 여기 등장하는 무명인이란 유명인에 반대되는 별 이름 없는 사람이란 의미가 아니다. 여기의 무명인은 이름과 호칭의 세계 따위와는 전혀 다른 세계에 속해 있는 사람이다. 이 무명인이란 노자가 《도덕경》에서 말하는 '명가명 비상명名可名 非常名, 부를 수 있는 이름은 참다운 이름이 아니다'의 뜻을 그대로 함축하고 있는 이름이다. 말하자면 무명인이란 부를 수 없는 이름을 뜻하는 것이다. 그러니 이 무명인은 천근보다 한층 더 오묘한 인물이다. 최소한 천근은 이름을 부를 수 있지만, 무명인은 부를 이름조차 없는 사람이기 때문이다.

천근이 은양이란 동네에서 노닐다가 요수라는 물가에 이르러 우연히 무명인을 만나게 되었다. 그 자리에서 천근이 무명인에게 "어떻게 천하를 다스려야 하는지 그 방법을 묻고 싶습니다."라고 했다.

그러자 무명인이 노하여 호통을 치면서 이렇게 말했다.

물러가라. 넌 천한 인간이다. 얼마나 불쾌한 질문이냐. 난 지금 조물자와 벗이 되려 하고 있다. 그러다가 싫증이 나면 저 까마득히 높이 나는 새를 타고 이 세계 밖으로 나아가 '무하유지향無何有之鄕, 아무 것도 없는 곳, 즉 절대무의 초월적 공간'에서 노닐며, '광막지야廣莫之野, 끝없이 드넓은 들판'에서 살려 한다. 그런데 너는 무엇 때문에 새삼 천하를 다스리는 일 따위로 내 마음을 흔들려 하느냐?

去. 汝鄙人也. 何問之不豫也. 予方將與造物者爲人. 厭則又乘夫莽眇之鳥. 以出六 極之外.而遊無何有之鄕. 以處壙垠之野. 汝又何帛以治

天下感予之心爲.

놀라운 이야기다. 장자가 아니고서야 누가 이런 이야기를 해주겠는가! 가끔 매스컴의 기자들이 산중의 수행자들을 찾아가서 이와 비슷한 질문들을 많이 하는 것을 볼 수 있다. 그러면 산중수행자란 사람들이 내놓는 대답이라고 하는 것이 좋게 말해서 '세상과의 적절한 타협' 수준에서 맴돌고 있음을 자주 보게 된다. 어쩌다 수행자들의 기상이 이 모양이 되었을까? 요즘의 상황을 놓고 보면 출세간의 사람들이 세간의 사람들보다 더 세간에 관심이 많은 것으로 보인다. 그러나 본업과 부업은 구분되어야 한다. 본말이 뒤집어지면 안 된다. 출세간자는 어디까지나 출세간의 지혜로서 세간과 교류해야지 세간 자체의 지혜를 흉내 내서는 안 된다. 그것은 출세간이 스스로의 존재를 부정하는 것이며 또한 세간 자체가 요구하는 바도 아니다.

여기 무명인이 내뿜는 거침없는 야성을 보라. 그는 천하를 다스리는 방법을 묻는 자에게 일언지하에 물러가라고 호통을 치고 있다. 그는 자기에게 세상일에 관해 이렇게 물으러 와준 그 사람에게 고마운 것이 아니라 오히려 불쾌하다는 것이다. 이 대목은 요즘 산중수행자들이 인터뷰에 앞서 깊이 생각해볼 부분이다. 자기는 지금 세상을 벗어나 조물자와 벗이 되려 하고 있고, 높이 나는 새를 타고 날아올라 무하유지향에서 노닐고, 광막지야에서 한가로이 거닐려 하는데, 너는 지금 세상을 다스리는 따위의 천박한 일을 나에게 물어보려 한단 말이냐. 무명인은 지금 인터뷰어Interviewer와 조금도 타협할 뜻이 없다.

인터뷰이Interviewee가 이렇게 단호하게 나가면 인터뷰어가 통상 포

장자, 쓸모없는 나무도 쓸모가 있다

기하고 물러나는데 여기의 천근 또한 만만치 않았던 모양이다. 그는 이렇게 면박을 당하고도 재차 무명인에게 또 물었다. 그러자 이번에는 무명인도 어쩔 수 없었는지 한발을 양보하고 이렇게 말한다.

> 너의 마음을 맑고 맑은 경지에서 노닐게 하며 (遊心於淡)
> 너의 기를 넓고 넓은 경지에서 하나로 합하라. (合氣於漠)
> 모든 일을 자연의 흐름에 따르게 하고 (順物自然)
> 사심을 개입시키지 않도록 하라. (無容私焉)
> 그러면 천하는 잘 다스려질 것이다. (而天下治矣)

이것이 바로 철인왕이 견지해야 할 정신의 차원이다. 여기에는 정치에 관해 어떻게 하라는 말이 한 마디도 없다. 오히려 세상일 모두를 자연의 흐름에 따르게 하고, 인위를 배격하며, 사심을 버려야 한다고 말한다. 이것이 바로 무위의 정치이며, 무심의 정치다. 사심을 개입시키지 않는 정치, 정치를 함에 있어 이것보다 어려운 것이 어디에 있겠는가.

노자老子와 양자거陽子居

양자거陽子居와 노자가 대화를 나누고 있다. 양자거는 전국시대의 양주楊朱를 가리킨다는 설이 있으나 확실치 않다. 양자거가 이런 이야기를 한다.─여기 어떤 사람이 있다. 동작은 메아리처럼 빠르고, 몸은 기둥처럼 튼튼하며, 사물의 도리에 밝고, 머리가 명석하다. 그러면서도 도를 배우는 일에 게을리하지 않고 있다. 그래서 양자거는 이런 사람이면 '명왕明王, 철인왕'에 비견할 만하지 않겠느냐고 노자에게 물었다. 노자의 대답은 이러했다.

그런 사람은 성인에 비긴다면 너무 지혜만 앞서고 재주에 얽매여 몸을 수고롭게 하고 마음을 불안케 하는 자다. 호랑이나 표범의 가죽무늬는 사람들을 사냥하도록 불러들이고, 재주부리는 원숭이나 너구리 잡는 개는 결국 목줄에 매이게 되는 것이다. 이런 사람을 어찌 명왕明王에 비길 수 있겠는가?

王乎. 老聃曰. 是於聖人也. 胥易技係. 勞形怵心者也. 且也. 虎豹之文來田. 猨狙之便. 執犛之狗來藉. 如是者可比明王乎.

양자거가 말하는 정도의 인물이면 우리가 보기에는 썩 훌륭해 보이고, 요즘 정치판 같은 곳에서는 좀처럼 보기 어려운 인물로 보이는데 노자의 평가는 준엄하기만 하다. 노자는 지금 작은 지혜를 믿고 잔재주를 부리는 것은 결국 몸과 마음을 지치게 할 뿐 철인왕이 할 짓이 아니라는 것이다. 그러자 양자거가 놀라면서 다시 물었다. 그러면 명왕의 다스림이란 어떠한 것이온지요? 노자는 이렇게 대답했다.

철인왕의 다스림明王之治이란 공적이 천하를 덮어도 그것을 자기가 한 것으로 여기지 않고, 교화하는 힘이 만물에 미쳐도 백성들은 그것을 의식하지 못한다. 훌륭한 정치란, 그것이 행해지고 있어도 뭐

장자, 쓸모없는 나무도 쓸모가 있다

라고 딱히 형용할 수 없으며 만물로 하여금 스스로 기뻐하게 만든
다. 이런 사람은 헤아릴 수 없는 경지에 서서立乎不測, 아무 거리낌
없는 무無의 세계에 노니는 것이다遊於無有者也.

明王之治. 功蓋天下. 而似不自己. 化貸萬物. 而民弗恃. 有莫擧名. 使
物自喜. 立乎不測. 而遊於無有者也.

노자가 말하는 철인왕의 핵심 덕목은 무위다. 무위란 아무것도 행
하지 않는 것이 아니다. 즉, 무위란 무행위를 말하는 것이 아니다. 엄
격히 말해 무위는 개인의 행동양식이 아니라 존재양식이다. 무위란
모든 것을 행하지만, 거기에 인위가 끼어들지 않는 존재의 상태를 말
한다. 요컨대 무위란 행위만 있고 행위자는 없는 차원이다. 무위 안
에는 자아가 없다. 무위는 무아다. 이것은 인간이 도달할 수 있는 존
재의 궁극적 차원이다. 철인왕은 이 경지에 이르지 않으면 안 된다.
이것이 철인왕에게 주어진 사명이다. 철인왕은 무위의 체득자이어야
한다. 그러나 무위자연의 도는 말이나 언어로써 배울 수 없다. 그것은
논리학이나 변증법 따위로 전달될 수 있는 것이 아니다. 그렇게 전달
될 수 있는 것이 있다면 그것은 학學이지 도가 아니다. 도는 오로지
'불언지교不言之敎'를 통해야만 한다. 불언지교, 이것이 철인왕이 통과
해야 할 마지막 공부다. 그러나 오늘날, 이 범람하는 지식의 시대에
과연 불언지교란 말을 진지하게 생각하는 사람이 누가 있을 것인가!

혼돈칠규混沌七竅 이야기

로스트 파라다이스 Lost Paradise

'인위'는 아무리 훌륭한 것이라 할지라도 결코 좋은 것이 아니다. '자연'은 아무리 보잘 것 없는 것이라 할지라도 어느 것 하나 결코 나쁜 것이 없다. 만약 인위가 매우 크고 훌륭해 보인다면 오히려 그것은 더 나쁜 것인지도 모른다. 우리는 문명이란 이름으로 무언가 인위를 행하고 살 수밖에 없는데, 그 경우에 우리는 우리가 행하는 그러한 행위로 인해 결국 사물의 순수한 본성을 질식시키고 있는 것인지도 모른다. 장자는 자신의 책 전편에 걸쳐서 '인위'의 해악을 여러 가지 비유를 들어 지속적으로 우리에게 고告한다. 사실 어떻게 보면《장자》라는 책 전체가 '자연' 대 '인위'의 대립구조라고 할 수 있다. 장자에 따르면 '인위'는 위험한 것이다. '인위'가 자신의 판단을 옳은 것으로 믿고 스스로 나서기 시작하면 '자연'은 질식하여 죽을 수도 있다.

'자연'과 '인위'가 대립했을 때 일어날 수 있는 최대의 위험을 장자는 혼돈칠규混沌七竅라는 우화 속에 담아 우리에게 보여준다. 혼돈

장자, 쓸모없는 나무도 쓸모가 있다

칠규 이야기는 동서고금을 통해 다시 보기 힘든 탁월한 상징성을 품고 있다. 이것은 《장자》 전체에서도 걸작으로 손꼽히는 우화다.

남쪽바다 임금을 숙儵이라 하고, 북쪽바다 임금을 홀忽이라 하고, 중앙의 임금을 혼돈混沌이라 하였다. 숙과 홀이 때때로 혼돈의 땅에서 만났는데, 혼돈은 그때마다 그들을 융숭히 대접했다. 그래서 숙과 홀은 혼돈의 은혜에 보답할 방도를 의논하였다.
"사람에게는 누구나 일곱 구멍七竅이 있어서 보고, 듣고, 먹고, 숨쉬는데, 오직 혼돈에게만 이런 구멍이 없다. 그러니 우리가 구멍을 뚫어주자." 그리하여 하루에 한 개씩 구멍을 뚫어주었는데, 7일이 지나자 혼돈은 그만 죽고 말았다.

南海之帝爲儵. 北海之帝爲忽. 中央之帝爲渾沌. 儵與忽. 時相與遇於渾沌之地. 渾沌待之甚善. 儵與忽謀報渾沌之德. 曰. 人皆有七竅. 以視聽食息. 此獨無有. 嘗試鑿之. 日鑿一竅. 七日而渾沌死.

- 〈응제왕〉

여기서 숙儵이란 단어는 오늘날 잘 안 쓰는 단어지만, 홀忽이란 여전히 많이 쓰는 단어다. 홀연忽然히 사라졌다고 할 때 쓰는 '홀忽' 자가 바로 그것이다. 즉, 홀이란 '갑자기', '별안간'이라는 뜻이다. '숙儵'도 마찬가지다. 둘 다 '순식간'이라는 의미다. 다만 구별을 한다면 숙은 무언가가 순식간에 나타나는 모양을 말하는데, 홀은 반대로 사라지는 모양을 말한다.

그런데 장자는 이 숙과 홀이 어떤 나라의 임금들이라는 것이다. 과연 어떤 나라들일까? 아마 만사萬事가 하루아침에 급조急造되었다가 다음날이면 언제 그랬냐는 듯이 홀연히 자취도 없는 그런 어떤 삽시간의 나라, 별안간의 나라가 아닐까? 장자는 비록 점잖게 그 나라를 우리 눈앞에 없는 저 먼 남해나라와 북해나라라고 말하고 있지만, 실은 장자의 시대나 지금이나 바로 우리 주변에 있는 어떤 나라나 지방, 단체나 조직을 말하는 것이 아닐까? 또 하나 생각해볼 문제는, 장자에 의할 때 숙과 홀은 머나먼 남쪽과 북쪽이라는 변방의 왕이고, 혼돈混沌이 중앙의 임금이라는 것이다. 여기에는 혼돈이야말로 모든 사물의 참된 중심이라는 장자의 사상이 나타나 있는 것이다. 그러면 장자가 말하는 혼돈이란 과연 무엇인가? 우리는 여기서 '혼돈混沌'이란 용어가 고대에는 오늘날처럼 부정적인 의미로 결코 사용되지 않았다는 점을 상기할 필요가 있다. 부정적인 의미는커녕, 오히려 고대사회에서는 '혼돈'이란 용어가 무언가 엄숙하고 신비스러운 것을 지칭할 때 사용되었다. 특히 장자에서는 이 혼돈을 우주삼라만상의 근원으로 본다. 이와 유사한 표현을 우리는 노자의 《도덕경》에서도 볼 수 있다.

태초에 혼연한 일체가 있었나니
그것은 천지보다도 먼저 있었도다.
귀에 들리지 아니하고, 눈에 보이지 아니하나
스스로 홀로 존재하며, 영원히 변하지 않느니라.
우주에 가득 차 있어 무한히 오고 가나
결코 다함이 없나니,

장자, 쓸모없는 나무도 쓸모가 있다

가히 천하 만물의 어머니라 할 것이니라.

有物混成 先天地生

寂兮寥兮 獨立而不改

周行而不殆 可以謂天下母

- 《도덕경》, 제25장

이것은 마치 노자에 의한 창세기, 내지는 노자에 의한 요한복음이라고 할 만하다. 팔레스타인식의 표현방식보다는 훨씬 단순하고 간략하게 되어있지만, 표현하고자 하는 기본관념은 쌍방이 근본적으로 동일한 것이다. 다만 《도덕경》의 저자 노자와 《복음서》의 저자 요한은 궁극의 일자—者를 각기 다른 '이름'으로 부른다.

요한은 그것을 '하느님'이라고 하고, 노자는 '도'라고 한다. 위에서 인용한 글에서 노자는 바로 그 도에 대해 말하고 있다. 분화되지 않은 혼연한 일체有物混成, 천지가 생기기도 전에 이미 존재하고 있던 그것先天地生, 그것이 '도'다. 다시 말해 도란 만물이 분화되기 이전의 혼연한 일체, 즉 혼돈混沌을 말하는 것이다.

그러므로 노장老莊이 말하는 혼돈이란 용어의 의미는 무언가 어지럽고, 무질서하며, 혼란스러운 상태를 뜻하는 것이 전혀 아니고, 그것은 우주만물의 근원으로서 그 안에 일체의 모든 것을 다 품고 있는 태초의 포괄자包括者 내지는 근원의 일자를 말하는 것이다. 이 근원의 일자는 우주의 중심이고, 모든 생명의 중심이다. 그렇기 때문에 이 우화에서 장자는 혼돈이 다름 아닌 중앙의 임금中央之帝이라고 부르고 있는 것이다.

혼돈의 땅에서 가끔 만나던 숙과 홀이 그 은덕을 갚기 위해 심사숙고한 끝에 혼돈에게 구멍을 뚫어주기로 결정을 내리고 바야흐로 하루 하나씩 혼돈의 몸에 구멍을 뚫기 시작하였는데 칠일 만에 혼돈이 죽어버렸다. 이 혼돈칠규 이야기는 글자 수로는 몇 자 되지 않지만, 그 의미는 실로 깊고도 깊다. 동서고금의 철학서적을 통틀어도 장자의 혼돈칠규 우화처럼 절묘한 비유는 찾아보기 힘들다. 여기서 혼돈에 구멍을 뚫었다는 것은 무슨 뜻일까? 그리고 왜 구멍 일곱 개를 뚫자 혼돈은 그만 죽어버린 것일까? 이 혼돈칠규 우화를 통해 장자는 다름이 아니라 인간사회가 문명을 향해 나아감에 있어서 겪게 되는 영원한 딜레마를 이야기하고 있는 것이다. 이 혼돈칠규 우화는 말하자면 '낙원의 종말paradise lost'에 관한 비유다. 혼돈이란 앞서 말한 것처럼 분화되지 않은 혼연한 일체다. 혼돈이 '도'일 수 있는 것은 그것이 순일무잡純一無雜한 단일성을 갖고 있기 때문이다. 혼돈은 순수하고 온전한 통일체로서 그 안에 어떠한 구별도, 시비도, 경계도 없다. 그 세계는 주체와 객체의 분리가 없는 근원적인 축복의 세계다. 그런 의미에서 그것은 하늘의 낙원이다. 여기서 이러한 혼돈에 구멍을 뚫는 행위는 무엇을 의미하는가? 그것은 바로 분별, 시비, 계산과 판단이 시작된다는 것을 의미한다. 그리하여 순수한 통일체에 균열이 생겼다는 것이며, 무분별의 세계에 분별의식이 끼어들었다는 것이다. 그렇게 하기를 7일, 구멍 일곱 개를 다 뚫어주자 혼돈은 그만 죽고 말았다. 여기서 혼돈이 죽어버렸다는 것은 이러한 근원적 순수 통일체가 해체·소멸되어버렸다는 것을 뜻하는 것이며, 결국 우리 인간 존재가 하늘의 낙원에서 추방당하는 '실낙원'이 시작됐음을 알리는 것이다.

술 취한 사람 이야기

이러한 혼돈칠규 우화와 관련하여 읽어볼 필요가 있는 것이 《장자》 외편에 있는 '술 취한 사람' 이야기다.

대개 술 취한 사람은 빨리 달리는 수레에서 떨어져도 다치기는 할지언정 죽지는 않는다. 몸의 뼈마디와 관절은 다른 사람들과 같지만 손상됨이 다른 사람과 다른 것은 그의 '정신이 온전神全'했기 때문이다. 그는 수레에 타는 것도 의식하지 못하고, 떨어지는 것도 의식하지 못하니 죽고 사는 데 대한 두려움이 마음속에 스며들지를 못하는 것이다. 그러므로 어떤 물건에 부딪친다 하더라도 아무 두려움이 없는 것이다. 그 사람이 술에서 온전함을 얻어도得全於酒 이와 같거늘 하물며 하늘에서 온전함을 얻는得全於天 경우야 어떠하겠는가?

夫醉者之墜車. 雖疾不死. 骨節與人同. 而犯害與人異. 其神全也. 乘亦不知也. 墜亦不知也.死生驚懼. 不入乎其胸中. 是故??物而不慴. 彼得全於酒. 而猶若.

― 〈달생〉

이 이야기는 말하자면 혼돈칠규와는 거꾸로 된 상황, 그러니까 구명이 뚫려 있던 칠규가 술로 인해 잠시 막힌 경우라고나 할까. 이 '술취한 사람' 이야기는 우리에게, 비행기 사고가 나서 수백 명의 승객이 모두 죽었는데 갓난아기 한 명이 아무 상처 하나 없이 살아났다는 해외토픽 같은 것을 떠오르게 한다. 술취한 사람이나 갓난아기는 서로 다른 원인에 의한 것이긴 하지만, 의식의 상태가 주관과 객관의 구별이 없이 혼연일체를 이루고 있다는 점에서는 동일한 것이다. 말하자면, 술 취한 사람은 술의 힘으로 구멍난 칠규를 땜질하여 혼돈이 일시 원상복구가 된 것이고, 갓난아기는 의식이 하늘의 낙원에 놓여 있는 상태 즉 아직 혼돈에 구멍이 뚫리기 전의 상태인 것이다.

이 〈달생〉 편의 이야기는 왜 사람들이 그토록 술을 마시는지에 대한 가장 근본적인 이유를 우리에게 알려준다. 사람들은 흔히 취하기 위해, 즉 정신을 놓아버리기 위해 술을 마신다고 말하지만 장자가 보기에는 그것은 피상적인 답변일 뿐이고, 한 꺼풀 벗기고 깊숙이 들여다보면 결국 사람들은 '신전神全', 즉 정신의 온전함을 얻기 위해 술을 마신다는 것이다. 다만 사람들은 하늘의 감로수를 구해 마실 수가 없어서 땅에서 난 술로 대신하고 있는 것뿐이다.

여기서 말하는 '신전神全'이란 전체적인 맥락에서 볼 때 혼돈칠규에서의 '혼돈'과 같은 성질의 것이다. 정확히 말하자면 '혼돈'이 전 우주적 차원의 사태라면, '신전'은 개인적 의식차원을 가리킨다는 점에서 차이를 보이지만, 품고 있는 취지는 동일한 것이다. 이 두 편의 우화를 통해서 장자가 던지는 메시지는 무엇인가. 그것은 순수의식, 즉 주·객으로 분리되기 이전의 근원적 통일체로서의 순수의식을 회복하라는 것이다.

장자, 쓸모없는 나무도 쓸모가 있다

그런데 현재 우리 사회의 모습은 어떠한가. 우리사회는 지금 숙儵과 홀忽의 잘못된 열정으로 인해 이미 구멍 일곱 개가 다 뚫려버려서 혼돈이 죽은 지 오래되어버린 피폐한 사회가 아닌가. 세상에서 남보다 앞서가기 위해 저마다 지식교육 일변도로 치달아 이른바 '지식과잉 사회'로 돌입하였으나 아무도 그 위험을 고지하지 않고 있다. 잘못된 방향으로 나아가는 사회를 바로잡아주는 역할은 고대로부터 예언자들의 몫이었다. 그런데 오늘날은 그 예언자의 역할을 해야 할 사람들이 오히려 잡다한 지식의 흙더미 안에서 그 길을 찾고 있는 형국이다. 허나, 지식은 나날이 쏟아져 나오는 쓰레기 마냥 부풀어갈 뿐이다. 그곳에서는 영혼의 목을 축일 지혜의 샘물이 솟아날 수가 없다. 메마른 지식과 그러한 지식에 대한 강조는 사회를 각박하고 인정머리 없는 곳으로 만든다. 그리하여 사람들은 이미 감성적으로 건조해지고, 정서적으로 삭막해졌으며, 사회 전체는 해결될 수 없는 커다란 긴장감에 짓눌려 있다. 바야흐로 장자가 말하는 혼돈칠규의 상황이다. 혼돈, 즉 원초적 단일성이 죽어버림으로써 우리사회는 정신적 측면에서 진정한 근원적 세계를 상실한 것이다. 이것은 사회 안에 거대한 공허감을 조성한다. 이 공허감이야말로 한국 사회가 지구상에서 가장 술 많이 마시는 나라 중의 하나인 진정한 이유가 아닐까?

절대무絶對無

수행을 하고 명상을 한다는 것은 매일매일 '분별의 세계'에서 물러나 '무분별의 세계'로 들어가는 것이며, '분화의 세계'에서 빠져나와 '미분화의 세계'로 발을 옮기는 것이다. 혼돈은 주객미분의 근원적 통일체이고, 그런 의미에서 그것은 주역에서 말하는 '태극'과 같은 것이다. 이 태극에서 '자기중심'까지 사라지면 종국적으로 태극은 '무극'이 될 것이다. 주역에 따를 때 우주만물의 분화과정은 무극에서 태극으로, 태극에서 음양이기陰陽二氣로, 음양이기에서 사상, 팔괘를 거쳐 만물로 나아간다.

그러나 수행자의 공부과정은 이와는 반대방향이다. 왜냐하면 마음공부는 우주의 근원을 찾아가는 것이기 때문이다. 외곽에서 중심으로 회回하는 것, 현상에서 본체로 귀歸하는 것, 그것이 공부다. 따라서 수행자는 천지만물 중의 하나인 '나'라는 개물個物로부터 개물로서의 속성이 사라진 순수한 에너지 상태인 음양이기로, 음양이기에서 다시 음양으로 분화되기 전의 통일체인 태극으로, 태극에서 다시 태초의 자기중심까지 소멸되어버린 초시간적 · 초공간적인 절대무The Absolute Non Being, 즉 무극으로 되돌아가야 하는 것이다. 이것이 수행자, 철학가, 신학자들이 터득해야 할 공부의 전 과정이다.

그런데 종래 서양철학은 중세 이래로 교조적인 신학의 지배 아래 놓이는 바람에 우주의 궁극의 일자에 대해 동양과 같이 태극, 무극 등의 비인격적인 고도의 철학적 개념들을 안출하지 못하고 단지 신학자들이 설정해놓았던 인격적인 신God개념을 그대로 답습하고 말았다. 그러나 사실 신神이란 용어는 철학적 개념이 아니다. 오히려 신이란 개념은 모든 철학적 탐구를 봉쇄 · 차단시키는 개념이다. '이 우주만물은 신이 만드셨다.' 이것이 신학자들의 대답이다. 이렇게 모든 사물의 제작자가 밝혀져 버렸는데 새삼스럽게 무엇을 더 탐구하고 연구할 것인가! 결국 신이란 용어 한마디로 우리는 이 우주에 대해 아무것도 밝혀내지 못하면서도, 마치 모든 것을 다 알고 있는 것 같은 기분 좋은 착각에 빠지는 것이다. 실로 '신'이란 용어는 언어의 반어적 의미에서 전지전능한 개념이라고 하지 않을 수 없다!

낙원으로의 복귀 : 이른바 타성일편打成一片

현실적으로 수행자가 수행의 마지막 단계에 이르러 부딪치게 되는 가장 끈질긴 장애는 주·객으로 나누어진 의식의 균열을 어떻게 뛰어넘느냐 하는 것이다. 수행의 관점에서 볼 때《장자》의 혼돈칠규 우화는 바로 이점에 대한 문제제기다. 혼돈에 일곱 구멍이 뚫려 죽어버렸다는 것은 혼돈이 원초적 단일성을 상실하고 주·객으로 양분되어 버렸다는 뜻이다. 의식이 양분되면 그 사이에 균열이 생긴다. 그 균열의 두께는 사람에 따라 다르다. 보통사람들은 통상 객관의 세계에 함몰되어 있어서 객관을 주시하는 주관이 존재한다는 것 자체를 알아차리지 못한다. 이 단계는 말하자면 정신이 물질에 굴복한 상태, 즉 노예상태다.

그런데 정신적으로 예민한 사람 중에는 자신이 이러한 노예상태에 놓여 있다는 것을 알아차리고 여기서 어떻게든 빠져나가는 길을 찾고자 하는 사람들이 있다. 이 사람들이 구도의 길에 오르는 사람들이다. 구도자에는 초심자와 구참자가 있다. 초심자들에게는 주·객은 완전히 분리된 별도의 세계라서 서로간에 거리도 멀고, 가로막힌 벽도 한없이 두텁기만 할 뿐이다. 그에게는 개별적 자아를 넘어서는 우주적 자아가 간혹 의식 안에서 언뜻언뜻 모습을 보이지만, 그것을 오래도록 붙들고 있을 만큼 그의 의식이 견고하지 못하다. 그는 아직도 수행 중 시간의 많은 부분을 객관세계에 끌려 다니며 혼미 속을 헤맨다. 아무도 이 단계를 건너뛸 수는 없다. 이렇게 온갖 시련과 고난을 겪으면서 그는 구도의 길을 간다.

구참자에게도 시련은 마찬가지다. 구참자는 우주적 자아가 나름대로 힘을 획득하여 객관세계에 끌려 다니는 노예상황은 다소 면하였지만, 아직 주·객 사이의 괴리는 여전히 남아 있다. 그도 아직 갈 길이 멀다. 이 구도의 전 과정을 심리학적으로 표현한다면 〈주관과 객관으로 양분된 의식〉을, 〈본래의 하나로 통합시키는 과정〉이라고 할 수 있다. 달리 말하면 '망념'에서 '무념'의 경지로 나아가는 것이다. 주관과 객관을 통합시킨다는 것은 양자 사이의 경계면을 헐어 부수어야 한다는 뜻이다. 이것이 바로 선禪에서 말하는 '타성일편打成一片'이다. 이 타성일편은 선사禪師들의 위대한 심리학적 통찰이 담겨 있는 용어다. 타성일편이란 말 그대로 '때려부수어打 한덩어리一片를 이룬다成'는 뜻이다. 무엇을 부수는가? 다름 아닌 '주관과 객관의 경계면'을 부순다는 것이다. 이것은 양분된 의식의 상태라는 것이 어떤 것이고, 또한 그것이 한 덩어리가 됐을 때의 의식상태란 어떤 것이며, 또 그것을 한 덩어리로 만들기 위해서는 무엇이 필요한 것인지를 모두 체험한 사람이 아니고는 만들어낼 수 없는 용어다. 요컨대, 타성일편이란 '의식의 궁극적 통합'을 말하는 것이다.

이와 비교하여 서양의 심리학, 특히 프로이드의 심리학을 생각해보라. 프로이드의 정신분석학 최종목표는 말하자면 통제되지 않는 충동

장자, 쓸모없는 나무도 쓸모가 있다

의 덩어리인 무의식을 의식 속으로 끌어내는 것이라고 할 수 있다. 그러나 프로이드가 말하는 무의식unconsciousness은 대체 누구의 것이며, 의식consciousness은 또 누구의 것인가? 그것은 결국 모두 한 사람의 주관subjectivity에 속하는 것이다. 그러므로 프로이드의 정신분석이 성공적으로 행하여져서 마침내 그 목적이 달성되었다고 하더라도 그것은 '주관'의 내부분열(의식과 무의식으로의 분열)만이 치유되었다는 것일 뿐, 그날로부터 다시 새롭게 닥치는 주관subjectivity과 객관objectivity의 대립·갈등은 아무런 해결도 없이 그대로 남아 있게 되는 것이다. 요컨대, 병의 증세만 일시 나았다 뿐이지 아직 병의 원인이 치유되지 않은 채로 그대로 남아 있다.

그러나 좌절된 욕구의 심리적 침전물의 총화인 무의식이라는 것 자체가 사실은 주관과 객관의 구별을 전제로 한 양자의 대립과 갈등에서 오는 것이 아닌가. 주관과 객관의 구별이 예민한 사람일수록 허약한 사람이고, 이러한 허약한 사람일수록 무의식의 층은 두터워질 수밖에 없다. 주관과 객관의 분리·구별이 사라지지 않는 한 상서롭지 못한 무의식은 언제나 다시 재생산될 수밖에 없다. 그러므로 병의 근본원인은 마음이 전일專—하게 하나로 통합되지 못하고 주·객으로 양분되는 데에 있는 것이지, 현재 형성돼 있는 무의식 자체가 아니다. 무의식 자체는 병의 원인이 아니라 결과인 것이다. 따라서 그것을 치료한다고 해서 근본적으로 변화되는 것은 아무것도 없다. 똑같은 병의 원인이 여전히 남아 있는 것이다. 이것이 프로이드 정신분석학의 한계다.

프로이드와 그를 잇는 서구심리학이 '무의식'을 분석의 대상으로 삼은 것은 처음부터 잘못된 것이다. 우리 동양의 선이나 명상 등 초월심리학에서는 무의식 따위에 대해서는 아무 관심이 없다. 동양이 관심을 기울인 것은 오히려 무의식과는 정반대의 것, 즉 초월의식 transcendental consciousness이다. 여기서 초월의식이란 주체와 객체의 구분이 사라진 근원적 일심, 요컨대 부동심을 말한다. 동양과 서양은 지금 여러 가지 면에서 많은 교류를 하고 있지만, 심리학의 영역에서 볼 때는 아직도 '초월의식'과 '무의식'의 차이만큼이나 멀리 떨어져 있는 듯하다. 최근에 이르러 서양에서 초월심리학의 바람이 이는 것은 좋은 일이나, 그럼에도 양자간의 차이는 쉽게 메꿔질 수 없을 것이다. 왜냐하면 이 차이야말로 동·서양 문명의 본질을 보여주는 것이기 때문이다.

오늘날 우리 인간의 삶은 존재의 근원적 통일성을 상실한 채 표류해 가고 있다. 사람들은 갈수록 저마다 영리하고 똑똑해져 가는데, 세상은 점점 각박하고 황폐해져 간다. 이것은 무언가 우리 인류의 문명이 잘못된 방향으로 나아가고 있음을 말해주는 것이다. 존재의 중심 안에 분화되지 않은 순수의식pure consciousness이 바위처럼 견고하게 남아 있어야 하는데, 여기에 구멍이 뚫리고 인위와 조작이 끼어들어 존재를 망치고 있는 것이다. 이것이 소위 장자가 말하는 '혼돈칠규'다. 말하자면 우리는 지식을 탐하던 나머지 선악과를 따먹고 낙원에서 추방된 것이며, 인위를 추구한 나머지 자연에 구멍을 뚫어 결국 죽음에 이르게 하고 만 것이다. 그러므로 장자적 세계관에 의할 때 복락원復樂園에 이르기 위해서는 우리는 혼돈에 뚫린 일곱 구멍을 치료하고 메워주어야 한다. 그리하여 혼돈, 즉 분화되지 않은 자연의 생명

장자, 쓸모없는 나무도 쓸모가 있다

력이 태고 이전의 장엄한 모습으로 살아 돌아와야 한다. 무엇이 그것을 가능케 할 것인가. 위대한 선禪의 스승들이 여기서 내놓은 것이 바로 앞서 말한 '타성일편'의 공부법이다. 혼돈칠규와 타성일편打成一片, 이 둘은 등을 맞댄 쌍둥이와 같은 개념이다. 혼돈칠규란 결국 '주객양분主客兩分'을 말하며, 타성일편이란 '주객합일主客合一'을 말하는 것이기 때문이다. 주객양분이면 물아가 상충하여 도처에서 지옥이 시작되는 것이며, 주객합일이면 물아일체가 되어 그 자리에서 바로 천국을 느끼게 될 것이다.

2부

외편
外篇

수레바퀴 깎는 윤편 이야기

책은 옛사람의 찌꺼기

이 책을 읽는 독자는 이 책에, 그리고 저자에게 기대하는 것이 있었을 것이다. 더욱이 내가 쓰레기나 잡동사니를 양산하는 우리 시대의 문필가 제씨들과는 다른 길을 가는 사람이라는 것을 그대가 혹시 알고 있었다면, 그대의 이 책에 대한 기대는 사뭇 진지한 단계에 까지 와 있었을지도 모른다. '이 책에는 뭔가가 있을 것이다'라고. 그리고 그대의 이러한 생각은 통상의 선량한 저자들에게는 좋은 의미든 나쁜 의미든 하나의 정신적 부담감으로 작용하게 될 것이 분명하다.

허나 나에 관해 말하자면 나는 그런 것에서 어떠한 부담감도 느끼지 않는다. 왜냐하면 나는 '언어 너머의 것'을 전달하는 사람이지 '언어 자체'를 전달하는 사람이 아니기 때문이다. 내가 던져놓은 언어들은 말하자면 고기를 잡기위한 통발筌같은 것이다. 장자의 말처럼 득어망전得魚忘筌, 즉 고기를 잡았으면 고기 잡는 통발은 잊어야 한다. 만약 그대가 고기는 한 마리도 잡지 못한 채 통발에만 애착을 보여 버리지 못하고 들고 서 있다면 나는 거기에 책임을 질수가 없다.

나는 그대에게 고기를 줄 수가 없다. 나는 다만 그대에게 통발을 건 네줄 뿐이다. 내가 책이라는 이름의 통발을 그대에게 준 이유는 통발을 감상하라는 것이 아니고 고기를 잡으라는 것이다. 그러니 그대는 '이 통발에는 뭔가가 있을 것이다'라고 생각해서는 안 된다. 통발에는 아무것도 없다! 통발은 텅 비어 있고, 그것을 채워야 할 사람은 그대 자신이다!

책은 말을 늘어놓은 것에 지나지 않지만 말에는 뜻이 들어 있는 까닭에 우리는 그 뜻을 귀히 여겨 어제도 오늘도 책을 탐한다. 그러나 책은 말을 다 담아내지 못하고, 말은 그 뜻을 다 담아내지 못한다. 언어의 단점은 평범하고 구체적인 사물을 전달 할 때는 별 어려움이 없지만, 무언가 심오한 것을 전달하려 할 때는 터무니없이 무력해진다는 사실이다. 특히 언어로 도를 전달하려고 할 때 문제는 심각해진다. 그런 일이 고대 중국 제齊나라 임금에게도 일어났다.

제나라의 환공桓公이 대청 위에서 책을 읽고 있었고, 윤편輪扁은 대청 아래서 수레바퀴를 깎고 있었다. 윤편은 망치와 끌을 놓고 대청 위로 올라가 환공에게 물었다.
"감히 묻겠습니다만, 전하께서 읽고 계신 책에 무슨 말이 있습니까?"
"성인의 말씀이다."
"성인은 살아 계십니까?"
"이미 돌아가셨다."
"그렇다면 전하께서 읽고 계시는 것은 옛사람의 찌꺼기이군요."

장자, 쓸모없는 나무도 쓸모가 있다

환공이 벌컥 화를 내며 말했다.

"과인이 독서하는데 수레바퀴 따위나 깎는 네가 어찌 참견을 할 수 있단말이냐. 네가 변명할 구실이 있으면 모르지만, 변명을 하지 못한다면 내 너를 죽이리라."

윤편은 말했다.

"신은 신이 하고 있는 일에 비춰서 말씀 올리겠습니다. 수레바퀴를 만들 때 너무 깎으면 헐거워서 단단하지가 못하고, 덜 깎으면 빡빡하여 들어가지가 않습니다. 헐겁지도 빡빡하지도 않게 하려면 '손으로 터득하고 마음으로 감응할 뿐이지 입으로 말할 수 없습니다. 그사이 어디에 비결이 존재합니다. 허나, 저는 제 자식에게 이를 깨우쳐 줄 수 없고 제 자식 역시 제게서 물려받을 수가 없습니다. 그래서 일흔이 된 이 나이에도 늘그막까지 수레바퀴를 깎고 있는 것입니다. 옛사람도 깨달은 바를 남에게 전하지 못한 채 죽었을 것입니다. 그러니 전하께서 읽고 계신 것도 옛사람의 찌꺼기일 뿐이겠지요!"

桓公讀書於堂. 上輪扁斲輪於堂下. 釋椎鑿而上. 問桓公曰. 敢問公之所讀者何言邪. 公曰. 聖人之言也. 曰. 聖人在乎. 公曰. 已死矣. 曰. 然則君之所讀者. 故人之糟魄已夫. 桓公曰. 寡人讀書. 輪人安得議乎. 有說則可. 無說則死. 輪扁曰. 臣也. 以臣之事觀之. 斲輪徐則甘而不固. 疾則苦而不入. 不徐不疾. 得之於手. 而應於心. 口不能言. 有數存焉於其間. 臣不能以喩臣之子. 臣之子亦不能受之於臣. 是以行年七十而老斲輪. 古之人與其不可傳也死矣. 然則君之所讀者. 故人之糟魄已夫

- 〈천도〉

제나라 임금 환공은 명재상 관중筦仲의 도움으로 춘추오패의 제일 인자가 되었던 인물이다. 말하자면 춘추시대에 중원 전체에서 가장 힘센 나라의 임금이다. 요즘으로 치면 미국 대통령쯤 되는 자리라고 나 할까. 그런 지체 높은 인물이 지금 한낱 수레바퀴를 깎는 목수인 편이라는 인물에게 말을 잘못 꺼냈다가 되레 한마디 대꾸도 못하고 훈계성 가르침을 받고 있다! 그 시대 권력의 정점에 있는 가장 강력한 인물에게 그 시대 가장 별 볼일 없는 평범한 인물이 돌연 심오한 지혜를 가르치는 이 특이한 상황, 이것 자체가 바로 '장자적 상황'이다.

이것은 우리가 장자 〈양생주〉편의 '푸줏간주인 포정 이야기'에서도 보았고, 〈달생〉편의 '목수 재경 이야기'에서도 보았던 바로 그 상황이다. 장자는 항상 이런 상황을 즐긴다. 이것은 현실에서는 결코 발견할 수 없는 불가능한 상황과 구조이다. 이것은 또한 의도적으로 군주와 신하의 위치를 뒤집어 엎는 듯한 뉘앙스를 풍긴다는 점에서 반유교적이며 반왕조적이고 반위계적이다. 장자는 이로써 왕조에 봉사하는 유교의 허점을 이미 꿰뚫어보고 과도하게 위계질서를 중시하는 그 권위적 세계관을 조롱하려 했던 것일까? 그렇다면 장자는 이미 그때 시대를 너무 앞서나갔던 데모크라시Democracy 신봉자였던 것일까? 어찌 되었건 확실한 것 하나는 우리는 장자가 설정해놓은 이러한 해학적이고 풍자적인 상황을 통해 다른 중국고전을 읽다가 느끼게 되는 저 어쩔 수 없는 정신적 답답함을 잠시나마 벗어날 수 있게 된다는 점이다.

플라톤과 장자

그러나 여기서 더욱 중요한점은 장자의 이야기가 갖는 정치적 의미가 아니다. 장자의 이야기 안에는 그보다 훨씬 심오한 뜻이 들어있다. 장자에 의하면 성인이 썼건 어쨌건 책이라는 것은 '옛사람의 찌꺼기'일 뿐이고, 인간의 언어라는 것은 진리를 전달할 수 없다는 것이다. 윤편은 환공에게 말한다.

"헐겁지도 빡빡하지도 않게 하려면 손으로 터득하고 마음으로 감응할 뿐이지 입으로 말할 수 없습니다得之於手 而應於心 口不能言.

······ 그러니 왕이여, 당신이 읽고 있는 것은 옛사람의 찌꺼기일 뿐이오."

윤편이 환공에게 하는 이러한 말은 우리에게 선불교의 '불립문자 교외별전不立文字 敎外別傳'을 상기시킨다. 진리는 결코 언어를 통해 전달될 수 없다. 다만 마음으로 감응할 따름이다. 언어에 의한 진리 전달의 불가능성, 이것은 동양의 현인들에게서 나타나는 공통된 주장이다. 동양의 위대한 현인들은 그 스스로 언어가 미치지 못하는 심오한 경지에 들어 직접 진리의 섬광을 보았던 사람들이다. 그들은 언어가 끊기는 지점에 가보았고, 인간의 지적활동이 끊기는 지점에도 가보았으며, 이른바 인간 이성이라는것의 작동이 끊기는 지점까지도 가보았던 사람들이다. 그리하여 마침내 그들은 인간의 '편협한 이성'너머에 '광대한 신성神性'이 존재함을 알게된 사람들이다. 요컨대 그들은 인간이 행하는 유형·무형의 일체의 작위作爲를 뒤로하고 마침내 축복받은 무위無爲의 왕국에 도달한 사람들인 것이다. 그들은 이구동성으로 언어, 문자, 서적의 한계를 지적한다. 이것이 동양의 현인들이 갖고 있는 한결같은 공통점이다. 역으로, 만약 언어의 한계를 지적하지 않는다면 그는 현자가 아니다. 그는 아직 뭐가 뭔지 모르는 서생이요 학자일 따름이다. 이것이 우리 동양의 진리에 대한 관점이다.

그런데 서양에서는 아무리 철학서적을 뒤적여 보아도 진리에 대한 이러한 심오한 통찰이 보이지 않는다. 서양철학자들은 마치 언어와 문자를 통해 모든 진리가 다 전달될 수 있는 것처럼 말한다. 아니, 좀 더 정확히 말하자면 살아 있는 진리가 마치 죽어 있는 언어와 문자 안에 갇혀 있는 것으로 믿고 있는 듯하다. 소위 지혜를 사랑한다는 사람들이 기껏 언어와 문자에 의지해 살아가다니! 왜 서양철학은 처음부터 이런 피상적인 길을 걷게 된 것일까? 거기에는 여러 가지 원인이 있을 수 있겠지만 내가 볼 때 가장 중요한 이유는 다름이 아니라 서구 정신사에 있어서 플라톤 철학의 과도한 득세이다. 뭐라구? 플라톤 철학에 책임이 있다구? 그렇다. 플라톤 철학의 핵심은 그의 대표작《국가The Republic》에 잘 나타나 있는데, 플라톤이 거기에서 진리를 인식하기 위한 유일한 방법으로서 적극 권장하는 것이 다름 아닌 문답법, 즉 '논리적 토론술dialectic'이었다.

〔플라톤의 이 철학적 문답법을 한·일 양국의 학자들은 고상하게도 시리 '변증법'이라고 번역하고 있는데, 이것은 옳은 번역이 아니다. 플라톤이 말했던 '디알렉티케dialektike'에는 변증법적 요소가 전혀 들어 있지 않기 때문이다. 그것은 대화를 뜻하는 'dialogue'와 어원이 같은 것으로서, 단순히 대화법 또는 문답법이라는 의미일 뿐이다. 진정한 의미의 변증법은 서구사회에 한정해서 말할 때 헤겔Hegel에 와

장자, 쓸모없는 나무도 쓸모가 있다

서야 나타난다.]

    플라톤에 따르면 우리가 진리를 인식하기 위해서는 감각을 배제하고 오직 이성에 기초한 토론, 소위 철학적 문답법에 의해야 한다. 논리적 토론을 통해 진리를 파악할 수 있다는 플라톤의 이러한 주장은 그 후 헬레니즘 시대를 거쳐 별다른 의심 없이 유럽 전역에 번졌고, 근대에 이르러 그리스 철학이 부활한 이후에는 유럽 각 대학의 선생과 학생들은 진리를 인식하기 위해 논리적 토론술을 갈고 닦았다. 그리하여 그들은 진실로 진리를 인식했는지 여부와는 별개로 예리해진 토론술로 상대를 제압하여 논리의 싸움에서 승리를 거두게 되었고, 또 사회적 분위기와 잘 맞아 떨어지면 그것이 곧 진리로 통용되는 행운을 누릴 수도 있었다. 그리고 이 점은 다소 완화되기는 했지만 지금도 여전히 서양 정신계의 지배적인 흐름이다. 그러나 여기에는 분명 짚고 넘어가야 할 문제점이 있다. 왜냐하면 논리의 대결에서 승리한다는 것과 참답게 진리를 인식한다는 것은 사실상 전혀 별개의 것이기 때문이다. 이 둘을 마치 동일한 것처럼 마구 다루면 안 된다. 이미 논쟁이 시작된 이상 둘 중 누군가는 논쟁에서 승리하겠지만 그렇다고 해서 그 사람이 진리를 인식하고 있는 것은 결코 아니다. 논쟁을 통해서 가려지는 것은 우열이지 진실의 여부가 아니기 때문이다. 그런데도 이 두 가지를 마치 동일한 것처럼 취급해서야 되겠는가? 사태가 여기에 이르면 새삼 플라톤 철학의 문제점이 눈에 확연해진다. 반면 우리 동양인들은 논리를 별로 중요시 하지 않는다. 이에 관해 장자의 다음 말을 들어보라.

나와 자네가 논쟁을 한다고 하세. 자네가 나를 이기고 내가 자네를 이기지 못했다면, 자네는 정말 옳고 나는 정말 그른 것일까? 내가 자네를 이기고 자네가 나를 이기지 못했다면, 나는 정말 옳고 자네는 말 그른 것일까? 한쪽이 옳으면 다른 한쪽은 반드시 그른 것일까? 두 쪽이 다 옳거나 다 그른 경우는 없을까?

旣使我與若辯矣. 若勝我. 我不若勝. 若果是也. 我果非也邪. 我勝若. 若不吾勝. 我果是也. 而果非也邪. 其或是也. 其或非也邪. 其俱是也. 其俱非也邪.

– 〈제물론〉

언어와 논리는 인간이 만든 것이다. 우리는 인간이 만든 것으로서 하늘이 만들어 놓은 것을 재단해서는 안 된다. 우리 동양에서는 오래 전부터 논리와 진리를 구별해왔다. 논리로 진리를 대신할 수는 없다. 우리는 이 양자를 혼동시켜서는 안된다. 만약 이 두 가지를 혼동시키면 우리는 나중에 논리의 함정에 빠지게 되어 참다운 진리가 무엇인지 알 수 없게 되어버린다. 변증술의 달인은 자신의 논리를 극한에까지 끌고 가서 거기에서 마침내 진리를 안출시키려 하겠지만, 사실은 그것이야말로 위험한 발상이다. 논리와 진리의 차이는 무엇인가? 논리는 발명된 것이지만 진리는 발명될 수 없다는 것이다. 진리는 오직 발견될 뿐이다. 그런데 세상에는 논리와 더불어 진리까지 발명해내는 대단한 사람들이 있다. 그러나 발명된 진리는 마치 솜방망이로 만든 횃불과 같아 잠시 빛을 발하다 이내 사그라들어 결국은 만지면 손만 더러워지는 숯검덩이로 남게 된다. 발명된 진리는 결코 진리가 아니다. 그것은 변신에 성공한 위장된 논리일 뿐이다. 그러므로 논쟁이 끝이 났다고 진리가 밝혀진 것은 아니다. 진리와 논리는 별개이다. 그렇기 때문에 장자는 이렇게 말했던 것이다.

"한쪽이 옳으면 다른 한쪽은 반드시 그른 것일까?"라고.

서양철학은 진리를 인식함에 있어서 과도하게 언어와 논리에 의존해 있다. 서양철학은 내가 보기에 논리의 벽돌로 쌓아올린 관념의 성채일 뿐이지만, 그들은 그것을 진리라고 부르려 하는 경향이 있다. 그러나 그것은 우주에 대한 자신의 관념일 뿐 진리는 아니다. 이에 반해 우리 동양에서는 인간의 관념으로 오염되기 이전의 우주의 참모습을 진리라 불러왔다.

요컨대 동양과 서양은 근원적 진리에 대하여 서로 다른 생각을 품고 수천 년간 살아왔던 것이다. 딴것도 아니고 '진리'에 대하여 이렇게 다른 생각을 지니고 살아왔으니, 동양과 서양이 어찌 다르지 않겠는가! 진리에 대한 동서양 기본 태도의 이러한 차이점은 그대로 일상생활 곳곳에까지 파급되는데, 그중 대표적인 것이 '서적'이다. 서적이란 언어와 논리를 문자화 해놓은 것이기 때문이다.

이러한 관점에서 지금 윤편이 하는 말을 다시 음미해보라. 지금 수레바퀴 깎는 윤편이 제나라 환공에게 행하는 진리의 불가언성에 관한 놀라운 가르침은 우리는 서구문명 전체를 통틀어도 결코 어디에서도 발견할 수 없다. 왜냐하면 서구사회에서는 플라톤 이래로 '표현된 것이 전부'이기 때문이다. 그러나 우리 동양에서는 표현된 것이 전부가 아니다. 거기에는 표현될 수 없는 것, 표현을 넘어선 것들이 있다. 아무리 우리의 앎과 지식을 확장시키더라도 영원히 우리의 앎과 지식으로는 알 수 없는 '그 너머의 것'이 존재한다. 여기서 내가 말하는 '그 너머의 것', 이것이야말로 우리 동양문명의 정수이다. 이것이 진실로 중요한 것이다. 이점을 이해해야 한다. 가령, 그대가 만권의 책을 읽어보라. 거기에 있는 것은 껍데기의 지식일뿐, 진리는 거기 없다. 그대가 형설지공을 다해 옛성인의 책을 읽는다 하더라도 그대가 읽는 것은 결국 윤편의 말대로 '옛사람의 찌꺼기'일 뿐이다.

그대가 잡다한 지식, 소소한 지혜를 구한다면 책에 의지해도 좋다. 그런 거라면 책이라는 물건은 얼마든지 유용하다. 그러나 그대가 진리를 구한다면 책에 의지해서는 안 된다. 그대는 어느 순간 책을 손에서 내던져야 한다. 진리는 문자를 통하는 순간 초라한 껍데기만 남고 그 생명력은 허공중에 흩어지고 만다. 동양의 모든 위대한 현자들은 한결같이 이 점을 이야기했다.

붓다는 대각 이후 45년간 행했던 자신의 설법을 총평하면서 스스로 이를 '달을 가리키는 손가락標月之指'에 불과하다고 말함으로써 진리와 언어의 관계를 명확히 하였다(이것은 이미 붓다 재세시在世時에 일부의 제자들이 붓다의 설법자체를 절대시하여 그 설법으로 진리를 대신하려 했음을 보여준다). 또, 노자는 《도덕경》 첫페이지에서 '도가도 비상도道可道 非常道, 명가명 비상명名可名 非常名'이란 위대한 선언을 함으로써 붓다와 마찬가지로 진리道는 언어와 문자로 표현될수 없음을 말하였고, 장자는 보다 직접적으로 '도道에는 경계가 없고, 말言에는 실재가 없다道未始有封 言未始有常.'고 선언하고 있다.

이처럼 궁극의 진리를 깨달은 인물들은 하나같이 모두 '문자 너머

장자, 쓸모없는 나무도 쓸모가 있다

의 것'에 대해 이야기하고 있다. 예수가 제자들에게 '진리가 너희를 자유케 하리라'고 말했을때 예수가 말하고자 했던 것 역시 이것이다. 예수는 제자들에게 결코 '문자가 너희를 자유케하리라'고 말하지 않았다. 그런데도 오늘날 예수의 제자들은 마치 언어와 문자가 사람을 자유케 해주는 것으로 착각하고 있다. 그러나 예수는 결코 언어와 문자를 신봉하라고 했던 사람이 아니다.

언어와 문자에 진리가 들어 있다면 우리 인생살이는 얼마나 수월하겠는가! 그렇다면 우리는 붓다처럼 6년씩이나 어려운 수행 같은 것을 할 필요도 없이, 비밀의 문자를 받아 적어 몸에 잘 수지 · 독송하면 될텐데……. 제나라의 환공 역시 이런 바램에서 별로 멀지 않은 생각을 가지고 있었다는 점에서 우리와 크게 다르지 않은 사람이다. 우리 모두는 다소의 차이는 있을지 몰라도 다 이와 유사한 착각 속에서 살아간다. 그러나 윤편은 말한다.

"왕이시여, 당신이 읽고 있는 것은 옛사람의 찌꺼기일 뿐이요."

그렇다면 그대가 읽고 있는 지금 이책은 어떤가? 내 책이라고 별게 있겠는가! 이 역시 '옛사람의 찌꺼기'에 불과한 것이다. 그렇다면 여기에 하나의 질문이 남는다. '찌꺼기'에 불과한 줄 이미 다 알면서 그럼 나는 왜 책을 쓰는가? 내가 책을 쓰는 이유는 철학자들과는 다르다. 그들은 말로써 말을 쌓아가지만, 나는 말로써 말을 지워나갈 따름이다. 그리하여 길을 모색하는 사람들에게는 방향을 보여주려는 것이고, 언어와 문자에 사로잡힌 사람들에게는 그 환상을 깨트려 주려는 것이다.

오리 다리 이야기

오리 다리·학의 다리

인간을 병들고 황폐하게 하는 것은 자연이 아니라 문명이다. 자연 속에서는 인간이 항상 건강하고 기운차지만, 문명 속에서는 병약하고 무기력하다. 인간은 자연 속에서는 자신과 조화를 이루고 살아가지만, 문명 속에서는 쉽게 그 조화가 깨지고 균형을 상실한 채 살아간다. 인간은 자연 속에서 살 때 물질의 결핍 속에서도 정신의 풍요를 누리지만, 문명 속에 살면 물질의 풍요 속에서도 정신의 허기를 느낀다. 자연 속에 있으면 거기에 아무도 없지만 우리는 모든 것과 소통하며 정신이 충만해진다. 허나, 도시의 빌딩 숲 사이를 걸으면 무수한 사람들 곁을 스치지만 어느 누구와도 소통하지 못한채 군중 속의 고독을 느낀다. 이 모든 것은 왜인가?

그것은, 자연은 우리를 있는 그대로 받아들이지만, 문명은 우리를 뭔가 덧칠하기 때문이다. 자연은 무언가 우리에게서 벗겨낸다. 그것이 자연이 갖는 본질적인 힘이다. 두껍게 덧칠한 화장발을 벗겨내고,

세월의 찌든때를 벗겨내고, 마음의 짐을 벗겨내고, 덕지덕지 뒤집어 쓴 위선의 외투를 벗겨낸다. 그리하여 자연은 우리를 순수하고 투명하게 한다. 자연은 우리 안에서 우리 아닌 것을 벗겨내 마침내 나를 나 자신이게 한다.

이에 반해 문명은 우리를 있는 그대로 받아들이지 못하고 거기에 인위를 가한다. 문명은 갖은 감언이설로 우리를 꼬여내어 우리를 우리 자신의 본질로부터 벗어나 헛된 것에 봉사하게 만든다. 문명은 우리 자신을 타자화他者化시킨다. 자연은 우리에게 자족성을 돌려주지만, 문명은 오히려 그것을 빼앗아간다. 자연 속에서는 천지만물이 저마다 자족의 빛 안에서 다양성을 구가하지만, 문명 안에서는 그 빛이 사라지고 없다. 대신 인간의 두뇌가 안출해낸 각종 인위적인 기준과 척도가 그 자리에 앉아서 제멋대로 하늘이 만들어낸 물건에 대해 길고 짧음을 논한다.

그러나 편협한 인간의 척도로 광대한 하늘의 척도를 대신하려 할 때 거기에는 심각한 왜곡과 오류가 수반될 수 밖에 없다. 하늘이 만든 것에는 길고 짧은 것이 없다. 모든 것은 다 적당한 길이를 갖고 있다. 인간의 왜곡된 눈이 길고 짧음을 만들어낸 것일 뿐이다. 하늘의 깊은 뜻을 인간의 척도로 측량하려 들지 마라. 하늘은 광대무변한 것이고 인간은 작고 미미한 것이다. 어찌 작은 것으로 큰 것을 이기려 하느냐. 그러므로 하늘의 척도를 인간의 척도로 대신하려 하는 것을 문명이라 부른다면, 그 문명이란 것에는 필연적으로 사물의 본질을 왜곡시키는 '폭력성'이 내재할 수밖에 없다. 이 폭력성은 눈에 보이는 물리적 폭력은 아니지만, 그대로 방치하면 오히려 물리적 폭력보다 위험한 결과를 초래할 수도 있다. 그렇다면 누군가 결연히 일어서서 문명화의 이면에 숨어 있는 교묘한 폭력성을 시대 앞에 고발해야 하지 않겠는가?

중국의 제자백가에는 실로 많은 사람들이 있었지만, 문명화에 깃든 이 폭력성을 처음으로 간파했던 사람은 노자이고, 이를 체계적으로 문제제기 했던 사람은 장자이다. 장자는 이렇게 말한다.

오리 다리가 짧다고
그것을 길게 늘려주면
괴로움이 따를 것이다.
또 학의 다리가 길다고
그것을 잘라주면
슬퍼할 것이다.

그러므로 본래부터 긴 것은
잘라서는 안 되고,
본래부터 짧은 것은
늘려주어도 안 된다.
그리고 이에 대해
근심하고 두려워할 필요는 없다.

생각컨대, 인의仁義란
사람의 참된 모습이 아니다.

저 인仁을 갖췄다는 사람,

얼마나 걱정이 많은 사람이겠는가!

是故鳧脛雖短. 續之則憂. 鶴脛雖長. 斷之則悲. 故性長非所斷. 性短非
所續. 無所去憂也. 意仁義其非人情乎. 彼仁人何其多憂也.

- 〈변무〉

장자가 지금 문제제기하고 있는 것은 유가儒家의 교조적인 인의仁
義다. 왜 인仁을 갖춘 사람이 걱정이 많겠는가? 그것은 그 사람의 인
이 내면으로부터 자발적으로 생겨난 것이 아니라 훈육과 주입에 의
해 인위적으로 부과된 것이기 때문이다. 즉, 그것은 두껍게 덧칠한 화
장발과 같은 것이고, 남들이 볼까 봐 내려놓지 못하는 마음의 짐과 같
은 것이다. 요컨대, 그것은 가짜 인이다. 참된 인을 지닌 사람은 자신
이 인을 지닌지조차도 모른다. 그는 다만 순수한 양심의 명령에 따라
행동할 뿐이다. 그러니 지나치게 인의를 앞세우지 마라. 그러면 오히
려 그것이 사람을 속박하고 참된 본성을 잃게 만든다. 중요한 것은 사
람의 참된 본성이다. 그러므로 장자에 따르면 참된 본성을 잃게 하는
것 그것이 악이며, 참된 본성을 지키는 것 그것이 선이다.

내가 말하는 선善이란

세상에서 흔히 일컫는 인의가 아니라,

본성 그대로의 모습에 맡긴다는 뜻이다.

내가 말하는 귀 밝음聰이란

남의 것을 듣는 게 아니고
스스로 듣는 것을 말한다.
내가 말하는 눈 밝음明이란
남의 것을 보는 게 아니고
스스로 보는 것을 말한다.

스스로 보지는自見 않고
남의 것만을 보거나
스스로의 것을 지니지自得않고
남의 것만을 지니는 것은,
남이 지니는 것만을 지니려 들고
그가 지녀야 할 것은 스스로 지니지 않는 것이다.

吾所謂臧者. 非所謂仁義之謂也. 任其性命之情而已矣. 吾所謂聰者. 非
謂其聞彼也. 自聞而已矣. 吾所謂明者. 非謂其見彼也. 自見而已矣. 夫
不自見而見彼. 不自得而得彼者. 是得人之得而不自得其得者也

- 〈변무〉

　고대 중국에서 이렇게 자율의 가치를 높이 외쳤던 사상가는 없었
다. 다른 제자백가들이 인의, 규범, 제도, 법률등 타율을 이야기할 때
장자는 홀로 자율의 가치를 옹호하였다. 장자는 말한다. 너 자신이 되
어라. 어느 누구도 너 자신을 대신해서는 안 된다. 너는 타인이 되어
서도 안 되고, 또한 군축群畜이 되어서도 안 된다. 자득自得이 없는 인

장자, 쓸모없는 나무도 쓸모가 있다

간은 자기 자신에게 가장 큰 죄를 짓는 자다.

세계 모든 철학이 그렇듯이, 제자백가 철학도 이를 양분한다면 자율이냐 타율이냐로 구분할 수 있다. 자율성과 타율성에 관한 논의를 배제하고서는 한 사상가의 사상이 지닌 진정한 뜻을 알 수 없다. 자율성 혹은 타율성의 문제는 한 사상가의 사상 중에서 기저를 이루는 부분이다. 그것은 그의 사상의 전모를 말해준다.

지네와 뱀

하늘이 천지만물을 만들어낼 때 우리 인간들처럼 허술하게 만들어낸 것은 하나도 없다. 하늘은 미물 하나를 만들 때도 깊이 숙고하여 하나의 완전체로 만들어냈다. 가장 보잘것없는 풀 한 포기 나무 한 그루도 조물주의 설계에 따른 경이로운 생명체로 이 땅위에 서 있는 것이다. 그것을 모르는 것은 우리 인간뿐이다. 우리 인간은 모든 것을 인간중심으로 판단하기 때문에 우주의 참모습을 보지 못하고 이를 왜곡시킨다. 인간의 문법을 가지고 하늘의 문자를 해독할 수는 없는 일이다. 그런데도 자꾸 편협한 안목으로 인간 본위적인 해독을 시도하면 그것은 결국 오역誤譯으로 끝날 수밖에 없다. 인간중심주의가 낳은 우주에 대한 오역, 그 범위는 실로 방대하고 그 폐해는 실로 심각하다.

사물을 인간중심적으로 보지 말고 있는 그대로 보아야 한다. 한때 유럽에서 과도한 신神 중심주의를 해체시키고 억눌린 인간성을 회복시키기 위해 이른바 인본주의(人本主義, Humanism)를 역사의 무대 위로 불러내어 현재에까지 이른 것이지만, 이제 그 인본주의도 쓰임을 다

하고 다시금 역사의 무대 너머로 사라져가야 할 때가 도래한 것이다. 지금 이 지구상의 가장 심각한 문제인 생명과 환경, 기후와 재앙의 문제는 다름 아닌 인간중심주의에서 비롯된 것들이다. 우리는 이제 이 편리하지만 편협했던 인간중심주의를 버리고 우주의 중심에 자연이 있음을 받아들여야 한다. 그동안 우리는 마치 자연이 우리 인간의 일부인 것처럼 생각하고 행동해왔지만, 사실은 우리 인간이라는 것이 자연의 일부가 아닌가? 우리의 생명 자체가 자연으로부터 온 것이 아닌가? 그리고 모든 것의 생명도 자연으로부터 온 것이 아닌가? 이 지구상의 모든 생명은 다 고귀한 생명이고 유일한 생명이다. 거기에 결코 우열이 있을 수 없다. 우리는 이제 과거의 관념들을 정리하고 '자연중심주의'로 나아가야 한다.

《장자》는 지구상의 어떤 책보다도 자연중심주의적 사고를 보여주는 책이다. 자연중심주의적 사고를 하는 사람들은 쓰는 문법이 보통 사람들의 문법과 다르다. 그래서 그들의 말은 다소 기이하고 황당해 보이기도 한다. 인간중심주의는 모든 사물을 인간의 눈으로 본다. 그러나 자연중심주의는 사물을 있는 그대로 본다. 그렇기 때문에 자연중심주의자는 이 우주에 대해 오해를 하지 않는다. 인간중심주의의 심각한 폐해 중의 하나는 모든 사물 안에서 우열을 찾으려 하는 일이다. 우리 인간은 어려서 학교에 다니면서부터 만사에 등수를 매기는 일에 익숙해 있는 까닭에 어디서나 매사에 서열과 우열을 가리려 한다. 그러나 우주 안에는 어떤 서열이나 우열도 없다. 우주 안에는 다만 거대한 생명의 원이 돌아가고 있을 뿐이다. 거기에 서열을 매긴 것은 우리 인간이지 자연은 그런 것을 모른다. 자연은 모든 생명체들로부터 동등한 거리에 있다. 조물주가 유난히 어느 한 생명체를 편애한다는 것은 우습고도 어리석은 발상이다. 그것은 전적으로 그 자신의 오해다. 물론 세상에는 이 기분 좋은 오해를 떠받치기 위한 이론과 책들도 많다. 그리고 인간의 정신이 미숙할수록 그런 이론들이 각광을 받는다. 허나, 바야흐로 그러한 시대가 저물고 있다. 이제 인간은 비로소 거짓된 위로와 집단적 히스테리를 뒤로하고 대자연 앞에 홀로 설 만큼 정신적으로 성숙된 것이다. 그들은 이제 어렵지만 사물을 있는 그대로 보려고 한다. 그들은 최소한 사물을 인간중심적으로 보지 않으려 노력한다. 이것이 앞으로 깨어 있는 사람, 영적으로 각성된 사람들이 가야 할 길이다. 그러나 과거 장자의 시대에도 잠들어 있던 사람, 인간중심적으로 생각했던 사람들이 많이 있었다. 여기 소개하는 장자의 이야기는 인간중심적으로 사물을 보는 사람들에 대한 하나의 풍자이다.

발이 하나뿐인 기夔라는 짐승은 발이 많은 지네를 부러워하고, 지네는 발 없이도 움직이는 뱀을 부러워하고, 뱀은 의지하는데 없이 움직이는 바람을 부러워하고, 바람은 움직이지 않고도 어디에나 가는 눈目을 부러워하고, 눈은 안에 있으면서도 모든 것을 꿰뚫어 아는 마음을 부러워한다. 기가 지네에게 말했다.

"나는 한 발로 껑충껑충 뛰어다니지만 뜻대로 가지지를 않습니다. 선생은 수많은 발을 쓰고 있으니 얼마나 편리할까요?"

지네가 말했다.

"그렇지 않습니다. 당신은 저 침 뱉는 사람을 보지 못했나요? 침을 내뱉으면 큰 것은 구슬 같고 작은 것은 안개 같습니다. 크고 작은 게 섞여서 떨어지는데 그 수를 다 셀수는 없습니다. 지금 나도 그처럼 내 마음의 자연스러운 발동發動을 따르고 있을 뿐, 어째서 그렇게 발이 움직이는지는 알지 못합니다."

지네가 뱀에게 말했다.

"저는 많은 발로써 움직이지만 선생의 발 없이 움직이는 것만 못하니 어째서일까요?"

뱀이 말했다.

"저 본래의 자연스러운 발동으로 움직이고 있으니 이를 어찌 바꿀 수 있겠소? 또 내 어찌 발을 쓸 필요가 있겠소?"

뱀이 바람에게 말했다.

"저는 저의 척추와 갈비뼈를 움직여서 다니고 있으니 의지하는 곳이 있는 셈입니다. 선생께서는 휭하니 북해에서 일어나 휭하니 남해로 가는데도 의지하는 곳이 없으니 어째서입니까?"

바람이 말했다.

"그렇습니다. 나는 북해에서 일어나 남해로 들어갑니다. 그러나 손가락도 나를 이길 수 있고, 발길질 역시 나를 이길 수 있습니다. 그러나 큰 나무를 부러뜨리고 큰 집 지붕을 날려 보내는 것은 나만이 할 수 있는 일입니다. 그러므로 많은 작은 것에 짐으로써 큰 것에 이기는 것입니다. 큰 것에 이기는 것은 오직 성인聖人만이 할 수 있습니다."

夔憐蚿. 蚿憐蛇. 蛇憐風. 風憐目. 目憐心. 夔謂蚿曰. 吾以一足趻踔而

行. 予無如矣. 今子之使萬足. 獨奈何. 蚿曰不然. 子不見夫唾者乎. 噴
則大者如珠. 小者如霧. 雜而下者不可勝數也. 今予動吾天機. 而不知
其所以然. 蚿謂蛇曰. 吾以衆足行. 而不及子之無足. 何也. 蛇曰. 夫
天機之所動. 何可易邪. 吾安用足哉. 蛇謂風曰. 予動吾脊脅而行. 則似
有也. 今子蓬蓬然起於北海. 蓬蓬然入於南海. 而似無有. 何也. 風曰.
然. 予蓬蓬然起於北海. 而入於南海也. 然而指我則勝我. 鰌我亦勝我.
雖然夫折大木蜚大屋者. 唯我能也. 故以衆小不勝爲大勝也. 爲大勝者.
唯聖人能之.

- 〈추수〉

(아쉽게도 글의 끝부분이 탈락되고 없다. 바람과 눈, 눈과 마음의 대화
가 어찌 되었을지 아쉽다.)

천지만물은 모두 자연으로부터 그 고유의 천분天分을 타고났으며
거기에 어떤 결핍이나 과잉도 없다. 여기에서 결핍과 과잉을 말하는
것은 오직 인간뿐이다. 자연에 대해 인지人知로 말하지 말라. 자연은
무한하며 인지는 유한하다. 유한한 것으로 무한한 것을 재단하려 하
지 말라. 거기에는 필연적으로 오류가 발생한다. 인간은 자신의 욕망
을 자연에 투사시켜 인간적인 감정으로 자연을 해석하려 하지만 그
것은 자연에 대한 해석이 아니라 오역이다. 인간이 생각하는 것처럼
자연은 선망과 질투의 체계로 구성된 것이 아니다. 자연 안에는 부러
움 따위가 존재하지 않는다. 거북이도 토끼를 부러워하지 않고, 오리
도 학의 다리를 부러워하지 않으며, 지네도 뱀을 부러워하지 않는다.

자연 안에서는 어떤 것도 다른 것을 부러워하지 않는다. 자연 안에서는 모든 것들이 스스로 자족하며 살 뿐이다. 부러움이란 인간의 머리가 만들어낸 개념이다. 자연에는 그런 것이 존재하지 않는다. 자연에 다가가기 위해서는 인간의 문법을 버려야 한다. 그리고 자연이 어떤 방식으로 자신을 드러내는지 살펴봐야 한다. 자연은 언어를 쓰지 않는다. 하늘의 문자는 인간의 문자와 다르다. 자연은 언어 너머에 자신의 비밀을 간직해두고 있다.

바보 상망 이야기

큰 덕을 지닌 사람

도道란
심연深淵처럼 고요하고,
깊은 물처럼 맑다.

금석金石도 도를 얻지 못하면
울리지 않는다.

고로, 금석은 소리를 가지고 있지만
두드리지 않으면 울리지 않으니,

만물의 이러한 성질을
누가 정하여 놓았던가.

큰 덕德을 지닌 사람은

소박하게 행동하면서도

마음은 모든 일에 통달한다.

근본적인 도에 입각하여 살고 있어

그의 지혜는 영험한 것과 통한다.

그러므로 그의 덕이 넓은 것이다.

夫道. 淵乎其居也. 漻乎其淸也. 金石不得. 無以鳴. 故金石有聲不考
不鳴. 萬物孰能定之. 夫王德之人. 素逝而恥通於事. 立之本原. 而知
通於神. 故其德廣.

- 〈천지〉

글이 오묘하고 깊다. 도와 덕에 관한 장자의 근본적인 생각이 잘 드
러나 있다. 도는 저 높은 하늘 위에 있는 것이 아니라 천지 만물 속에
있다. 도는 이 우주에 군림하면서 누구에게 명령을 내리고, 말을 안
들으면 벌을 주거나 혼을 내는 그런 유치한 존재가 아니다. 도는 우주
의 심판자도 아니고, 우주의 제작자도 아니다. 우주의 심판자, 우주의
제작자 등의 관념은 우는 아이를 달래기 위한 것들이며, 우리 인류가
아직 성숙하지 못했을 때 생겨난 개념들이다.

이제 울음을 멈추고 고개를 들어 인류의 미래를 보라. 거기에서는
신이 더 이상 인격의 유치한 의상을 거치지 않을 것이다. 거기에서는
신이 특별히 어떤 부족이나 민족을 편애하는 우스꽝스러운 모습도 보

장자, 쓸모없는 나무도 쓸모가 있다

이지 않을 것이며, 특별히 어떤 나라의 언어를 구사하지도 않을 것이고, 그리고 모두에게 실망스러운 일이겠지만 인간의 언어를 써서 말을 하지도 않을 것이다. 아마 이렇게 되면 계시받기를 좋아하는 자들과 예언하기를 좋아하는 자들이 특히 곤란에 빠지겠지만, 그래도 그들은 재주가 좋은 자들인지라 어떻게든 또 다른 방식으로 하늘로부터 변함없이 계시를 받을 것이며, 예언을 이어갈 것이다.

불완전한 반토막짜리 신, 소위 플라톤이 말하는 데미우르고스(De-miurgos, 제작자로서의 신)는 분명 소리도 있고 형상도 있다. 그러나 우주의 궁극의 신은 아무 소리도 없고 형상도 없다. 장자가 말하는 도가 바로 그것이다. 도는 아무 소리 · 형상이 없다. 신이 모종의 형상을 하고 우리에게 말을 건다고 하는 사람들이 세상에는 간혹 있지만(어떤 곳에서는 이런 사람들을 종교적이라고 부르기도 한다) 도는 그런 법이 없다. 도는 우리에게 말을 걸지 않는다. 도는 누구에게 계시를 내리지도 않으며, 누구에게 예언을 일러주지도 않으며, 누구에게 기적을 행하지도 않는다. 도는 또한 누구에게 특별히 은총을 베풀지도 않으며, 누구에게 특별히 아는 체도 하지 않는다. 특별히 누구에게 은총을 베풀고, 특별히 누구에게 아는 체를 하는 것은 도가 아니다. 그렇게 되면 도가 무너진다.

도는 항상 우리 곁에 있다. 우리가 알아도 우리 곁에 있고, 우리가 몰라도 우리 곁에 있다. 그러나 도는 아무 소리도 형상도 없다. 그래서 우리는 도가 매순간 우리를 감싸고 있어도 도를 알아보지 못한다. 지금 장자가 말하고 있는 것이 이것이다.

도道란

심연처럼 고요하고,

깊은 물처럼 맑다.

도는 결코 멀리 있는 것이 아니다. 바로 우리 곁에 있다. 그런데 불행히도 도와 우리는 존재 양식이 다르다. 도는 심연처럼 고요한데 우리 내면은 소란스럽다. 도는 깊은 물처럼 맑은데 우리 마음은 혼탁하다. 이것이 우리가 도를 옆에 두고도 알아보지 못하는 이유이다. 우리는 눈이 있어도 보지 못하는 맹인이며, 귀가 있어도 듣지 못하는 귀머거리와도 같다. 우리 인생의 모든 오류와 비극은 여기서부터 시작된다. 우리는 근원의 도가 우리 곁에 있는데도 그것을 알아보지 못하고, 엉뚱하게도 계시를 찾아나서고 예언을 좇으며, 기적을 구하고 은총을 바란다. 계시, 예언, 기적과 은총 그 모든 것을 도는 알지 못한다. 그런 것들은 모두 인간의 언어이며 생각이고 견해다. 인간의 생각과 견해를 떠나는 것, 그것이야말로 도의 시작이다. 신은 이미 인간의 손에 의해 오염될 대로 되버렸다. 신에게 이름을 지어 붙이고 형상을 덧씌워 인간의 모습으로 만들고 난 이래로 신은 참된 신성을 박탈당하고 몰락하여, 반토막짜리 왜소한 신 데미우르고스가 되고 말았던 것이다. 이렇게 신이 인간의 모습을 갖게 되어 버렸는데, 그 다음부터 무엇이 불가능하겠는가! 그때부터는 바야흐로 모든 것이 가능해진다. 우리는 먼저 신과 통성명부터 하고, 그 다음부터는 우리 '인간이 원하는 방식으로' 신과 거래를 트면 되는 것이다! 이 얼마나 수지맞는 일인가! 정말이지 누이 좋고 매부 좋은 일 아닌가.

그러나 도는 이렇게 될 수 없다. 도는 인간의 언어를 모르고 인간의 형상을 하고 있지 않아서 우리는 결코 도와 통성명을 할 수가 없는 것이다. 통성명이 안 되는데 그 다음 무슨 진도가 나갈 수 있겠는가! 신과의 모든 원만한 거래는 우리가 신의 존재 양식을 바꿈으로써 비로소 가능했던 것인데, 그것이 도에는 먹히지가 않는다. 우리는 아무리 애를 써도 도의 존재 양식을 바꿀 수가 없다. 반대로 우리가 우리의 존재 양식을 바꿔야 한다. 그래야 소통이 가능하다. 이것이 신과 도의 차이점이다. 그 덕에 신은 완전히 인간에 의해 오염되어버린 반면, 도는 여지껏 순수한 채로 보존되어 남을 수 있었던 것이다.

도가 순수한 채로 보존되어 남아 있다는 것은 무슨 뜻인가? 그것은 인간에게 다행한 일일까 불행한 일일까? 백번 불행한 일일 것이다. 왜냐하면 신과는 달리 우리는 도에 대해서는 어떤 것도 우리의 요구를 관철시킬 수가 없기 때문이다. 우리는 우리 인간의 욕구와 생각대로 신을 변모시키고 다듬고 손질하여 왜곡시켰지만, 도는 그렇게 되지 않는다. 도에는 어떤 인간적인 색채도 없다. 도는 전혀 인간중심적이지 않다. 우리가 만약 도에 대해서 한 치라도 접근하기를 원한다면 우리는 전적으로 '도가 원하는 방식으로' 움직이지 않으면 안된다. 절대 우리 인간이 원하는 방식으로가 아니다. 만약 도가 어떤 메시지를 계속 보내는데 이것을 무시하고 '인간이 원하는 방식으로를' 끝까지 고집하면 도는 바로 그 사람을 내친다. 그리하여 가깝게는 몸에 병이 생기고, 집안에 우환이 들며, 멀리는 사회 전체에 혼란이 닥친다. 천지 자연의 도를 위배하여 무리한 짓을 하면 안 된다. 그 결말은 불을 보듯 뻔한 것이다. 우리는 신을 우리의 키높이로 끌어내렸지만, 도에 대해서는 우리가 도의 높이로 올라가야 한다. 그래야 소통이 가능하다.

월든

도가 없이는 어떤 사물도 완전할 수 없다. 하늘도 도를 얻어 완전한 것이며, 땅도 도를 얻어 완전한 것이다. 해와 달도 도를 얻어 빛나는 것이며, 사시四時도 도를 얻어 순환하는 것이다.

금석金石도 도를 얻지 못하면
울리지 않는다.

장자의 말은 이러한 맥락에서 나온 말이다. 그러나 또한 금석(金石, 쇠와 돌)은 제가 지닌 도를 함부로 내보이지 않는다. 금석은 도를 깊이 감추고 말없이 고요하게 있다. 제 입으로 자신이 도를 지녔음을 떠들고 다니지 않는다.

금석金石은 소리를 가지고 있지만 (金石有聲)
두드리지 않으면 울리지 않으니. (不考不鳴)

장자의 말은 이러한 의미이다. 만물의 이러한 성질을 누가 정해 놓았는지는 우리가 알 수 없으나, 다만 우리는 만물의 이러한 성질을 보고 도란 어떤 것이며, 도인은 어떻게 행동해야 하는가를 배울 뿐이다. 이러한 도를 마음속에 품은 사람은 가만히 있어도 몸에서 광채가

장자, 쓸모없는 나무도 쓸모가 있다

난다. 그 광채는 은은하며 소란스럽지 않다. 이 광채를 우리는 덕이
라 부른다.

> 큰 덕을 지닌 사람은
> 소박하게 행동하면서도
> 마음은 모든 일에 통달한다.

장자는 큰 덕을 지닌 사람의 특징으로 소박함을 꼽고 있다. 우리는
도를 깨우치면 세상을 들었다 놓을 것 같고, 덕을 지니면 온 세상이
우리를 우러러볼 것 같은데 장자는 전혀 다른 말을 하고 있다. 장자에
의하면 번쩍거리며 요란하게 행동하는 자는 덕을 지닌 자가 아니다.
소박하게 행동하라! 노자와 장자의 철학이 자못 심오한 내용을 많지
만, 그 모든 것을 떨어내고 가장 쉽게 정의한다면 바로 '소박하게 행
동하라'는 것이다. 노장철학을 아무리 깊이 연구하여 그 모든 오묘한
구절들을 줄줄이 외우고 다닌다 하더라도 행동의 소박함이 없으면 그
사람은 노자와 장자를 잘못 이해한 사람이다.

원래 도가사상의 본령은 지식의 탐구에 있는 것도 아니고, 신비의
추구에 있는 것도 아니다. 노자와 장자는 항상 자신의 분수에 맞는 지
식이 무엇인지를 먼저 알라고 말한다. 지식의 탐구, 예악의 완성, 인
의의 수립등 그 어떤 것도 인위적으로 소란스럽게 하면 안 된다. 모든
것에는 알맞은 정도가 있다. 그 알맞은 정도를 지나면 모든 것은 부자
연스러워진다. 노자와 장자는 인생의 가장 큰 가치를 자연스러움에
두고 사람들에게 그것을 해치지 않는 삶의 방식, 즉 무위를 권했던 것

이다. 이 무위가 행동의 면에서 드러날 때, 그것이 바로 '소박하게 행동하는 것'으로 나타난다. 우리는 이 행동의 소박함을 잃어버렸다. 우리는 문명 속에서 지금 너무 거품이 많은 인생을 살고 있다. 왜 우리는 헛된 것에 분주하면서 쫓기듯 인생을 낭비하며 살아가야 하는가? 여러 면에서 노자·장자의 무위를 실천하면서 인생을 산 듯한, 월든 호숫가의 소로Thoreau는 이렇게 말했다.

간소하게, 간소하게, 간소하게 살라! 제발 바라건대, 그대의 일을 두 가지나 세 가지로 줄일 것이며, 백 가지나 천 가지가 되도록 하지 말라. 백만 대신에 다섯이나 여섯 가지만 셀 것이며, 계산은 엄지손톱에 할 수 있도록 하라. (중략)

간소하게, 간소하게 살라. 하루에 세 끼를 먹는 대신 필요하다면 한 끼만 먹으라. 백 가지 요리를 다섯 가지로 줄여라. 그리고 다른 일들도 그러한 비율로 줄이도록 하라. 지금 우리 인생은 독일연방(소로의 시대에 독일은 39개 군소국가의 집합체였다)과도 같다.

─ 〈월든〉

우리 인생이 독일연방 같은 것이 되어버리면 그것으로 인생은 끝이다. 번잡해진 인생에는 아무 답이 없다. 머지않아 혼란이 오고, 무질서가 오며, 치매가 온다. 이에 반해 소박하게 행동하는 사람은 고요해지고, 차분해지며, 총명해진다. 나이가 들 수록 그의 인생은 점점 행복해지고, 그의 세계는 점점 심원해진다. 그 이유는 무엇인가? 그 이유를 장자는 잘 알고 있다.

장자, 쓸모없는 나무도 쓸모가 있다

근본적인 도에 입각하여 살고 있어
그의 지혜는 영험한 것과 통한다.
그러므로 그의 덕이 넓은 것이다.

검은 진주

황제가 적수赤水의 북쪽에서 노닐다가
곤륜산에 올라가
남쪽을 바라보고 돌아오는 길에
저 검은진주玄珠를 잃어 버렸다.

아는 것이 많은 지知를 시켜
찾았으나 찾지 못했고,
눈 밝은 이주離朱를 시켜
찾았으나 찾지 못했고,
말솜씨 좋은 끽구喫詬를 시켜
찾았으나 찾지 못했다.

그래서 멍청한 상망象罔을 시켰더니
상망이 이를 찾았다.
황제가 말했다.
"모를 일이로다. 상망이 그것을 찾다니!"

黃帝遊乎赤水之北. 登乎崑崙之丘. 而南望. 還歸, 遺其玄珠. 使知索之
而不得. 使離朱索之而不得. 使喫詬索之而不得也. 乃使象罔. 象罔得
之. 黃帝曰. 異哉. 象罔乃可以得之乎

- 〈천지〉

상징과 은유로 가득한 글이다. 이 우화는《장자》〈응제왕〉편에 있
는 '혼돈칠규混沌七竅' 이야기와 같은 맥락에 있는 글이다. 다만, 혼돈
칠규 이야기에서는 사태가 잘못되서 결국 위대한 혼돈이 죽고 말았
는데, 여기에서는 이와는 반대로 혼돈의 다른 이름이라고 할 상망이
등장하여 그 시대의 모든 석학과 지성들이 해결하지 못하는 문제를
해결하고 있다. 말하자면 혼돈칠규 이야기에서 만약 혼돈이 죽지 않
고 살아 있었더라면 마땅히 해야 했을 일이 무엇인지를 보여준다고
나 할까.

황제가 적수赤水의 북쪽에서 노닐다가 곤륜산에 올라갔다는 것은
무슨 뜻인가? 이어 남쪽을 바라보고 돌아오는 길에 저 검은진주를 잃
어버렸다는 것은 또 무슨 뜻인가? 황제는 전설적인 임금으로《장자》
에 단골로 등장하는 그 인물이고, 적수는 남방에 있는 상상의 강으로
속세를 떠났음을 상징하는 것이다. 또 곤륜산은 신선이 사는 것으로
알려진 유명한 산인데, 중국인들은 이 산을 세계의 중심으로 안다. 그
러므로 황제가 적수에서 노닐다가 곤륜산에 올랐다는 말은 멀고 아득
한 도의 세계에 들었음을 의미한다.

그러나 황제는 행복한 사람이 아니었다. 그는 곤륜산에 오래도록

머무를 수 없었다. 그는 심원한 도의 세계에서 남쪽, 즉 속세를 바라보았고 돌아오는 길에 저 검은진주, 즉 참된 도를 잃어버렸다. 그러니까 이 구절은 황제가 곤륜산이라는 선경仙境에 들어 잠시 무궁한 도를 맛보았으나 다시금 속세로 돌아와 도를 잃어버렸다는 의미이다. 이것은 충분히 있을 수 있는 상황이다. 우리 인간은 아무도 완벽할 수 없다. 우리도 한때 순수한 마음으로 심원한 도의 가까이에 접근한적이 있었으나, 지금은 모두 먹고사는 문제에 바빠 도를 까맣게 잊어버리고 살고 있지 않은가. 문제는 어떻게 잃어버린 저 검은진주를 다시 찾을 수 있을까 하는 점이다.

그래서 황제는 처음에 '지知'를 시켜 찾아보게 했으나 찾지 못했다. 지는 지식이며 지혜를 상징한다. 지는 아는 것도 많고, 똑똑하고, 영리하다. 그러나 그는 검은진주를 찾지 못했다. 그래서 이번에는 눈이 밝은 이주離朱를 시켜 찾아보게 했으나 역시 찾지 못했다. 이주는 우리가 앞의 〈변무騈拇〉 편에서 본 적이 있는 시력이 뛰어나기로 유명한 바로 그 인물이다. 그는 백 보 바깥에서도 털끝을 분간 할 만큼 눈이 밝은 사람이다. 그러나 그도 찾지 못했다. 그 다음 선수가 끽구喫詬이다. 끽구는 언변에 능한 자이다. 그는 말 잘하며, 논리적이며, 분석적이다. 그는 변론술의 달인이다. 그러나 그도 검은진주를 찾지 못했다.

그래서 멍청한 상망을 시켰더니
상망이 이를 찾았다.
황제가 말했다.
"모를 일이로다. 상망이 그것을 찾다니!"

상망의 상은 형상을 뜻하며, 망罔은 망忘과 같다. 따라서 상망이란 형상이 있는 듯 없는 듯 뚜렷하지 않은 것을 가리킨다. 그것은 형상을 넘어선 것이며, 경계가 흐릿한 것이며, 텅 빈 것이다. 그것은 무심을 말한다. 지혜와 눈밝음과 변론술 따위로는 참된 도를 찾을 수 없다. 무언가 텅비고 무심한 상태가 되어야 불현듯 도가 드러난다.

도만 그런 것이 아니다. 과학적 진리도 흔히 이러한 상태에서 발견된다. 뉴턴Newton이 만유인력의 법칙을 발견할 때 그는 사과나무 아래서 편한 마음으로 쉬고 있었다. 그가 사과나무 아래서 전문서적을 펴들고 앉아 연구실에서처럼 열심히 무슨 계산에 몰두하고 있었다면 어떻게 사과나무에서 사과 떨어지는 것을 볼 수 있었겠는가. 그전에도 여러 차례 그는 사과나무 아래 앉았을 것이고, 그전에도 여러 차례 사과는 그의 머리맡에 떨어졌을 것이다. 그런데 어찌하여 그는 그 전에는 똑같은 사과가 떨어지는데도 아무 반응 없이 그냥 지나치다가 그날 유독 떨어지는 사과를 보고 번쩍하는 영감을 얻게 되었던 것일까? 그것은 그날 그가 처음으로 마음을 텅 비운 채로 있었기 때문이다. 그날도 이런저런 생각으로 머릿속이 복잡했더라면 그는 위대한 발견을 결코 하지 못했을 것이다. 위대한 영감의 순간은 텅 빈 무심의 상태에서 온다. 무심 속에 혼연일체의 도가 있다. 어딘지 여유롭고 여백이 있는 마음, 그 마음이 천지만물을 받아들일 수 있다. 마음이 어딘가에 종사하고 있거나, 어딘가에 사로잡혀 있거나, 어딘가에 매몰되어 있으면 그 마음은 모두 닫힌 마음이며 경직된 마음이다. 그런 마음에서는 창의적인 것이 나올수 없다.

뉴턴에게만 이런 일이 있었던 것은 아니다. 고대 그리스의 아르키

장자, 쓸모없는 나무도 쓸모가 있다

메데스Archimedes에게도 이런 일이 일어났다. 하루는 시라쿠사의 왕 히에론이 새로 왕관을 하나 만들었는데, 그것이 위조물로 순금이 아니라 은이 섞였다는 소문이 돌았다. 그래서 왕은 아르키메데스에게 명하여 그것을 알아내라고 하였다. 왕으로부터 이런 막중한 임무를 부여받은 아르키메데스는 그날부터 이 문제에 착수하여 연구하였으나 쉽게 답이 떠오르지 않았다. 이렇게 몇 날 며칠을 머리를 싸매고 연구하였으나 해결책이 나오지 않자 아르키메데스는 서서히 지쳐갔다.

'이 일을 어쩌면 좋단 말인가. 천하의 아르키메데스가 이 무슨 꼴인가. 이걸 못 풀면 폐하의 진노가 대단하실 텐데……'

그는 이렇게 고심을 하다가 하루는 이런 저런 생각을 다 팽개쳐두고 마음 편히 목욕이 하고 싶어졌다. 그래서 그는 오랜만에 아무 생각 없이 홀가분한 마음으로 탕 속에 몸을 담갔다. 찰랑찰랑하던 탕에 몸을 담그니까 물이 넘쳤다. 이것은 너무도 단순하고 당연한 일이다. 그러나 그 순간 아르키메데스의 머릿속에서는 섬광이 번쩍했다. 그는 문제를 해결한 것이다. 흥분한 그는 옷도 입지 않고 거리로 뛰쳐나가 외쳤다. 유레카Eureka! 유레카! 유레카는 알았다는 뜻이다. 그는 그날 저 유명한 '아르키메데스의 원리'를 발견한 것이다.

모든 물체는 저마다 다른 비중을 가지고 있다. 그러므로 금 1그램과 은 1그램은 부피가 다르다. 은은 같은 무게의 금보다 부피가 크다(정확히 말하면 금은 비중이 19.3이고 은은 10.5이기 때문에 비중 면에서 거의 두배 가까이 차이가 난다). 그러므로 순금으로 된 왕관과 은이 섞인 위조왕관은 같은 무게일 경우(불량한 제작자는 항상 같은 무게로 만들어낸다) 은이 섞인 왕관이 부피가 더 클 수밖에 없다. 따라서 두 개의 왕관을 각각 물에 담글 경우 은이 섞인 왕관이 담긴 물 그릇에서 더 많은 양의 물이 밖으로 넘쳐나게 되는 것이다. 목욕탕에서 물이 밖으로 넘쳐날때 그가 얻은 영감이 이것이다. 그리하여 그는 이 원리대로 실험을 하여 금관이 위조된 것임을 밝혀냈다고 한다.

아르키메데스의 목욕탕, 뉴턴의 사과나무, 이것들은 뭔가 서로 비슷한 데가 있는 것들이다. 이것들은 말하자면 휴식하고 노는 곳이지 공부하는 장소가 아니다. 아르키메데스도 뉴턴도 중요한 원리를 골방이나 도서관에서 발견한 것이 아니다. 그들은 휴식하러 갔다가 큰 것을 얻은 것이다. 사람은 잘 놀고 잘 휴식해야 한다. 그래야 무언가 새로운 것을 발견할 수 있다. 잘 노는 아이들이 공부도 잘한다는 말은 이런 의미에서 맞는 말이다. 인간의 마음은 무언가 여백을 필요로 한다. 인간의 마음은 너무 많은 것으로 꽉 차 있으면 오히려 창의적으로 작동하지 못한다. 윗글에서 지금 장자가 하는 말이 그것이다. 아는 것이 많은 지도, 눈이 밝은 이주도, 논리에 뛰어난 끽구도 검은진주를 찾지 못했다. 그것을 찾은 것은 멍청한 듯한 상망이었다. 장자는 상망을 반어적으로 묘사하고 있지만, 실은 상망은 심오한 경지에 몸을 내맡긴 사람이다. 그는 무심의 체득자다.

생각이 전광석화처럼 움직이는 커다란 영감의 순간은 위대한 무심의 상태에서 오는 것이다. 불가에서는 이 무심을 삼매三昧라 부른다. 삼매 중에 가장 깊고 오묘한 삼매가 해인삼매海印三昧이다. 이 해인삼매와 관련하여 의상대사는 〈법성게法性偈〉에서 유명한 경구를 남겼다.

능인해인 삼매중(能仁海印 三昧中)

번출여의 부사의 (繁出如意 不思議)

- 능인께서 깊고 깊은 해인삼매중에
자유자재로 불가사의한 것을 내보이셨느니라.

현학적으로 표현되고 있지만, 실은 장자의 윗글에서 상망이 도를 찾았다는 것과 완전히 동일한 이야기이다. 다만 장자는 그것을 어리숙하게 말하고, 의상은 엄숙하게 말하고 있을 뿐이다. 능인의 마음도 무심이오, 상망의 마음도 무심이다. 진실로, 무심속에 불가사의한 도가 있는 것이다.

우물 안 개구리 이야기

장자와 소크라테스

《장자》외편 중〈추수秋水〉편에 우물 안 개구리에 관한 이야기가 나온다. 우리가 어려서부터 익히 들어 아는 그 유명한 '우물 안 개구리'다. 이야기는 하백으로부터 시작된다.

가을철이 되면 물이 불어나 모든 냇물이 황하黃河로 흘러든다. 그 흐름이 너무 커서 양편 물가에서 보면 상대편에 있는 소나 말을 분별할 수 없을 정도다. 그리하여 황하의 신神 하백河伯은 흔연히 기뻐하면서 천하의 아름다움이 모두 자기에게 갖추어져 있다고 생각하면서, 물결을 타고 동쪽으로 내려가다가 북해北海에 도착하였다. 그곳에서 동쪽을 바라보니 그 끝이 보이지 않았다. 이에 하백은 비로소 그의 얼굴을 돌려 북해의 신 약若을 우러러보며 탄식하면서 말하였다.

"속담에 백 가지 도리道理를 알고는 자기만한 사람이 없다고 생각하는 자가 있다고 하였는데 그 말이 바로 나를 두고 한 말인 것 같습니다. …… 저는 지금 선생님의 끝을 알 수 없는 모습을 보고서야 그런 생각이 들었습니다. 제가 선생님의 문하로 들어오지 않았더라면 위태로왔을 것입니다."

秋水時至. 百川灌河. 涇流之大. 兩涘渚崖之間. 不辯牛馬. 於是焉. 河伯欣然自喜. 以天下之美爲盡在己. 順流而東行. 至於北海. 東面而視. 不見水端. 於是焉. 河伯始旋其面目. 望洋向若而歎曰. 野語有之. 曰聞道. 百以爲莫己若者. 我之謂也. 且夫我嘗聞少仲尼之聞而輕伯夷之義者. 始吾弗信. 今我睹者之難窮也. 吾非至於子之門. 則殆矣.

중국에서 가장 큰 강이 황하다. 이 황하가 늦여름 큰비가 끝나면 서쪽 저멀리 감숙성 쪽에서부터 물이 서서히 불어나기 시작하여 가을철이 되어야 비로소 그 물줄기가 동쪽 끝 산동반도 쪽에 다다르게 된다. 역시 중국답다. 그래서 이 편의 이름은 하수(夏水, 여름물)가 아니라 추수(秋水, 가을물)다. 규모가 이쯤되니 황하의 신 하백의 자부심이 어떠하랴! 그는 사실 다소의 자만심을 가져도 괜찮다. 그가 천하의 아름다움이 모두 자기에게 갖추어져 있다고 뽐내는 것도 있을 법한 일이다. 천하에 감히 누가 하백에 대적할 수 있을 것인가.

그런데 이 하백이 넘실거리는 물결을 타고 기분 좋게 동쪽으로 흘러가다가 마침내 북해에 이르게 되었다. 그는 거기에서 난생처음으로 바다라는 것을 보게 되었다. 끝이 보이지 않는 망망대해를 대하자 하백은 정신이 아득해졌다. 그리하여 북해의 신 약에게 무릎을 꿇었다. 깨끗이 무릎을 꿇고서 그는 겸허하게 자신의 한계를 인정하였다.

"아. 선생님, 용서하십시오. 제가 어리석었습니다."

얼마나 멋있는가. 이런 사람은 요즘 정말 찾아보기 어렵다. 하백은 북해의 신이 일언반구 아무런 가르침을 주지 않았는데도 스스로 자신의 무지를 깨우친 것이다. 자기 자신의 무지를 아는 것이야말로 실로 위대한 앎이며, 또한 모든 진정한 앎의 시발점이다. 본래 지식이라는 것은 기만적 속성을 담고 있는 것이어서, 사람이 무엇에 대해 한두 가지를 남보다 더 알면 마치 자기가 모든 면에서 남들보다 더 지혜로운 것으로 착각을 하는 경향이 있다. 영리하고 똑똑한 사람일수록 이러한 지식의 자기 함정 속에 빠져 있는 경우를 우리는 많이 보게 된다. 이런 문제점들이 가장 극대화된 도시가 있다면 그건 고대 아테네일 것이다. B.C 5세기 고대 그리스의 아테네를 생각해보라. 거기에는 세계사에 이름을 올린, 자타가 공인하는 유명인사들이 여기저기 거리를 활보하고 있다. 핀다로스와 아이스퀼로스의 문학의 향기가 아직 남아 있고, 소포클레스와 유리피데스는 소크라테스 옆 동네에서 살고 있다. 거기에다 희극 작가 아리스토파네스, 정치인 페리클레스가 있고, 의학에는 히포크라테스가 있다. 또, 아테네 사람은 아니지만 철학자 프로타고라스, 아낙사고라스, 데모크리토스 등이 아테네를 이따금 방문한다. 그리고 무엇보다도 소크라테스가 서른 살쯤 되던 해에는 저 장엄한 파르테논 신전이 완공되어 아테네인의 자부심은 하늘을 찌를 지경에 이르렀다. 또한 거기다가 전반적인 자연철학과 인문학의 발달로 인해 아테네 일반 시민들의 지식 수준 역시 매우 높은 상태였다.

이렇게 사회가 고도지식사회가 되면 세상이 세련되고 교양이 철철

장자, 쓸모없는 나무도 쓸모가 있다

넘치는 사람들로 가득 차게 되고, 그러다 보면 그 사회에서는 저마다 지혜를 앞세울 뿐 누구 하나 자신의 무지를 인정하려 들지 않는다. 그런 사람들이 아테네에는 가득 차 있었다. 이런 상황에서 소크라테스는 아고라agora의 대로변을 막고 오가는 사람에게 "너 자신을 알라"고 외쳤던 것이다. 이에 대해 사람들의 반응은 어땠던가.

원래 "너 자신을 알라"라는 글귀는 델피Delphi의 아폴로신전 기둥에 쓰여 있던 표어였다. 이것을 소크라테스는 자기 철학의 지표로 삼았던 것이다. 소크라테스의 위 표어는 결코 지식을 촉구하는 말이 아니다. 이 말은 B.C 5세기 아테네가 똑똑하고 잘난 사람들로 가득 차 있던 시대를 배경으로 탄생, 유포되었던 것이라는 점을 주의 깊게 봐야 한다. 그래야 저 말의 참뜻이 피부로 와닿게 된다.

아테네의 유지였던 카이레폰이라는 사람이 하루는 저마다 자기가 지혜롭다고 외치는 사람들이 그리스에는 너무 많아서 이 문제를 신에게 직접 물어보기로 작정을 하고 델피의 신전에 가서 신탁神託을 구했다. 그가 무녀를 통해 "그리스에서 가장 지혜로운 사람은 누구입니까"라고 물었더니 신탁은 이렇게 대답했다.

"소크라테스보다 지혜로운 이는 그리스에 없다."

결국 이 신탁 때문에 소크라테스는 죽을 때까지 사람들에게 미움을 받고 고초를 겪게 된다. 그렇지만 가장 지혜로운 사람으로 왜 신탁은 소크라테스를 지목했던 것일까? 이 질문은 제3자인 우리들에게도 흥미로운 것이지만, 소크라테스 본인만큼 이 질문에 대해 깊이 연구하고 사색했던 사람은 없을 것이다.

소크라테스는 속으로 '나는 큰 일에서나 작은 일에서나 지혜로운 사람이 못된다고 스스로 깨닫고 있다. 그런데 신이 그런 나를 가장 지혜롭다고 한 말씀은 대체 무엇을 뜻하는 것일까? 설마, 신께서 거짓말을 할리는 없을텐데'라고 생각했다. 그리하여 그는 이 문제를 가장 직접적인 방법으로 해결하기로 마음먹고 소위 지혜가 있다는 사람들을 직접 찾아가기로 했다. 그들이 자기보다 지혜가 있음을 발견한다면 신탁이 틀렸음을 확인할 수 있다고 생각했던 것이다. 그래서 그는 차례차례 유명 정치인, 비극 작가, 디티람보스 작가들을 찾아가서 만나보았다. 그리고 다음과 같은 결론에 도달하게 되었다.

…… 그런데 그들과 문답을 하면서 살펴보는 중에, 아테네 여러분, 그에 관해서 나는 뭔가 이런 느낌을 받았던 것입니다. 많은 사람들이 그 사람을 지혜로운 사람이라고 생각하고 있을 뿐만 아니라, 특히 스스로 누구보다도 가장 많이 그렇게 생각하고 있지만, 실은 그렇지가 못하다고 생각하게 되었다는 말입니다. 그래서 나는 그 자신이 지혜가 있는 듯이 믿고는 있지만, 실은 그렇지가 않다는 것을 밝혀주려고 힘썼던 것입니다. 나는 그곳을 떠나면서 이렇게 생각했습니다. 그 사람보다는 내가 지혜가 있다. 왜냐하면 그 사람은 모르면서도 무엇인가 아는 것처럼 생각하고 있고, 그와 반대로 나는 아무것도 모르기 때문에 그대로 모른다고 생각하고 있으니, 나는 모르는 것을 모른다고 생각한다는 바로 그 조그만 점에서 그 사람보다는 내가 지혜가 있다고 생각했던 것입니다.

－《소크라테스의 변명》

장자, 쓸모없는 나무도 쓸모가 있다

앞서 하백의 예와 비교해보면 중국과 그리스의 풍토가 사뭇 다름을 알 수 있다. 소크라테스는 불행히도 하백 같은 인물을 만날 수 없었다. 이것이 최전성기 그리스 아테네 사회의 한 특징이었다. 그리스는 너무도 자부심에 가득차 있어서 '너 자신을 알라'라는 소크라테스의 충고를 견디기 어려워했다. 그들은 그런 귀찮은 '자기반성' 없이도 잘해왔다. 만사가 다 잘 풀려가고 있는데 무엇 때문에 새삼스럽게 자아비판을 해야 한단 말인가. 그리하여 그들은 아테네 사회에 '등에'처럼 달라붙어 끊임없이 시민들에게 각성과 반성을 촉구하는 이 끈질긴 철학자를 법정에 세워 마침내 사형선고를 내리고 말았다.

그러나 그 후 아테네 사회는 소크라테스가 활동했던 그 시기를 끝으로 급격히 쇠락의 길로 접어든다. 아테네는 B.C 5세기경에 실로 화려한 문화의 정점에 있었다. 사람이든 조직이든 지위나 권세가 너무 높은데 이르면 오히려 화를 입게 된다. 이 상황을 꿰뚫어 본 사람은 아테네 전체에 소크라테스밖에 없었다. 그래서 그는 아테네가 급격한 몰락을 피할 수 있도록 델피 신전에 붙어 있던 '너 자신을 알라'라는 문구를 가지고 아테네에 경종을 울리려 했던 것이다. 그러나 아테네는, 이미 하늘 끝까지 다 올라가버려서 움직일 수 없는 상태에 이르고 만 것이다.

지상낙원인 우물

그런데 하백의 태도는 아테네 시민들과는 달랐다. 하백은 겸허하게 자신을 낮췄다. 그러자 북해의 신 약若이 하백을 대화의 상대로 받아

들어서 다음과 같은 이야기를 해준다.

우물안 개구리井蛙에게는 바다 이야기를 할 수가 없다. 왜냐하면 공
간의 구속을 받고 있기 때문이다. 여름벌레夏蟲에게는 얼음이야기
를 할 수가 없다. 왜냐하면 시간의 구속을 받고 있기 때문이다. 비
뚤어진 선비曲士에게는 도에 관한 이야기를 할 수가 없다. 왜냐하
면 한 가지 가르침에 구속을 받고 있기 때문이다. 지금 당신은 좁
은 강에서 벗어나 큰 바다를 보고 비로소 당신의 미미함을 알게 되
었다. 그러니 이제야 당신과 더불어 큰 이치大理에 대해 이야기할
수 있게 되었구려.

천하의 물은 바다보다 더 큰 것이 없다. 모든 강물이 바다로 흘러
들며, 한시도 멈추는 일이 없는데도 차서 넘치지 아니한다. …… 이
바다가 장강長江이나 황하黃河의 흐름보다 얼마나 방대한 것인가는
수량으로써 계산할 수가 없는 것이다. 그러나 나는 이런 것으로서
스스로 뛰어났다고 생각해본 적이 없다. 나는 하늘과 땅으로부터
형체를 부여받았고 음陰과 양陽으로부터 기운을 물려받았다. 나는
하늘과 땅 사이에 있어서는 마치 작은 돌이나 작은 나무가 큰 산에
있는 거나 같은 존재인 것이다. 바로 이렇게 나의 존재를 작게 보고
있거늘 어찌 스스로 뛰어나다고 생각할 리가 있겠는가?

北海若曰. 井蟁不可以語於海者. 拘於虛也. 夏蟲不可以語於氷者. 篤
於時也. 曲士不可以語於道者. 束於敎也. 今爾出於崖涘. 觀於大海. 乃
知爾醜. 爾將可與語大理矣. 天下之水. 莫大於海. 萬川歸之. 不知何時

　　　　　　　　　　　장자, 쓸모없는 나무도 쓸모가 있다

止. 而不盈. 眉閭泄之. 不知何時已. 而不虛. 春秋不變. 水旱不知. 此
其過江河之流. 不可爲量數. 而吾未嘗以此自多者. 自以比形於天地. 而
受氣於陰陽. 吾在天地之間. 猶小石小木之在大山也. 方存乎見少. 又
奚以自多.

바로 이 대목이 우리가 익히 알고 있는 그 유명한 '우물 안 개구리'
이야기의 출전出典이다. 우물 안 개구리에게는 바다 이야기를 할 수
가 없다. 왜냐하면 한번도 바다를 본 적이 없기 때문이다. 이 얼마나
신랄한 풍자인가! 여름벌레에게는 얼음 이야기를 할 수가 없다. 왜냐
하면 한번도 겨울이 될 때까지 살아본 적이 없기 때문이다. 우리는 이
이야기를 들으면서 그 옛날 장자의 시대에도 '우물 안 개구리'들이 사
회 곳곳에 여러 마리 있었고 장자가 이러한 '우물 안 개구리' 들 때문
에 상당히 골치 아파했다는 것을 알 수가 있다. 그리고 그 점은 나도
마찬가지다. 나 역시 눈이 튀어나오고 볼이 볼록한 이 못생긴 양서류
때문에 어디를 가든 골치가 아프다!

사실 이 '우물 안 개구리' 문제는 시대를 초월한 영원한 문제다. 우
물의 모양과 형태는 변해가지만 그 안에 사는 개구리들은 그때나 지
금이나 달라진 것이 없다. 현재 우리 사회를 보아도 마찬가지다. 우리
사회에도 지금 우물 안 개구리들이 적지 않다. 이러한 우물 안 개구리
들은 스스로 일정한 징표를 달고 다니는데, 첫째 이들은 거의 자폐적
상태라고 해야 할 독자적 황홀경에 젖어 있다는 것이며, 둘째 철저히
경직 되어 있어서 결코 남의 말을 듣지 않는다는 점이다. 요컨대 그
들은 한결같이 자신이 속한 우물이 지상에서 가장 축복받은 장소라

고 소리 높이 외치고 다닌다. 그들은 그 '아늑하고 즐거운 곳'으로 왜 오지 않느냐고 안달을 내며 길을 잘 가고 있는 우리의 팔꿈치를 잡아 당긴다. 말인즉슨 그 우물이야말로 '지상 최대의 우물'이라는 것이다. 아, 끊임없이 떠들어대는 입 큰 개구리들을 어찌해야 좋단 말인가. 누가 이들에게 바다의 존재를 알게 해줄 것인가!

장자의 우물 안 개구리 이야기는 여기서 끝나는 게 아니다. 뒷부분에 하나가 더 있다. 여기에 이르면 우물 안 개구리들이 내심 품고 있는 독자적 황홀경이라는 것이 무엇인지 잘 나타나 있다.

당신은 무너진 우물 안 개구리 이야기를 듣지 못하였소? 개구리가 어느날 동해東海의 자라에게 말했소.

"나는 참 여기가 좋다. 나는 우물가 위로 뛰어올라가 놀기도 하고, 우물 안 깨진 벽 틈으로 들어가 쉬기도 한다. 물로 들어가서는 양편 겨드랑이를 수면에 대고 턱을 물 위에 받치며, 진흙을 발로 차면 발은 발등까지밖에는 그 속에 빠지지 않는다. 장구벌레, 게 , 올챙이 모두 둘러보아도 다 나만 못하다. 거기다가 한 우물을 독점하고서 무너진 우물을 지배하는 즐거움이란 이루 말할수 없다. 당신도 때때로 들어와 보는 게 어떻겠는가?"

子獨不聞夫埳井之蠅乎. 謂東海之鱉曰. 吾樂與. 吾跳梁乎井幹之上. 入休乎缺甃之崖. 赴水則接腋持頤. 蹶泥則沒足滅跗. 還視虷蟹與科斗. 莫吾能若也. 且夫擅一壑之水. 而跨跱埳井之樂. 此亦至矣. 夫子奚不時來入觀乎.

장자, 쓸모없는 나무도 쓸모가 있다

여기 '우물 안 개구리'의 엄청난 자부심과 우월의식을 보라. 감히 어느 누가 이 개구리의 자아도취에 맞설수 있겠는가. 그는 비좁아 터진 우물을 지상천국으로 생각하면서, '나는 참 여기가 좋다'고 생각하는 인물이다. 그러면서 '장구벌레, 게, 올챙이 모두 둘러보아도 다 자기만 못하다'는 점에 깊은 만족감을 드러내고 있다. 실로 가관이 아닐 수 없다. 그러면서 한 걸음 더 나아가 이제는 동해의 자라에게 그 우물로 들어오라고 옆구리를 잡아 당긴다. '당신도 들어와 보는 게 어떻겠는가'라면서. 그 비좁고 냄새 나는 우물 속으로? 그런데 역시 동해의 자라는 큰물에서 놀다 온 인물이라 도량이 넓어서인지 아니면 하도 작은 우물 구멍이 신기해서인지 싫다는 내색도 않고 한번 들어가보려 했다.

그래서 동해의 자라가 들어가보려고 하는데 왼발을 넣기도 전에 오른쪽 무릎이 걸리고 말았소. 그래서 어정어정 물러나와 개구리에게 바다 이야기를 해주었소.

"천리千里의 거리로도 그 크기를 표현하기에 부족하고, 천 길의 높이로도 그 깊이를 형용하기에 부족하다. 우禹임금 때 십 년 동안에 아홉 번이나 홍수가 났지만 그 물이 불어나지 않았고, 탕湯임금때 팔 년 동안에 일곱 번이나 가뭄이 들었지만 그 물이 줄어들지 않았다. 시간의 길고 짧은 데 따라서 변화하는 일이 없으며, 빗물의 많고 적음에 따라서 늘고 주는 일이 없다는 점, 이것이 바로 동해의 큰 즐거움이다."

이 이야기를 듣고 나자 우물 안 개구리는 깜짝 놀라 망연자실하고 말았소.

東海之鼈. 左足未入. 而右膝已縶矣. 於是逡巡而却. 告之海曰. 夫千里
之遠. 不足以舉其大. 千仞之高. 不足以極其深. 禹之時十年九潦. 而
水弗爲加益. 湯之時八年七旱. 而崖不爲加損. 夫不爲頃久推移. 不以
多少進退者. 此亦東海之大樂也. 於是埳井之蠅聞之. 適適然驚. 規規
然自失也.

이 '우물 안 개구리' 이야기는 실로 장자가 보여주는 풍자문학의 진
수이다. 중국 제자백가를 통틀어 이만한 풍자문학이 없다. 그런데 장
자는 이 우물 안 개구리 이야기를 가지고 누구를 풍자하는 것일까? 그
리고 장자가 다시 오늘날 이 땅에 태어난다면 이번에는 누구를 풍자
의 대상으로 삼았을까? 무척 궁금한 일이 아닐 수 없다. 어찌 되었건
장자의 우물 안 개구리 이야기는《장자》전편을 통하여 우화로서 가
장 성공한 사례 중 하나이고, 또 우리 모두가 실생활 속에서 늘상 들
었던 가장 유명한 이야기이기도 하다.

그런데 장자가 우물 안 개구리 이야기를 들고 나온 사회적 배경은
그때가 춘추전국시대로서 온갖 정치가, 철학자, 사회학자들이 백가쟁
명百家爭鳴하는 시대였다는 점을 상기할 필요가 있다. B.C 5세기경의
중국은 역사상 유례가 없는 사상과 학문의 황금기를 맞이하였던 것인
데, 바로 이 점이 같은 B.C 5세기경 소크라테스가 살았던 아테네와 같
다. 비슷한 사회상, 유사한 지적 상황이 전개된 가운데 한사람은 신탁
에 기대어 '너 자신을 알라'며 사회를 계몽했고 한 사람은 우화에 기
대어 '너는 우물 안 개구리가 아니냐'며 사회를 풍자했던 것이다. 다
만, 소크라테스는 광장 한복판에 서서 직접 말로 했고, 장자는 조용히

장자, 쓸모없는 나무도 쓸모가 있다

글로 했다는 점이 다르다고나 할까. 요컨대, 두 철학자의 말은 크게 보아 같은 뜻이다. 두 사람 다 사회를 향하여 '너 자신의 무지를 깨우쳐라'라고 경고의 메시지를 발하고 있는 것이다.

생명 대對 질서

장자가 '우물 안 개구리' 이야기를 가지고 풍자하려 했던 대상은 일차적으로 공자와 그의 학문이었다. 장자에 따르면 공자는 우물 안 개구리이고, 여름벌레이며, 마음이 굽은 선비이다. 왜냐하면 공자가 말하는 도는 우주만물을 포괄하는 '천지자연의 도'가 아니라 사람이면 마땅히 따라야 할 '인간사회의 도리'에 지나지 않는 것임에도, 공자는 자신의 '도리'를 마치 가장 높고 위대한 '도'인 것처럼 말하고 다니기 때문이다. 북해의 신은 하백에게 이렇게 말한다.

"백이는 왕위를 사양함으로써 명성을 얻었고, 공자는 여러 가지 가르침을 얘기하여 박식하다고 여겨지고 있다. 이들은 스스로 남보다 뛰어나다고 여기고 있지만, 그것은 당신이 조금 전까지 스스로 여러 강물 가운데서 뛰어나다고 생각하던 것과 비슷하지 아니한가!"

장자는 동아시아 최대의 자유주의 사상가다. 제자백가 중 어느 누구도 그만큼 개인의 자유를 중시했던 사상가는 없다. 그의 사상적 스승이라고 할 만한 노자조차도 개인의 자유를 옹호하는 일에 장자만큼 적극적이지 못했다. 그러나 장자가 말하는 자유는 정치적·사회적 자유다. 그가 말하는 자유는 보다 근원적인 자유, 즉 영혼의 자유이다. 그리고 그가 노니는 경지는 무궁의 경지다. 그는 세상의 상대적·차별적 가치기준을 초월하여 아무런 제약없는 절대자유의 경지에서 노니는 사람이다. 그는 드넓은 천지자연 한 가운데 서 있다. 그는 규범주의자인 공자를 멀리한다. 인위적 규범은 인간의 정신을 억압하기 때문이다.

장자와 공자의 대립은 요컨대 생명 대 질서의 대립이다. 공자는 윤리·도덕이라는 이름의 질서를 원했다. 그러나 질서를 수립하는 데 과도하게 힘을 기울이면 그 사회는 생명이 억압·고갈될 수밖에 없다. 그리하여 생명이 모두 위축되어 버리고 난 후라면 질서라고 하는 것에 무슨 의미가 있겠는가. 질서란 것은 원래 누군가의 전횡과 독식을 막고 모든 이가 생명을 고루 함양하기 위한 수단이라는 점에 그 의의가 있는 것이 아닌가! 무질서한 곳에 질서를 수립하는 것은 좋다. 그러나 질서라는 허울 좋은 이름으로 생명을 억압·통제하는 일은 결코 좋은 일이 아니다. 도덕이란 인간 사회의 규범일 뿐이지만, 생명은 우주만물을 품어 키우는 천지자연의 도이다. 그런데 한낱 규범의 창도자가 생명의 위대성을 넘어서서 자신의 주의주장이 가장 위대한 도인 것처럼 독단론을 설파하고 다닌다면 그것이야말로 '우물 안 개구리'가 아니겠는가.

헤엄치는 사람이야기

장자의 자연·루소의 자연

장자가 자신의 저술을 통해 반복하여 주장하는 것 중 하나는 '자연으로 돌아가라'는 것이다. 그러나 이 말은 신발을 벗고 나무가 무성히 자란 숲속으로 들어가라는 말은 아니다. 장자가 말하는 자연은 산천초목이 아니다. 장자가 말하는 자연은 보다 높은 차원의 자연이다. 그것은 넓은 의미에서 볼 때 일체의 인위가 사라진 존재의 순수 상태를 가리킨다.

소와 말에게
각기 네 개의 발이 있는 것,
이것이 자연天이오.
말머리에 고삐를 씌우고
소에게 코뚜레를 해다는 일,
이것이 인위人라오.

牛馬四足. 是謂天. 落馬首. 穿牛鼻. 是謂人.

- 〈추수〉

　　루소J.J. Rousseau 또한 '자연으로 돌아가라'고 외쳤던 사람이지만, 그러나 그의 자연에는 노자·장자에게서 보여지는 심오함이 결여되어 있다. 루소는 1749년 불란서 디종 아카데미가 내걸었던 '학문과 예술은 풍속의 순화에 기여했는가?'라는 제목의 현상 논문에 응모하여 당선되었다. 이로써 그는 보잘 것 없는 무명의 지식인에서 하룻밤 사이에 일약 사회의 유명인사가 되었다.

　　"학문과 예술의 부흥은 풍속의 순화에 기여했는가?"라는 물음에 루소는 뭐라고 대답했던가? 그는 'NO'라고 대답했다. '아니다. 전혀 그렇지 않다. 오히려 학문과 예술은 미풍양속을 해쳤다.' 이것이 루소의 대답이었다. 그에 의하면 인간의 역사를 놓고 볼때 학문과 예술의 발달은 사람들에게 사치와 허영을 낳았고, 이 사치와 허영이 취미의 타락을 낳아 결국 도덕적 자질을 파괴시켰다는 것이다. 요컨대, 문명의 진보는 도덕의 퇴보를 가져온다는 것이다. 루소는 또다른 저작《인간불평등기원론》(이책 역시 디종 아카데미가 내걸었던 현상 논문 '인간 사이의 불평등의 기원은 무엇인가'에 응모하는 형식으로 쓰여진 글이다. 루소는 이 응모에서는 입상하지 못했다)에서도 문명 상태와 원시 상태를 대비시키면서 원시적 자연 상태가 더 바람직한 시대이며 순수와 행복의 시대라고 주장했다.《인간불평등기원론》집필의 전후사정에 대해 루소는 후일《고백록》에서 이렇게 말했다.

"그 거대한 주제를 내 마음대로 생각해보기 위하여 나는 칠팔일간 생제르맹으로 여행을 떠났다. …… 나는 인간들의 왜소한 거짓들을 분쇄하고 감히 그들의 본성을 적나라하게 드러냈으며 그 본성을 변질시킨 시간과 사물의 진전을 따라가 보았다. 인간의 인간을 자연의 인간과 비교하면서, 나는 이른바 인간의 진보 속에 인간 비참의 진정한 원천이 있음을 증명해보였다."

루소의 주장에는 분명 일리가 있다. 적어도 그는 맹목적으로 진보를 찬양하는 허풍선이 역사철학자는 아니었으며, 문명이라는 이름 속에 깃든 기만적 속성을 알아차렸으며, 학문과 예술 역시 인간 내면의 악덕을 부채질할 수도 있다는 점을 경고하려 했다. 요컨대, 루소는 문명의 폐해가 극에 달했던 당시의 상황(프랑스 혁명은 그가 죽은 지 11년만에 일어났다)에서 나름대로의 혜안을 가지고 문명의 문제점을 통렬히 비판했던 것이다.

그러나 루소의 '자연'에는 결정적으로 약점이 있다. 그것은 그가 자연을 원시시대와 동일시하고 있다는 점이다. 그가 외치는 '자연으로 돌아가라'는 말은 '원시 상태로 돌아가라'는 의미를 지니고 있다. 그러나 그것은 과거로의 퇴행일 뿐이다. 우리는 아득히 먼 원시시대로 돌아갈 수도 없을 뿐 아니라 돌아가서도 안 된다. 이와는 달리 장자가 말하는 자연은 그런 의미가 아니다. 장자가 말하는 자연은 역사적·환경적인 외적 자연이 아니라 개개의 한 인간이 지닌 내적 자연을 말하는 것이다. 즉, 그것은 시대의 차원이 아니라 존재의 차원에 관한 것이다. 원시시대에 살건, 문명의 시대에 살건 인위와 조작을 일

삼는 자는 자연에서 벗어난 자이다. 설령, 문명의 한가운데 살더라도 인위와 조작에서 벗어나면 그 사람은 자연 속에서 사는 것이다. 이것이 이른바 무위자연이다. 노자에게서 우리는 가장 심오한 자연의 의미를 듣는다.

> 사람은 땅을 본받고(人法地)
> 땅은 하늘을 본받고(地法天)
> 하늘은 도를 본받고(天法道)
> 도는 자연을 본받는다(道法自然).
>
> ─《도덕경》, 제25장

노자에 의하면 도를 도이게 하는 것이 바로 자연이다. 도가들이 제시한 궁극의 개념이 도인데, 자연은 이 도를 이끌어 가는 개념인 것이다. 그렇다면 노자가 말하는 '자연'이란 무엇인가? 그것은 산천초목과는 아무 관계도 없다. 그것은 문자 그대로 '스스로自 그러함然'이다. 요컨대, 그것은 피조물로서의 자연nature이 아니라, 우주의 궁극적 존재 양식으로서의 자연, 즉 사물의 '스스로 그러함suchness'이다. 이 우주 바깥에 타율적으로 명령하는 누가 있어서 이 우주가 운행하고 있는 것이 아니다. 이 우주는 타율적으로 누가 만든 것이 아니다. 이 우주는 스스로 생겨나서 스스로 운행하다 스스로 소멸한다. 이 거대하고도 어마어마한 신비를 우리 인간의 좁은 두개골로서는 이해할 수가 없어, 딱한 처지의 우리 인간은 이를 이해하기 위한 방편으로 보이지 않는 제3의 손길을 가정하지만, 그것은 불필요한 일이다. 이 우주의 운행에 제3자의 간섭은 전혀 필요하지 않다. 이 우주는 스스로 존재할 따름이다. 이것이 노자가 선언한 '도는 자연을 본받는다道法自然'는 저 위대한 통찰의 진정한 의미다.

물은 왜 아래로 흐르는가? 물은 누가 아래로 흐르라고 명령했기 때문에 아래로 흐르는 것인가? 아니다. 물은 자신의 본성이 그렇기 때문에 '스스로 그렇게' 흐르는 것이다. 어떤 신이 신통과 기적을 일으켜 일시 물을 위로 흐르게 한다 하더라도 그것은 우리가 분수에서 보는 것처럼 결국에는 다시 아래로 흘러갈 것이다. 왜냐하면 그것이 물이라는 사물의 본성이기 때문이다.

불은 왜 위로 타오르는가? 불 역시 누가 위로 타오르라고 명령했기 때문에 위로 타오르는 것이 아니다. 불 자신의 본성이 그렇기 때문에 '스스로 그렇게' 타오르는 것이다. 어느 누구도 불꽃을 아래로 내려가게 간섭할 수는 없다. 만약 누군가가 그렇게 한다면 불길은 반발하여 더욱 위로 타오르고 말 것이다. 왜냐하면 그것이 불의 본성이기 때문이다. 이 세상 천지만물에는 그 사물의 본성에서 오는 궁극적 존재양식이 있다. 어느 누구도 그것을 다르게 변화시킬 수 없고, 변화시켜서도 안 된다. 만약 누군가 그런 행동을 한다면 그것은 폭력이다. 그것은 그 사물을 질식시키고 왜곡시킨다.

(공자가 말했다) "또 너는 이런 이야기를 듣지 못했느냐? 옛날 바다새海鳥가 노나라 교외에 날아와 앉자, 노의 제후는 이 새를 친히 데려와 종묘에서 잔치를 열고 환영했다. 구소九韶의 음악(고대의 악곡)을 연주케 하여 즐겁게 해주고 진수성찬을 갖추어서 대접했

다. 그러나 새는 눈이 어찔어찔하고 근심과 슬픔에 잠겨, 고깃점 하나 먹으려 하지 않고 술 한 잔 마시지 않아, 3일 만에 죽고 말았다."

且女獨不聞邪. 昔者海鳥止於魯郊. 魯侯御而觴之于廟. 奏九韶以爲樂. 具太牢以爲膳. 鳥乃眩視憂悲. 不敢食一臠. 不敢飮一觴. 三日而死.

- 〈지락〉

장자의 말처럼 '이것은 자신을 기르는 방법으로 새를 길렀기 때문이고, 새를 기르는 방법으로 새를 기르지 않았기 때문이다.'

여기 바다새의 우화는 오늘날 한국의 교육과 관련하여 많은 것을 생각하게 한다. 소와 말에게 네 개의 발이 있는 것이 자연天이고, 고삐를 씌우고 코뚜레를 해다는 일이 인위人라면, 한국의 교육은 어디에 와 있는 것인가? 요컨대, 교육이란 자연天이라야 하는가 인위人라야 하는가? 혹자는 교육이라는 것은 큰 목표를 가지고 끌고 나가야 하는 것이므로 학생 한두 명의 사정을 고려해서는 안 되고, 따라 안 가려고 버티는 녀석들이 있다면 고삐나 코뚜레를 씌워서라도 끌고가야 한다고 주장하기도 한다.

과연 그럴까? 나는 그런 사람들이야말로 선봉에 서서 교육을 망치는 사람들이라고 생각한다. 이런 사람들은 아동에 대한 폭력을 교육이라고 착각하는 사람들이다. 이미 한국의 아이들은 학교와 학원과 부모라는 세 군데의 강력한 세뇌집단에 의해 고삐와 코뚜레를 이중삼중으로 뒤집어쓰고 있어서 자신들의 본성, 즉 자연天을 상실해 버렸다. 여기서 우리의 교육이 해야할 바는 이미 답이 뚜렷이 나와 있다.

그 동안의 과오를 크게 반성하고, 위 죄 많은 삼자는 누가 먼저랄 것도 없이 하루 빨리 아이들에게 그 본성天을 찾아주어야 한다.

아이들은 지금 자신이 누구인지도 모른다. 자신이 뭐를 좋아하는 지도 알지 못한다. 다만, 어떠어떠한 대학에 가지 않으면 바보 소리를 듣기 때문에 그저 공부라는 중노동에 내몰리고 있을 뿐이다. 교육의 핵심은 아이들 개개인에게 자신의 본성을 찾아 주는 것이다. 바다새의 본성을 가진 아이는 넓은 바닷가로 데려다줘야지 종묘로 데리고 가서 삼현육각을 울리고 있으면 그 아이는 3일만에 죽고 만다. 지금 한국의 아이들이 학교에서 집에서 얼마나 많이 자살로 그 어린 생들을 마감하고 있는가? 그 아이들은 모두 치밀하게 역할분담을 한 저 세 명의 공범자 집단이 끊임없이 반복적으로 읊어대는 사악한 주문에 자신도 모르게 세뇌되어, 학업성적이 다소 저조한 것을 마치 무슨 큰 대역죄를 지은 것처럼 중하게 생각한 나머지 인생의 열패감을 이기지 못하고 자살의 길로 뛰어들고 만 것이다. 시대의 천박함이 어린 학생들을 잡아먹고 있는 것이다.

공부를 하고 안 하고는 중요한 것이 아니다. 중요한 것은 자신이 누구인지를 아는 것이다. 사실은, 자신이 누구인지 모르기 때문에 아이들이 공부를 안 하는 것이다. 아무리 공부를 싫어하는 아이도 자신의 본성을 알게 되면 달라진다. 그리고 이것이 가장 중요한 것이지만, 그때는 공부의 의미도 달라진다. 학교에서, 학원에서 가르치는 것만이 공부가 아니다. 어떤 의미에서 그런 것은 진짜 공부가 아니다. 진짜 공부는 자기 자신의 내면에서 일어난다. 그리고 거기에는 한계가 없다. 모든 것이 그 아이에게 정신적 자양을 준다. 그때 그 아이는 제자신과의 일치 속에 있는 것이다. 그리고 그때 그 아이는 자기 스스로는 아직 모르지만, 모든 것을 제자리에 돌려다 주는 도의 근처에 와 있는 것이다.

여량의 물귀신

《장자》〈달생〉 편에 보면 물귀신처럼 헤엄을 잘치는 사람 이야기가 나온다.

공자가 여량呂梁이라는 곳을 여행했다. 거기에는 30길이나 되는 폭포수가 걸려 있고, 거품을 일으키며 뻗은 급류가 40리에 이르러 물고기나 자라도 헤엄칠 수가 없는 곳이었다. 그런데 그런 급류에서 한 사나이가 헤엄치고 있는 것을 발견하고, 공자는 그가 괴로운 일이 있어 죽으려고 뛰어든 거라 생각하고 제자를 시켜 물길을 따라가서 구해주라고 했다. 그런데 그 사나이는 수백 보를 헤엄치다 나와서는 머리를 풀어 헤친 채 노래를 불러가며 둑 아래서 쉬고 있었다. 공자는 다가가서 물었다.

"나는 선생이 귀신인가 싶었는데 자세히 보니 사람이구료. 한 마디 묻겠는데, 물속에서 헤엄치는 데 무슨 특별한 방법이 있는 것인지요?"

"없소. 나에게 방법이라는 것은 없소. 나는 평소의 습관대로 시작하고, 본성대로 나아가고, 천명대로 이루고 있을 뿐이오. 나는 소용돌이와 함께 물속으로 들어가서는 솟아오르는 물과 함께 물 위로 나

장자, 쓸모없는 나무도 쓸모가 있다

옵니다. 물길을 따를 뿐이지 전혀 내힘을 쓰지 않소. 이것이 내가 헤엄치는 방법이오."

孔子觀於呂梁. 縣水三十仞. 流沫四十里. 黿鼉魚鱉之所不能游也. 見一丈夫游之. 以爲有苦而欲死也. 使弟子並流而拯之. 數百步而出. 被髮行歌. 而游於塘下. 孔子從而問焉曰. 吾以子爲鬼. 察子則人也. 請問. 蹈水有道乎. 曰. 亡. 吾无道. 吾始乎故. 長乎性. 成乎命. 與齊俱入. 與汨偕出. 從水之道. 而不爲私焉. 此吾所以蹈之也.

― 〈달생〉

갓 태어난 어린아이를 물에 띄워보면 배우지 않았는데도 헤엄을 치는 것을 볼 수 있다. 어린아이는 아직 물이 무엇인지를 몰라 아무 공포심이 없기 때문이다. 공포심이 없기 때문에 아이는 물에 몸을 맡긴다. 이때 어린아이는 자기와 세계를 구분할줄 모른다. 그 후 어린아이가 자라면서 아이는 자기와 세계를 구분하게 된다. 그 아이는 이제 물이 무엇인지를 알게 되고, 그와 동시에 공포심을 갖게 된다. 이 공포심 때문에 아이는 물에 들어가면 허우적거리다 가라앉게 된다. 그리하여 나이가 들면 아이는 수영을 새로 배우지 않으면 안 된다. 여기 나오는 저 헤엄치는 사나이는 갓 태어난 어린아이와 같다. 그는 아무 저항 없이 물에 몸을 맡긴다. 만약 그가 공포를 느껴 소용돌이에 빠져들지 않으려고 저항을 했다면 그는 결국 물에 빠져 죽었을 것이다. 대신 그는 유연하게 온몸에 힘을 빼고 소용돌이에 몸을 맡겨 물속으로 쑥 들어 갔다가, 솟아오르는 물과 함께 다시 물 위로 나온다. 이 사나이의 비밀은 무저항에 있다. 만약 그가 소용돌이에 대비해 어떤 방법론을 찾으려 했다면 그는 성공하지 못했을 것이다. 이 사나이는 무슨 방법을 개발하려고 머리를 쓰는 대신 물의 본성에 따랐다. 요컨대, 인위를 버리고 자연을 따른 것이다. 이것이 바로 무위자연이다.

무위자연은 한가한 산속에 있는 것이 아니다. 한가한 산속에 있는 것은 무위자연이 아니라 무위도식이다. 무위자연은 오히려 도시 안에 있어야 하며 문명 안에 있어야 한다. 루소가 문명을 버리고 자연으로 돌아가라고 했던가? 그러나 장자의 말은 그것이 아니다. 장자의 말은 문명 상태든 자연 상태든 그것이 중요한 것이 아니며, 진실로 중요한 것은 인위를 버리고 사물의 본성에 따라 자연스럽게 살아가야 한다는 것이다. 요컨대, 장자가 말하는 자연은 루소적 의미의 외적 자연이 아니라 내적 자연, 즉 사물의 근원적 본성을 뜻하는 것이다. 그러므로 우리는 장자의 자연을 따를때 많은 행위를 하면서도 저 무위의 근처에 서 있을 수가 있는 것이다. 저 헤엄치는 사람을 보라. 그는 무위도식하며 놀고 있는 사람이 아니다. 그는 지금 격렬한 행위 안에 있다. 그러나 그의 격렬한 행위의 중심부에는 무위가 있지 않은가!

장자, 쓸모없는 나무도 쓸모가 있다

목계지덕 이야기

활쏘기

장자는 〈달생〉 편에서 마음이 어떻게 작동하는지를 여러 각도에서 설명한다.

> 질그릇을 내기로 걸고 활을 쏘면 잘 맞고,
> 허리띠 고리를 걸고 쏘면 주저하게 되고,
> 황금을 걸고 쏘면 마음이 어지어질해진다.
> 그의 기술은 매양 한 가지이지만,
> 아끼는 물건이 있게 되면
> 그 물건에 기울게 되는 것이다.
> 무릇 외물外物을 중시하면 안은 옹졸해진다.

> 以瓦注者巧. 以鉤注者憚. 以黃金注者殙. 其巧一也. 而有所矜. 則重外也. 凡外重者內拙.

사람을 쓰러뜨리는 것은 외물이 아니라 외물에 대한 자신의 마음이다. 사람이 외물에 대하여 아무런 집착이 없으면 자기가 원하는 대로 무엇이든 할 수 있게 된다. 허나, 외물에 집착하면 마음의 평정이 깨져 평소에 잘하던 것도 실력발휘가 안된다. 평상심이 바로 도이다. 평상심을 잃으면 모든 걸 잃는다.

신발과 허리띠

발을 잊는 것은
신발이 꼭 맞기 때문이다.
허리를 잊는 것은
허리띠가 꼭 맞기 때문이다.
지각이 시비를 잊는 것은
마음이 꼭 맞기 때문이다.

忘足. 履之適也. 忘要. 帶之適也. 知忘是非. 心之適也.

- 〈달생〉

자기 마음과 외물이 완전히 동화되면 우리는 자기 자신을 잊는다. 마음에는 아무 잡념도 일지 않는다. 그러나 자기 마음과 외물이 제대로 동화되지 못하면 우리는 자꾸 의식하게 된다. 신발이 맞지 않으면 자꾸 발을 의식하게 되고, 허리띠가 맞지 않으면 자꾸 허리를 의식하게 되고, 사태의 해결이 원만치 않으면 자꾸 그 일을 의식하게 된다.

장자, 쓸모없는 나무도 쓸모가 있다

지나치게 무언가를 의식하는 일은 병을 가져온다. 축복받은 인생을 사는 사람들의 특징은 어딘지 무의식적인 데가 있다는 점이다. 그들은 대체로 웬만한 일들을 무의식적으로 처리하는 능력을 가지고 있다. 그것이 그의 정신의 힘이다. 매일 매일 하루의 일과가 끝나거든 세상을 잊어라. 나아가 자기 자신도 잊어라. 가급적 무위를 행하며 살라. 그것이 정신의 힘을 기르는 길이다.

동야직의 말

동야직東野稷이 말부리는 솜씨를 장공莊公에게 보였다. 전진과 후퇴가 먹줄을 친 듯이 곧고, 좌우로 도는 것이 콤파스로 그린 듯이 정확했다. 장공은 옛날의 전설적인 말 조련사 조부造父도 이보다 더할 수는 없으리라 생각하고, 둥그런 곡선을 100번 돌고서 오라고 하였다. 장공의 신하인 안합顔闔이 도중에 그와 마주쳤다.

안합은 장공을 뵙고 말했다.

"동야직의 말은 곧 쓰러질 것입니다."

장공은 잠자코 아무 대꾸도 하지 않았지만, 조금 있다가 과연 말이 쓰러지고 동야직은 돌아왔다. 장공이 안합에게 물었다.

"그대는 어떻게 이것을 알았는가?"

안합이 말했다.

"그 말의 힘이 다했는데도 계속해서 달리게 했기 때문에 쓰러진다고 했습니다."

東野稷以御見莊公. 進退中繩. 左右旋中規. 莊公以爲文弗過也. 使之鉤

百而反. 顔闔遇之. 入見曰. 稷之馬將敗. 公密而不應. 少焉果敢而反.

公曰. 子何以知之. 曰. 其馬力竭矣. 而猶求焉. 故曰. 敗.

- 〈달생〉

너무 과도한 노력은 좋은 것이 아니다. 본성을 도외시한 인위적인
기교는 잠시는 성공할지 몰라도 길게 보면 결국 실패하고 만다. 사물
의 본성을 좇아라. 자연의 흐름을 거스르지 마라.

안과 밖

노나라에 선표單豹라는 자가 있었는데, 바위 굴 속에 살며 물만 마
시고 지내며, 세상 사람들과 이익을 다투지 않았다. 그래서 나이가
일흔이 되었으면서도 피부가 아직 갓난애와 같았다. 그런데 불행
히도 굶주린 호랑이를 만나 잡아먹히고 말았다.

또 장의張毅라는 자가 있었는데, 고귀한 사람이 사는 저택 앞을 지
날 때는 반드시 종종걸음으로 지나가 경의를 표한다는 예의바른
인물이었지만, 불행히도 나이 마흔에 열병에 걸려 죽고 말았다.

결국 선표는 그 안을 잘 길렀으나 그 겉(몸)을 호랑이에게 먹히고
말았고, 장의는 그 겉을 잘 길렀으나 그 안을 병에게 침범당하고
말았던 것이다.

魯有單豹者. 巖居而水飮. 不與民共利. 行年七十而猶有嬰兒之色. 不

장자, 쓸모없는 나무도 쓸모가 있다

幸遇餓虎. 餓虎殺而食之. 有張毅者. 高門縣薄无不走也. 行年四十而
有內熱之病以死. 豹養其內. 而虎食其外. 毅養其外. 而病攻其內.

- 〈달생〉

양생養生의 길은 가깝고도 멀다. 그리 많은 힘을 들이지 않고도 자
연에 부합하는 길이 있는가 하면, 아무리 많은 노력을 기울여도 실패
를 면하지 못하는 길이 있다. 안으로 들어가 내부만을 기른다고 능사
가 아니며, 밖으로 나와 외부만을 기른다고 또한 능사가 아니다. 너무
자기 수양에 치우친 자는 세상의 변화에 둔하며, 너무 사람들과의 교
제에 치우친 자는 내면이 공허해진다.

싸움닭

기성자紀渻子가 왕을 위해 싸움닭을 기르고 있었다. 열흘이 지나 왕
이 물었다.

"닭이 쓸 만한가?"

"아직 멀었습니다. 지금은 쓸 데 없이 허세를 부리고 자기 힘만 믿
고 있습니다."

다시 열흘이 지나 왕이 또 물었다.

"아직 멀었습니다. 다른 닭의 울음소리를 듣거나 그림자만 보아도
덤벼들려고 합니다."

다시 열흘이 지나 왕이 또 물었다.

"아직 멀었습니다. 아직도 상대를 노려보고, 혈기 왕성합니다."

다시 열흘이 지나 왕이 또 물었다.

"이젠 되었습니다. 옆에서 다른 닭이 아무리 울음소리를 내며 싸움을 걸어와도 미동도 하지 않습니다. 멀리서 보면 마치 나무로 깎아 놓은 닭 같습니다. 비로소 그 덕德이 온전해진 것입니다. 다른 닭이 감히 덤벼들지 못하고 보기만 해도 달아나 버립니다."

紀渻子爲王養鬪鷄. 十日而問. 鷄已乎. 曰. 未也. 方虛驕而恃氣. 十日又問. 曰. 未也. 猶應響景. 十日又問. 曰. 未也. 猶疾視而盛氣. 十日又問. 曰. 幾矣. 鷄雖有鳴者. 已无變矣. 望之似木鷄矣. 其德全矣. 異鷄无敢應者. 反走矣.

- 〈달생〉

유명한 목계지덕木鷄之德의 우화이다. 옛사람들은 이 이야기를 근거로 나무를 깎아 닭을 만들어서 앞에 두고 정신수양을 했다고 한다. 이 우화는 이른바 완전한 덕이 어떤 것인지를 보여주고 있다. 덕이 온전하지 못했을때 닭은 공연히 허세를 부렸다. 그러다가 점점 자기순화純化의 과정을 거쳐 가면서 온갖 잡스러운 것들을 몸에서 떨어낸다. 그리하여 마침내 무심한 경지에까지 도달 했을때 닭은 그 덕이 완전해진 것이다. 무심無心해져야 한다. 위대한 자는 자신의 위대함을 의식하지 않는다. 못난 자들일수록 시끄럽게 허세를 부린다.

장자, 쓸모없는 나무도 쓸모가 있다

빈 배

한 사람이 배를 타고 강을 건너는데
빈 배 하나가 와서 부딪치면
그가 아무리 성질 못된 사람일지라도
그는 화를 내지 않을 것이다.
왜냐하면 그 배는 빈 배이니까.

그러나 배 안에 사람이 타고 있으면
그는 그 사람에게 당장 비키라고 소리칠 것이다.
한번 소리쳐서 듣지 못하면
다시 소리칠 것이고
마침내는 욕을 퍼붓기 시작할 것이다.
이 모든 일은 배 안에 누군가가 있기 때문에 일어난다.
만약 그 배가 비어 있다면
그는 소리치지도, 화내지도 않을 것이다.
세상 사람들이 모두
자기를 비우고
인생의 강을 흘러간다면
누가 능히 그를 해하겠는가?

方舟而濟於河. 有虛船. 來觸舟. 雖有偏心之人不怒. 有一人在其上. 則
呼張歙之. 一呼而不聞. 再呼而不聞. 於是三呼邪. 則必以惡聲隨之. 向

也不怒而今也怒. 向也虛而今也實. 人能虛己以遊世. 其孰能害之.

- 〈산목〉

《장자》전 편을 통틀어 가장 아름다운 시詩중 한 편이다. 이 한편의 보석 같은 시를 접하는 것만으로도《장자》의 내편, 외편, 잡편 모두를 읽는 수고로움이 다 보상받고도 남음이 있다하겠다. 얼마나 아름다운 가! 장자와 같은 날카로운 풍자가가 이렇게 서정성 넘치는 우아한 시를 남기다니 놀랍지 않은가!

그대와 나, 우리 모두는 배로 강을 건너는 사람들이다. 그런데 우리는 배에 너무 많은 짐을 실었다. 어떤 짐인가? 에고ego의 짐이다. 에고는 너무 무거워 우리를 쉬지 못하게 한다. 우리는 에고 때문에 수고롭고 고생하며 영혼의 안식을 얻지 못한다. 우리는 에고 때문에 나날의 삶에서 매일 다른 배와 부딪친다. 그 배에도 에고의 짐을 가득 실은 불쌍한 어떤 사람이 타고 있다. 그들은 각자 삿대질을 하며 서로에게 욕을 퍼붓는다. 그러나 그 배가 비어 있다면 우리는 누구에게 욕을 하며 소리칠 것인가!

에고를 내려놓으라. 인생에서 에고보다 무거운 짐은 없다. 예수는 이렇게 말했다.

수고하고 무거운 짐진 자들아
다 내게로 오라.
내가 너희를 편히 쉬게 하리라.
나는 마음이 온유하고 겸손하니

나의 멍에를 메고 나에게 배워라.

그러면 너희의 영혼이 안식을 얻으리니.

이는 내 멍에는 편하고 내 짐은 가볍기 때문이다.

- 《마태복음》 11:28

예수가 말하는 '수고하고 무거운 짐진자들'이란 어떤 자들인가? 그것은 다름아닌 에고의 짐을 가득 진 자들을 말하는 것이다. 우리는 에고의 짐 때문에 허덕이며, 남과 싸우며, 편히 쉬지 못한다. 예수는 말한다. '나는 마음이 온유하고 겸손하니, 나의 멍에를 메고 나에게 배워라.' 이것은 무슨 말인가? 이것은 다름 아닌 자신이 빈 배임을 말하는 것이다. 예수는 에고가 소멸된 사람이다. 그의 배는 텅 비어 있다. 그는 존재하지만 거의 비존재에 가깝다. 그런 사람 가까이 가면 우리는 편히 쉴 수 있다. 마치 빈 배에 부딪치고도 우리가 마음 편히 쉴 수 있듯이.

무용의 대용 이야기

쓸모없는 나무

장자가 살던 전국시대는 미증유의 혼란시대였다. 말 그대로 수십 개에 이르는 중국 내의 모든 나라가 전쟁에 휩싸여있던 시대였다. 역사가들은 전국시대를 춘추오패 중 하나였던 진晉이 한韓·위魏·조趙 삼국으로 분할된 B.C 403년부터 진秦의 시황제가 천하를 통일한 B.C 221년까지로 잡고 있는데, 그렇다면 피비린내 나는 전란이 무려 200년 가까이 지속되었다는 이야기다.

물론 전쟁은 간헐적으로 있었고, 외교전에 의한 해결책도 시도되었으며, 사람과 물류의 이동은 자유로왔다. 그러나 이 시대는 기본적으로 전쟁과 살육이 사방에서 일어나고 말 한 마디에 목숨이 날아가는 위험천만한 세상이었다. 장자의 〈인간세〉 편은 이러한 시대배경을 염두에 두고 읽어야 한다. 여기에는 장자의 어두운 세계 인식과 지식인의 역할에 대한 고뇌가 깔려 있다.

그리고 장자 자신이 어디로 피하거나 도망가지 않고 그러한 세상

한가운데 남아 커다란 고통을 직접 겪으면서 살았던 사람이다. 또 개인적으로 장자는 평생 동안 가난했고, 의복이 남루했으며, 먹을 것이 없어 양식을 꾸러 다녔던 적도 있다. 요컨대 장자는 배불리 잘 먹고 비단옷을 차려입고서 높다란 보료 위에 앉아 한가롭게 도와 진리를 설파하고 있는 것이 아니다. 그는 비극적인 세계 한가운데 서 있다.

다만 그는 자신의 생각을 우화라는 은유적 형태로 펼쳐가기 때문에 듣는 이들은 마치 장자가 세상에서 발을 한 발자국 빼고 느긋하게 이야기하는 것처럼 착각하기 쉽지만 사실은 그것이 아니다. 장자는 현실적이고도 직접적인 이야기를 다만 우화라는 비현실적인 포장지로 싸서 비유적으로 전달했을 뿐이다. 그러므로 그가 전하는 우화들을 잘 살펴보면 그 안에 생생한 시대의 현실이 여기저기 숨겨져 있음을 알게 된다. 앞에서 보았듯이 〈인간세〉 편은 공자와 그의 제자 안회의 이야기로 시작되는데, 안회는 공자에게 자기가 위나라로 여행을 가려 하니 허락을 해달라고 청한다. 공자가 무엇 하러 가려 하느냐고 묻자 안회는 이렇게 대답한다.

"제가 들으니 위나라 군주가 젊은 혈기로 제멋대로 권력을 휘두르면 서도 자기 잘못을 거들떠보지도 않는다고 합니다. 백성들의 죽음을 대수롭지 않게 여겨 나라 안에 죽은 자들의 시체가 마치 연못 속의 시든 풀처럼 무성하게 널려 있다합니다. 그래서 백성들은 어찌할 바를 모르고 있다 합니다."

역사가들에 따르면 '죽은 자들의 시체가 연못에 가득한' 위나라 같은 상황은 전국시대에 흔한 모습이었다고 한다. 이러한 상황이 장자 〈인간세〉편의 기본전제이다. 까딱하면 목숨이 달아나는 '위험사회', 이러한 사회에서 어떻게 살아가야 하는가. 여기서 장자는 유명한 '쓸모없는 나무'이야기를 꺼낸다. 바로 '무용無用의 대용大用'이다.

장석匠石이라는 목수가 제齊나라로 가다가 어떤 곳에 이르러 토지신을 모신 사당의 상수리나무를 보았다. 그 크기는 수천 마리의 소를 뒤덮을 만했고, 그 둘레는 백 아름이나 되었으며, 그 높이는 산을 굽어 내려다 볼 정도였다. 그래서 구경꾼들이 모여 장터를 이루었는데 목수 장석은 그것을 거들떠보지도 않고 가버렸다. 제자가 장석에게 달려가서 물었다.

"제가 그동안 도끼를 들고 선생님을 따라다녔지만 재목감으로 이처럼 훌륭한 나무를 아직 본적이 없습니다. 그런데 선생님은 눈여겨 보시지도 않고 지나치시니 어인 일입니까?"

"거기에 대해서는 더 말을 말아라. 쓸모없는 나무다. 그걸로 배를 만들면 가라앉고, 관을 짜면 곧 썩고, 그릇을 만들면 쉬 깨지고, 문을 짜면 나무진이 흘러내리고, 기둥을 만들면 곧 좀이 슨다. 그건 재목이 못될 나무다. 아무짝에도 못써. 그러니까 저렇게 오래 살 수 있던 거야"

匠石之齊. 至乎曲轅. 見櫟社樹. 其大蔽數千牛. 絜之百圍. 其高臨山. 十仞而後有枝. 其可以爲舟者. 旁十數. 觀者如市. 匠伯不顧. 遂行不輟. 弟子厭觀之. 走及匠石曰. 自吾執斧斤以隨夫子. 未嘗見材如此其美

장자, 쓸모없는 나무도 쓸모가 있다

也. 先生不肯視. 行不輟. 何邪. 曰. 已矣. 勿言之矣. 散木也. 以爲舟
則沈. 以爲棺槨則速腐. 以爲器則速毀. 以爲門戶則液樠. 以爲柱則蠹.
是不材之木也. 無所可用. 故能若是之壽.

- 〈인간세〉

어마어마하게 큰 상수리나무를 보고서도 목수 장석은 거들떠보지
않고 그냥 지나쳤다. 제자가 왜 그러는지 이유를 묻자 장석은 그 상수
리나무는 크기만 컸지 아무짝에도 쓸모가 없다고 대답한다. 이것이
목수 장석의 관점이다. 그런데 그날 집으로 돌아와 목수 장석이 잠을
자는데 꿈에 그 상수리나무가 나타나 이렇게 말한다.

"그대는 나를 어디에다 견주려는 것인가? 그대는 나를 좋은 재목
에 견주려는 것인가? 배, 귤, 유자 등 과일이 열리는 나무는 열매가
익으면 뜯기고 욕을 당하지. 큰가지는 꺾이고, 작은 가지는 찢기고,
그런 나무들은 자기들의 재능으로 말미암아 삶이 비참하지. 하늘
이 준 목숨을 다 못살고 중간에 일찍 죽어버리는 것이니, 스스로 세
상살이에서 희생을 자초한 셈이라. 모든 것이 다 이와 같은 것이지.
나는 오래전부터 내가 쓸모없기를無用 바랐네. 몇 번이나 죽을 고
비를 넘기고 이제야 완전히 그리되었으니, 그것이 나의 큰 쓸모大
用일세. 내가 쓸모가 있었더라면, 어찌 이처럼 커질수 있었겠는가?
또, 그대나 나나 모두 천지간의 한낱 하찮은 사물에 불과한데 어
찌 그대는 상대방만을 하찮다고 한단 말인가? 그대처럼 죽을날이
가까운 쓸모없는 인간이 어찌 쓸모없는 나무 운운한단 말인가?"

女將惡乎比予哉. 若將比予於文木邪. 夫柤梨橘柚果蓏之屬. 實熟則剝. 則辱. 大枝折. 小枝泄. 此以其能苦其生者也. 故不終其天年. 而中道夭. 自掊擊於世俗者也. 物莫不若是.

- 〈인간세〉

장자는 여기서 소위 '무용지용無用之用'에 대해 말하고 있다. 함부로 쓸모있음을 내세우지 마라. 세상은 쓸모를 찾지만 쓸모있는 것들은 모두 하늘이 준 목숨을 다 못살고 중간에 일찍 죽는 법이니 경거망동 하지마라. 저 커다란 상수리나무가 아직까지 베어 없어지지 않은 것은 오로지 '쓸모없음'의 덕분이 아니겠느냐. 이것이 '쓸모없음의 큰 쓸모無用之大用'라는 것이다.

나아가 장자는 사당의 상수리나무를 내세워 쓸모있음과 쓸모없음에 관한 기존의 사회적 통념을 뒤흔든다. 쓸모있음이란 과연 좋은 것인가? 그 쓸모있음을 판정하는자는 과연 누구인가?

위의 예에서는 상수리나무가 쓸모있는지 여부를 판정하는 자는 목수 장석이다. 그러나 과연 목수 장석이 상수리나무의 참된 가치를 판별할 수 있는 자격을 가진 사람인가? 그는 집을 짓고, 관을 짜는 목수가 아닌가? 왜 상수리나무의 가치를 목수의 관점에서만 보아야 하는가? 조물주가 이 세상에 나무를 만들어 내놓을 때 그것을 인간을 위해 집을 짓거나 관을 짜는 데 쓰라고 만들어놓은 것은 아니지 않는가! 왜 우리 인간은 사물을 제멋대로 '수단론적'인 관점에서만 볼 뿐, 사물 그 자체의 '목적론적' 관점에서 보려 하지 않는가!

사실, 고대 동아시아의 사상가들 중에 일반적으로 통용되는 사물의 유용성에 대하여 철학적으로 이의를 제기한 유일한 인물이 장자다. 노자조차도 인간의 평가에 따른 사물의 유용성이란 문제에 대해 별다른 문제제기를 하지 않았다. 〈인간세〉 편에 이와 비슷한 이야기가 하나 더 있다.

남백자기南伯子綦가 상구商丘에 놀러갔다가 엄청나게 큰 나무를 보았는데, 수레 천 대를 매어두어도 나무그늘에 가려 보이지 않을 정도였다. 자기가 말했다.

"이 어찌된 나무인가? 반드시 특별한 재목감이 되겠구나."

그러나 머리를 들어 가지를 올려다 보니 모두 꾸불꾸불하여 서까래나 기둥이 될 수가 없었다. 머리를 숙여 뿌리를 내려다 보니 속이 텅 비어 관을 만들 재목이 될 수가 없었다. 그 잎새를 맛보니 입이 얼얼해지고 상처가 났다. 그 냄새를 맡아 보니 사람이 사흘 동안 취해서 깨어날 수 없었다.

"이것은 과연 재목이 못될 나무로구나. 그러니 이처럼 크게 자랐겠지. 아, 신인神人들도 이래서 재능을 갖지 않는 것이로구나."

南伯子綦遊乎商之丘. 見大木焉有異. 結駟千乘. 隱將芘其所藾. 子綦曰. 此何木也哉. 此必有異材夫. 仰而視其細枝. 則拳曲而不可以爲棟樑. 俯而視其大根. 則軸解而不可以爲棺槨. 咶其葉. 則口爛而爲傷. 嗅之. 則使人狂酲三日而不已. 子綦曰. 此果不材之木也. 以至於此其大也. 嗟乎. 神人以此不材.

― 〈인간세〉

장자는 여기서도 반복해서 '무용지용無用之用'을 말하고 있다. 사상사의 흐름을 본다면 종래 유용성을 중시한 것은 유가儒家였다. 유가는 쓸모 있는 인간, 유용한 인간이 되라고 가르친다. 그리고 이 말은 일면 타당한 것처럼 보인다. 그러나 엄밀한 가치론적 입장에서 볼 때 인간에게 쓸모와 유용성여부를 따진다는 것은 좋은 것이 아니다. 그것은 위험한 생각이다. 그것은 자칫 도구적 인간관으로 흐를 위험이 있다. 인간은 도구나 수단이 아니다. 인간은 어떤 경우에도 목적론적 존재이지 수단적 존재여서는 안 된다. 장자는 지금 이것을 말하고 있는 것이다. 인간을 도구화하지 말아라. 인간은 물건이 아니다. 인간에 대해 쓸모를 이야기하지 마라. 인간을 인간 그 자체로 대하라. 여기서는 상수리나무 등에 대해 이야기하고 있지만 여기의 상수리나무는 결국 인간에 대한 하나의 은유일 뿐이다.

거위의 경우

'쓸모없음의 쓸모'에 대해 논하면서 장자가 하고자 했던 이야기는 우선적으로 위험한 세상에서 어떻게 재난을 피할 것인가 하는 점이었다. 말하자면 '쓸모없게' 처신하여 살아남는다는 전략이었다. 그런데 그것이 통하지 않는 경우가 있다. 장자는 외편 〈산목山木〉에서 그 점을 이야기하고 있다.

장자가 어느 숲속을 가다가 잎이 무성한 커다란 나무를 보았다. 나무 베는 사람이 그 옆에 있었지만 베지를 않았다. 장자가 그 까닭을

장자, 쓸모없는 나무도 쓸모가 있다

물으니 "아무짝에도 쓸모없기 때문"이라고 대답했다.

장자가 말했다.

"이 나무는 재목감이 아니어서 천수를 누리는구나."

장자가 산에서 내려와 옛 벗의 집에 머물렀다. 그 벗은 반가워하며 종에게 거위를 잡아 요리해오라고 일렀다.

종이 물었다.

"그 중 한 마리는 잘 울고, 한 마리는 울지 못합니다. 어느 놈을 잡을까요?"

주인이 말했다.

"울지 못하는 놈을 잡아라."

다음 날 제자들이 장자에게 물었다.

"어제 산 속의 나무는 쓸모가 없어서 천수를 다할 수 있었는데 오늘 이 집 거위는 쓸모가 없어서 죽었습니다. 선생님은 어느 쪽을 택하시렵니까?"

莊子行於山中. 見大木枝葉盛茂. 伐木者止其旁而不取也. 問其故. 曰. 無所可用. 莊子曰. 此木以不材得終其天年. 夫子出於山. 舍於故人之家. 故人喜. 命豎子殺雁而烹之. 豎子請曰. 其一能鳴. 其一不能鳴. 請奚殺. 主人曰. 殺不能鳴者. 明日弟子問於莊子曰. 昨日山中之木. 以不材得終其天年. 今主人之雁. 以不材死. 先生將何處.

종래 장자는 '쓸모없음'의 쓸모에 대해 누차 강조해왔다. 그리고 그 요지는 험한 세상에서 살아남으려면 전략적으로 '쓸모없음'을 선택하라는 것이었다. 그런데 위의 거위 이야기에서는 상황이 다르다. 어제 산 속의 나무는 쓸모가 없어서 살아남았지만, 지금 이 집 거위는 쓸모가 없어서 오히려 잡혀 죽었지 않은가. 제자는 이 점이 황당했다. 자신은 스승의 말을 철썩같이 믿고 그렇게 행동해왔는데 지금 보니 스승의 말이 틀리지 않은가. 만약 스승의 말대로 '쓸모없음'을 고수해왔더라면 이런 경우 자기가 거위였다고 가정한다면 자기는 잡혀 죽지 않았겠는가. 그래서 제자는 비난 섞인 어조로 도대체 이게 어찌된 일이냐고 따지듯이 묻고 있는 것이다.

그러자 장자가 웃으면서 말했다.

"나는 쓸모있음과 없음의 중간에 머물고 싶다. 그러나 쓸모있음과 없음의 중간이란 도와 비슷하면서도 실은 참된 도가 아니므로 화를 아주 면하지는 못할 것이다. 다만, 이런 쓸모있음과 없음 따위를 초월한 자연의 도를 타고서 노닐게 된다면 그렇지 않게 되겠지. 칭찬도 없고 비난도 없을 것이며, 한 번은 용이 되었다 한 번은 뱀이 되었다 하고 자유로이 시간과 더불어 함께 변화하면서, 어떤 한 가지에 집착하지 않는다. 한 번 올라갔다 한 번 내려갔다 하면서 조화로서 법도를 삼을 것이다. 만물이 시작되기 전의 상태에 노닐며, 사물을 뜻대로 부리되 사물로부터 부림을 받지 않는다. 그러니 어찌 재난 같은게 있을수 있겠는가.

莊子笑曰. 周將處乎材與不材之間. 材與不材之間. 似之而非也. 故未免乎累. 若夫乘道德而浮遊則不然. 無譽無訾. 一龍一蛇. 與時俱化. 而

장자, 쓸모없는 나무도 쓸모가 있다

無肯專爲. 一上一下. 以和爲量. 浮遊乎萬物之祖. 物物而不物於物. 則
胡可得而累邪

- 〈산목〉

헌데, 정말로 장자가 제자들로부터 이런 질문을 받은 적이 있을까?
우리는 그것을 알 수 없다. 여기에 나타난 이야기는 사실일 수도, 허구
일 수도 있다. 그것은 중요한 것이 아니다. 중요한 것은 정말로 장자가
제자들로부터 그런 곤란한 질문을 받은 것처럼 책이 구성되 있다는
점이다. 그렇게 함으로서 장자는 삶의 여러 모순을 자기 입으로 설명
하는 대신 직접 우리에게 보여준다. 실로 장자다운 노련한 수법이라
하지 않을 수 없다. 그리고 장자는 이러한 방식의 상황 설정을 통하여
자신의 궁극의 답변을 자연스럽게 들려주는 것이다.

장자는 말한다.

'쓸모있거나 없거나 어느 한 가지에 집착해서는 안된다. 양자는 모
두 재난에 직면할 수 있다. 궁극적으로는 쓸모있음과 없음 따위를 모
두 초월하여 아무 집착이 없는 자유로운 경지에 머물러야 한다. 마음
이 만물의 근원인 도에 노닐며 자유자재로 사물을 부리되 사물로부
터 부림을 당하지 않는 경지, 그 경지에 다다른 자만이 인생의 재난으
로부터 자유로울수 있을 것이다.'

소로와 하이데거

장자가 제기한 '쓸모' 혹은 '유용성'의 문제는, 그러나 아직 정확한 답을 구한 것은 아니다. 여기에는 생각해보아야 할 많은 문제들이 뒤섞여 있다. 과연 우리 인간은 사회에 유용한 인간이 되어야 할 것인가? 그리고 이 경우 과연 한개인이 유용한 인간인지의 여부는 누가 판단하는 것인가? 또 한 개인에게 유용한 인간이기를 요구하는 그 사회는 높은 수준의 사회인가, 낮은 수준의 사회인가? 쓸모있고, 유용한 인간이 되어야 한다는 명제는 얼핏 당연하고 지당한 것처럼 우리 귀에 들리지만 사실 거기에는 많은 함정이 들어있다.

미국의 사상가요, 《월든》의 저자인 헨리 데이비드 소로(Henry David Thoreau)는 사회적 관점에서 볼 때 별로 유용한 인간이 아니었다. 그는 하버드대학을 졸업했으나 제대로 된 직업을 갖지 않고 목수일 등의 노동으로 생계를 유지하면서 글을 쓰며 살았다. 그러다가 월든 호숫가의 숲속에 들어가 통나무집을 짓고 살기 시작했다. 물론 결혼도 하지 않았다. 그 후 그는 국가가 행하는 중대한 사업(멕시코전쟁과 흑인 노예제도)에 반대하여 이에 대한 항의의 표시로 세금납부를 거부하였다.

국가가 결정하고 시행하는 중대한 일에 반대하고, 또 국민의 의무인 납세의무를 거부하는 자는 어떤 자인가? 그는 사회에 유용한 존재인가? 유용하기는커녕, 그는 불온하고 위험한 존재였다. 이런 자들이 사회에 제멋대로 돌아다니도록 놔두면 다른 선량하고 말 잘듣는 시민들까지 물이 들기 때문에 이런 자들을 방치하면 안 된다. 그래서 미국 정부는 어떻게 했는가. 그들은 소로를 체포하여 감옥에 감금시켰다(다행히 친척 중의 한 사람이 몰래 세금을 대납해주어서 싱겁게도 소로는 하루 만에 풀려나게 되었다).

그 후 소로는 이 사건에 대하여《시민불복종》이라는 책자를 저술하였다.《시민불복종》은 양이 얼마 되지 않는 소책자였지만 여기에는 새로운 생각과 사상이 들어 있었다. 오늘날 학자들은 인도의 간디(Gandhi)가 영국의 식민주의 정책에 대항하여 '무저항운동'을 펼칠 수 있었던 것도 소로의《시민불복종》에서 영향을 받았기 때문인 것으로 보고 있다. 소로는 후일 그때의 일을 회상하면서 자기는 '국가를 대표하는 사람들 말고는 그 누구한테서도 괴롭힘을 받은 적이 없다'고 말한다.

장자는 '쓸모없음의 쓸모'에 대해 말했다. 그는 말하자면 '쓸모'나 '유용성'에 대한 종래의 통념에 대해 이의를 제기하고 있는 것이다. '쓸모'는 누구를 위한 것인가? '쓸모' 내지는 '유용성'을 판단하는 주체는 누구인가? 그것은 하늘로부터 떨어진 것인가? 아니다. 그것은 그 시대의 지배적 다수일 뿐이다. 그러므로 '유용성'에 관한 그들의 판단이 옳고 그른지는 아직 검증된 것이 아니다. 그것은 시간이 지나봐야 안다. 소로는 그 시대의 지배적 다수들로부터 '유용하지 못한 인간' 내지는 더 나아가 '불온하고 위험한 인간'으로 낙인찍혔으나, 역사는 소로야말로 미국만이 아니라 지구 전체의 자유와 복리라는 관점에서 참된 의미의 '유용한' 인간이었음을 보여주고 있다.

왜 우리는 성공하려고 그처럼 필사적으로 서두르며 또 그처럼 무모하게 일을 추진하는 것일까? 만일 어떤 사람이 그의 동료들과 발을 맞추지 않는다면, 그것은 아마도 그가 다른 북소리를 듣고 있기 때문일 것이다. 그 사람으로 하여금 그가 듣는 북소리에 맞추어 걸어가도록 내버려 두어라. 그 북소리의 음률이 어떻든, 또 그 소리가 얼마나 먼 곳에서 들리든 말이다. 그가 꼭 사과나무나 떡갈나무와 같은 속도로 성숙해야 한다는 법칙은 없다. 그가 남과 보조를 맞추기 위해 자신의 봄을 여름으로 바꾸어야 한단 말인가?

— 〈월든〉

위 글의 마지막 문단은 마치 앞서 우리가 살펴본 《장자》의 가죽나무가 스스로에게 했을 법한 독백처럼 나에게는 느껴진다. 어마어마하게 커다란 가죽나무가 꼭 사과나무나 떡갈나무와 같은 속도로 성숙해야 한다는 법칙은 없는 것이니까.

이와 대비해서 생각해볼 인물이 독일의 철학자 마르틴 하이데거Martin Heidegger다. 그는 20세기 독일 실존주의철학의 태두라 일컬어지는 인물이다. 사실 그의 손에서 시간 속에서의 존재의 의미를 묻는 실존주의철학이 나왔다고 해도 과언이 아니다. 그는 후설Husserl에게서 현상학을 배운 후 '세계내적 존재'인 인간존재에 대한 나름대로의 사유를 진척시켜 이른바 실존주의철학의 거장이 되었으며, 자신의 모교에서 대학교수를 지내다가 후일 그 대학 총장까지 지낸 인물이다.

내가 하이데거의 약력을 장황하게 소개하는 이유는 그가 사회적으로 굉장히 '유용한' 인간이었다는 점을 말하기 위해서다. 그런데 이렇

장자, 쓸모없는 나무도 쓸모가 있다

게 쓸모 있고 유용한 인간이 '세계내적 존재'로서 어떻게 처신했던가. 그는 어이없게도 제2차 세계대전 중에 나치히틀러에 협력했던 것이다. 그렇지 않아도 유용한 인물이 나치의 이념에 동조·협력함으로서 더할 나위없는 큰 유용성을 유감없이 발휘했다고나 할까. 시대를 대표하는 철학자가 극대화된 '유용성'의 끝에서 죄악의 나락으로 굴러떨어지는 것을 보면서 우리는 다시 한번 장자의 '무용성'에 관한 우화를 생각해보지 않을 수 없다.

장자는 유용성의 해악을 그 유용성을 발휘하고자 하는 자가 입게 되는 개인적 재앙의 측면에서 이야기했지만, 하이데거의 경우에 우리가 보게 되는 유용성의 해악은 그보다 훨씬 크고 심각한 것이다. 이 경우는 개인의 유용성으로 인해 사회적 재앙이 초래된 것이다. 요컨대 유용성이라고 하는 것이 확정된 개념이 결코 아니며 때에 따라서는 유해성有害性과 구분할 수 없는 개념이 될 수도 있다는 점을 우리는 여기에서 본다.

장자는 '무용無用의 대용大用'에 관해 말했다. 장자가 말하는 '무용'은 개인적으로는 무능일지 모르지만 그것이 결코 사회적으로 해악이 되는 일은 없다. 그러나 '유용성'은 얼마든지 사회적 해악이 될 수 있다. 그리고 문제는 그것은 그 시대가 공인한 가치판단으로서의 정당성을 등에 업고 위세를 떨치는 까닭에 아무도 그것을 저지할수 없다는 점이다. 장자는 '무용의 대용'을 말했는데, 나는 지금 '유용有用의 대해大害'를 말한 것일까? 그러나 그것도 장자의 '커다란 무용성' 논의의 숨겨진 이면이라고 나는 생각한다. 사실 사회는 오히려 '잘못된 유용성'의 개념 때문에 재앙을 입게 되는 일이 허다하기 때문이다.

순임금 이야기

보아도 보이지 않나니

도道는 들을 수가 없는 것이니
들었다면 도가 아니다.
도는 볼 수가 없는 것이니
보았다면 도가 아니다.
도는 말로 나타낼 수 없는 것이니
말로 나타냈다면 도가 아니다.
만물에 형체를 베풀어 주면서도
그 스스로는 형체가 없는 것,
그것이 도道임을 알라.

道不可聞. 聞而非也. 道不可見. 見而非也. 道不可言. 言而非也. 知形
形之不形乎. 道不當名.

– 〈지북유〉

장자, 쓸모없는 나무도 쓸모가 있다

장자는 여기서 도에 대해 명확한 성격규정을 한다는 것이 얼마나 어려운 것인지를 우리에게 보여주고 있다. 도에 대해서는 알고 싶어 하는 사람도 많고 궁금해 하는 사람도 많아서 모두를 위해 도는 뭐라고 명확히 말해주고 싶지만, 그것을 말로 표현하면 그것은 결국 거짓이고 기만이며 위조지폐이다. 도는 우리 인간의 일상적인 감각이나 지각을 통해서는 알 수가 없다. 궁극의 진리는 우리의 통상적 인식의 범주를 넘어서 있다. 그것을 알기 위해서는 정신을 집중하고 인간의 오감五感을 넘어서야 한다. 장자는 첫째 연에서 이를 청각과 관련하여

> 도는 들을 수가 없는 것이니
> 들었다면 도가 아니다.

라고 말하고 있다. 이것이 참된 도에 대한 올바른 기술이다. 그런데 이와는 달리 도를 들었다고 하는 사람들이 있다. 공자와 같은 사람들이다. 공자는 이렇게 말했다.

> 아침에 도를 들으면(朝聞道)
> 저녁에 죽어도 좋으리라. (夕死可矣)
>
> —《논어》, 〈이인〉 편

공자가 말하는 도는 어떤 도일까? 그것은 장자가 말하는 천지자연의 도가 아니라 인간 사회의 도덕이다. 이런 것은 물론 들을 수 있다. 어디서 효제충신孝悌忠信의 모범적인 사례가 행해지고 있다는 소문,

어디서 인의예악仁義礼樂의 감동적인 사례가 접수되고 있다는 소문, 그런 것은 희귀하기는 하겠지만 얼마든지 들을 수 있고 볼 수 있다. 그러므로 공자의 이 말은 정확히 해석하자면, 사람들 간에 윤리 도덕이 훌륭하게 행해지는 그런 사회를 보고 죽으면 여한이 없겠다는 뜻이지, 궁극의 진리를 아침에 얻으면 저녁에 죽어도 좋다는 뜻이 전혀 아니다. 그러므로 장자 혹은 장자의 제자들이 볼 때 공자의 저 말은 지나치게 과장되었거나 적어도 오해의 소지를 지니고 있다고밖에 볼 수 없다. 그래서 장자는 공자를 정면비판하며 공자가 말하는 도는 도가 아니라는 뜻으로 위와 같이 말했던 것이다.

사실 장자의 저 말은 장자가 다소 각색하기는 했지만 원래 노자에게서 온 말이다. 노자는 《도덕경》에서 도에 관한 심원한 통찰을 여러 차례 보인 바 있다.

보아도 보이지 않나니
이름 하여 이夷라 부른다.
들어도 들리지 않나니
이름 하여 희希라 부른다.
잡아도 잡히지 않나니
이름 하여 미微라 부른다.

- 《도덕경》, 제14장

도의 본질에 관한 노자의 언명이다. 도는 그것이 무엇이다라고 말할 수 없다. 도는 우리가 아는 어떤 무엇과도 다르기 때문이다. 그러므로 도에 관해 설명함에 있어서 긍정어법은 무의미하다. 오로지 부정어법만이 무언가를 전달해볼 수 있는 유일한 어법이다. 즉, 도는 그것이 '무엇이 아니다'라고만 언표할 수 있을 뿐이다. 이렇게 함으로써 우리는 이미 알고 있는 기지既知의 세계를 하나하나 지워나갈 수 있고 마침내 미지未知의 세계에 가까이 갈 수 있다. 이러한 부정어법은 도의 세계에서 공통된 일이다. 가깝게는 노자와 장자도 이 어법을 즐겼으며, 멀리는 우파니샤드의 여러 현자들도 이 어법을 즐겼고 붓다와 붓다의 여러 제자들도 이 어법을 즐겼다. 그렇지 않고는 궁극의 진리를 전달하기가 불가능했기 때문이다.

예수에게는 잘 알려지지 않은 복음서가 하나 있는데,《도마복음 The Gospel of Thomas》이 그것이다. 이 도마복음은 영지주의를 설파하는 듯한 그 위험한 성격 때문에 정통 교단으로부터 이단시되고 있는 흥미로운 책이다. 거기에서 예수는 기존의 복음서들에서는 볼 수 없는 뜻밖의 말을 한다.

> 예수께서 이르시되,
> "나는 너희에게 눈으로 보지도 못했고,
> 귀로 들어보지도 못했고,
> 손으로 만져보지도 못했고,
> 마음으로 생각하지도 못했던 것을 주겠노라."
>
> - 《도마복음》, 제17절

예수의 말은 장자의 말과 아무 차이가 없다. 노자의 말과도 아무 차이가 없다. 궁극의 진리를 깨우친 사람들은 다른 시간, 다른 장소 위에 서 있어도 모두 똑같은 말을 한다. 그들이 깨우친 우주의 근원이 똑같은 것이기 때문이다.

순舜임금과 그의 스승

순임금이 스승 승丞에게 물었다.

"도를 내 것으로 가질 수가 있습니까?"

승이 말했다.

"그대의 몸도 그대가 가진 것이 아닌데, 어찌 그대가 도를 가질 수 있단 말이오?"

순이 말했다.

"내 몸이 내 소유가 아니라면 누구의 것입니까?"

승이 답했다.

"그것은 천지가 형체를 그대에게 맡긴 것이오.

그대의 목숨도 그대의 것이 아니고

천지가 그대에게 맡긴 기운일 뿐이오.

그대의 영혼도 그대의 것이 아니고

천지가 그대에게 맡긴 순리일 뿐이오.

그대의 자손도 그대의 것이 아니고

천지가 그대에게 맡긴 허물을 벗는 것이오.

舜問乎丞曰. 道可得而有乎. 曰. 汝身非汝有也. 汝何得有夫道. 舜曰.

吾身非吾有也. 孰有之哉. 曰. 是天地之委形也. 生非汝有. 是天地之
委和也. 姓性命名非汝有. 是天地之委順也. 孫子非汝有. 是天地之委
蛻也.

- 〈지북유〉

지혜知慧는 내 것으로 소유할 수가 있지만, 도는 결코 내것으로 소유할 수가 없다. 이것이 지혜와 도의 근원적인 차이이다. 우리는 지혜는 내 마음대로 할 수가 있다. 우리는 지식을 정신의 가방에 담아 들고 다니면서 필요하면 물건을 꺼내듯 꺼내 쓸 수 있다. 그런 점에서 지식도 일종의 물건이라고 할 수 있다. 차이가 있다면 하나는 물질적 대상이고, 하나는 추상적 대상일 따름이다. 그러나 양자는 모두 하나의 대상, 하나의 객체라는 점에서 동일하다. 허나, 도는 대상이나 객체가 아니다. 도는 대상화가 불가능하다. 도는 오로지 내가 천지자연과 합일할 때만 잠시 모습을 드러낸다. 도를 소유할려고 하면 그르친다. 도 안에서 우리의 존재는 소멸할 따름이다. 장자는 이것을 망기(忘己, 자신을 잊음)라 하였다. 요컨대, 우리는 '소유'의 방식이 아니라 '비움'의 방식을 통하여만 도를 체험할 수 있는 것이다.

순임금과 스승 승과의 대담은 내용은 짧지만 의미가 깊다. 순임금은 인간적 차원에 서 있고, 스승 승은 절대적 차원에 서 있다. 승의 이야기는 전혀 종교적인 외양을 갖추고 있지 않지만, 실은 지금까지 지구상에 존재했던 동서고금의 어떤 종교보다도 더 높은 차원의 진리를 우리에게 들려준다.

그대의 몸도 그대 것이 아니고

하늘이 그대에게 맡긴 형체委形일 뿐이며,

그대의 목숨도 그대의 것이 아니고

하늘이 그대에게 맡긴 기운委和일 뿐이며,

그대의 영혼도 그대의 것이 아니고

하늘이 그대에게 맡긴 순리委順일 뿐이며,

그대의 자손도 그대의 것이 아니고

하늘이 그대에게 맡긴 허물을 벗는 것이오.

예수의 철학이 실實의 철학이고, 붓다의 철학이 공空의 철학이라면, 장자의 철학은 위(委, 맡김)의 철학이다. 승丞의 입을 통해 전달되고 있는 장자의 말은 놀랍다. 장자는 지금 우리 인간이 근원적 착각 속에 휩싸여 있다고 말하고 있지 않은가! 장자는 이 세상 천지만물은 모두 우주의 참 주인인 하늘의 소유라는 대전제 아래 그대의 몸도, 그대의 목숨도, 그대의 영혼도, 심지어 그대의 자손까지도 모두 그 실체성을 부인하고 있다. 장자에 따르면 그대의 몸body도 하늘이 잠시 그대에게 맡겨놓은 것뿐이고, 그대의 목숨life도 하늘이 잠시 그대에게 맡겨놓은 것뿐이며, 그대의 영혼soul도 하늘이 잠시 그대에게 맡겨놓은 것뿐이라는 것이다. 실로 심오한 통찰이며 담담한 어투이다. 그대는 이렇게 높은 차원의 이야기를 어디 가서 쉽게 들어볼수 없을 것이다.

장자는 지금 붓다가 《반야심경般若心經》에서 수제자 사리불舍利弗에게만 특별히 설했던 저 심오하기 이를데 없는 '오온개공(五蘊皆空, 자아나 영혼은 존재하지 않는다는 사상)'의 철학을 마치 그냥 지나가는 소리처럼

장자, 쓸모없는 나무도 쓸모가 있다

하고 있다. 붓다는 우리가 마음이나 영혼이라고 부르는 것이 왜 실체가 없는 것인지에 대해 인류역사상 유례가 없을 정도로 탁월한 분석을 《반야심경》에서 행했던 것인데, 그것은 또한 거기에 걸맞게 매우 진지한 논조로 일관되어 있다. 그런데 장자는 지금 붓다와 똑같은 것을 평이하기 짝이 없는 어투로 말하고 있지 않은가! 무엇을 진지하게 붙들고 논리적으로 분석한다는 것은 아마 장자에게 어울리는 모습이 아닐 것이다. 그런 의미에서 볼 때 이런 것이 아마도 장자의 진면목이 아닐까 하는 생각도 든다.

어쨌든 두 위대한 인물은 같은 철학을 공유하고 있다. 그러나 장자와 예수는 같이 갈 수 없다. 장자의 위秀의 철학은 예수의 실實의 철학과는 사물을 보는 관점이 다르다. 예수는 전체적으로 볼 때 피조물인 우리 인간들의 자아나 영혼의 존재를 실체로서 인정하는 기조 위에 서 있다. 아마도 예수는 운이 없게도 청중들의 수준이 높지 못해서 그 이상의 것을 말할 수 없었기 때문인지도 모른다.

예수는 이렇게 말했다.

예수께서 가라사대
네 마음heart을 다하고,
네 영혼soul을 다하고,
네 뜻mind을 다하여
주 너의 하느님을 사랑하라 하셨으니.

– 《마태복음》, 제22장

예수의 이 말은 장자의 말과는 매우 다르다. 장자는 개별적 존재로서의 우리의 몸body이나 마음mind, 목숨life이나 영혼soul같은 것은 우리의 것이 아니고 하늘이 잠시 우리에게 맡겨놓은 것이라고 말했는데, 예수는 지금 그런 것들이 모두 우리 자신의 것인양 실체주의적 입장에서 설교하고 있다. 이렇게 되면 이 사람들은 우주와 나我가 하나이던 근원의 참모습은 잊어버리고 이 우주와 자아의 분리를 기정사실로 받아들이면서, 이 내던져진 우주 안에서 어떻게 자기 몸의 안전과 자기 영혼의 안식을 구할 것인가를 종교의 핵심의제로 간주하게 되는, 정신적으로 매우 유치한 차원에 머물 수밖에 없게 된다. 그러나 장자의 말은 이것이 아니지 않은가! 장자는 내 몸이니 내 마음이니 내 목숨이니 내 영혼이니 하는 근원적으로 잘못된 생각을 버리라고 한다. 이런 생각들이 나와 우주와의 분리를 가져온다. 종교는 분리가 아니라 통합이다. 종교란 나혼자 잘먹고 나혼자 구제받아 천당 가는 것이 아니다. 그것은 천박한 이기주의의 다른 이름일 뿐이다. 그런 종교, 그런 신앙 때문에 우리 지구는 충분히 고통 받아왔다. 이제 우리 인류에게는 무언가 새로운 차원의 종교가 필요하지 않을까?

장자의 철학 안에는 실로 커다란 종교의 청사진이 들어 있다. 그러나 그 청사진은 너무도 크고 장대해서 현생 인류는 아마 그것을 받아들일 수 없을지도 모른다. 돌이켜보면 종교는 무언가 그것으로 덕을 볼려는 자들이 끌고 왔다. 5천 년 인류 역사에서 한 번도 그러하지 않은 때가 없었다. 그러나 장자의 철학은 너무도 공평무사하여 그것을 통해 아무도 덕을 볼 수가 없다. 덕은 고사하고, 오히려 장자의 사상은 기존의 종교를 뒤흔들지도 모른다. 그러니 누가 장자의 철학을 종교에 받아들이려 하겠는가! 바보가 아니고서는 불가능한 일이다. 그리고 우리 모두는 아무도 바보가 아니다. 우리는 영리하다. 우리는 영특하고, 우리는 논리적이다. 우리는 누가 뭐라고 해도 우리 몸이 우리 것이고, 우리 목숨도 우리 것이고, 우리 영혼도 우리 것이라는 사람에게 한 표를 던질 것이다. 물론 그보다 더 좋은 것은 우리 재물이 영원히 우리 것이라고 말해주는 사람일 테지만…….

과라유리

소동파 蘇東坡

소동파가 과거시험을 보러갔는데 거기에 출제된 문제가 "인仁과 의義에 대하여 논하라"였다. 인의란 잘 알다시피 유교의 가장 핵심적인 가치가 아닌가? 그리고 유교는 한나라 때 관학의 지위에 오른 이래 줄곧 중국인들의 삶을 좌지우지했던 사상체계가 아닌가? 더군다나 지금 이 자리는 유교적 이념에 충실한 국가의 관료를 뽑는 과거시험장이니만큼 수험생은 마땅히 무엇을 어떻게 써내야 하는지 알고 있어야 할 터였다. 그런데 소동파는 여기서 자못 놀라운 답안지를 제출했다. 그는 이렇게 썼다.

"인자함仁은 지나쳐도 군자로서 문제가 없지만, 정의로움義은 지나치면 그것이 발전하여 잔인한 사람이 된다. 그러므로 인은 지나쳐도 되지만, 의는 지나쳐서는 안 된다."

이것은 공자의 생각과 반대된다. 공자는 인仁 못지않게 의義도 중요하다고 말했다. 그렇지 않으면 국가의 기강이 해이해질 것이기 때

장자, 쓸모없는 나무도 쓸모가 있다

문이다. 그런데 스물두 살짜리 고시생이 감히 성인聖人의 말씀에 위배되는 소리를 하다니! 이것은 확실히 고시 수험생으로서는 무모한 답안임에 틀림없다. 그러나 그때까지만 해도 송나라北宋 조정에는 자유로운 기풍이 아직 남아 있었던 모양이다. 당시 구법당舊法黨의 영수로서 과거시험을 주관했던 구양수歐陽修는 이 답안지를 보고 오히려 극구 칭찬하며 "이 늙은이는 이제 이 사람에게 자리를 내주지 않을 수 없소."라고 말했다고 한다. 소동파가 과거에 합격했음은 물론이다.

소동파는 원래가 활달하고 융통성 있는 사람이어서 세상 일에 어느 하나만을 고집하는 사람이 아니었다. 사상적인 면에 있어서도 유교 하나만을 고집하지 않았고, 도교와 불교도 폭넓게 섭렵했던 인물이다.

"인仁은 지나쳐도 되지만 의義는 지나쳐서는 안 된다"는 이 열린 사고방식은 소동파가 정확히 《장자》를 보고 배운 것인지는 우리로서는 알 수 없으나, 《장자》에는 이런 사고방식을 보여주는 구절들이 도처에 있다. 특히 《장자》 외편 〈지북유知北遊〉 편에 보면 이런 말이 나온다.

인仁은 그대로 행하여도 괜찮지만,

의義는 사람들을 해치는 것이요,

예禮는 사람들을 속이는 것이다.

이것은 앞서 소동파가 말했던 것의 원형을 보여주는 사고패턴이다. 글은 계속된다.

그러므로 도道를 잃은 뒤에야 덕德이 중시되고, 덕을 잃은 뒤에야 인仁이 중시되고, 인을 잃은 뒤에야 의義가 중시되고, 의를 잃은 뒤에야 예礼가 중시된다. 예礼라는 것은 도道의 열매 없는 꽃과 같은 것이며 모든 혼란의 시초이다.

故曰. 失道而後德. 失德而後仁. 失仁而後義. 失義而後禮. 禮者道之華. 而亂之首也.

장횡거張橫渠

잘 알려진 바대로 기철학자氣哲學者 장횡거(본명, 장재)는 성리학性理學의 선구자 중 한 사람이다. 장횡거는 그 전이나 그 후에나 어느 누구보다 폭넓고 체계적인 기철학을 전개하였다. 그의 기철학은 그 후 주자朱子의 이철학理哲學에 밀려 동아시아의 사상계에서 다소 저평가되었지만, 현재의 관점에서 보더라도 그의 기철학에는 의미심장한 내용들이 많이 들어 있으며, 특히 오늘날 양자물리학의 최근 결과들과도 내용적으로 상통하는 면이 많아 결코 낡은 과거의 철학이라고 할 수 없다. 그는 태허太虛를 철학의 주요 개념으로 등장시켰으며, 이 세상 만물의 생성과 소멸을 기氣의 이합집산으로 설명하였다. 그는 이렇게 말한다.

태허太虛에는 기氣가 없을 수 없고, 기는 모여서 만물이 되지 않을 수 없으며, 만물은 흩어져 다시 태허가 되지 않을 수 없다. 이러한 과정을 따라 나가고 들어오고 하는 것은 모두 부득이 한 것이다.

장자, 쓸모없는 나무도 쓸모가 있다

모여서 만물을 이루는 것도 기이며, 흩어져서 태허로 돌아가는 것도 기이니, 기가 죽어도 없어지지 않음을 아는 자라야 더불어 본성을 논할수 있다.

기가 모이면 우리 눈에 뚜렷이 보여 사물의 형상이 있다고 일컬어지고, 기가 흩어지면 뚜렷이 보이지 않아 형상이 없다고 일컬어진다. 그러나 기가 모였다 하더라도 그것은 일시적인 모습客形일 뿐이며, 기가 흩어졌다 하더라도 성급하게 무無라고 말할 수 없다.

– 〈정몽〉

이러한 장재의 기철학적 우주론은, 그러나 우리의 눈에는 별로 새로워 보이지 않는다. 우리는 이미 이와 유사한 우주론을 장자를 통해 여러 차례 반복해서 들었기 때문이다. 장횡거는 틈나는 대로 장자와 노자등 도가 철학자들을 비판했지만, 그것은 사실 좀 속이 보이는 짓이다. 왜냐하면 장횡거 사상의 핵심은 본인의 비판과 부인에도 불구하고《장자》에서 온 것이기 때문이다(원래 사람이라는 것이 전향을 하게 되면 한때 자기가 좋아했던 것을 더 싫어하는 것처럼 유난스레 말하는 법이다).《장자》에는 오히려 장횡거가 체계적으로 서술했던 것보다 다소 산만하기는 하나, 그보다 훨씬 더 거대하고 심오한 기의 세계가 있다. 장횡거의 창안이라고 알려진 '태허'의 개념도 사실은 장자의 '태충太沖'이라는 개념에서 온 것이다. 충沖이란 비어 있다empty는 뜻으로 원래 허虛와 같은 것이다. 또 천지만물의 생성과 소멸을 음양이기二氣의 이합집산으로 설명하는 것은《장자》의 근본적인 입장이다. 이것이 장자의 만물일기萬物一氣사상이며, 이 사상을 토대로 장자의 심오한 만물제동萬物齊同 철학이 성립하게 되었음을 우리는 이 책의 제1권 〈제물론〉 편에서 이미 보지 않았던가.

장자는 여기 외편 〈지북유〉에서도 지칠 줄 모르고 만물일기 사상을 설파하고 있다.

삶이란 죽음을 뒤따르는 것이고, 죽음이란 삶의 시작인 것이다. 누가 그것의 법도를 관장하는지 어찌 알겠는가? 사람의 삶이란 기가 모인 것이다. 기가 모이면 삶이 되고 기가 흩어지면 죽음이 되는 것이다. 이와 같이 죽음과 삶을 같은 무리로 본다면 우리에게 또 무슨 걱정이 있겠는가? 그러므로 만물은 하나이다萬物一也. 사람들은 그들에게 아름답게 보이는 것을 신기하다 하고, 그들에게 추하게 보이는 것을 고약하다고 한다. 그러나 고약하고 추한 것이 다시 변화하여 신기한 것이 되고, 신기한 것이 다시 변화하여 고약하고 추한 것이 되는 것이다. 그러므로 '천하는 하나의 기로 통한다通天下一氣耳'고 말하는 것이다. 이 때문에 성인聖人은 그 하나를 귀히 여긴다.

生也死之徒. 死也生之始. 孰知其紀. 人之生氣之聚也. 聚則爲生. 散則爲死. 若死　生爲徒. 吾又何患. 故萬物一也. 是其所美者爲神奇. 其所惡者爲臭腐. 臭腐復化爲神奇. 神奇復化爲臭腐. 故曰. 通天下一氣耳. 聖人故貴一.

－〈지북유〉

장자, 쓸모없는 나무도 쓸모가 있다

장자에 의하면 삶과 죽음은 다른 것이 아니다. 같은 기가 한 번은 삶이 되고 한 번은 죽음이 되는 것이다. 있음存과 없음亡도 역시 다른 것이 아니다. 역시 같은 기가 한 번은 있음이 되고 한 번은 없음이 되는 것뿐이다. 이 모든 천지만물의 생성과 소멸의 배후에는 기가 있다. 모든 것은 기의 모임과 흩어짐의 결과일 뿐이다. 모여서 형체를 이루었다 하더라도 참된 유有가 아니며, 흩어져 사라졌다 하더라도 무無가 아니다.

위에서 살펴본 것처럼 장횡거의 사상은 장자와 거의 흡사하다. 〈정몽正蒙〉에 나타난 장횡거의 기철학은 내가 보기에 《장자》제물론에 나타난 기철학의 연장선상에 있는 것으로 보인다. 과연 《장자》의 기철학 없이 장횡거의 기철학이 성립될 수 있었을까? 또 과연 장횡거의 기철학 없이 11세기 성리학이 온전히 성립될 수 있었을까?

주희朱熹

우리에게 성리학이라는 우아한 이름으로 알려진 이 방대한 철학 체계는 남송南宋의 주희에 의해 비로소 완성되었다. 주희는 빈사상태로 죽어가던 유학을 무덤에서 구해낸 사람이다. 주희는 북송사자(北宋四子, 주희 이전에 북송에서 살았던 네명의 철학자로서 주돈이, 장횡거, 정명도, 정이천을 말함)의 제학설을 총망라한 다음, 거기에 자신의 사색과 연구를 더하여 마침내 성리학이라는 장중한 사상체계를 집대성해냈던 것이다. 이런 점에서 그는 유럽 여러 철학의 통합을 시도했던 독일의 칸트Kant와도 같은 인물이다.

여기서 북송사자의 사상을 개괄적으로 검토해보면, 먼저 주돈이周敦頤는 성리학의 비조鼻祖로서, 도가사상의 영향을 받아 새로운 유교 이론을 처음으로 창시했던 인물이다. 11세기 중국의 신유학新儒學, 즉 성리학은 누가 뭐라 해도 주돈이의 《태극도설太極圖說》에서 시작된다. 그는 우주의 근원으로 태극太極을 상정하고 태극으로부터 음양이기, 음양이기로부터 오행五行, 오행으로부터 만물의 순서로 우주가 구성되었다고 논했다. 일면 소박해 보이는 이 이론 구성으로부터 성리학은 촉발되었던 것이다.

두 번째로 등장한 사람이 우리가 앞에서 살펴본 장횡거이다. 장횡거는 도교와 불교 서적을 수년간 읽고 탐구했으나 후일에는 이 두 학문을 버리고 오로지 유교에만 전념했으며, 사상적인 배불론자排佛論者, 반도교론자反道教論者의 길을 걸었다. 장횡거의 사상의 핵심은 앞서 본 대로 기철학에 있다. 주돈이도 굳이 계보를 따진다면 기철학에 가깝다고 하겠는데, 기철학의 본격적인 등장은 장횡거에 이르러서이다.

그 다음 세 번째와 네 번째가 정명도程明道와 정이천程伊川 형제다. 정명도(본명, 정호)와 정이천(본명, 정이) 두 형제는 어려서 주돈이 문하에서 학문을 배웠고, 후일에는 장횡거와 교류하였다. 그러므로 네 사람은 상호간 모두 관련이 있는 사람들이다. 형 정명도는 아우 정이천의 강한 성격과 달리 침착하고 도량이 넓어 사람들을 넓게 포용했다고 한다. 그의 사상은 장횡거의 설과 대차가 없다.

네 번째 정이천은 기질이 강하고 엄하기가 서리와 같았으며, 아주 작은 데까지 마음을 썼다고 한다. 어떤 학자들의 평에 의하면 소동파가 촉파蜀派의 영수로서 자유분방한 성격과 합리적인 사고방식을 지

장자, 쓸모없는 나무도 쓸모가 있다

넀던데 반해, 낙파洛派의 영수였던 정이천은 완고하고 융통성이 없어서 조정에서 둘은 극단적인 대조를 이루었다고 한다.

　정이천의 사상은 앞서의 두 인물과도 다르고 자기의 형과도 다르다. 그는 처음으로 신유학 안에서 이른바 '이철학理哲學'을 주장한 인물이다. 그는 '모든 사물에는 하나의 이치(理)가 있다'고 주장했다. 그는 기氣의 배후에 이理가 있다고 주장한 최초의 사람이다. 이른바 이기이원론理氣二元論의 시작이다. 주희는 형식적으로 북송사자 모두에 대해 자신의 학문적 선구자로서 경의를 표하고 있지만, 사실은 정이천에게서 가장 많은 영향을 받았다. 주희는 정이천에게서 자기 학문의 미래를 발견하고 거기에 모든 것을 걸었던 것이다. 그리하여 그는 수십 년간에 걸친 노력과 연구 끝에 지금 우리에게 알려진 이른바 성리학을 완성시켰던 것이다. 지금 우리가 성리학이란 이름으로 부르는 이 학문은 그러므로 엄밀히 말하면 정주학(程朱學, 정이천과 주희의 학문이란 뜻)이다. 정이천에 의하면 우주만물은 이기理氣 이원으로 이룩된 것으로서, 기氣에 의하여 만물의 형태가 이루어지지만 그러한 기의 활동의 배후에는 영원한 정신적 원리로서 이理가 존재해 있다는 것이다. 그는 단적으로 이렇게 말했다.

　　일초일목개유리
　　一草一木皆有理
　　― 풀 한 포기, 나무 한 그루에도 모두 이치가 있다.

　종래 정명도 등은 우주만물의 생성을 기의 이합집산으로만 설명했었는데, 이제 정이천에 이르면 그 기도 제멋대로 활동하는 것이 아니라 어떤 불변의 우주적 원리理에 따라 움직인다는 것이다. 이러한 설명은 우리가 사는 이 우주를 얼마나 조화롭고 질서가 잡힌 우주로 만들어주는가! 그동안 불교, 도교 등과 힘겨운 싸움을 이어가던 주희는 마침내 정이천이 주장한 저 아름답고 영원한 천상의 관념, 이理에서 정신적 돌파구를 발견했다. 원래 주희는 불교에서 이 우주천지 만물을 모두 '공空'이라고 하는 데 대하여 뿌리 깊은 철학적 반감을 가지고 있었다. 왜 우리는 이 우주를 부정해야 하는가? 이 우주를 긍정하는 철학은 왜 아직 없는가? 주희는 그러한 문제에 대한 해답을 정이천에게서 찾아낸 것이다. 그는 후일 자신의 기나긴 학문적 싸움을 다 끝마쳐갈 무렵 확신에 찬 어투로 이렇게 선언했다.

천지생물야일물여일무망

天之生物也一物與一無妄

― 하늘이 낳은 물건은 어느 하나라도 거짓된 것이 없다.

― 〈주자어류〉 제4권

불교에서는 우리 눈 앞의 세계를 실재가 아닌 실재의 반영으로 보고 그 기만적 속성에 주목하여 이를 환영幻影 혹은 환망(幻妄, illusion)이라고 부른다. 주희가 말하는 저 구절의 마지막 부분, 즉 일무망一無妄의 '망妄'이 바로 불교의 환망을 가리키는 것이다. 요컨대, 주자는 위의 선언으로써 불교와의 치열했던 정신적 투쟁을 일단락짓고자 했던 것이다.

장자, 쓸모없는 나무도 쓸모가 있다

이상이 개략적으로 살펴본 성리학의 지적 성장과정이다. 주희의 성리학은 확실히 정이천에게서 크게 영향 받았다. 그리고 정이천의 학문의 핵심은 '이철학理哲學'에 있었으며, 그것을 정이천은 '일초일목개유리一草一木皆有理'라고 표현했다는 점 등을 우리는 살펴보았다. 그러나 정이천의 '이철학'은 과연 그의 독창이었던가? 정이천 이전에 과연 '이'의 중요성을 강조한 철학자는 없었던가? 마치 주희는 그런 인물은 존재하지 않았던 것처럼 교묘하게 넘어가지만, 그것은 학문적으로 옳은 태도가 아니다. 그런 인물은 당연히 존재했다. 그들이 누구인가? 바로 노자와 장자이다.

노자가《도덕경》에서 누누이 강조했던 것이 무엇인가? 바로 도道 아닌가? 그리고 보편적인 하늘의 '도'가 구체적인 개개의 사물에 드러난 것이 바로 '이' 아닌가? 더욱이 눈을《장자》로 돌리면 우리는 도처에서 장자가 '이'에 대해 말하고 있는 것을 발견하게 된다.《장자》〈양생주〉편 푸줏간 주인 포정 이야기에서 이미 장자는 '천리(天理, 천연의 결)'에 대해 말했고, 〈추수〉편 우물안 개구리 이야기에서 '큰이치大理'에 대해 말했으며, 그 외에도 많은 곳에서 '이치理'에 대해 말했다. 특히 정이천과 관련하여 흥미로운 점 하나를 소개하겠다. 그대는 아래와 같은 글을 읽고 다음 문제에 답해보라.

어느 책에 이런 글이 있다.

과라유리

果蓏有理

— 나무열매나 풀의 열매에도 이치가 있다.

이것은 도가적 표현인가 성리학적 표현인가? 당연히 성리학적 표현이라고 답해야 하지 않겠는가? 우리가 배운 바 대로라면 이것은 너무나 성리학적 표현일 따름이다. 그럼 다시 묻겠다. 이것은 도가서적에 나오는 말일까 성리학 서적에 나오는 말일까? 이 구절은 놀랍게도 《장자》〈지북유〉편에 나오는 글이다. 나는 《장자》를 읽다 이 구절을 대하고는 잠시 어리둥절하여 '내가 지금 성리대전性理大典을 읽고 있었던가?' 하고 책 표지를 다시 보며 자문했던 적이 있다. 더욱이, 우리가 만약 '과라유리'란 말에 매력을 느껴 이 문장을 강조형으로 바꾸면 어떻게 될까? 그것은 이렇게 된다.

일과일라개유리
一果一蓏皆有理
— 나무 열매 하나, 풀 열매 하나에도 모두 이치가 있다.

우리는 물론 정이천이 《장자》〈지북유〉에서 '과라유리'라는 성리학적 통찰을 간직한 예언적 글귀를 발견했는지 여부는 알 수 없다. 다만, 우리는 정이천의 저 유명한 구절, '일초일목개유리一草一木皆有理'가 사실은 장자의 '과라유리'라는 구절과 내용적으로 아무런 차이가 없음을 음미하고 있을 뿐이다.

이상에서 살펴 본것처럼 성리학의 성립에 노자와 장자의 영향력이 거의 절대적이었다는 것을 우리는 알 수 있으며, 반면 공자의 영향력은 거의 미미했음도 아울러 알 수 있다. 사실, 공자는 성리학 발전에 기여한 것이 거의 없다. 그도 그럴 것이 공자는 원래 성리학적 세계관과는 거리가 먼 사람이기 때문이다. 주희는 마지막까지 공개적으로 도가道家를 배척했지만 그렇다고 영원히 진실을 감출 수는 없다. 우리는 이제 유학儒學의 부활이라는 커다란 역사적 임무를 무사히 다 완수하고 편히 잠들어 있는 천 년 전의 사람 주희에게 은밀히 이렇게 물어보려 한다.

"신유학의 아버지는 공자가 아니라 오히려 노자와 장자가 아니었던가?"

3부 / 잡편
雜篇

지인의 마음 이야기

무위라는 체

진리를 깨우치기 위해 노력하는 수행자에게 장자는 별로 친절한 스승은 아니다. 장자는 수행의 방법론에 대해 아무런 언급을 하지 않기 때문이다. 이에 비한다면 불교는 굉장히 친절한 종교이다. 불교에는 수행자가 깨달음에 이르는 온갖 길이 폭넓게 완비되어 있다.

계·정·혜 삼학三學과 보시·지계·인욕·정진·선정·지혜의 육바라밀六波羅蜜을 위시해서 사념처四念處, 오력五力, 칠각지七覺支, 팔정도八正道 등 깨달음을 얻기 위해 수행하는 수십 가지의 방법론이 불교에는 실로 체계적으로 총망라되어 있다. 이런 자세하고도 친절한 여러 방법론들은 특히 초심자들에게 많은 도움이 될 것이다.

이에 비해 장자는 어떤 방법론도 말해주지 않는다. 이것 때문에 사람들이 장자에 대해 서운해할수도 있겠지만, 그러나 실은 여기에 장자 고유의 가치가 있다. 장자는 단지 방법론을 말해주지 않는 정도에 그치는 것이 아니라 방법론 자체를 부정한다. 장자는 방법론을 결코 좋게 보지 않는다. 장자에 의하면 방법론이라는 것 자체가 하나의 함정이다. 그것을 통해서는 어느 누구도 도에 이를 수 없다. 왜냐하면 일체의 방법론이라고 하는 것은 아무리 정교한 것이라 하더라도 결국은 하나의 '유위有爲'이기 때문이다.

도는 무위 속에 있다. 도는 무위와 함께 있으며, 무위와 더불어 있다. 모든 유위는 결국 도를 그르친다. 이 얼마나 예리한 통찰인가! 이것이 장자의 탁월함이고 심오함이다. 장자의 심오함은 평범이라는 외양 속에 숨겨져 있다. 그것은 잘 보이지 않는다. 그러나 어느 순간 그것이 보일 때가 올 것이다. 그러면 그 때는 그대가 이미 '유위'의 잡다한 모든 수행법들을 뒤로해도 좋을 만큼 정신적으로 성장한 이후일 것이다.

무위는 모든 진정한 도의 시금석이다. 아무리 거창한 이름을 가진 것이라 할지라도 거기에 유위가 섞여 있으면(대개 거창한 이름 뒤에는 유위가 섞여있다)그것은 도가 아니다. 그것은 우리를 도로 이끌어주는 것이 아니라 잘못된 길로 이끈다. 무위자연의 대도는 가장 평범한 외양을 한 채 우리의 주변 어느 곳에나 있다. 그대가 그것을 볼 수 있는 마음의 눈心眼을 뜨지 못했기 때문에 그것을 못보고 엄한 데서 그것을 찾고 있다. 그대는 이름에 속아 이것저것을 붙들고 시간을 낭비하고 있는 것이다. 기도, 응답, 은총과 기적 이것들은 무엇이며, 참선, 기공, 사마디와 니르바나 이것들은 또 무엇인가? 이 모든 것들을 무위라는 체에 넣고 한번 걸러보라. 그러면 이것들 중 무위의 체를 무사히 통과할 수 있는 것들이 몇 되지 않는다는 것을 그대는 알게 될 것이다.

모든 유위는 우는 아이를 달래는 가짜 돈과 같다. 인간은 허약하고

장자, 쓸모없는 나무도 쓸모가 있다

자기중심적이기 때문에 도처에서 위로의 기술을 만들어내지만, 그것들은 결국 우주 만물을 자아의 관점에서 보는 것일 뿐 영원의 관점에서 보는 것이 아니다. 자아중심적인 우리의 사고방식, 그것이 바로 우리로 하여금 유위에 속게 만든다. 유위는 달콤하고 편하며 위안을 준다. 그러나 그뿐이다. 그것은 계속 우리를 속이고 우리의 눈을 가려 우주의 참모습을 보지 못하게 한다. 일체의 유위를 멀리하라. 유위로부터 멀리 벗어난다는 것, 그것이야말로 그대가 비로소 영적으로 성숙해졌다는 것을 의미한다. 어떤 인위적 조작이나 작위 또는 심리적 위안의 기술 없이 사물을 있는 그대로 보라. 요컨대, 그대의 마음을 내려놓으라! 마음의 작용 없이 무심하게 사물을 보라! 이것이 무위자연의 도에 이르는 길이다.

세속적인 학문으로 본성을 닦아
근원의 상태로 돌아가려 하고,
세속적인 생각으로 욕망을 다스려
밝은 지혜를 얻고자 하는 사람들을
눈이 가려진 어리석은 백성이라 한다.
옛날의 도를 닦은 사람은
고요함으로써 지혜를 길렀고
지혜가 생겨도 그것으로 무언가를 꼭 하려함이 없었으니
이를 지혜로써 고요함을 기른다고 한다.
지혜와 고요함이 번갈아 서로 길러줌으로써
그의 본성으로부터 조화와 이치가 생겨났던 것이다.

繕性於俗學. 以求復其初. 滑欲於俗思. 以求致其明. 謂之蔽蒙之民. 古
之治道者. 以恬養知. 生而無以知爲也. 謂之以知養恬. 知與恬交. 相
養. 而和理出其性.

- 〈선성〉

세속적인 학문으로 본성을 닦는다는 것은 자신을 속이는 일이며,
세속적인 생각으로 욕망을 다스린다는 것은 하늘을 속이는 일이다.
장자가 말하는 세속적인 학문, 세속적인 생각이란 다름 아닌 '유위'
를 말하는 것이다. 이러한 인위에 물든 모든 세속적인 학문과 생각들
을 내려놓으라. 마음을 가득 채운 잡다한 학설과 이론, 개념과 주의주
장들을 내려놓는 것, 그것이 무엇보다 중요하다. 그것이 이루어진 연
후라야 비로소 그대의 마음이 온갖 잡스러움으로부터 해방된다. 이
것이 장자가 말하는 고요함이다. 진정한 지혜는 이 고요함으로부터
나온다.

거울처럼 텅 비어

이렇게 고요함으로써 지혜를 기르고, 다시 지혜로써 고요함을 길
러 점점 무위자연의 대도에 가까워지면 그 사람의 마음은 거울처럼
순수해진다.

무궁한 도를 체득하여

　　　　　　　　　　　장자, 쓸모없는 나무도 쓸모가 있다

아무 조짐이 없는 경지에 노닐라.

하늘로부터 받은 바를 온전히 하고

터득한 것을 드러내려 하지 말라.

언제나 마음을 텅 비워야 한다.

지인至人의 마음씀은 거울과 같아

사물을 일부러 보내지도 않고,

일부러 맞아들이지도 않는다.

그대로 응할 뿐 감추어두지 않는다.

- 〈응제왕〉

　　그렇다. 지인의 마음은 거울과 같고, 우리 범인凡人의 마음은 계산기와 같다. 지인은 어떤 것에도 집착하지 않는다. 그의 마음은 거울처럼 텅 비어 있다. 그는 가는 것은 가는 대로 두고 오는 것은 오는 대로 둔다. 그러나 우리 범인은 가는 것을 못가게 붙들고, 오는 것을 못오게 막는다. 지인은 빨간 공이 오면 빨갛게 비추고 파란 공이 오면 파랗게 비춘다. 그리고 그뿐이다. 그러나 우리 범인은 빨간 공이 가고나면 빨갛게 잔영이 남아 괴로워하고, 파란 공이 가고 나면 파랗게 물들어 괴로워한다. 지인은 나날이 순수하고 투명해지는데, 우리 범인은 나날이 복잡하고 혼탁해진다. 거울의 특징은 아무 집착이 없다는 것이다. 오면 비추고 가면 텅 빈다. 어떤 조작도 없이 있는 그대로 반응할 뿐이다. 장자는 이것을 다음과 같이 말했다.

　　보내지도 않고 맞아들이지도 않는다.

그대로 응할뿐 감추어 두지 않는다.

不將不迎 応而不藏 부장불영 응이부장

이것이 지인의 마음이며, 의식의 완전한 각성 상태이며, 매순간 살아 있는 사마디이다. 이것은 혼자 히말라야의 깊은 동굴 속에 앉아 자기만의 환상 속으로 빠져드는 죽은 사마디와는 다른 것이다. 이것은 완전한 무위이고, 완전한 자유이다. 이것은 일상의 삶 안에서 무아의 경지에 도달한 사람만이 행할 수 있는 무엇이다. 이것 이상의 해탈은 존재하지 않는다.

그런데 장자가 말하는 '부장불영 응이부장不將不迎 応而不藏'과 동일한 관념이 불경에도 존재한다. 다름 아닌《금강경》에서 붓다가 말한

응무소주 이생기심 (応無所住 而生其心)

이 바로 그것이다. '응무소주 이생기심'은《금강경》중에서 가장 유명한 구절 중 하나이다. '응무소주 이생기심'이란 '마땅히 머무는바 없이 그 마음을 내어라'라는 의미이다. 어떤 것에도 오염되지 않는 순수한 마음, 즉 청정심淸淨心을 불가에서는 무엇보다 중시하는데, 그 청정심을 어떻게 내야 하는지를《금강경》은 이렇게 말한다.

이런 까닭으로 수부티야.
모든 보살마하살은 마땅히 이와 같이 청정심을 낼지니,
마땅히 형상에 머물러서 마음을 내지 말것이며

장자, 쓸모없는 나무도 쓸모가 있다

마땅히 성·향·미·촉·법에 머물러서 마음을 내지 말것이니,

「마땅히 머무는바 없이 그 마음을 내어야 한다.」

-《금강경》

《금강경》의 이 구절은 전체적으로 해석할 때 우리 인간이 한평생 어떻게 집착 없는 마음을 가지고 살 것인가를 말하는 것이다. 여기서 가장 핵심은 '응무소주(応無所住, 마땅히 머무는바 없이)'이다. 마땅히 머무는바 없이 낸 그 마음은 장자가 말한 '응이부장'의 거울 같은 마음과 다른 것이 아니다. 양자는 같다. 청정한 마음만이 거울과 같을수 있고, 거울과 같은 마음만이 청정한 마음이다. 그러므로 '응무소주'와 '응이부장'은 같은 의미이다. 주住도, 장藏도 모두 '집착'을 말하는 것이다.

도교의 지인至人의 모습이 불교의 각자覺者의 모습과 중첩될 수도 있음을 앞에서 우리는 보았다. 그러나 장자는 지인의 모습을 특별하거나 특출난 것으로 그리지 않는다. 이 점이 아마 도교와 불교의 중요한 차이점 중 하나이리라. 장자는 자기 스스로도 평범한 외양 속에 도를 감추고 살았던 것처럼 평범 속에 숨어 있는 비범을 사랑했다. 그가 묘사하는 지인의 모습도 이와 다르지 않다.

마음이 태연하고 고요한 자는

자연 그대로의 천광天光을 내뿜는다.

천광을 뿜는 자는

인간 본연의 참모습을 드러낸다.

마음이 닦인 사람은

언제나 일정한 덕德을 지니고 있다.

일정한 덕을 지닌 이에게는

사람들이 귀의하게 되고

하늘이 그를 돕게 된다.

宇泰定者. 發乎天光. 發乎天光者. 人見其人. 人有修者. 乃今有恒. 有
恒者. 人舍之. 天助之.

- 〈경상초〉

마음이 태연하고 고요한 자, 그는 거울과 같은 마음을 지닌 자일 것
이며 청정심淸淨心을 지닌 자일 것이다. 그는 때와 장소에 따라서 지인
이라 불릴 수도, 깨달은 각자라 불릴 수도 있다. 그는 필요하다면 잠
시 기적을 행하고 신통력을 부릴 수도 있을 것이다. 그러나 그런 것들
은 중요한 것이 아니다. 중요한 것은 그가 다름 아닌 인간 본연의 참
모습을 드러낸다는 사실이다.

예약에 관한 이야기

누구의 발을 밟았는가

만일 어떤 사람이 시장에서
낯선 사람의 발을 밟으면
그는 정중하게 사과하고
설명을 한다.
― 이곳은 정말 엄청나게 붐비는군요!

만일 형이
동생의 발을 밟으면
그는 "미안!"이라고 말한다.
그것으로 끝이다.

만일 부모가
자기 자식의 발을 밟으면

아무 말도 하지 않는다.

최고의 예절은
모든 형식으로부터 자유롭다.
완전한 의로움은
모든 물질로부터 자유롭다.
완전한 지혜는
계획하지 않는다.
완전한 사랑은
과시하지 않는다.
완전한 믿음은
금金을 저당잡지 않는다.

蹍市人之足. 則辭以放騖. 兄則以嫗. 大親則已矣. 故日. 至禮有不人.
至義不物. 至知不謀. 至仁無親. 至信辟金.

— 〈경상초〉(토마스 머튼의 번역)

인간은 반어적反語的인 동물이다. 그의 말과 행동 사이에는 언행일
치言行一致가 이루어지지 않는다. 우리는 반가운 친구를 만났을 때는
씩 한 번 웃고 마는데, 별로 반갑지 않은 사람을 만나면 꼭 악수를 하
면서 '만나서 반갑습니다'라고 말한다. 이것이 예절이라는 것의 실체
다. 우리의 본심은 딴 데 가 있고 다만 예절로 그 본심을 가리는 것이
다. 유교적 관혼상제의 지배를 아직 받고 있는 한국 사회에서 장례식

장의 분위기는 다소 코믹하기까지 하다. 상주는 곡을 해야 한다는 부담감 때문에 억지로 곡을 해보지만 슬픔이 배어 있지 않는 마른 곡소리는 리듬도 민망하게 허공을 맴돈다. 그래도 상주는 나중에 부모가 죽었는데 자식이 곡도 안하더라는 소리를 들을까 무서워 문상객들이 조문을 할 때마다 꼬박꼬박 성실하게 마른 곡을 한다.

중국의 죽림칠현竹林七賢들은 노자와 장자의 도가철학에 공명하여 그들을 스승으로 모시고, 입신양명을 중시하는 유교적 생활 태도를 버리고 산수에 은거하여 정신적 평화를 구하고 나아가 삶의 진실을 찾고자 했던 이른바 초월학파 철학자들이다. 이 죽림칠현을 대표하는 인물이 위魏나라 때의 완적阮籍인데, 그는 유교적인 예교礼敎에 구속된 사람들을 속물이라고 경멸했다. 어느날 이 완적의 어머니가 별세했다. 그래서 장례를 치르게 되었는데 완적은 전혀 곡을 하지 않았다. 주변에서 완적을 보고 이렇다 저렇다 수군거렸지만 그는 전혀 개의치 않았다. 오히려 그는 웃는 낯으로 모든 문상객들을 맞이하고 웃는 낯으로 문상객들을 배웅하였다. 아무도 완적이 죽은 어머니를 위해 슬퍼한다고 생각하는 사람은 없었다. 그러나 삼 일이 지나 모든 절차가 끝나고 마침내 관이 나가게 되었는데, 이때 완적이 갑자기 '어머니' 하고 외마디를 외치며 오열을 했는데 얼마나 슬픔이 깊었던지 그 한마디를 하고서는 피를 토하고 쓰러져 버렸다. 완적은 진정한 슬픔이 무엇인지를 보여준 것이다.

유교는 예악礼樂을 중시하지만 거기에 본심이 빠지면 그것은 공허한 형식주의로 흐르고 만다. 중요한 것은 본심이다. 장자가 여기서 하고자 하는 말이 바로 그것이다. 남과 나를 구별하지 않는 것이 진정한 인仁이고 예礼인데, 유교는 남과 나를 구별해놓은 다음 새삼스럽게 소원해진 그 관계를 매꿔볼 요량으로 인과 예를 논하고 있다는 것이다. 시장에서 남의 발을 밟았을 때는 얼른 사과하지만, 부모가 자식의 발을 밟으면 사과하지 않는다. 남의 발을 밟았을 때는 그 아픔이 느껴지지 않기 때문에 얼른 말로라도 그 아픔을 보상해줘야 하지만, 부모가 자식의 발을 밟으면 밟힌 자식의 발보다 자신의 마음이 몇 배 더 쓰리고 아파오기 때문이다. 그리고 그 진심은 눈빛 하나만으로도 전달된다. 거기에 구구절절 말은 필요없다.

기독교 신비주의자 토마스 머튼

《장자》내편, 외편, 잡편 전체를 관통하는 하나의 키워드key word는 당연히 '비움(虛)'이다.《장자》내편은 장자 본인이 썼고, 외편과 잡편은 제자와 후계자들이 쓴 것이지만 그렇다고 외편과 잡편의 기본논조가 여기에서 이탈한 것은 없다. 다만, 외편과 잡편은 내편의 기본사상을 부연 설명하는 수준의 것들이 많아서 사상의 깊이와 문장의 밀도가 다소 떨어지는 것은 사실이지만, 그렇더라도 외편과 잡편 역시 어디를 펼쳐도 우리는 '비움虛'을 강조하는 장자학파의 일관된 태도를 볼 수 있다. 장자의 비움의 철학은 여러 이름을 가지고 있다. 그것은 어떤 때는 '상아喪我', 어떤 때는 '심재心齋', 어떤 때는 '좌망坐忘' 또 어떤 때는 '망기忘己'라고 불리우며 여러 군데서 각기 다른 모습으로 얼굴을 드러내고 있지만, 실은 그 모든 것은 '비움虛'인 것이다.

그리고 이 허虛는 붓다의 공空과 마찬가지로 언어로는 설명하기가

장자, 쓸모없는 나무도 쓸모가 있다

지극히 곤란한 개념이다. 문제는 이러한 동양철학의 핵심적 개념들은 그것들을 번역할 적절한 용어가 서양철학 안에 존재하지 않는다는 점이다. 설령 비슷한 용어를 발견한다고 하더라도 그것은 개념적으로 유사하다는 것뿐이지 그 용어를 구사한다고 해서 그 참된 의미가 제대로 전달될 수는 없다. 이런 이유 때문에 유럽에서 근세초에 몇차례 인도, 중국, 페르시아등 동양고전에 대한 대대적인 번역 사업을 단행했지만 그것이 다만 언어상의 번역에 그치고 말았던 것이며, 그 본래의 의미는 여전히 이해되지 않은 채로 남게 되거나 아니면 오해되거나 했던 것이다. 심지어 18세기말 유럽에서 불교철학에 대한 가장 해박한 지식과 이해력을 지니고 있던 쇼펜하우어조차도 불교의 공의 개념을 정확하게 이해하지 못해 '허무주의적 무無'의 개념을 가지고 공을 설명하려는 우를 범했다. 그러나 붓다가 말한 공Sunya은 니힐리즘적 기초 위에 서있는, 유와 대립관계에 있는 상대적 무가 아니다. 그것은 무이지만 동시에 일체의 유를 자기 품안에 포용하는 무한의 무, 즉 절대무(絶對無, The Absolute Nonbeing)인 것이다. 노자와 장자가 말하는 허역시 이러한 절대무이다. 이 무는 모든 만물의 어버이이다. 우주만물 일체의 유가 이 무로부터 나온다.

그러나 이러한 번역의 오류는 쇼펜하우어의 잘못도, 막스 뮬러(Max Müller, 동양 고전의 번역을 총 지휘했던 옥스퍼드 대학의 교수. 독일태생. 우리에게는《독일인의 사랑》의 저자로 친근한 인물)의 잘못도 아니다. 이것은 일개인의 잘못으로 돌릴 수 있는 문제가 아니다. 이것은 문화의 문제다. 그 문화 안에 그러한 체험이 없기 때문에 그런 것이다. 동양철학의 허와 공의 개념은 서양철학의 정신적 지평을 훨씬 뛰어넘는 거대한 것이다. 서양철학은 플라톤 이래 한 번도 그런 개념을 접해본 적이 없다. 그러므로 이 개념에 대한 정확한 이해는 처음부터 서양의 철학계에서는 나올 수 없는 것이었다. 다른 데에서 나와야 한다. 그것이 어디인가? 종교계이다. 어떤 종교계인가? 신에 대한 이론이 아니라 신에 대한 체험을 중시하고, 말이 아니라 침묵을 중시하는, 신비주의 전통이 살아 있는 수행공동체라야 할 것이다. 체험은 모든 이론과 개념의 벽을 뛰어넘을 수 있기 때문이다.

가톨릭의 트라피스트Trappist 수도원은 한번 들어가면 평생 나오지 못하는 엄격한 봉쇄수도원으로 유명하다. 이 수도원의 수사들은 속세와의 인연을 끊고 봉금된 지역 속에서 공동생활을 하는데, 온종일 엄격하게 침묵을 지키며 노동과 기도 속에서 살아간다. 이들은 말이 아니라 침묵 속에서 조용히 묵상하는 이른바 관상觀想수도를 통해 신과의 합일을 추구한다. 앞서 언급한 토마스 머튼 신부가 바로 미국 켄터키에 있는 트라피스트 수도원에서 수행했던 사람이다.

토마스 머튼(1915~1968년)은 내가 보기에 서양의 종교철학자 중 장자의 좌망坐忘내지 불교의 무아無我의 개념을 완전하게 이해했던 극히 몇 안 되는 사람 중 한사람으로 보인다. 그러나 그는 그것을 좌망 혹은 무아라고 부르지않았다. 그는 그것을 '케노시스Kenosis'라고 불렀다. 케노시스란 희랍어로 '비움'이란 의미이다. 그는 놀랍게도 마이스터 엑크하르트가 그랬던 것처럼 오랜 관상觀想수도를 통해 언어가 닿을 수 없는 실재의 세계를 체험했다. 그것은 직접적이고도 순수한 초월적 체험이었다.

기독교인들에게 모든 초월적인 체험은 '그리스도의 마음'에 참여하는 것이다. …… 이 비움과 초월의 역동성은 그리스도안에 있는 기독교인들의 의식을 예리하게 규정짓고 있다. 그것은 케노시스적 변화, 즉 자아의식을 텅 비워 그 속에 하느님의 빛과 영광이 드러나게 하는 것이다.

- 〈토마스 머튼〉

재미있는 것은 그가 기독교 수사였음에도 불구하고 영성靈性수련을 위한 관상수도를 함에 있어서 가부좌를 틀고 했다는 점이다.

나는 잠시 동안 이 중요한 문제(자세문제)에 대해 생각하고 기도한 후에 바닥에 가부좌를 하고 앉아서 묵상을 하기로 작정했다. 예수회 회원들이 내 방에 들어와 내가 영성수련을 마하트마 간디처럼 앉아서 하고 있는 것을 보았다면 다소 충격을 받았을 것이다.

-《칠층산》

그는 가부좌를 틀고 행하는 자신만의 특별한 수행을 통해 신학자들이 체험할 수 없는 '초월적인 하느님'을 체험했다. 일단 체험을 얻게 되자 그는 모든 개념과 용어로부터 자유로와졌다. 그는 그 동안 도교와 불교서적들을 많이 읽고, 거기 나타난 여러 가지 신비체험에 대해 다소 혼란스러웠으나 점차 자신의 체험이 깊이를 더하자 그런 혼란들이 싹 사라졌다. 그는 시간이 흘러갈수록 지상에서의 자신의 사명을 뚜렷이 느끼게 되었다. 그리하여 그는 동양과 서양의 신비주의 전통에서 공히 핵심적인 자리를 차지하고 있는 비움, 즉 케노시스의 의미에 주목하게 되었던 것이다.

남의 것을 통하여 남의 것을 알게 되면 그것은 자기 것이 될 수 없다. 그러나 자기 것을 통하여 남의 것을 알게 되면 그것은 자기 것이 된다. 토마스 머튼은 자기 것을 통해 남의 것을 알았다. 그래서 그것이 완벽하게 자기 것이 되었다. 그렇기 때문에 그의 케노시스는 전혀 다른 전통에서 나온 것이지만 완전하게 좌망이며 완전하게 무아인 것이다.

그는 유난히 장자에 대해 존경을 가졌고, 또 편안하게 이야기했다.

내가 장자를 좋아하는 까닭은 단순하다. 그가 장자이기 때문이다. 나는 나 자신에게나 다른 어떤 사람에게도 그를 좋아하는 까닭을 밝힐 필요를 느끼지 않는다. 그는 너무나 위대해서 나의 변명이 필요치 않기 때문이다.

− 〈토마스 머튼〉

분수를 지켜라

도는 만물을 아우르는 하나이다.
그러므로 한 사물의 분할分은 한 사물의 완성이며
한 사물의 완성은 한 사물의 훼손이기도 하다.
그럼에도 사람들이 자기의 분分을 싫어하는 것은
모든 것이 자기에게 갖추어지기를 바라기 때문이다.

장자, 쓸모없는 나무도 쓸모가 있다

사람들은 더욱 갖추기만을 희망하여 멈출 줄을 모른다.

이렇게 밖으로만 마음이 달려가고

자신의 본성으로 돌아올 줄 모르면

그는 결국 자신의 귀신을 보게될 것이다.

道通其分也. 其成也毁也. 所惡乎分者. 其分也以備. 所以惡乎備者.
其有以備. 故出而不反見其鬼.

- 〈경상초〉

도는 전체이며 하나이다. 이 근원적인 하나가 수백억, 수천조로 분화된 것이 우리들 개개인이다. 즉 개물個物로서의 형태를 가지고 살고 있는 우리 존재는 무한자無限者의 분화의 결과이다. 이것이 바로 한사람에게 주어지는 분分, 즉 분수分數인 것이다. 그러므로 우리 각자에게는 최초의 분할 때 행해진 분에 따라 더도 아니고 덜도 아니게 각자에게 부여된 것이 있다. 그러나 우리는 이것에 만족하지 못하여 하늘로부터 받은 자기의 분을 넘어서서 모든 것이 자기에게 갖추어지기를 바란다. 그리하여 우리는 하늘과 화해하지 못한 채 밖으로 나돈다. 장자는 이러한 우리의 모습을 보고 '외물을 좇느라 자신의 본성으로 돌아올 줄 모르고 있으니, 그 모습이 마치 귀신에 씌여 날뛰고 있는 듯하다'고 일갈하고 있다.

장자는 창조론創造論과는 거리가 먼 사람이다. 장자에 의하면 이 우주는 이 우주 바깥의 누군가에 의하여 인위적으로 창조된 것이 아니다. 그것은 무위자연의 심오한 뜻을 모르는 사람들이 하는 소리일 뿐이다. 이 우주는 창조된 것이 아니고 분화된 것이다. 즉, 장자에 따르면 이 우주는 무한자의 자기분화自己分化인 것이다. 그러므로 외형상으로는 불완전한 개체일지라도 내면에 있어서는 누구에게나 자신의 분으로서 하늘로부터 부여받은 것이 있다. 그것이 그의 본성이며 본질이다. 이것을 찾아야 한다. 왜냐하면 그것이 그의 보물이기 때문이다. 그런데 우리 인간들은 눈을 밖으로만 돌리고 참 자신을 찾을줄 모르니 어찌 장자가 '귀신에 씌여 날뛰고 있는 듯하다'고 하지 않으랴.

다음에 소개하는 글들은 토마스 머튼의 글들이다. 머튼의 글과 장자의 글을 읽으면서 그들 두 사람의 영혼이 서로 얼마나 닮아 있는지 한번 비교해보라.

그들은 자기가 아닌 어떤 성인聖人이 되려고 발버둥치며 헛되이 세월을 보낸다. 그들은 여러 가지 어리석은 이유를 내걸어 자기와는 너무나 다른 환경에서 살다가 이미 2백 년 전에 세상을 떠난 어떤 사람이 되어야 한다고 믿는다.
그들은 아무 희망 없이 다른 어떤 사람의 경험을 얻으려고, 다른 어떤 사람의 시를 쓰려고, 다른 어떤 사람의 덕을 가져보려고 애쓰면서 쓸데없이 심신을 소모시킨다.

– 〈명상의 씨〉

또 그는 이렇게도 말한다.

우리 모두는 환상적 인격, 즉 거짓 나로 그늘져 있다. 나는 어떤 사람이 되고 싶어 하지만, 하느님께서 그 사람에 대하여 조금도 아시는 바 없으므로, 그런 사람은 있을 수 없다. (중략)

우리는 날 때부터 죄의 뿌리를 키우는 이런 환상을 가지고 태어났다. 세상의 대부분의 사람들에게는 이런 거짓된 나보다 더 큰 실재가 없다. 이 그림자의 예찬에 바쳐진 생애를 우리는 죄의 생애라 부른다. 모든 죄는 거짓된 나, 내 중심적 욕망에만 존재하는 나를 정말 있는 것으로 억측하는데서 출발한다.

- 〈명상의 씨〉

달팽이 뿔 위에서 일어난 전쟁 이야기

원숭이의 재주

지략이 뛰어난 자知士는

지모知謀를 쓸 일이 없으면 즐겁지 않고,

변설이 뛰어난 자辯士는

제 말할 기회가 오지 않으면 즐겁지 않고,

일을 잘 살피는 자察士는

남의 잘못을 따질 일이 없으면 즐거워하지 않는다.

이들은 모두 외물에 사로잡혀 있는 자이다.

무장을 한 군인은

전쟁을 좋아하고,

초야에 묻혀 사는 선비는

청렴하다는 명성을 바라며,

법률에 밝은 선비는

장자, 쓸모없는 나무도 쓸모가 있다

법망을 넓히려 들고,

예악을 받드는 선비는

거동을 유난히 공경스럽게 가진다.

知士无思慮之變. 則不樂. 辯士无談說之序. 則不樂. 察士无凌誶之事.
則不樂. 皆囿於物者也. 招世之士興朝. 中民之士榮官. 筋力之士矜難.
勇敢之士奮患. 兵革之士樂戰. 枯槁之士宿名. 法律之士廣治. 禮敎之
士敬容.

- 〈서무귀〉

한 나무에 자라는 과일이라도 이상하게 다 크기도 전에 익기부터
하는 묘한 놈들이 있다. 이것은 좋은 징조가 아니다. 과일이라면 무릇
먼저 클 수 있는 데까지 최대한 커야 한다. 다 큰 다음에 익어도 시간
은 충분하다. 자연은 결코 촉박하지 않다. 인생은 결코 단거리 경주가
아니다. 그런데 개중에는 꼭 이상한 놈들이 몇 끼어 있다. 이 녀석들은
남보다 앞서 보려는 욕심으로 크기를 제쳐두고 일찌거니 익기부터 하
는 것이다. 그러나 조금 먼저 익어서 무엇에 쓸 것인가? 사람들이 신
기하게 바라보며 호들갑떠는 그 잠시의 들뜬 분위기는 지나고 나면
무엇이 남겠는가? 아무것도 없다. 용도폐기되어 소모품처럼 버려질
뿐. 이처럼 과일이든 사람이든 먼저 익으려 해서는 안 된다. 빨리 익으
려 하지 말고 더 고민하고 더 생각하면서 더 커져야 한다.

더 큰다는 게 결코 쉬운 일은 아니다. 더 큰다는 것은 고통을 내포
하는 일이다. 남들이 쉽게 결론내리고, 그 결론에 만족해할 때도 자

신은 결코 그럴 수 없다. 그는 고독 속에 내던져진다. 그는 고독 속에서 혼자 외롭게 자신의 질문을 계속 이어나가야 하며 혼자의 힘으로 그 질문의 답을 발견해내야 한다. 그 과정 속에서 인생을 보는 그의 눈은 깊어지고, 그의 사고는 확고해진다. 이러한 과정을 겪으면서 결국 그는 자신의 본성, 자신의 참모습을 찾아가는 것이다. 이것이 인생의 진실한 여정이다. 노자는 신동이니 영재니 하는 것을 별로 좋아하지 않았다. 그는 대기만성大器晚成, 대방무우大方無隅 이런 것을 좋아했다. 그는 인생을 크게 보고, 진실로 위대한 것을 추구했다. 장자 역시 마찬가지다.

장자는 윗글에서 한두 가지 재능 때문에 사람이 자기의 본성을 잃어서는 안 된다는 점을 말하고 있다. 우리는 재능 있기를 원한다. 그러나 사람 중에는 재능 때문에 파국을 맞은 사람들이 얼마나 많은가! 우리 인간의 흥망성쇠를 깊숙이 들여다보면 사람들은 자신의 단점보다는 오히려 장점 때문에 파멸을 맞이하는 경우가 많다. 말하자면 우리 인간은 자신이 우려하는 일에서보다 자신이 자부하는 일에서 결정적으로 파멸하는 것이다. 왜냐하면 사람은 우려하는 일에서는 겸허해지지만 자부하는 일에서는 교만해지기 때문이다. 재능은 교만을 부른다. 그것이 재능의 위험한 점이다. 재능이 덕을 앞지르지 못하게 하라. 재능이 덕을 앞지르면 사람은 자기의 본성을 잃고 외물에 사로잡혀 경망되이 행동하게 된다. 본연의 자기 자신으로 돌아가라. 재능을 믿고 너무 날뛰지 마라. 그것은 위험을 부른다. 그 위험은 아래와 같이 때로 극단적일 수도 있다.

장자, 쓸모없는 나무도 쓸모가 있다

오吳나라 임금이 강을 건너 원숭이가 많이 사는 산에 올라갔다. 여러 원숭이들은 오왕을 보자 두려워하여 도망쳐서 깊은 숲속으로 숨었다. 그런데 그중에 한 마리의 원숭이만이 이리저리 왔다 갔다 하면서 나뭇가지를 움켜쥐는 등 왕에게 온갖 재주를 부리는 것이었다. 이때 오왕이 그 원숭이에게 활을 쏘자 원숭이는 재빨리 왕이 쏜 화살을 받아 잡았다. 그러자 왕은 옆에 있는 사수에게 명하여 계속해서 활을 쏘게 했다. 그리하여 마침내 그 원숭이는 화살에 맞아 죽고 말았다.

吳王浮於江. 登乎狙之山. 衆狙見之. 恂然棄而走. 逃於深蓁. 有一狙焉. 委蛇攫抓見巧乎王. 王射之. 敏給搏捷矢. 王命相者趨射之. 狙執死.

- 〈서무귀〉

현자 대진인戴晉人

위魏나라의 혜왕惠王이 제齊나라의 위왕威王과 맹약을 맺었는데 위왕威王이 이 맹약을 어겼다. 그러자 혜왕은 노해서 자객을 보내 위왕을 암살하려 했다. 그랬더니 신하 중 한 명이 그것은 떳떳한 행동이 못되니 그러지를 마시고 정식으로 제나라를 치자고 종용했다. 군대를 주면 자신이 선봉에 서서 제나라를 치겠다는 것이다. 그러자 이번에는 다른 신하가 반대하며 이렇게 말했다. 지금 전쟁을 하자고 말하는 저 인물(앞서의 신하)은 필시 나라에 난리를 일으키려는 인물이니 그의 말을 들어서는 안 된다는 것이다. 이리하여 위나라의 조정이 전쟁을 해야 한다 말아야 한다 옥신각신하며 시끄럽게 되었다. 이때 당대의 현자賢者 대진인戴晉人이라는 사람에게 혜왕이 자문을 구했는데, 다음의 글이 대진인과 혜왕의 대화이다.

대진인이 말했다. "폐하께서는 달팽이를 아십니까?"

"알고 있소."

"그 달팽이 왼쪽 뿔에 촉씨觸氏라는 나라가 있고, 오른쪽 뿔에는 만씨蠻氏라는 나라가 있었습니다. 때마침 이들이 서로 영토를 놓고 다투다가 전쟁을 하게 되었습니다. 죽은 시체가 수만명이고, 도망가는 적을 쫓다가 보름이 지나서야 돌아왔습니다."

"음, 그것은 빈말일 테지요."

"그럼 제가 폐하를 위해 실제 사실을 예로 들어 말씀드려 보겠습니다. 폐하께선 우주의 사방과 위아래의 공간에 끝이 있다고 생각하십니까?"

"끝이 없지無窮."

"마음을 무궁無窮에 노닐게 해두고, 사람들이 사는 나라들이라는 것을 돌아본다면 그것들은 있는지 없는지도 모를 미미한 존재에 불과하지 않겠습니까?"

"그렇소."

"이 세상 가운데 위魏나라가 있고, 그 위나라 가운데 양梁이라는 고을이 있으며, 양이라는 고을 가운데 임금님이 있습니다. 그렇다면 임금님은 만씨蠻氏와 다를 것이 있습니까?"

장자, 쓸모없는 나무도 쓸모가 있다

戴晉人曰. 有所謂蝸者. 君知之乎. 曰. 然. 有國於蝸之左角者. 曰觸
氏. 有國於蝸之右角者. 曰蠻氏. 時相與爭地而戰. 伏尸數萬. 逐北旬
有五日而後反. 君曰. 噫其虛言與. 曰. 臣請爲君實之. 君以意在四方
上下有窮乎. 君曰. 無窮. 曰. 知遊心於無窮. 而反在通達之國. 若存
若亡乎. 君曰. 然. 曰. 通達之中有魏. 於魏中有梁. 於梁中有王. 王
與蠻氏辯乎.

- 〈즉양〉

역시 장자다운 스케일이다. 아무나 쉽게 이런 비유를 떠올리지는
못할 것이다. 이 우화가 유명한 '와우각상쟁(蝸牛角上爭, 달팽이 뿔 위의 전
쟁)'이다. 이런 이야기를 들으면 우리는 새삼 우리 주변을 둘러보게 되
고, 인간 사회라는 것을 생각하게 된다. 장자의 시대도 전쟁이 많은
시대였고, 우리의 시대 역시 전쟁이 많은 시대이다. 장자는 이른바 약
육강식의 시대로 불리는 전국시대를 살다 갔다. 그는 일생 동안 무수
한 전쟁을 보고 살았을 것이다. 그 중 어떤 자는 천하에 불의가 횡행
하니 자신이 그것을 바로잡겠다며 '의로운 전쟁'을 부르짖는 자도 있
었을 것이며, 또 어떤 자는 자기는 가만 있는데 상대방 국가가 일방
적으로 폭력을 행사하기 때문에 어쩔 수 없어서 창칼을 들었다며 '정
당한 전쟁'을 부르짖었을 것이며, 또 어떤 자는 다른 모든 국가가 일
으키는 전쟁은 악의 축이 일으키는 전쟁이고 자신들이 행하는 전쟁
만이 '거룩한 전쟁'임을 주장하는 자도 있었을 것이다. 그러나 이 모
든 것은 세 치 혀를 놀려대며 하늘을 우롱하는 말장난에 지나지 않는
다. 무슨 전쟁에 의로운 전쟁, 정당한 전쟁, 거룩한 전쟁 따위가 있겠

는가. 모든 전쟁은 다 '미친 전쟁'일 뿐이다. 히틀러나 도조 히데키의 전쟁만이 미친 전쟁이 아니고, 나폴레옹의 전쟁도 미친 전쟁이며, 징기스칸의 전쟁도 미친 전쟁이며, 알렉산더의 전쟁도 미친 전쟁이다.

더욱이 종교의 이름으로 행해지는 전쟁은 한층 더 가증스럽다. 기독교의 이름으로 행해진 십자군 전쟁, 또 이슬람의 이름으로 행해진 이른바 성전聖戰 따위는 인간이 얼마나 사악하고 간교할수 있는지를 보여준다. 그리고 이 전쟁들은 지금도 현재진행형이다. 이글에 나타난 위나라와 제나라는 전국시대에 강성했던 두 나라이다. 소위 전국칠웅戰國七雄에 속해 있던 나라들이다. 이들은 남의 나라 땅을 빼앗고, 무고한 양민을 학살하고, 남의 재산을 약탈했다. 그러면서도 자기 나라는 제발 무사하기를 바랐을 것이다. 이것이 전쟁에 임하는 자들의 기본 심리 상태이다. 이것은 2,000년 전이나 지금이나 아무 변함이 없다. 위나라와 제나라가 시대를 바꾸면 미국과 소련이 되는 것이며, 독일과 이탈리아와 일본이 되는 것이다. 다시금 말하거니와 모든 전쟁은 다 미친 전쟁이다. 이것을 오늘날의 용어로 표현한다면 오사마(Osama bin Laden, 알카에다 지도자)의 전쟁도, 오바마(Obama, 미국 대통령)의 전쟁도 모두 미친 전쟁인 것이다.

산자락 밑에 언덕길을 걷다 보면 개미떼들이 싸우는 것을 가끔 보게 된다. 검은 개미떼와 흰 개미떼가 방아깨비 죽은 몸체 하나를 놓고 대혈투를 벌여 주변에는 시체가 무더기로 나뒹군다. 그것을 보고 우리 인간은 어이가 없는 듯 허허 웃으며 개미떼들의 어리석음을 비웃는다. 그러나 그와 똑같이 유혈이 낭자하고 시체가 나뒹구는 인간의 전쟁터를 어떤 천상의 존재가 하늘에서 내려다 본다면 그는 우리 인간들을 어떻게 보겠는가.

공자가 어느날 제자들과 산동성 부근에 있는 태산泰山에 올랐다. 중국의 태산은 많이 알려진 이름에 비해 그렇게 높은 산은 아니다. 그 산은 대략 1,500미터 정도의 높이이다. 공자는 그 산에 올라 이렇게 말했다.

"태산에 올라보니 천하가 작은 것을 알겠다."

그렇다. 불과 2,000미터도 안 올라가도 세상이 작아 보인다. 모든 고민과 걱정이 한 순간 부질없음을 안다. 그렇게 높은 데에 올라서면 어디서 그런 힘이 오는지는 몰라도 우리는 세상사가 빚어낸 온갖 분노와 적개심, 슬픔과 번민 따위를 한순간 털어버리고 홀연히 자유로워진다. 높은 데 올라선다는 것은 그처럼 좋은 것이다. 그것은 우리에게 자유로운 전망을 주고 우리의 정신을 고양시킨다. 그러므로 우리는 가능한 한 자주 높은 곳에 올라야 한다. 저지대를 피하고, 소란스러운 곳을 피하고, 특히 진흙탕을 피하라. 그곳에 발을 디디면 너나없이 서로를 물고 뜯는 싸움판의 개처럼 되고 만다.

공자처럼 그다지 높지 않은 산에 올라서도 이처럼 시야가 트이고 전망이 자유로워진다면, 장자처럼 마음을 끝도 없이 펼쳐진 우주 저 멀리 무궁의 경지에 까지 올라서게 한다면 얼마나 전망이 자유로워지겠는가! 그러면 이 세상만사가 얼마나 미미해지겠는가! 모든 나라가 달팽이 뿔만 해지지 않겠는가! 그럴 때는 나도 사라지고 너도 사라지고 세상도 사라지고 국가도 사라질 것이다. 그리하여 모든 구별을 초월하는 우주의 근원적 일자—者와 일순 하나됨을 느끼게 될 것이다.

종묘 속의 거북이 이야기

종묘 속의 거북이

《장자》를 읽다 보면 재미있는 점 중 하나는 장자가 정치권력에 대하여 거의 모욕에 가까울 정도로 풍자와 조롱을 퍼붓고 있다는 점이다. 절대적 차원에서 볼 때 만물이 근원적으로 하나라는 만물제동萬物齊同의 철학을 바탕에 깔고 있는 장자에게는 임금이나 나뭇꾼이 별로 다를 것이 없다. 임금도 운이 나쁘면 나뭇꾼이 될 수 있고, 나뭇꾼도 운이 좋으면 임금이 될 수 있다. 사실 우리나라에서도 조선 말기에 강화도에서 나뭇꾼 하다가 나중에 임금된 사람이 있지 않은가. 만물의 절대 평등을 말하는 장자의 만물제동 사상은 왕을 정점으로 수직적으로 도열해 있는 유가의 위계질서사상을 뿌리에서부터 뒤 흔들어 놓는다. 장자는 고대 동아시아의 사상가 중에서 정치권력에 대하여 가장 냉소적인 태도를 보인 사람이다.

장자가 복수에서 낚시질을 하고 있을때 초나라 왕이 대부大夫 두사

장자, 쓸모없는 나무도 쓸모가 있다

람을 보내 자신의 뜻을 전하게 했다.

"부디 나라 안의 일을 맡아주십시오."

장자는 낚시대를 잡은 채 돌아보지도 않고 말했다.

"내가 듣자 하니 초나라에는 영험한 거북이가 있는데 죽은지 3천
년이나 되었다더군요. 왕이 그것을 보자기에 싸고 상자에 넣어 종
묘에 소중히 간직하고 있다 들었소. 헌데, 이 거북은 죽어서 뼈만
남아 존숭되기를 바랐을까요, 아니면 살아서 진흙 속에 꼬리를 끌
고 다니기를 바랐을까요?"

두 대부가 대답했다.

"그야 살아서 진흙 속에 꼬리를 끌고 다니고 싶었겠지요."

장자가 말했다.

"돌아가시오. 나도 진흙 속에서 꼬리를 끌고 다니겠소曳尾於塗中."

莊子釣於濮水. 楚王使大夫二人往先焉. 曰. 願以境內累矣. 莊子持竿
不顧曰. 吾聞楚有神龜. 死已三千歲矣. 王巾笥而藏之廟堂之上. 此龜
者. 寧其死爲留骨而貴乎. 寧其生而曳尾於塗中乎. 二大夫曰. 寧生而
曳尾塗中. 莊子曰. 往矣. 吾將曳尾於塗中.

- 〈추수〉

장자는 권력, 부귀, 명예, 재물 따위를 중시하지 않았다. 그리고 정
말로 그는 그렇게 행동했다. 그는 언행일치를 보였다. 이것은 부귀, 명
예, 재물 따위는 역시 중시해서는 안 될 것으로 말하면서도 권력 앞에
서는 이상하게 머리를 조아리는 유가와는 좋은 대조를 보이는 대목이

다.《장자》에 유난히 권력을 조롱하는 장면이 많은 것은 아마도 장자가 유가들을 각성시키기 위한 장치인 듯하다. 장자의 도는 위대하고도 절대적인 것이어서 이 세상의 어떤 것을 가지고 감히 타협할 수 없는 것이다. 예수도 말하지 않았던가. "카이자의 것은 카이자에게"라고.

진실로 어떤 위대하고도 절대적인 것을 자기 안에 간직한 사람은 누구나 예수의 저 말에 깊이 공감한다. 카이자의 영역과 진리의 영역은 뒤섞이면 안된다. 만약 그렇게 되면 인간 사회에서 가장 추악한 일이 벌어진다. 그런데 요즘 우리 사회는 묘하게도 진리와 하느님과 도를 이야기하는 사람들이 오히려 더 카이자하고 친하게 지내려고 애쓰고 있다. 그런 자들은 사실 진리와 하느님을 카이자에게 팔아먹고 있는 자들이다. 여기 장자를 보라. 예미어도중曳尾於塗中! 나는 진흙 속에서 꼬리를 끌고 다니겠노라! 그는 권력에 아부하여 부귀영화를 누리려 하는 자들과는 전혀 차원이 다른 사람이다. '예미어도중曳尾於塗中'이 한 마디는 모든 진리 추구자, 학문 하는자, 그리고 참된 신앙을 지닌자, 양심의 견지자들이 가슴속 깊이 새겨야 할 표어이다.

원추와 올빼미

장자에게는 친구 겸 논적으로 혜자惠子라는 인물이 있었다. 혜자는《장자》에 여러 차례 등장한다. 우리도 몇 번 이미 혜자를 앞에서 만나본 바 있다. 그런데 혜자는 역사적으로 양나라의 재상을 지낸 적이 있는데, 여기서의 일화는 그때를 배경으로 하고 있다. 혜자는 논리가였던 만큼 왕의 입장에서 볼 때 여러모로 나랏일에 쓸모가 있었을 것이다.

혜자가 양梁의 재상으로 있을때, 장자가 찾아가 만나려 했다. 그러자 어떤 사람이 혜자에게 "장자가 당신 대신 재상이 되려고 오는 것"이라고 말했다. 이에 혜자는 두려움을 느끼고 장자를 찾으려고 사흘 밤낮 동안 온 나라를 수색했다. 그러자 장자가 이를 알고 스스로 나타나서 말했다.

"남쪽에 새가 있는데, 그 이름을 원추鵷鶵라고 하네. 자네는 그 새를 알고 있는가? 저 원추는 남해에서 출발하여 북해로 날아가는데 오동나무가 아니면 앉지를 않고非梧桐不止 대나무 열매가 아니면 먹지를 않고非練實不食 감로천이 아니면 마시지를 않지非醴泉不飲. 그런데 마침 썩은 쥐를 얻은 올빼미 한 마리가 있다가 원추가 지나가자 그 쥐를 뺏길까 겁이 나서 원추를 쳐다보며 '꽥' 하고 소리를 질렀다는 거네. 지금 자네도 그 양나라 재상자리 때문에 나에게 '꽥' 하고 소리를 지르는 건가?"

惠子相梁. 莊子往見之. 或謂惠子曰. 莊子來. 欲代子相. 於是惠子恐.
搜於國中三日三夜. 莊子往見之曰. 南方有鳥. 其名爲鵷鶵. 子知之乎.
夫鵷鶵發於南海. 而飛於北海. 非梧桐不止. 非練實不食. 非醴泉不飲.
於是鴟得腐鼠. 鵷鶵過之. 仰而視之曰. 嚇. 今子欲以子之梁國而嚇我邪.

　　　　　　　　　　　　　　　　　　　　　　　　　　　　- 〈추수〉

남쪽에 새가 한 마리 있는데, 그 새 이름이 원추이다. 원추는 상상

속의 새로 봉황의 일종이다. 그런데 이 새는 동네 숲에서 날아다니는 것이 아니라, 저 아래 남해에서 출발하여 저 멀리 북해로 날아가는 새이다. 우리는 이 새에 대해 어디선가 한번 들어 본 적이 있지 않은가? 그렇다. 이새는 어딘지 《장자》의 소요유편에 등장했던 신화속의 새, 붕鵬과 닮아 있다. 다만, 붕은 북쪽 바다에서 출발하여 남쪽 바다로 날아가는데, 이 원추는 날아가는 방향이 반대로 되어 있다. 아마 원추는 따뜻한 남쪽 바다에 싫증이 나서 고독과 자유를 찾아 눈내리고 바람 부는 북쪽 바다로 가는 중이었을까?

여기에 보면 봉황이 대장정에 나설때 어디에 머물며, 무엇을 먹는지가 나타나 있다. 봉황은 오동나무가 아니면 머물지 않는다. 물론 이 오동은 키가 500미터쯤 되는 거목일 것이다. 또 봉황은 연실, 즉 대나무 열매가 아니면 먹지를 않는다. 아마 이 대나무 열매는 500년에 한 번씩 달리는 것일 것이다. 그리고 봉황은 예천醴泉, 즉 달디단 샘물이 아니면 마시지를 않는다. 물론 이 샘물 역시 아마도 수백 척 절벽 아래 바위 틈에서 흘러나왔을 것이다. 요컨대 봉황은 이 세상에서 가장 귀한 것만을 먹고 마신다. 그는 아무리 피곤해도 참새와 뱁새가 모여 노는 키 낮은 덤불에는 앉지 않는다. 그는 아무리 목이 말라도 탁한 물은 마시지 않는다. 그는 아무리 배가 고파도 결코 썩은 쥐는 먹지 않는다. 그렇다면 썩은 쥐를 먹는 자는 누구인가? 올빼미다. 사람 중에도 이와 같은 자들이 있다. 이들 올빼미를 닮은 인간들은 야음을 틈타 교묘히 움직이며 썩은 쥐를 찾아다닌다. 고대에는 그런 자들이 왕궁 근처를 배회하였는데, 그렇다면 오늘날은 어디를 배회하는가?

장자는 여기서 권력을 썩은 쥐에 비유하고 있다. 썩은 쥐와 권력은

장자, 쓸모없는 나무도 쓸모가 있다

공히 악취가 난다는 점에서 동일하다. 그런 악취 나는 물건을 봉황은 좋아하지 않는다. 그럼에도 올빼미는 봉황이 자기처럼 썩은 쥐를 좋아하는 줄로 착각하고 '꽥' 소리를 질렀던 것이다. 사람이 세속적인 명성에 너무 집착하면 여기 나온 이 올빼미처럼 옹졸해진다. 도道란 만물을 뒤덮는 끝없이 넓고 큰 것이다. 사람은 그것을 본떠 마음을 크게 넓히지 않으면 안된다.

종기와 치질

장자는 여러 면에서 통상 우리가 생각하는 도인의 모습과 많이 다르다. 장자는 결혼을 했고, 처자식이 있었으며, 좁은 뒷골목에서 짚신을 삼으며 궁핍하게 살았다. 현실에 있어서 그의 처지는 심히 곤궁하였다. 그는 현실을 떠나 고요한 산중에 홀로 거居하면서 아무런 방해받음이 없이 신선처럼 살았던 사람이 아니다. 이 점이 중국의 현인 장자가 인도의 현인들과 다른 점이다. 그는 고요한 산 속이 아니라, 현실의 한복판에 서 있었다. 그는 갖은 수모와 고난을 겪었으며, 그 과정에서 자신의 철학을 단련시켰다. 장자의 사상이 2,500여 년이 지난 오늘날까지도 사람들의 심금을 울리고 감동을 주는 것은 이러한 것과 무관하지 않을 것이다. 요컨대 장자는 호의호식한 사람이 아니며 가난과 궁핍을 견디면서 자신의 철학을 지켜나갔던 사람이다. 그러므로 우리는 그에게서 신랄한 풍자와 냉소적인 언사가 간혹 발견된다 하더라도 기꺼이 이를 이해해줘야 한다. 또,《장자》에게서 예리하게 번득이는 풍자를 빼버리면 그것은 아마도《장자》가 아니리라.

송나라에 조상曹商이라는 자가 있었다. 그는 왕의 사신이 되어 진나라에 가게 되었다. 그는 떠날 때 수레 몇 대를 받았는데, 진에 도착하자 진왕이 그를 반기며 수레 백 대를 더해주었다. 그는 송나라로 돌아와 장자를 만나 말했다.

"이렇게 비좁고 지저분한 뒷골목에서 궁색하게 짚신이나 삼고, 삐쩍 마른 목에 누런 얼굴로 살아가는 것, 이런 일에 나는 소질이 없소. 그보다는 수레 만 대를 가진 임금을 한번 깨우쳐주고 수레 백 대를 받아오는일, 나는 그런 데에 능하지."

장자가 대답했다.

"진나라 왕이 병이 나서 의원을 부르면, 종기를 따서 고름을 빼내주는 자에게는 수레 한 대를 주고, 치질을 핥아서 고쳐주는 자에게는 수레 다섯 대를 준다더군. 치료하는 데가 더러우면 더러울수록 주어지는 수레가 더 많다는 거야. 자네는 치질을 얼마나 고쳐주었기에 그렇게 많은 수레를 받은 건가? 더러우니 당장 꺼져버리게."

宋人有曹商者. 爲宋王使秦. 其往也. 得車數乘. 王說之. 益車百乘. 反語宋. 見莊子曰. 夫處窮閭陋巷. 困窘織屨. 槁項黃馘者. 商之所短也. 一悟萬乘之主. 而從車百乘者. 商之所長也. 莊子曰. 秦王有病召醫. 破癰潰痤者. 得車一乘. 舐痔者. 得車五乘. 所治愈下. 得車愈多. 子豈治其痔邪. 何得車之多也. 子行矣.

- 〈열어구〉

이 글을 보면, 장자의 시대도 지금과 마찬가지로 '성공한 속물'들이 거들먹거리던 시대였던 모양이다. 여기 나오는 조상曹商이라는 자는 장자와 동향으로 당시 송나라 강왕康王 밑에서 벼슬을 했던 자라고 한다. 송나라는 전국시대에 존재했던 조그마한 나라로서, 바로 장자가 태어난 나라이다. 그러니까 이 이야기는 한동네서 장자와 같이 나고 자란 조상이란 자가 권력자에 빌붙어 입신출세를 한 뒤 거들먹거리며 금의환향을 한자리에서 제 한 짓을 잘했다고 뻐기다가 장자에게 사정없는 일격을 당한 이야기이다. 늘 입가에 미소를 띄고 우아하게 앉아 있는 통상의 도인들과 달리, 장자는 이런 경우에 가차 없이 일격을 날린다. 장자는 그런 꼴을 못본다. 장자의 날카로운 풍자는 미처 방어할 새도 없이 비수처럼 날아간다. 이것이 장자의 진면목이다. 장자는 분명 여기서 모든 인간을 사랑하라는 온유한 메시지를 전달하려는 것이 아니다. 장자는 오히려 '경멸할자를 경멸하라'는 강렬한 메시지를 전달하고 있다.

  권력에 아부하여 이득을 얻고, 부정한 방법으로 출세한 자들이 세상에는 많다. 또 그런 자들일수록 목이 뻣뻣하고 사지를 거들먹거린다. 그런 자들은 장자의 시대에도 있었고, 우리의 시대에도 있다. 그러나 춘추전국시대에는 장자가 있어 예리한 풍자로서 사람들을 통쾌하게 해주었지만, 우리시대에는 장자 같은 사람이 없으니 우리는 어디가서 우리의 통쾌함을 구해야 할것인가!

득어망전得魚忘筌 이야기

천이불인天而不人

장자 철학의 기본 입장은 천이불인天而不人이다. 천이불인이란 자연 (天)을 따를 뿐 인위人에 빠지지 않는다는 뜻이다. 장자는 형식적 예 악礼樂에 집착하는 유교를 인이불천(人而不天, 인위에 치중하고 자연을 따르지 않는 것)으로 규정하고 이에 대한 안티테제로 천이불인을 내세웠다. 본 래 우리 인간은 우주만물을 인간중심적으로 생각하려는 경향이 강하 다. 이것은 일면 그럴 수밖에 없기도 한데, 왜냐하면 그것이 우리 인 간에게 이롭기 때문이다. 그러나 이로운 것이 진실한 것은 아니다. 우 리 인간은 자신에게 이로우면 그것을 진실한 것으로서 받아들이며, 자신에게 해로우면 그것을 잘못된 것으로 내친다. 이러한 인간중심주 의는 실로 뿌리가 깊고, 무의식적이며 본능적이다.

이러한 편협한 인간중심주의적 사고방식의 전형적인 예가 천동 설天動說이다. 인간이 살고 있는 지구라는 행성이 이 우주 한가운데 왕 처럼 앉아 있고, 나머지 모든 천체와 별들은 마치 충성스런 신하들처

장자, 쓸모없는 나무도 쓸모가 있다

럼 그 주변을 빙빙 돈다는 발상, 이러한 발상은 우리 인간의 허영심에 얼마나 깊은 만족을 가져다주었겠는가! 그러나 우리 인류가 이런 헛된 허영심에 탐닉하고 있는 동안 과학의 역사는 코페르니쿠스가 등장할 때까지 몇 천 년을 허송세월했던 것인지 생각해보라. 인간중심주의의 가장 큰 맹점은 그 편협성에 있다. 그것은 인간의 시야를 가려 사물의 참 모습을 보지 못하게 한다. 과학의 발달로 이제 천동설의 망상에서는 벗어났지만 지금도 우리의 마음과 지각 안에서는 저 천동설에 유사한 아전인수식의 인간중심주의가 여전히 맹위를 떨치고 있다. 우주 천지만물을 인간 본위로 보려 하지 마라. 동물이건 식물이건 광물이건 우주의 사물들은 각자의 존재 이유를 가지고 세상에 존재하는 것이지, 인간을 위해 존재하는 것이 아니다. 천지 만물이 우리 인간에게는 마치 우리 자신을 위해 존재하는 것처럼 보이지만 그것은 순전히 우리들의 망상이며 착시다. 인간은 사물을 대할때 기본적으로 '쓸모'를 따지는 버릇이 있다. 그러나 너무 인간 본위로 쓸모를 따지면 더 중요한 것을 놓치게 된다. 우리 인간의 눈에 쓸모가 없어 보이는 물건도 조물주의 눈에는 커다란 쓸모가 있어서 이 세상에 존재하는 것이다. 조물주의 위대하고도 심원한 작업을 편협한 인간의 눈으로 판단하려 하지 마라.

혜자가 장자에게 말했다.

"자네의 말은 쓸모가 없네."

그러자 장자가 대답했다.

"쓸모없음無用을 알아야 쓸모 있음用을 말할수 있는 것이네. 땅은

한없이 넓지만 사람에게 쓸모 있는 땅은 걸을때 발이 닿는 그 만큼
뿐일세. 그렇다고 발이 닿는 부분만 남겨 놓고 그 둘레를 모두 황천
에 이르기까지 다 파 없애면 그 쓸모 있다는 땅이 그래도 정말 쓸
모 있는 것으로 남을수 있겠는가?"

惠子謂莊子曰. 子言无用. 莊子曰. 知无用. 而始可與言用矣. 天地非
不廣且大也. 人之所用容足耳. 然則厕足而墊之. 致黃泉. 人尚有用乎.

- 〈외물〉

득어망전得魚忘筌

통발筌이란 것은 고기를 잡기 위한 기구,
고기를 잡았으면 그것을 잊어야한다.
올가미蹄란 것은 토끼를 잡기 위한 기구,
토끼를 잡았으면 그것을 잊어야 한다.
말言이란 것은 뜻을 전달하기 위한 기구,
뜻을 얻었으면 그것을 잊어야 한다.
나 또한 말을 잊은 사람과 함께
이야기하고 싶구나.

筌者所以在魚. 得魚而忘筌. 蹄者所以在兎. 得兎而忘蹄. 言者所以在
意. 得意而忘言. 吾安得夫忘言之人. 而與之言哉.

- 〈외물〉

장자, 쓸모없는 나무도 쓸모가 있다

이른바 득어망전得魚忘筌이오, 득토망제得兎忘蹄이다. 세상의 모든 일에는 목적과 그 목적을 이루기 위한 방편이란 것이 있다. 진정한 철학자는 목적에 전념할 뿐 방편을 잊어버리지만, 사이비 철학자들은 목적은 희미하게 가려둔 채 방편을 절대시하여 이를 그럴듯하게 만들어가지고 사람들 앞에 교묘하게 흔들어댄다. 그러면 어리석은 대중은 이에 현혹되어 이리 몰리고 저리 휩쓸려 다닌다. 그들은 정작 물고기를 잡아야 한다는 것은 잊어 버린채, 통발 자체를 신성시하여 거기에 금을 칠하고 향유를 발라 제단 위에 엄숙히 모셔둔다. 그리고는 자신이 모시는 저 통발이야말로 이 세상에서 가장 영험한 통발이라고 믿고 자신의 통발과 조금이라도 다른 통발에 대해서는 사이비요 우상숭배라고 핏대를 올린다.

그러나 정작 목적은 잊어버리고 통발을 절대시하는 것 그 자체가 사이비이고 우상숭배이지, 통발 중에 어느 것은 우상숭배이고 어느 것은 우상숭배가 아니고 하는 것은 있을수 없다. 그 전체가 모두 사이비이고 우상숭배인 것이다. 오늘날 세계는 종교 때문에 시끄럽다. 종교가 다르다는 이유로 다른 사람들을 괴롭히고, 탄압하며, 학살하고, 테러를 일으킨다. 종교는 오늘날 인류를 구제하는 수단이 아니라 인류를 파괴시키는 수단이 되고 있다. 여기에 가장 많은 책임을 진 자들은 다름 아닌 각 종교의 지도자들이다. 어리석은 백성들은 그들이 만든 강령과 교리에 따라 움직일 뿐이다. 그 자들은 이러 저러한 정치적 상황들을 이용하여 젊은이들을 세뇌시킨다. 그 자들은 배후에 숨어 무고한 젊은이들을 전쟁터로 내몬다. 그리하여 자신은 살고 젊은이들은 죽는다. 그 행위를 통해 그들은 자신의 통발을 지키고 남의 통발을 부순다. 그리고 그것으로 자신의 종교를 지켰다고 생각한다. 그러나 그것은 착각이다. 모든 통발은 그 자체로 하나의 우상숭배일 뿐이다.

통발, 올가미, 말, 이것들은 모두 목적이 아니고 방편이다. 목적은 고기이며, 토끼이고, 뜻이다. 그러나 대다수의 우리인간은 허약하기 때문에 멀고 요원한 목적보다는 쉽고 가까이 있는 방편에 매달리기 일쑤이다. 그러므로 고등 종교일수록 목적과 방편에 대한 분리가 전제되어 있어야 한다. 그렇지 않으면 나중엔 목적은 방편 속에 희석되어 사라져 버리고, 방편이 목적의 자리를 대신하는 기현상이 발생하고 만다. 가령, 일부 종교인들이 내세우는 천당이니 지옥이니 하는 것들을 보라. 오늘날 이러한 개념들은 완전히 목적을 갈아 치우고 스스로 자기목적화된 지 이미 오래다. 원래 목적과 방편을 혼동하는 일에 대해 현자들은 오래전부터 우려를 표명해왔다. 특히, 붓다는 이점에서 철저했었는데 그는 설법이 끝난 후 '뗏목의 비유'를 자주 언급하였다. 즉, 뗏목이란 우리가 그것을 타고 강을 건너기 위한 것이다. 그러므로 강을 건넜으면 뗏목을 잊어야 한다. 아무리 그 뗏목이 아름답고 훌륭한 것이라 할지라도 강을 건넜으면 그것을 붙들고 있으면 안된다. 이러한 방식으로 붓다는 자기의 설법을 지워나갔다. 진정으로 위대한 인물들은 언제나 이와 같은 자기부정이 바탕에 깔고 있다. 이렇게 함으로서 그들은 다시금 자기를 넘어 새로운 지평으로 나아가는 것이다. 그러니 그대가 지금은 잠시 통발을 붙들고 강의 한가운데 서 있거나, 언어를 붙들고 개념의 숲 한가운데 서 있을지 몰라도, 계절이 무르익고 때가 당도하면 그대 또한 붓다와 장자의 권유에 따라 통발을 잊고 언어를 잊어야 할 것이다.

장자, 쓸모없는 나무도 쓸모가 있다

자기 그림자

정말 한심 하도다, 그대의 어리석음이!
자기의 그림자가 두렵고 발자국이 싫어서
그것들로부터 도망치려고 달리던 자가 있었다.
그러나 그가 자주 발을 들수록
발자국은 더욱 소란스러워지고,
달아나기를 빨리할수록
그림자는 더욱 몸에서 떨어질 줄을 몰랐다.
그래서 그는 자기의 걸음걸이가 느려서 그런 거라고 생각하고
더 빨리 뛰다가 결국은 힘이 다하여 죽고 말았다.

그는 그늘 속에 들어가면
그림자가 없어지고,
가만히 멈춰 있으면
발자국도 쉰다는 것을 몰랐던 것이다.
이 얼마나 어리석은가!

甚矣. 子之難悟也. 人有畏影惡迹. 而去之走者. 擧足愈數. 而迹愈多.
走愈疾. 而影不離身. 自以爲尙遲. 疾走不休. 絶力而死. 不知處陰以休
影. 處靜以息迹. 愚亦甚矣.

– 〈어부〉

이 이야기는 공자가 자기 인생이 왜 이렇게 바쁘기만 하고 안 풀리는지 어떤 노인에게 탄식을 늘어놓자, 그 노인이 공자에게 들려주는 형식으로 되어 있다. 그러나 장자의 이 이야기는 공자에게만 해당되는 이야기는 아닐 것이다. 이것은 오히려 무언가에 쫓기듯 정신없이 살아가는 우리 현대인들에게 더욱 해당되는 이야기인 듯하다. 우리는 혹시 이 탈출구 없는 세상에서 '자기의 그림자가 두렵고 발자국이 싫어서 그것들로부터 도망치려고 달리던 그 사람' 아닌가? 우리는 지금 그렇게 뛰었는데도 발자국 소리는 더 커지고 그림자는 더 몸에 붙어서 당혹감을 느끼고 있지는 않은가? 그래서 우리는 내 걸음걸이가 느려서 그런 줄 알고 냅다 더 빨리 뛰고 있는 것은 아닌가? 온 천지가 지금 자기로부터 도망치려고 뛰는 사람들의 발자국 소리로 가득하다. 그리고 지금 누군가가 힘이 다해 죽어가고 있지만 그 시끄러운 소리에 묻혀 누군지 알아볼 수도 없다. 멈춰라. 여기서 멈추지 않으면 그대 또한 쓰러진다. 뛰는 걸 멈추고 여기 그늘 속으로 들어오라. 여기 그늘 속에서 그대 그림자를 고이 잠재우고 그대 자신과 화해하라.

양식을 꾸러 간 장자이야기

재상 자리를 거부한 장자

사마천은《사기史記》에서 장자에 대해 언급하면서 장자가 그때 당시의 왕들로부터 후한 평가를 받지 못했다는 사실을 전하고 있다.

장자의 언사는 거센 물결과 같이 자유분방하고 거침이 없었으니, 왕王·공公·대인大人들로부터는 훌륭한 인재로 평가받지 못하였다. 초나라 위왕은 장자가 현인이라는 말을 듣고 후한 예물로 그를 맞아들여 재상으로 삼으려고 하였다. 그러나 장자는 웃으면서 초나라 사신에게 이렇게 말하였다.

"천금千金이라면 막대한 돈이며 재상이라면 존귀한 지위이지만, 그대는 교제(郊祭, 천자가 하늘에 지내는 국가적 제사)를 지낼때 제물로 바쳐지는 소를 보지 못했소? 그 소는 몇 년동안 사육되다 수놓은 화려한 옷이 입혀져 태묘(太廟, 교제를 지내는 사당)로 끌려 들어가는데, 그때 가서 자기는 하찮은 돼지가 되겠다고 해봐야 그렇게 될 수가 있겠소? 그대는 빨리 돌아가 나를 더 욕되게 하지 마시오. 나는 차라리 더러운 시궁창에서 노닐며 즐거워할망정 나라를 가진 제후들에게 구속당하지 않을 것이오. 죽을 때까지 벼슬하지 않아 나의 마음을 즐겁게 하고자 하오."

- 《사기》

이 이야기는 사마천이 전하고 있느니만큼 어느정도 역사적 사실이었던 것 같다. 중국 역사에서 만세萬世의 사표師表라는 공자는 벼슬자리를 얻기 위해 13년이나 중국 각지를 유세하고 다녔으나 어떤 왕도 그에게 재상 자리를 맡기지 않았다는 점을 생각하면, 오히려 장자는 왕들로부터 대접을 잘 받은 것이라고 해야 옳지 않을까? 공자는 그토록 원했으나 얻지 못했고, 장자는 원하지도 않았지만 남들이 그에게 맡기려 한것이니까.

어찌 되었건 장자는 정치로부터 일정한 거리를 유지하려 했던 사람이다. 장자는 위에서 본바와 같이 초나라 위왕의 제의를 거절했다. 그 거절의 변辯은 사마천이 쓰고 있는 바 대로 《사기》에 잘 나타나 있다. 그런데 《장자》를 읽다보면 우리는 위와 유사한 일화를 곳곳에서 접하게 된다. 〈소요유〉 편의 요임금과 허유의 이야기라던가 외편 〈추수秋水〉 편에 나왔던 '예미어도중'(曳尾於塗中, 차라리 진흙속에서 꼬리를 끌겠소) 이야기등이 그것이다. 더구나 '예미어도중' 이야기에는 역사적 사실과 비슷하게 재상 자리를 맡아달라고 권유하는 사람이 초나라 왕으로 나온다.

그 외에도 이와 비슷한 이야기는 《장자》에 산재해 있지만, 아마도

장자, 쓸모없는 나무도 쓸모가 있다

그 모든 이야기들은 사마천의 《사기》에서 보는 것처럼 실재 있었던 이야기의 다양한 버전이 아닌가 생각된다. 이러한 일화들을 놓고볼 때 평생 정치지망생이었던 공자와 달리 장자는 분명 국가내적 혹은 사회내적 존재로 머물수 없는 강력한 야성을 지녔던 인물이었다. 그러나 그로 인해 그가 치렀던 희생은 컸다. 그는 평생 가난과 궁핍 속에서 살았다.

양식을 꾸러 간 장자

장주(莊周, 장자)는 집이 가난하여 감하후監河侯에게 양식을 꾸러 갔다. 감하후가 말했다.

"좋습니다. 내게 장차 봉토封土에서 세금이 들어오게 되어 있는데, 그러면 그 돈에서 3백금을 빌려드리겠습니다. 그러면 되겠습니까?"

장자가 화난 얼굴로 대답했다.

"내가 어제 이리로 오는 길에 누가 불러 뒤돌아 보았더니 수레바퀴 자국 안에 붕어 한 마리가 있었습니다. 나는 그 붕어를 보고, '붕어야, 너는 왜 이러고 있느냐?' 하고 물었습니다. 붕어가 대답하기를 '저는 동해 파도의 신하인데, 선생께서 물을 한 말이나 한 되만 갖다 주시면 살수있을 것 같습니다.' 나는 그말을 듣고 '알겠네. 나는 지금 남쪽의 오나라와 월나라로 가서 양자강의 물을 끌어다가 너에게 흘려보내줄까 하는데, 그만하면 되겠느냐?' 했습니다. 그랬더니 붕어가 화를 내며 얼굴빛을 고쳐 말하기를, "저는 지금 있어야 할 물이 없어서 이러고 있습니다. 그저 한 말이나 한 되쯤되는 물만 있으면 살 수가 있겠는데, 선생은 그런 말을 하시니, 차라리 건어물 전에나 가서 나를 찾는 것이 낫겠습니다."

莊周家貧. 故往貸粟於監河侯. 監河侯曰. 諾. 我將得邑金. 將貸子三百金. 可乎. 莊周忿然作色曰. 周昨來. 有中道而呼者. 周顧視. 車轍中有鮒魚焉. 周問之曰. 鮒魚來. 子何爲者邪. 對曰. 我東海之波臣也. 君豈有斗升之水而活我哉. 周曰. 諾. 我且南遊吳越之王. 激西江之水而迎子. 可乎. 鮒魚忿然作色曰. 吾失我常與. 我无所處. 吾得斗升之水然活耳. 君乃言此. 曾不如早索我於枯魚之肆.

- 〈외물〉

장자는 가난하게 살았다. 그는 심지어 먹을 양식이 떨어지기도 했던 것이다. 위의 글은 장자의 궁핍을 여실히 보여준다. 그는 수레바퀴 자국 안에서 물이 없어 죽어가는 붕어의 비유를 통해 인색한 감하후를 힐난하고 있으나, 어디에도 양식을 꾸었다는 이야기는 없다. 그럼 양식을 꾸지 못한 장자는 그날 끼니를 먹었을까 못먹었을까? 초나라 왕이 주겠다던 천금은 거절하고, 감하후에게 양식을 꾸러 다니는 이 기이한 남자, 대체 이 남자는 왜 이런 인생을 살았던 것일까? 왜 동서양 고금을 막론하고 철학자란 사람들은 안락한 생활을 버리고 자발적으로 궁핍한 세계로 뛰어드는가?

철학사에 이름을 올린 저명한 현인·철학자 중에 그랬던 사람이 적지 않다. 그리스에서는 소크라테스가 대표적이다. 그는 이 우주의 진리 문제를 해결하느라고 집안의 경제문제를 소홀히 한 댓가로 아내

크산티페로부터 날마다 잔소리를 들어야 했다. 아마 그 소리가 꽤나 시끄러웠을 것이다. 그러나 그래도 나아지는게 없다 싶으면 크산티페는 소크라테스 얼굴에 물을 한 바가지씩 끼얹어주었다. 그러면 소크라테스는 그 수모를 다 겪은 후에 이렇게 말했다고 한다.

"아까는 천둥번개가 치더니 이제는 비가 내리는군."

그래도 소크라테스는 나았다. 적어도 그에게는 잔소리라도 해줄 마누라가 있었으니까. 퀴닉학파의 시조 디오게네스Diogenes는 더했다. 그에게는 마누라는 고사하고 집도 절도 없었다. 그가 가진 것이라고 집을 대신한 통 하나뿐이었다. 그는 비가 오나 눈이 오나 그 통을 굴리며 아테네 전역을 떠돌았다. 말하자면 그는 '노숙자의 왕'이었다. 그런데도 아테네 시민들은 그를 거지가 아니라 철학자로서 대접해주었으며, 그의 말에 귀를 기울였다. 오늘날 같으면 어떤 도시의 시민들이 일개 노숙자를 철학자로 대우해주겠는가?

그는 "자연스러운 것은 부끄러운 것도 흉한 것도 아니다. 따라서 감출 필요가 없는 것이다. 오히려 이 원리에 어긋나는 관습이 반反자연적인 것이며, 그러므로 그것을 따라서는 안된다"고 역설하면서, 몸소 가난하지만 부끄러움이 없는 안빈낙도安貧樂道의 삶을 실천하였다. 이 노숙자의 왕이 현실 세계의 왕을 만난적이 있다.

그날도 디오게네스는 아무 근심걱정없이 통속에 앉아 일광욕을 즐기고 있었는데, 알렉산더 대왕이 원정길에 아테네를 지나다 디오게네스가 근처에 있다는 말을 듣고 찾아왔던 것이다. 그런데 이 통 속의 철학자는 왕이 왔는지 누가 왔는지 아무런 관심도 보이지 않고 그저 태평한 얼굴로 계속 햇볕을 쬘 뿐이었다. 이 모습에 아마 알렉산더는 커다란 충격을 받았을 것이다. 자기는 세계의 절반을 삼키고도 그것도 부족해 더 먼 곳까지 원정을 나갈려고 동분서주하며 하루하루 마음이 조급한데, 대체 이 가난한 철학자는 한 평의 땅도 없이 이 세상 전부를 소유한 것처럼 어떻게 저렇게 얼굴이 고요할까?

알렉산더는 디오게네스에게 강한 인상을 받고서 왕으로서 그에게 무언가를 해주고 싶었다. 그래서 알렉산더는 통 앞으로 다가서면서 말했다.

"철학자여, 소원이 있으면 말해보시오. 내가 들어주겠소."

그러자 디오게네스가 대답했다.

"왕이여, 나에게는 아무것도 필요 없소. 그러니 부디 햇빛을 가리지 말고 비켜주시오."

순간 알렉산더는 멈칫 했을 것이다. 그는 처음으로 왕의 권력도 미치지 못하는 위대한 정신의 영역이 있다는 것을 느꼈다. 노숙자 디오게네스와 대왕 알렉산더는 이렇게 한번 만나고 헤어졌다. 알렉산더는 후일 "내가 알렉산더 대왕이 아니었더라면 디오게네스가 되었을 것이다"라고 말했다고 한다. 인물이 인물을 알아보는 것이라고나 할까.

이외에도 우리는 자발적 궁핍 내지는 자발적 가난의 길을 택한 특별한 사람들이 있음을 안다. 가톨릭에서는 알다시피 아시시의 성 프란체스코Francesco d'Assisi가 유명한데, 그는 이탈리아에서 부유한 대★상인의 아들로 태어나 젊어서 향락을 누리다가 크게 회심하여 자신의 엄청난 재산을 다 버리고 가톨릭의 수도자가 되었다. 그리하여 그는 완전한 청빈을 지향하는 수도회를 창립하였다. 이것이 바로 프란체스코 수도회이다. 이 프란체스코 수도회는 오늘날 한국에서도 많은 활동을 하고 있는 단체이다. 프란체스코는 모든 시대를 통해 많은 사람들로부터 존경을 받았다.

이와 대비되는 인물로 불교에서는 방거사龐居士가 유명하다. 그의 본명은 방온龐蘊인데 출가하지 않은 거사居士였기 때문에 흔히 방거사로 불리운다. 인도에 유마거사維摩居士가 있다면 중국에는 방거사가 있다고 할만큼 높이 칭송되는 인물이다. 방온 역시 이력이 특이하다. 그는 큰 부자집에서 태어나 입신출세하기위해 유학을 공부하다 어느 날 문득 회심하여 구도의 길로 들어섰다. 그런데 그는 프란체스코처럼 자신의 재산을 포기하는데 그친 것이 아니라 거기서 더 나아갔다. 그는 수만 수레에 상당하는 자신의 막대한 재산을 배에 싣고 가서 동정호洞庭湖 한복판에 전부 수장시켜 버렸던 것이다. 그가 재물을 물에 던지려 할때 사람들이 말렸다고 한다. 다른사람에게 주던지, 불사佛事에 쓰라는 것이다. 그러나 그는 이렇게 말했다.

"내가 이미 나쁜 것이라 생각하고 버리면서 어찌 다른 사람에게 주랴. 재물이란 고래로부터 심신을 괴롭히는 근원이다."

그 후 방거사는 재가수행자로서 성밖의 작은집에 살면서 거기서 대바구니를 만들어 그것으로 생계를 유지했다고 한다.

이 정도는 아니지만, 철학자들 중에 자발적인 궁핍에 해당하는 케이스는 또있다. 서양철학자 중 가장 위대한 철학자 중 한 사람인 스피노자Spinoza, 그의 삶 또한 그러하였다. 스피노자의 철학은 너무 심오하여 당대 유럽 철학계와 종교계는 그의 철학을 이해하지 못할 뿐만 아니라 그를 심하게 박해하였다. 그리하여 스피노자는 자신의 철학을 고이 보존하기 위하여 세상과 일정한 거리를 유지할 필요가 있었다. 그는 유럽 대학에서의 교수직 초빙도 거절한 채(그는 암살의 위험에 노출되어 있었다) 도시의 한구석에서 쭈그리고 앉아 안경렌즈를 갈아 생계를 유지해야했다.

또, 독일의 신비주의자 야곱 뵈메Jakob Böhme 또한 이런 유형의 사람이다. 그는 우주의 궁극의 비밀을 보았으나 기독교 세계와의 충돌을 우려하여 자신의 저작을 한 권도 생전에 출판하지 않았다. 그는 자신의 신비주의 사상을 깊이 감춘 채, 죽을 때까지 농촌의 한구석에서 구두 만드는 일을 하며 살았다. 그러나 그는 위대한 책을 남겨 후일 사람들을 놀라게 하였다.

누구는 마누라의 잔소리를 견디고, 누구는 통 속에 살며, 누구는 수도자가 되고, 누구는 대바구니를 만들고, 누구는 안경렌즈를 깎고, 누구는 구두를 수선하면서 우리는 세상을 살아간다. 가슴속 깊이 자신의 철학을 묵묵히 감춘 채. 이들 모두는 시대도 다르고 국적도 다르지만 다 장자와 비슷한 사람들이다. 이들 모두를 우리는 '자발적 가난'을 선택한 사람들이라고 부를수 있다.

독일 철학자 니체Nietzsche 는《짜라투스트라는 이렇게 말했다》라는 책에서 이들을 좀더 과격한 이름으로 부른다. 그는 이들을 '자발적 걸인'이라 부른다. 그의 책에는 '자발적 걸인'이란 제목의 장chapter 이 있다. 그는 거기에서 짜라투스트라의 입을 빌어 이렇게 말한다.

그대는 일찍이 스스로 거대한 부富를 내던진 자발적인 걸인이 아닌가. 자신의 부와 부자됨을 부끄러워하여, 가장 가난한 자들에게 자신의 충만과 자신의 가슴을 선사하기 위하여 그들에게로 달려갔

장자, 쓸모없는 나무도 쓸모가 있다

던 자가 아닌가?

그러나 '자발적 걸인'의 문제를 긍정적인 측면에서 가장 깊이 이해했던 사람은 《월든》의 저자 소로Thoreau이다. 그는 이렇게 말한다.

가장 현명한 사람들은 항상 가난한 사람들보다도 더 간소하고 결핍된 생활을 해왔다. 중국, 인도, 페르시아 및 그리스의 옛 철학자들은 외관상으로는 그 누구보다도 가난했으나 내적으로는 그 누구보다도 부유한 사람들이었다. 우리가 그들에 대해 아는 것은 그리 많지 않다. 어쩌면 지금만큼이라도 아는 것이 다행인지도 모른다. 또, 그들보다 후대에 살았던 인류의 개혁자들과 은인恩人들에 대해서도 똑같은 이야기를 할 수 있으리라. '자발적 빈곤'이라는 이름의 높은 고지에 오르지 않고서는 인간 생활의 공정하고도 현명한 관찰자는 될 수 없다. 농업, 상업, 문학, 예술을 막론하고 과다한 삶의 열매는 사치일 뿐이다.

－《월든》

인생을 혼탁한 강물에 떠내려보내지 않으려면 우리 인간은 누구나 다 자신의 범위 안에서 '자발적 가난'을 행하지 않으면 안된다. '자발적 가난'이 없으면 인격의 순수성이 훼손된다. 모든 것을 다 쥐려 하는 자는 추하다. 자신 앞에 제시된 모든 인생의 달콤한 사탕들(때로는 그것이 천금이고 때로는 그것이 재상 자리일 수도 있다)을 덥석 집어먹으면 안된다. 거기에는 먹어도 될 사탕이 있고, 먹지 말아야 할 사탕이 있다. 만약 먹지 말아야 할 사탕을 잘못 먹으면 그 순간 명예를 잃고, 다음 순간 인생이 추해지며, 결국 재앙에 직면하게 된다.

양식을 거절한 열자

열자列子는 몹시 궁핍하여 얼굴에 굶주린 빛을 하고 있었다. 정鄭나라 재상인 자양子陽에게 한 나그네가 와서 말했다.

"열자는 도를 터득한 분입니다. 그런데도 그분이 그대의 나라에 살면서 빈궁하게 지내고 있으니, 그대는 선비를 좋아하지 않는게 아닙니까."

그러자 자양은 곧 관리들에게 명하여 열자에게 양식을 갖다 주게 했으나, 열자는 사자를 만나자 두 번 절하고 정중히 사양했다. 사자가 돌아가고 열자가 안으로 들어가니 그의 아내가 남편을 바라보며 가슴을 치면서 말했다.

"제가 듣건대 도를 터득한 자의 처자식은 모두 편안한 생활을 한다고 하는데, 지금 굶주린 빛이 있어서 그분이 당신에게 양식을 보내 주었는데도 당신은 받지 않으니, 이것은 대체 어찌 된 일입니까?"

이에 열자는 웃으면서 아내에게 말했다.

"자양은 자기 스스로 나를 알아본 것이 아니고 남의 말만 듣고서 나에게 양식을 보낸 것이오. 그러다가는 나를 죄주는 일도 역시 남의 말만 듣고 할 것이오. 이것이 내가 양식을 받지 않은 까닭이오."

과연 그 뒤에 백성들이 난리를 일으켜 자양을 죽였다.

장자, 쓸모없는 나무도 쓸모가 있다

子列子窮. 容貌有飢色. 客有言之於鄭子陽者. 曰. 列禦寇蓋有道之士也. 居君之國而窮. 君无乃爲不好士乎. 鄭子陽卽令官遺之粟. 子列子見使者. 再拜而辭. 使者去. 子列子入. 其妻望之而拊心曰. 妾聞. 爲有道者之妻子. 皆得佚樂. 今有飢色. 君過而遺先生食. 先生不受. 豈不命邪. 子列子笑謂之曰. 君非自知我也. 以人之言而遺我粟. 至其罪我也. 又且以人之言. 此吾所以不受也. 其卒. 民果作難而殺子陽.

- 〈양왕〉

이 이야기를 읽다 보니 가난한 선비의 항목에 열자를 추가해야 할 것 같다. 열자 역시 장자 못지않게 궁핍 속에 살았다. 앞서의 장자와 감하후 일화에서도 '양식' 이야기가 나왔었는데, 지금 여기에서도 '양식' 이야기가 또 나오고 있다. 그만큼 그 시대에는 먹고 살기가 힘들었다는 이야기이다. 열자는《장자》의 주요 등장인물이다. 그는《장자》에서 주연은 아니지만 비중있는 조연임에는 틀림없다. 그는〈소요유〉편에서 거의 초능력을 행사하는 마술사와 같은 모습으로 처음 얼굴을 보였고, 또〈응제왕〉편에서는 현인 호자壺子의 제자로 나오는데 거기서는 귀가 얇아 무당 계함季咸에게 잘 속는 어리숙한 모습으로 나왔다.

그러나 이 일화에서 보면 열자는 마술이나 신통을 추구하는 외도外道의 모습도 아니고, 세상 이치를 잘못 파악하여 누구에게 속고 다니는 미숙한 선비의 모습도 아니다.〈응제왕〉편 끝에서 열자는 자신이 얼마나 어리석었는지 깊이 뉘우치고 집으로 돌아가 3년간 두문불출하면서 도道에 정진했다고 되어 있는데, 말하자면 그 이후 완숙해진 열자의 모습이 여기 나타난 모습이라고나 할까. 어쨌든 열자는 가난 속에서도 안빈낙도安貧樂道하며 살아가고 있다.

그는 궁핍하면서도 예리한 판단력으로 정나라 재상 자양子陽이 보낸 양식을 거절한다. 그때 그가 처에게 하는 말은 '남의 말에 휘둘려 쉽사리 판단을 내리는 자는 그릇된 판단을 내리기 쉬운 인물'이라는 것이었다. 쌀 한 톨 어디 가서 구해오지 못하는 주제에 집에 제발로 굴러들어온 양식을 거절했으니 그의 처가 가슴을 치고도 남을 일이었다. 아마 그날밤 열자의 처는 잘난 남편을 꽤나 원망했을 것이다.

그런데 그후 어찌 되었을가? 이 일화의 마지막 단락은 '과연 그 뒤에 백성들이 난리를 일으켜 자양을 죽였'고 되어 있다. 이것은 사실일까? 그렇다. 이것은 역사적 사실이다. 정나라는 춘추시대 오패에는 속하지 못했지만 낙양 주변을 점하고 있던 꽤 큰 나라인데, 자양은 이 나라에서 실제로 재상을 역임했던 인물이다. 〈여씨춘추〉와 〈회남자〉에는 자양은 부하들에게 냉혹하게 대했기 때문에 많은 원한을 샀으며, 그 와중에 시종 중의 하나가 실수로 자양의 활을 부러뜨렸는데 그로 인해 벌받을 것을 매우 두려워하다가 궁리 끝에 미친개를 풀어 자양을 물어 죽게 했다고 기술되어 있다(다만, 사마천의 《사기》에는 정나라 임금이 그 재상인 자양을 죽였다고 되어있다. 어찌됐건 자양은 도가 지나친 행위를 하다가 백성 아니면 왕에 의해 죽임을 당한 것이다).

그러므로 여기 열자와 자양의 일화는 100퍼센트 사실은 아닐지라도, 최소한 비슷하게 존재했던 어떤 역사적 사실을 근거로 만든 이야기임을 알 수 있다. 열자는 자양의 사람 됨됨이를 이미 꿰뚫어보았고, 그래서 양식을 거절했던 것이다.

장자, 쓸모없는 나무도 쓸모가 있다

자유로운 영혼들이야기

참된 화공

속담에 이르기를 "대중은 이득<small>利</small>을 중히 여기고, 청렴한 선비는 명예<small>名</small>를 중히 여기며, 현자는 뜻<small>志</small>을 중히 여기며, 성인은 정신<small>精</small>을 중히 여긴다."고 했다.

그러므로 소박하다는 것은 정신에 다른 잡것이 조금도 섞이지 않았음을 말하며, 순수하다는 것은 그 정신이 조금도 일그러지지 않았음을 말하는 것이다. 이러한 순수하고 소박한 것을 체득하고 있는 사람을 진인<small>眞人</small>이라 부르는 것이다.

野語有之. 曰衆人重利. 廉士重名. 賢人尚志. 聖人貴精. 故素也者. 謂其无所與雜也. 純也者. 謂其不虧其神也. 能體純素. 謂之眞人.

- 〈각의〉

세상에는 여러 부류의 사람이 있다. 대중이 있고, 선비가 있고, 현자가 있고, 성인이 있다. 흔한 것이 대중이고, 덜 흔한 것이 선비이고, 드문 것이 현자이고, 희귀한 것이 성인이다. 이 중에서 가장 말 안 듣고, 골치 아픈 부류가 누구일까? 대중일까? 아니다. 성인이다. 대중은 일견 거칠어 보이나 이득을 보장해주면 따라오고, 선비는 그 명예를 살짝 세워주면 따라오며, 현자는 그의 뜻에 공명해주면 따라온다. 그러나 성인은 어떤 뇌물이나 회유책을 써도 통하지 않는다. 왜냐하면 그는 정신을 중히 여기기 때문이다. 정신이란 장자에 의하면 '사방으로 자유로이 유동하여 이르지 못하는 곳이 없다. 위로는 하늘 끝에 이르고, 밑으로는 땅에 서린 채 만물을 변화·양육시키지만 그 형상은 알수가 없다.' 그러므로 정신이란 천지만물을 생生했다 멸滅했다 하는 이 우주의 근본실체, 즉 영靈이며 또한 그것의 일부가 우리 안에 들어와 있을때 우리는 그것을 정신이라 부른다. 그래서 장자는 이렇게 말했다.

순수하고 소박한 도는 오직 이 정신을 지키는데 있다.
이를 지켜 잃지 않으면 하나가 되고,
그 하나가 된 정신은
마침내 천지자연의 이치와 통하게 되는 것이다.

純素之道. 唯神是守. 守而勿失. 與神爲一. 一之精通. 合於天倫.

– 〈각의〉

이 우주의 주인은 정신이며, 성인은 바로 그것을 지키려 하는 사람

장자, 쓸모없는 나무도 쓸모가 있다

이다. 그러므로 그는 하늘의 명을 따를뿐 이 세상 어떤 누구의 말도 듣지 않는다. 아무도 그를 강제하지 못하고, 또 저지하지 못한다.

여기 소박과 순수에 관한 정의가 있다. 장자는 소박하다는 것은 '무소여잡(無所與雜, 다른 잡것이 조금도 섞이지 않은 것)'이며, 순수하다는 것은 '불휴기신(不虧其神, 그 정신이 조금도 일그러지지 않은 것)'이라고 정의하고 있다. 얼마나 명쾌한가. 이러한 순수하고 소박한 것을 체득하고 있는 사람이 바로 성인이고 진인이다. 나는 장자의 이 정의를 접하고서야 순수하고 소박한 것이 얼마나 무서운 것인지를 비로소 알게 되었다. 나는 그 이전까지는 순수하고 소박한 것은 정치권력이 간단히 제압해버릴수 있는 다소 순진하고 말 잘 듣는 사람들을 가리키는 말인줄 알았는데, 이제 보니 전혀 그것이 아니다. 이들이야말로 가장 강한 사람들이며, 자유로운 영혼들이다.

아무도 그들을 강요할 수 없다. 아무도 그들을 회유할 수 없다. 그러나 그들이 이마에 진인의 표식을 달고 다니는 것도 아니다. 그들은 이세상 도처에 숨어 있다. 우리는 그들 곁을 지나면서도 그들을 알아보지 못한다. 다음의 에피소드는 그런 인물이 예술의 영역에 나타나면 어떻게 되는지를 보여준다.

송나라 임금 원군元君이 자기 초상화를 그리게 하였다. 여러 화공畵工들이 모두 달려와 명령을 받자 읍하고 서서 곧 붓을 핥고 먹을 가는데, 방에도 못 들어오고 밖에 서 있는 자가 반이 넘었다. 그런데 한 화공이 뒤늦게 왔는데, 유유히 여유 있는 태도로 서둘지도 않고, 명령을 받자 읍하고 서는 일도 없이 그대로 자기 숙소로 돌아가버렀다. 원군이 사람을 시켜 가보게 했더니, 화공은 두다리를 쭉 뻗고 벌거벗은 채 쉬고 있었다. 이 보고를 받자 원군이 말했다.

"됐다. 그야말로 참된 화공이로다."

宋元君將畵圖. 衆史皆至. 受揖而立. 舐筆和墨. 在外者半. 有一史後至者. 儃儃然不趨. 受揖不立. 因之舍. 公使人視之. 則解衣般礴嬴. 君曰. 可矣. 是眞畵者也.

- 〈전자방〉

　　원래 임금이 사는 궁궐에는 화원畵院이란 곳이 있어서 거기에 수십 명의 화공들을 거느리고 있는데 그들의 주된 임무는 국가적인 행사를 그림으로 그려 보관해두는 것이다. 그리고 그 중에서도 가장 중요한 일이 임금의 초상화를 그리는 일이었을 것이다(때로는 궁녀의 초상화를 그리는 일도 있었다). 어느날 송(宋, 전국시대의 조그마한 나라로서 장자가 태어난 나라이기도 함)나라 원군도 자기 초상화를 그리게 했던 모양인데, 임금 초상화를 그리는 일은 화공들로서는 일생일대의 기회가 되는것이기 때문에 화공이라면 누구나 버선발로 달려가서 재빨리 명령을 받잡고 곱상하게 맨 앞줄에 앉아 온갖 재주를 다해 임금 얼굴을 그려야 할 것이다. 윗글의 앞단락은 그러한 정황을 설명하고 있다.

　　모두들 헐레벌떡 뛰어와서 마음을 가라앉히기도 전에 붓을 들고 그림들을 그리느라고 정신이 없다. 이때 한 화공이 나타났다. 그는 말하자면 임금의 부름에 지각을 한 셈인데, 당황하기는 고사하고 얼굴에 서두르는 기색하나 없이 천천히 지시를 받더니 딴 사람들처럼 대열에 합류하는 것이 아니라 유유히 자기 숙소로 돌아가 버렸다. 이런 괘씸한 자가 있나! 기껏 천한 화공인 주제에 임금 초상을 그리랬더니 숙소로 가버리다니! 이자는 대체 초상화를 임금 얼굴도 안보고 그릴 작정이란 말인가.

옹졸한 임금 같으면 분명히 이런 소리를 늘어놓으면서 그 화공을 곤장으로 다스리려 했을 것이다. 그러나 원군은 달랐다. 그는 도량이 넓었을 뿐만 아니라 사람을 보는 눈이 있었던 인물이다. 그는 뒤늦게 나타나 유유히 거닐다 사라진 그 묘한 화공을 유심히 관찰했음에 틀림없다. 그는 그 화공에게 흥미를 느꼈다. 천편일률적인 사람들 중에 개성 있는 한 인물의 행동이 돋보였던 것이다. 그래서 시종을 시켜 가보게 했더니 그는 아무것에도 구애받음이 없이 나체로 두다리를 쭉 뻗고 쉬고 있더라는 것이다.

만약 이 화공이 숙소로 돌아와 못 그린 그림을 그리려고 뒤늦게 부랴부랴 화선지를 펴고 먹을 갈고 있었다면 원군이 '됐다. 이사람이야말로 참된 화공이다'라고 하지 않았을 것이다. 원군이 그를 참된 화공으로 평가한 이유는 그가 숙소로 돌아온 이후에도 아무 일도 없었다는 듯이 다리를 쭉 뻗고 벌거벗은채 쉬고 있었기 때문이다. 그러나 사실 이러한 태도는 유가적儒家的 세계관으로서는 용납될수 없는 태도이다. 유가의 기본 태도는 임금은 임금다와야 하고, 신하는 신하다와야 하며, 아비는 아비다와야 하고, 자식은 자식다와야 한다는 정명론定名論 위에 서 있기 때문이다.

그러나 여기의 이 화공에게는 임금도 없고 신하도 없다. 그에게는 계급도 없고 서열도 없다. 그에게는 정치도 없고 계산도 없다. 진정한 예술가는 인습이나 관례 따위를 싫어한다. 이런 저런 인습과 형식 따위에 구애받으면 자유로운 예술이 싹틀 수 없다. 인간의 정신을 얽어매고, 내적 자유를 억압하는 곳에서는 예술은 죽는다. 예술은 자유로운 공기를 필요로 한다. 모든 판에 박힌 형식을 초월해야 사물의 본질에 도달할수 있는 것이며, 그런 연후에라야 예술적 재능이 마음껏 꽃피어 날 수 있는 것이다. 저 화공은 왜 임금 앞에서 자리를 떠나 유유히 자기 숙소로 돌아가 버렸는가? 순간 숨이 막혔기 때문이다.

참된 예술가는 공기에 민감하다. 과연 이곳에 자유로운 공기가 흐르고 있는가? 화공이 척 보니 그곳의 공기는 오염되어 있었다. 자유로운 기풍이 흐르지 않는 그런 답답한 공간에서는 예술은 숨 쉴 수 없다. 그가 보기에 그곳은 예술을 위한 아틀리에가 아니라 물건을 찍어내는 공장처럼 보였을 것이다. 그래서 그는 뒤도 안 돌아보고 자기 숙소로 가버린 것이다. 이 화공에게는 심모深謀도 원려遠慮도 없다. 그는 매 순간 계산 없이 순수하게 산다. 그는 어떠한 형식 따위에도 구애되지 않고, 정신의 자유로운 경지에서 유유자적하며 살아간다(위의 문장은 중국의 그림에 대해 기록된 중에서 가장 오래된 문헌으로 꼽힌다고 한다).

음악이든 미술이든 문학이든 어떤 영역을 막론하고 예술의 거장들은 일반인의 눈으로 볼때 묘한 기벽을 지니고 있음을 볼 수 있는데, 실은 그런 기벽이 없으면 예술가가 될 수가 없다. 예술가의 기벽이라고 하는것은 위대함에 붙어다니는 혹 같은 것인데, 우리는 그 혹을 떼고 싶지만 그러나 혹은 떼면 그 위대함도 함께 사라진다. 그러므로 우리는 예술가의 기벽을 허용해야 한다. 기벽이란 말하자면 그 존재의 깃

장자, 쓸모없는 나무도 쓸모가 있다

발 같은 것이다. 너무 펄럭이기 때문에 신경이 쓰이긴 하지만, 그래도 펄럭이는 동안은 우리는 그가 살아 있음을 알 수 있다.

여기 이 화공보다 더 자유로운 영혼이 있다. 위대한 두 인물 베토벤Beethoven과 괴테Goethe가 보헤미아 지방의 온천지 테플리츠에서 우연히 만나게 되었다. 둘은 서로를 소문을 통해 잘 알고, 서로를 깊이 존경하고 있었으나 사실 두 인물의 성향은 뿌리부터 달랐다. 그리하여 서로 처음 만나 서로의 위대함을 한눈에 알아보고 급속히 친숙해졌으나 그 친숙함은 오래갈 수 없는 것이었다. 만나서 며칠이 지나 두 거물이 함께 산책을 나갔을 때의 일이었다. 베토벤은 괴테의 팔을 붙잡고 걸었다. 괴테의 나이 63세, 베토벤의 나이 42세때의 일이다.

그런 자세로 테플리츠의 큰길이나 좁은 시골길을 걸어가는 동안 그들은 독일 여러 궁전의 고위층 인사들과 자주 마주치곤 했다. 그럴 때면 괴테는 격식을 갖추어 정중하게 인사를 했는데, 그러한 태도가 베토벤의 감정을 상하게 했다. 베토벤은 어린시절부터 괴테를 흠모해 마지않았으며, 그러기에 괴테의 비극 〈에그몬트〉에 곡을 붙여 헌정까지 하지 않았던가! 그런데 가까이서 본 괴테의 모습은 무언가 실망스러워 보였다. 베토벤의 눈에는 자기가 어려서부터 숭배해왔던 시인, 독수리처럼 힘찬 날개 짓으로 거센 바람을 헤쳐 나가던 시인이 이제는 예의범절이나 신분질서에만 지나치게 신경쓰는 한명의 추밀고문관(괴테의 공식직함)으로밖에 보이지 않았던 것이다. 괴테는 임금과 제후들에 대한 이야기를 할 때면 '그야말로 정중하고도 겸허한 표현'을 사용했는데, 그럴 때면 베토벤은 이렇게 투덜거렸다.

"뭐하자는 겁니까? 그렇게 해서는 안됩니다. 그런 태도는 옳지 않습니다. 그들의 면전에서 선생님의 위치에 맞는 면모를 과감하게 보여줘야 합니다. 나는 라이너 대공에게 이렇게 말한 적이 있습니다. '임금이나 제후들이 누군가에게 훈장을 준다고 해서 그 사람이 그것 때문에 조금이라도 더 나은 인물이 되지는 않습니다. 또한 당신이 궁정고문관이나 추밀고문관이라는 직위를 부여해줄 수는 있어도, 괴테 같은 시인이나 베토벤 같은 작곡가를 만들어 줄수는 없습니다. 따라서 당신 스스로 만들어낼 수 없는 것에 대한 진가를 올바르게 인식하고 그것을 인정하는 법을 배우는 것이 당신께 유익할 것입니다'라고 말입니다."

두사람이 한창 이런 이야기를 나누고 있을때 마침 루돌프 대공과 대공비가 수행원들을 대동하고 그들 쪽으로 걸어오고 있는 모습이 시야에 들어왔다. 그러자 베토벤이 괴테에게 말했다.

"팔짱을 낀 채 이대로 걸어갑시다. 그러면 우리가 길을 비킬 필요없이 저 사람들이 비켜서야 할겁니다."

그러나 괴테는 불쑥 베토벤의 팔에서 빠져나가 모자를 벗어들고 공손하게 길 옆에 비켜섰다. 반면 베토벤은 당당한 걸음걸이로 대공일행의 한복판을 황소처럼 거침없이 뚫고 지나갔다. 그때를 회상하며 베토벤은 이렇게 말했다.

"나는 모자를 푹 눌러쓰고 외투의 단추를 채우고 두 팔은 뒷짐을 진채 빽빽이 떼를 지어 몰려오는 행렬 한가운데를 헤치고 나갔다. 여러 제후들이 좌우로 늘어서자 대공은 나에게 모자를 벗었고, 대공비역시 나보다 먼저 인사를 하였다. 일행이 괴테 앞을 지나가는 것을 돌아다보았더니, 괴테는 길 옆에 서서 모자를 벗어들고 머리가 땅에 닿

장자. 쓸모없는 나무도 쓸모가 있다

도록 허리를 굽히고 있었다. 뒤에 나는 괴테를 사정없이 나무라 주었다."(이상,《괴테와 베토벤》, 로맹롤랑 참조)

화공은 임금의 명을 무시하고 유유히 사라져 자유를 만끽하는 정도였지만, 베토벤은 임금의 대열 속으로 뛰어들어 그 대열을 흔들어 둘로 갈라놓은 정도에 이르렀던 것이다(또한 저 위대한 교양인 괴테조차도 길들여지지 않은 원시적 야성을 뿜어내는 베토벤 앞에서는 속수무책이었던 것이다).

무심無心의 활쏘기

열어구列禦寇가 백혼무인伯昏無人에게 활을 쏘아보였는데, 활을 힘껏 당기면 물을 담은 잔을 팔꿈치 위에 올려놓아도 잔이 기울어지지 않을 정도로 좌우로 수평을 이루었다. 또 활을 쏠 때 화살이 시위를 떠났는가 싶으면 다른 화살이 시위에 놓이고, 그 화살이 떠나면 또 다른 화살이 시위에 놓을 정도로 신속했는데 그동안 몸을 꼼짝도 하지 않아 그 모습이 마치 나무인형 같았다.

백혼무인이 말했다.

"그대의 활솜씨는 뛰어나긴 하지만, 그러나 그것은 유심有心의 활쏘기이지 무심無心의 활쏘기는 아니다. 어디 시험 삼아 그대와 함께 높은 산에 올라 험한 바위를 밟고 백길이나 되는 벼랑 밑을 내려다보면서도 그대가 잘 쏠 수 있는가를 보기로 하자."

그리고는 백혼무인은 마침내 높은 산에 올라 험한 바위를 밟고서 백길이나 되는 벼랑 아래의 심연을 내려다보면서 대뜸 뒷걸음질쳐서 발뒤꿈치의 2/3를 바위 위의 허공에 내민 채 열어구에게 손짓하여 앞으로 오라고 했다. 열어구는 땅에 엎드린 채 두려워 땀이 발뒤꿈치까지 흘러 내렸다.

列禦寇爲伯昏无人射. 引之盈貫. 措杯水其肘上. 發之. 適矢復沓. 方矢復寓. 當是時. 猶象人也. 伯昏无人曰. 是射之射. 非不射之射也. 嘗與汝登高山. 履危石. 臨百仞之淵. 若能射乎. 背逡巡. 足二分垂在外. 揖禦寇而進之. 禦寇伏地. 汗流至踵.

- 〈전자방〉

이른바 '유심有心의 활쏘기'와 '무심無心의 활쏘기'에 관한 논의이다. 이에 해당하는 각각의 원문은 '사지사射之射'와 '불사지사不射之射'이다. '사지사'란 쏘려는 활쏘기, 즉 활을 쏠때 명중시키려는 의식을 가진 유심의 활쏘기이고, '불사지사'란 쏘지 않는 경지의 활쏘기, 즉 명중시키겠다는 의식을 갖지 않는 무심의 활쏘기이다. 그러므로 결국 사지사란 '유위'를 말하는 것이며, 불사지사란 '무위'를 말하는 것이다.

여기 나오는 열어구는 열자를 말하며, 백혼무인은 열자의 스승이다. 백혼무인은 초나라의 은자라고는 하나, 실은 장자가 창작한 인물이다. 백혼무인이 란 이름의 의미는 가장 으뜸 되는 인물伯이면서도, 번쩍거리지 않고 빛을 감춰 어둠昏과 같으며, 시원하게 세상과 자아를 잊어버린無人 사람이란 뜻이다. 요컨대 백혼무인이란 도의 완전한 경지에 도달한 어떤 사람을 상징하는 것이다. 그 백혼무인이 보기에

장자, 쓸모없는 나무도 쓸모가 있다

열자의 활쏘기는 비록 솜씨가 뛰어나기는 하지만 그것은 기술적인 활쏘기이지 기술을 넘어선 무위의 활쏘기는 아니다. 그런 기교에 치우친 활쏘기는 자기 안방에서는 통할지 모르지만 백길 낭떠러지 위에서는 통하지 않는다. 그리하여 백혼무인은 험한 바위산 위로 열자를 데리고 올라가서 백길 벼랑위에 까치발을 하고 서서 열자에게 앞으로 오라고 손짓했다. 그러자 열자는 활쏘는 것은 고사하고 제몸하나 가누지 못하고 오금이 저려 땅바닥에 납작 엎드려 버렸던 것이다.

그러자 백혼무인이 말했다.

> 대저 지인至人이란 위로는 푸른 하늘끝을 들여다보고 아래로는 황천바닥까지 들어가며 천지팔방을 자유자재로 날아다니되, 정신이나 기백이 조금도 변하지 않는다神氣不變. 그런데 지금 그대는 두려움에 떨면서 눈이 어지러운 모양이니, 그래가지고서야 과녁을 맞출 수 있겠는가!

> 伯昏无人曰. 夫至人者. 上闚靑天. 下潛黃泉. 揮斥八極. 神氣不變. 今汝怵然有恂目之志. 爾於中也. 殆矣夫.

> — 〈전자방〉

예로부터 우리 동양에서는 술術과 도道를 구분해왔다. 술과 도는 어떻게 다른 것인가? 술은 한계가 있는 것이며 도는 무한한 것이다. 술은 조작이 있는 것이며 도는 조작이 없는 것이다. 술은 기교를 익히는 것이며 도는 기교를 넘어선 것이다. 술은 의도를 가지고 행하는 것이며 도는 어떤 의도를 개입시키지 않는 것이다. 같은 행위도 술이 될 수 있고 도가 될 수 있다. 작위적인 마음을 가지면 술이 되고, 작위적인 마음을 버리면 도가 된다. 술은 모든 상황을 자기가 통제하려 하지만, 도는 자기보다 높은 어떤 힘에 몸을 맡기는 것이다. 요컨대, 술이란 유위有爲이며, 도란 무위無爲이다.

누가 지인至人이고 누가 범부凡夫인가? 무위를 행하는 자가 지인이고, 유위를 행하는 자가 범부이다. 그러므로 같은 행위를 하더라도 범부가 행하는 것은 술이며, 지인이 행하는 것은 도이다. 지인은 텅빈 허심의 상태에 이르른 사람이며, 자아를 넘어선 사람이다. 그는 많은 행위를 하지만 그의 행위 속에는 더 이상 행위자가 존재하지 않는다. 그는 행위에서는 무위지위(無爲之爲, 함이 없는 함)를 행하고, 일에서는 무사지사(無事之事, 일 없는 일)를 경영한다. 그런 사람은 수행을 할때는 무수지수(無修之修, 수행 없는 수행)를 닦으며, 활을 쏠때는 불사지사(不射之射, 쏘지 않는 활쏘기)를 행하는 것이다.

장자, 쓸모없는 나무도 쓸모가 있다

항아리 속의 초파리 이야기

만물이 생겨나던 처음의 경지

공자가 노자를 만나러 갔을때, 노자는 마침 머리를 감고난 뒤 풀어헤친 채 말리고 있었다. 그 모습이 꼼짝도 하지 않고 있는것이 사람이 아닌것 같았다. 공자는 물러나 기다렸다가 잠시 후에 만나서 말했다.

"제가 눈이 현혹되었던 것일까요? 아니면 본 그대로가 사실일까요? 조금 전 선생님의 형체는 우뚝 선 마른나무와 같았고, 사물을 잊어버리고 사람을 떠나 절대의 경지에 서 계신 것만 같았습니다."

노자가 말했다.

"나의 마음은 만물이 생겨나던 처음의 경지에 노닐고 있었소吾遊心於物之初."

공자가 말했다.

"그것은 무슨 뜻입니까?"

孔子見老聃. 老聃新沐. 方將被髮而乾. 慹然似非人. 孔子便而待之. 少
焉見曰. 丘也眩與. 其信然與. 向者先生形體掘若槁木. 似遺物離人而立
於獨也. 老聃曰. 吾遊心於物之初. 孔子曰. 何謂邪.

- 〈전자방〉

여기 위대한 두 인물이 만나고 있다. 공자와 노자, 이 두사람은 중
국의 전역사를 통하여 가장 위대한 인물들임에 틀림없다. 공자는 유
가의 창시자이고, 노자는 도가의 창시자이다. 중국이란 저 거대한 나
라를 안과 밖에서 지배했던 것이 바로 도가와 유가이다. 유가는 중국
인의 외적인 삶, 즉 공식적이고 공개적이며 현실적인 부분을 지배했
다면, 도가는 이와는 반대로 중국인의 내적인 삶, 즉 비공식적이고 은
밀하며 초월적인 부분을 지배해왔다. 공자는 사회를 지탱시킬 규범과
도덕을 부르짖었고, 노자는 인간을 완성시킬 영원한 도와 진리를 설
파하였다. 그러므로 역사상 공자가 없이는 중국적 삶의 스타일이 형
성될 수가 없었고, 노자가 없이는 중국인의 삶 자체가 완성될 수가 없
었다. 요컨대 유가가 드러난 부분이라면 도가는 숨겨진 부분이며, 유
가가 동動이라면 도가는 정靜이며, 유가가 정치, 사회학적이라면 도
가는 종교, 철학적이다.

원래 이와 같이 전혀 이질적인 두 인물의 만남은 역사상 유례가 없
다. 예수에게도 이런 만남이 없었으며, 붓다에게도 이런 만남이 없었
으며, 소크라테스에게도 이런 만남은 없었다. 물론 예수에게도 천적
유다Judas가 있었지만, 그것은 대등한 자들끼리의 만남이 아니라 제
자 측에서 벌인 일방적 배신의 스토리일 뿐이다. 또, 붓다에게도 데

바닷다Devadatta라는 천적이 있었지만 그것은 같은 길을 가는 두사람 간의 갈등과 알력이지 노자와 공자처럼 각자 다른 길을 가는 사람들의 만남이 아니다. 그리고 소크라테스로 말하자면 가장 불행한 케이스라 할수 있는데, 그는 딱히 천적은 없었지만 우중愚衆과 직접 대면하는 바람에 가장 심각한 곤경에 처했던 것이다. 그런데 여기 두인물은 전혀 그런 만남이 아니다. 노자와 공자는 진정한 천적이고 라이벌이며 두개의 서로 다른 이질적인 세계의 대립이다. 그런 인물 둘이 여기서 만나고 있다.

공자는 나이 열다섯에 지학志學 즉 학문에 뜻을 두고, 나이 삼십에 이립而立 즉 학문상의 모든 기초를 세웠으며, 나이 사십에 불혹不惑 즉 사물의 이치에 대하여 어떤 의혹도 없는 상태가 되었다고 말했지만, 사실 그에게는 여전히 하나의 의혹이 남아 있었다. 어떤 의혹인가? 그것은 인간의 지혜로는 알수 없는 천지자연의 도에 관한 것이었다.

공자처럼 배우기를 좋아하고 다방면의 지식을 섭렵하고자 애쓰는 사람이 그때 당시 중국의 지식계에 널리 퍼져있던 절대적이며 영원한 도에 관한 소문을 듣지 않았을 리가 없다. 그 도는 자기가 말한 인간사회의 인의예악仁義禮樂과는 확연히 달랐다. 그는 나이 15세 때부터 열심히 학업에 정진하여 40세에 이르러서는 인간이 만든 학문에 대하여서는 더 이상 배울 것이 없을 정도로 완벽하게 이치를 통달했다고 자부하였지만, 저 천지자연의 도에 대해서는 그것이 대체 무엇인지 정확하게 알수가 없었다.

그런데 그가 듣기에 그 도는 일명 무위자연無爲自然의 도라고 불리우며, 그 도의 특성은 무위이무불위無爲而無不爲, 즉 아무것도 행하지 않으면서 모든 것을 다 행한다는 것이다. 이 무슨 황당무계한 소리인가? 무위이면 아무것도 행하지 않는 것이지, 무위이면서 무불위는 또 무엇인가? 이런 수수께끼같은 소리를 하는 자는 대체 누구인가?

그러나 이미 이 도는 널리 퍼지고 있었다. 역사적으로 봤을때 공자의 시대에 이미 노자의 무위자연의 도는 상당한 추종자를 거느리고 있었던 것으로 보이며, 추종자들 중의 일부는 그러한 우주의 근원적인 도를 깨우치기 위하여 종일토록 먹지 않고 자지 않으면서 상당히 강도 높은 수행을 행했던 것으로 보인다. 이러한 일들은 물론 공자의 호기심을 강하게 자극하고도 남았을 것이다. 그러니까 이 우주에는 이른바 '궁극의 도'라는 것이 있으며, 거기에 이르기 위해서는 특별한 형태의 수행을 필요로 한다는 것을 그는 소문으로 들어 익히 알고 있었던 것이다.

그러나 《논어》라는 책은 전적으로 공자의 제자들이 공자를 기리기 위해 자기들에게 유리한 것만을 추려 뽑아 만든 책이기 때문에 이 부분에 관한 이야기는 한마디도 없다. 《논어》 어디에도 우주의 절대적이며 초월적인 궁극의 도에 관한 언급이 없다. 그들은 다만 인간 사회의 도덕규범에 대해서 말할 뿐이다. 그리고 절대적 도에 이르기 위해 어떤 독자적인 수행을 공자가 했다는 말도 없다. 《논어》에는 마치 공자가 그런 것에는 별 관심도 없는 것처럼 되어 있다. 그들은 《논어》에서 스승에게 누가 될 만한 것은 모두 감추었다. 그러나 부주의하게 한 구절만은 감추지 못했다. 거기에는 공자의 깊은 약점이 숨겨져 있다.

공자께서 말씀하시기를 "내 일찍이 종일토록 먹지 않고, 밤새도록

장자, 쓸모없는 나무도 쓸모가 있다

잠자지 않으며 사색한 일이 있었으나 유익함이 없는지라, 배우느니만 못하였느니라."

子曰 吾嘗 終日不食 終夜不寢 以思無益 不如學也

-《논어》, 〈위영공편〉

위 구절은 내가 보건대, 공자가 처해 있던 애매한 상황을 말해주는 것으로 보인다. 공자에게는 분명 무언가 풀리지 않는 의혹이 있었다. 그에게 모든 것이 명쾌하고 정말로 사물의 이치에 대해 한 점 의혹도 없었다면 그가 왜 '종일토록 먹지 않고, 밤새도록 잠자지 않으며' 사색하였겠는가? 그는 무언가 해결할 일이 있었던 것이며 그리하여 말하자면 그는 그날 밤 단식을 겸한 '철야정진'을 했던 셈인데, 하룻밤의 노고가 아무 성과를 보지 못하고 끝나게 되자 돌연 사색이란 무익한 일이라며 사색은 그만두고 공부나 계속하는 게 낫다는 전혀 철학자답지 못한 발언을 했다고 《논어》는 전하고 있다. 이런 말을 공자가 정말로 했을까? 어딘가 이 언급은 일면 공자 같기도 하지만 또 일면 공자 같지 않기도 하다. 무엇보다 공자가 '사색은 무익한일以思無益'이라고 말했다는 것인데, 이 부분은 아무래도 공자의 말이라고 해서는 안 될 것이다. 어찌 공자 같은 대성현이 '사색이 무익한 일'이라고 말했겠는가! 이 부분은 분명 누가 잘못 쓴 것이다!

《논어》에 무어라고 되어 있건 공자는 어떤 의혹이 있었고, 그 의혹을 해소하지 못했다. 그리하여 그는 마침내 노자를 만나러 주나라까지 갔던 것이다. 사마천은《사기》에서 공자가 노자를 만나러 간 사실을 언급하고 있고, 장자학파 사람들은《장자》에서 여러 차례 공자와 노자의 만남에 대해 이야기 하였다. 지금 우리가 보고 있는《장자》〈전자방〉편의 일화 역시 두사람의 만남에 관한 서로 다른 여러 버전version 중 하나이다. 처음으로 돌아가보자.

공자가 노자를 만나러 갔을 때, 노자는 마침 머리를 감고 난뒤
풀어헤친 채 말리고 있었다.

이것은 대체 어떤 상황인가? 무엇을 말하려 함인가? 피상적으로 읽고 넘어가면 여기서 중요한 것을 놓친다. 이 구절은, 공자가 노자를 만나러 갔을 때 노자가 의관을 정제하고 공자를 맞지 않았다는 점을 말하려는 것이다. 사마천의《사기》에는 공자가 노자를 만나 다름 아닌 예禮를 물었다고 되어 있는데,《장자》의 윗글은 예 따위를 처음부터 저만치 팽개쳐버리고 있다. 노자는 지금 밖에 손님이 왔는데 예를 갖추고 있는 것이 아니라, 이제 막 머리를 감고서 풀어 헤친 채 햇볕에 말리고 있다. 노자는 문밖에 누가 왔는지도 신경쓰지 않고 있다. 이것은 이른바 인의예악의 공자가 바야흐로 세상의 문지방을 넘어 무위자연의 영역으로 들어서고 있음을 상징적으로 나타내는 표현이다.

그런데 그모습이 꼼짝도 하지 않고 있는 것이 사람이 아닌것 같았다. 그래서 공자는 비켜서서 기다렸다가 잠시 후에 만나서 말했다.

제가 눈이 현혹되었던 것일까요? 아니면 본 그대로가 사실일까요?

조금전 선생님의 형체는 우뚝선 '마른나무'와 같았고, 사물을 잊어버리고 사람을 떠나 절대의 경지에 서 계신 것만 같았습니다.

첫 대면에서부터 공자는 지금 심대한 정신적 충격을 받고 있다. 머리를 풀어헤치고 말리는것 까지는 좋은데, 그 꼼짝도 하지 않고 있는 것이 마치 사람이 아닌 듯했다는 것이다. 자기 앞에 지금 사람이 와 있는데도 노자는 그것을 아는지 모르는지 전혀 아랑곳하지 않고 인간과 세계로부터 벗어나 깊고 깊은 도에 침잠해 있는 것이다.

그런데 우리는 이와 유사한 장면을 어디서 한번 본적이 있다.《장자》〈제물론〉편에 보면 천뢰天籟소리 이야기가 나오는데, 책상에 기대앉아 자기 자신을 잊어버린채 고요히 천뢰소리를 듣고 있던 현인 남곽자기가 바로 이러한 모습으로 등장했었다. 거기서 남곽자기는 몸은 '마른나무橋木'와 같았고, 마음은 '꺼진재死灰'와 같았다고 되어있다. 이것이 이른바 도교수행의 궁극적 경지를 가리키는 '고목사회橋木死灰'라고 하는 것이다. 여기 〈전자방〉 편에서는 이를 축약하여 '고목'이라고만 말하고 있는데 같은 내용이다. 고목사회란 말하자면 도에 깊이 몰입되어 있는 사람에게서 나타나는 특별한 심신의 상태를 가리키는 말이다. 원래 '고목사회'란 형여고목(形如橋木, 몸은 고목과 같고), 심여사회(心如死灰, 마음은 꺼진 재와 같다)를 줄여서 부르는 말이다.

이렇게 중요한 것이 있으면 좀 자상하게 설명해줘야 하는데, 장자라는 사람은 도무지 아무리 중요한 것일지라 하더라도 그것을 언어를 가지고 개념화하는 작업을 좋아하지 않고, 그냥 한 마디 툭 던지고 가버린다. 귀 있는 자는 알아들으라는 것인데, 그러나 세상에는 귀

없는 자가 오히려 더 많고, 귀가 있어도 삐뚤어진 귀로 잘못 알아듣는 자가 더 많다. 분석력을 동원하여 무언가를 언어적으로 개념화하는 작업은 확실히 중국인들은 서툴다. 그들은 이런 작업을 별로 좋아하지 않는다. 이런 작업을 잘 수행해내는 사람들은 인도인들이다. 인도인들은 궁극의 도에 이르는 방법론들을 개념적으로 치밀하게 분석하여 등급을 매기고 순서를 정하여 단계적으로 정리해두기를 좋아하는 사람들이다. 그중에서도 이런 등급론 내지는 단계론 설정에 유난히 재능을 보인 이가 바로 파탄잘리Patanjali인데, 이 파탄잘리란 인물이 잘 알다시피 바로 요가yoga의 완성자이다. 파탄잘리에 따르면 도에 이르기 위해서는 누구나 8단계를 거쳐야 하는데, 이것이 유명한 '파탄잘리 요가 8단계'라는 것이다.

장자와 파탄잘리Patanjali

내가 장자의 고목사회를 이야기하면서 파탄잘리의 요가를 끌어들인 것은 파탄잘리의 잘 정리된 용어들 안에 장자를 보충해줄만한 것들이 들어 있기 때문이다. 원래 장자처럼 직관적인 사람들은 무엇을 길게 설명하려고 하지 않기 때문에 대체로 사람들로부터 오해되는 경향이 있는데, 이런 경우에는 반드시 치밀한 분석력을 갖춘 사람이 곁에 있다가 개념적으로 보충해줄 필요가 있다.

그럼 여기에서 파탄잘리의 용어들을 잠깐 살펴보기로 하자. 파탄잘리의 요가 8단계 중에 1단계부터 4단계까지는 사실 명상이라고 할 수는 없고, 일종의 명상을 위한 준비단계에 해당하는 것들인데, 그 중

1~2단계는 야마(yama, 금계), 니야마(niyama, 권계)라는 도덕률이다. 말하자면 불교의 계율 같은 것인데 야마는 금계禁戒로써 해서는 안될 것이며, 니야마는 권계勸戒로서 마땅히 해야 할 것을 말한다.

그 다음 3~4단계는 아사나(asana, 자세)와 프라나야마(pranayama, 호흡조절)이다. 아사나란 요즘 요가도장에서 흔히 볼 수 있는 요가 자세를 말하는 것이고, 프라나야마는 호흡법인데 이것은 우리나라 국선도나 단학 등에서 행하는 단전호흡과 같은 것이다. 따라서 1, 2, 3, 4단계는 별것이 없다.

제5단계의 프라티하라pratyahara가 문제인데, 이것은 우리에게 별로 알려져 있지 않다. 프라티하라란 '감각의 철수'를 말하는 것인데, 이것의 중요성을 아는 사람들이 별로 없다. 사람들은 행공(行功, asana)과 단전호흡(丹田呼吸, pranayama)을 왜 하는가? 행공과 단전호흡을 통해 경락과 혈을 열고 기를 순환시키는 것은 종국적으로 모두 감각의 철수, 즉 프라티하라를 위한 것이다. 자세와 호흡법을 완벽하게 익혀 열심히 수행했는데, 결과적으로 감각이 철수되지 않고 오히려 감각이 증폭된다거나 욕구가 팽창되어 버린다면 그것을 어디에 쓸 것인가?

증폭된 감각은 우리의 올바른 판단을 방해한다. 그렇게 되면 우리는 감각의 노예가 되어 보는 것에 현혹되고 듣는 것에 미혹되어 사물의 참모습을 볼 수 없게 되어 버린다. 그러므로 행공이나 단전호흡보다 이 감각의 철수(프라티하라)가 더 중요한 것이다. 여기에 고전요가의 완성자 파탄잘리의 예리한 통찰이 들어 있다.

그런데 여기서 내가 하고자 하는 말은, 파탄잘리의 제5단계 프라티하라가 다름 아닌 장자가 말한 고목사회 중에서 바로 '고목'의 상태에 해당한다는 점이다. 장자는 파탄잘리와 달라 모든 유위를 명상이라고 보지 않기 때문에 자세와 단전호흡 따위에 대해서는 여러 차례 부정적으로 언급하였지만 감각의 철수, 즉 고목의 상태는 명상에 들기 위한 필수적 준비단계로 보았다. 여기서 장자의 생각을 좀더 정확히 알아보기 위해서 우리는 '좌망'에 관한 장자의 언급을 상기해볼 필요가 있다.

> 손발이나 신체를 잊어버리고 (墮枝体)
> 눈과 귀의 작용을 멈추고 (黜聰明)
> 육체를 떠나고 마음의 지각을 버림으로서 (離形去知)
> 무한의 세계와 하나가 되는 것 (同於大通)
> 이것이 좌망입니다. (此謂坐忘)
>
> — 〈대종사〉

여기서 장자가 말하는 '타지체'(墮枝体, 손발이나 신체를 잊어버리는 것)와 '출총명'(黜聰明, 눈과 귀의 작용을 멈춰버린 것), 이것이 바로 우리가 앞에서 논의한 '고목'의 상태이며 또한 파탄잘리가 말한 '프라티하라' 바로 그것이다.

그 외에도 파탄잘리는 다시 정신적 수행에 해당하는 부분을 셋으로 나누어 이를 다라나(dharana, 凝念), 디아나(dhyana, 명상), 사마디(samadhi, 무아경)로 구분했다. 다라나란 정신집중을 말하는 것이고, 디아나는 오늘날 익히 알려진 명상을 뜻하는 것이며, 사마디는 삼매로 번역하는 엑스타시 상태를 말하는 것이다. 장자와 파탄잘리가 근원의 도에 대

장자, 쓸모없는 나무도 쓸모가 있다

한 접근법이 다소 다르지만, 그러나 전체적으로 볼때 장자의 꺼진 재를 의미하는 '사회死灰'는 파탄잘리의 마지막 단계, 즉 사마디를 뜻하는 것이다.

파탄잘리는 다시 사마디를 또 세분하여 삼프라즈나타 사마디(samprajnata-samadhi, 의식적 사마디)와 아삼프라즈나타 사마디(asamprajnata-samadhi, 초의식적 사마디)로 나누어 궁극적으로는 아삼프라즈나타 사마디를 증득한 자만이 마침내 해탈에 이른다고 말했다. 그러나 이것은 전체적으로 너무 번다한 분류법이고, 복잡한 계산식이다. 장자의 입장에서 볼때는 소위 삼프라즈나타 사마디(의식적 상태)란 것은 아직 좌망의 경지라고 할 수 없는 낮은 단계의 것이다. 왜냐하면 좌망이란 육체를 떠나고 마음의 지각을 넘어 초의식 상태에 몰입하는 것이며, 그렇게 함으로써 궁극적으로 우주만물과 하나로 통하는 것이기 때문이다. 그러므로 여기서 참된 좌망이라고 할 수 있는 것은 이른바 아삼프라즈나타 사마디뿐이며, 아삼프라즈나타 사마디 이것이 바로 붓다가 말한 니르바나(Nirvana, 열반)와 같은 것이다.

지금까지의 논의를 간략히 정리하자면, 장자는 '고목사회'를 이야기했는데 사람들이 그 의미를 제대로 파악하지 못하고 있는 듯하며, 그것의 참된 의미는 장자철학의 핵심 개념인 '좌망'과의 관계하에서 살펴보면 더욱 뚜렷이 파악될 수 있는데, 내가 보기에는 '고목'은 '타지제 출총명墮枝体 黜聰明'에 해당하고, '사회死灰'는 '이형거지 동어대통離形去知 同於大通'에 해당하는 것으로, 전자는 파탄잘리의 요가 8단계 중에서 제5단계인 프라티하라(감각의 철수)와 같은 것이고, 후자는 제8단계인 사마디 내지는 니르바나에 해당되는 것이다라는 취지이다.

만물은 하나이다

미시유물未始有物

　스피노자(Spinoza)는 자신의 철학에 대하여 자부심이 대단했던 사람인데, 그는 이렇게 말하곤 했다. 즉, "세상 일반의 철학은 피조물에서 시작하고, 데카르트의 철학은 정신에서 시작하며, 나는 신에서부터 시작한다"라고. 물론 당시의 세상은 스피노자의 철학을 이해하지 못했지만, 그는 한번도 자신의 이러한 입장을 굽히지 않았다. 그는 결코 개개의 피조물들의 욕구 불만이나 희망사항 따위를 철학이란 이름으로 학문화하지 않았다. 만약 그렇게 하면 철학에 잡다한 이론과 주의주장은 넘쳐나겠지만 거기에 진리는 사라지고 없을 것이다. 스피노자는 철학에서 값싼 정신적 위로나 위안을 구하려는 일반적 흐름에서 멀리 벗어나, 특정의 시간과 장소에 구애됨이 없는 영원한 진리를 발견하고자 했던 것이다. 아마도 타협을 거부하는 이러한 숭고한 태도를 견지하였던 덕에 오늘날 스피노자의 철학은 서양철학 중에서 가장 침착하며 공평무사한 특질을 지니게 된 것 인지도 모른다.

　　　　　　　　　　장자, 쓸모없는 나무도 쓸모가 있다

그의 철학의 공평무사함이 어디에 까지 이르렀던가? 그는 신神에 대해 이렇게 말했다.

> 신은 본래적 의미에서 아무도 사랑하지 않으며 아무도 미워하지 않는다. 왜냐하면 신은 기쁨 또는 슬픔의 정서 어느 것에 의해서도 작용 받지 않기 때문이다.
>
> - 〈에티카〉

스피노자의 이 선언은 인격신의 개념을 믿어온 서구사회에서 엄청난 의미를 지닌 것이었다. 그는 서구신학에서 가장 심각한 맹점중의 하나였던 '인격신'의 개념을 해체하여 마침내 신에게서 인격(人格, personality)을 배제시켰던 것이다. 스피노자 이전까지 서구사회에서는 감히 누구도 이렇게 공개리에 '비인격적 신'을 이야기한 사람은 없었다. 스피노자의 신 개념은 당대의 유대교(스피노자는 유대인이었다)의 신개념 또는 기독교의 신개념을 뛰어넘는 것이었다. 심지어 그의 신 개념은 예수의 신개념조차도 넘어서는 것이었다. 예수에 의하면 신은 사랑이지만, 스피노자에 의하면 신은 사랑도 아니고 미움도 아니다. 왜냐하면 신은 그런 인간적 정서와는 무관한 존재이기 때문이다. 이러한 스피노자의 신개념은 서구사회(브루노G. Bruno등의 몇몇 예외를 제외하고는)의 신학적 범주 자체를 뛰어 넘는 것이다. 그의 신神개념은 엄밀히 말할 때 서양이 아니라 오히려 동양의 도道의 개념과 흡사하다. 노자는 이렇게 말했다.

하늘은 누구도 편애하지 않는다.

모든 것을 짚으로 만든 개처럼 취급한다.

天地不仁 以萬物爲芻狗

-《도덕경》, 제5장

도道는 어떤 누구도 사랑하지 않으며 어떤 누구도 미워하지 않는다. 도는 무엇보다 '비인격적'인 것이 특질이다. 우리는 도를 기도한다고 해서 내 편으로 만들수도 없고, 또 기도 안한다고 해서 도가 남의편이 되는 것도 아니다. 신神에게는 내 편이 있고 남의 편이 있을지 모르지만(종교인이라는 사람들의 말을 들어보면 마치 그것이 있는 것처럼 들린다), 도에는 내 편과 남의 편이 존재하지 않는다. 아니, 내 편과 남의 편을 가르고, 나와 남을 구별하는 순간 도는 허물어진다. 도는 구분과 구별이 없어지고, 모든 것이 통하여 한 가지 것이 되는 것이다. 장자는 말했다.

도의 견지에서 보면 (道)

일체의 구별이 사라져 (通)

모든 것이 하나가 된다. (一)

반면, 개체의 견지에서 보면 모든 구별이 생생해져 모든 것이 저마다 각별로 분산되고 흩어질 것이다. 이것이 바로 앞서 스피노자가 말했던 피조물의 입장에서 시작하는 세상 일반의 철학이다. 이러한 철

　　　　　　　　　　　　　　　장자, 쓸모없는 나무도 쓸모가 있다

학에는 구별만 난무할 뿐 참다운 도가 존재하지 않는다.

장자에 의하면 모든 사물을 상호 연관되어 있다. 천지만물은 겉보기에는 일응 구별되지만 내면적으로는 한 덩어리이다. 그러므로 한쪽에서의 분산分散은 분산으로 끝날 수 없고, 한쪽에서의 완성完成은 완성으로 끝날 수 없으며, 한쪽에서의 파괴破壞는 파괴로 끝날 수 없다. 그리하여 장자는 이렇게 말했다.

도의 입장에서는 모든 사물이 다같이 하나이다.
한쪽에서의 분산分은 다른 쪽에서의 완성成이며,
한쪽에서의 완성은 다른 쪽에서의 파괴毀이다.
모든 사물에는 본래 완성과 파괴가 따로 없으며,
다시 통하여 한 가지 것이 된다.
오로지 높은 경지에 도달한 사람만이
모두 통하는 하나임을 깨달아
자기 판단을 내세우지 않고
보편적인 영원한 것에 일체를 맡긴다.

道通爲一. 其分也. 成也. 其成也. 毀也. 凡物無成與毀. 復通爲一. 唯達者知通爲一. 爲是不用而寓諸庸.

– 〈제물론〉

장자에 의하면 분산이 곧 완성이며, 완성이 곧 파괴이다. 현상의 차원에서 보면 분산·완성·파괴가 별개의 것이지만 전체를 아우르는 도의 차원에 보면 분산·완성·파괴 이 모든 것이 다 한 가지이다. 거대한 우주 전체가 무한한 시간 속에서 돌고 돌면서 삼라만상을 한쪽에서는 완성시키고 한쪽에서는 파괴시키지만 우주 전체로는 완성도 파괴도 없는 것이다. 한 사물의 파괴는 곧 다른 사물의 완성이며, 한 사물의 완성은 곧 다른 사물의 파괴이다. 이 지구도 어떤 별의 파괴로 인해 탄생된 것이다. 이 우주 안에서 모든 사물은 이처럼 상호 연관되어 있다. 이 우주만물 일체는 태허일기太虛一氣 안에서 결국 한 덩어리이기 때문이다. 그러므로 나비는 나비이고 장주는 장주로서 일응 구분分되지만, 존재의 이면을 꿰뚫어보면 나비가 장주가 될 수 있고 장주가 나비가 될 수 있는 것이다. 이것이 우리가《장자》내편〈제물론〉에서 살펴보았던 '물화物化'의 개념이다.

　물화, 즉 물物의 변화란 장자철학의 핵심 개념이며 매우 심오한 의미를 지니고 있는 개념이다. 장자에 의하면 우주만물은 하나이며, 이 살아 있는 우주 안에서 모든 것은 모든 것과 서로 연결되어 있다. 장자가 '물화'를 이야기했던 것은, 다른 어떤 무엇과의 연관도 없이 그 자체로 홀로 독립자존獨立自存하는 개별적 실체라는 것은 이 우주에 존재하지 않는다는 것을 말하려 함이었다. 즉, '물화'란 물은 영원한 변화의 흐름 안에 놓여 있다는 의미이다. 만약 이 우주에 홀로 독립자존 하는 실체들이 존재한다면 이 우주 만물은 결코 하나일 수 없다! 그렇게 되면 이 우주는 존재하는 실체들의 수만큼이나 많은 갈래로 나뉘어 뿔뿔히 분산되고 흩어질 뿐이다. 근원적으로 모두 통하여 하나가 될 수 없는 우주, 그런 우주는 얼마나 고립되고 쓸쓸하며, 적막하고 폐쇄적인가!

　　　　　　　　　　　　　　　　　　장자, 쓸모없는 나무도 쓸모가 있다

그런 우주에서는 물物과 물物이 영원히 서로에 대해서 낯선 얼굴이며 만나지 못할 것이다. 그런데 이렇듯 물이라는 것을 변화를 거부하는 영원한 불변의 실체인 것처럼 보는 시각이 철학계에 존재한다. 다름 아닌 칸트의 '물자체(物自体, Ding an sich)'이론이 바로 그것이다. 칸트에 의하면 이 우주에는 모든 생성과 변화로부터 멀리 떨어진 항구불변 하는 독립적 실체, 즉 물자체가 존재한다. 칸트에 따르면 이것은 이른바 현상으로서의 물物이 아니며, 인간의 지각으로는 인식할수 없는 머나먼 사물이다. 칸트는 이 우주의 본질을 어떻게 생각했기 때문에 이처럼 어떤 사물과도 통(通)할수 없는 고립무원의 본체를 고안해냈던 것일까?

장자가 말하는 '물화物化'는 칸트의 '물자체'와 완전히 대조되는 개념이다. 장자는 칸트가 제시했던 것과는 전적으로 다른 우주를 보여준다. 칸트는 현상의 세계로부터 본체의 세계로 넘어감에 따라 점점 물物과 물物 사이에 소통이 불가능해지는 '단절된 우주'를 보여주는 반면, 장자는 비록 현상의 세계에서는 물物과 물物이 일응 구분되는 별개의 것으로 존재하지만 본체의 세계로 넘어가면서 오히려 구별이 사라져 모든 것이 통하여 하나가 되는 '열린 우주'를 보여주고 있지 않은가! '물자체'와 '물변화'(物變化, 물화란 결국 물변화이다), 동서철학사에서 이것보다 더 흥미로운 대립은 없을 것이다.

장자는 물화物化만을 이야기 했던 것은 아니다. 그는 거기서 더 나아가 물物이 없는 단계, 즉 '무물無物'의 차원에 대해서도 이야기 했다.

옛 사람들 중에는 지혜가 지극한 경지에 이른 이들이 있었다. 얼마나 깊은 경지에 이르렀는가? 아직 사물이 생겨나기 전의 상태未始有物를 아는 경지이다. 이것은 지극하고 완전하여 여기에 더 이상 덧붙일 것이 없다. 그 다음 단계는 사물이 생겨나기는 했지만 아직 구별이 없는 상태未始有封를 아는 경지이다. 그 다음 단계는 사물에 구별은 있으나 아직 옳고 그름이 없는 상태未始有是非를 아는 경지이다. 옳고 그름을 따지면 도가 허물어진다. 도가 허물어지면 애증이 생겨난다.

古之人. 其知有所至矣. 惡乎至. 有以爲未始有物者. 至矣. 盡矣. 不可以加矣. 其次以爲有物矣. 而未始有封也. 其次以爲有封焉. 而未始有是非也. 是非之彰也. 道之所以虧也. 道之所以虧. 愛之所以成.

- 〈제물론〉

장자는 옛날의 신인神人들이 도달한 세 가지 경지에 대해 이야기하고 있다. 첫째는 '미시유물未始有物', 즉 사물이 생겨나기 전의 경지이다. 말하자면 우주의 시계를 거꾸로 돌려 태초이전으로 되돌아가는 것이다. 이른바, 무극無極이다. 태초란 물物이 형성되는 최초의 우주적 시점을 가리키는 것이므로 무물無物을 이야기하려면 태초 이전으로 돌아가지 않으면 안된다. 태초 이전에는 물物만 없는 것이 아니라, 시간과 공간도 없다. 그때는 모든 시간이 무시간無時間이며, 모든 공간이 전공간全空間이다. 시간은 아직 형성되지 않았으며 공간은 아직 분할되지 않았다. 모든 것은 어떤 개체의 흔적도 없이 텅 비어 있다. 이 우주 어디를 보아도 유有의 흔적이 없다. 모든 것은 거대한 무無의 품안에 잠들어 있다. 그러나 이 무無는 죽어 있는 무가 아니다. 이 무는 살아 있다. 모든 유有가 이 무無로부터 태어난다. 노자가 《도덕경》에서 말하는 무가 바로 이 무이다.

> 천하 만물이 유有에서 생겨나고
> 유有는 무無에서 생겨난다.

> 天下萬物生於有 有生於無

> ─《도덕경》, 제40장

앞서 말한 바 있지만 노자가 말하는 무는 유(有)와 대립되는 무가 아니다. 이 무는 모든 유有를 넘어서 있으며, 동시에 모든 유有를 자기 품안에 품고 있는 절대무, 즉 무극이다. 많은 철학과 종교들은 저마다 나름대로의 진리를 설파하고 있다. 그러나 무극의 경지에서 설說해진 경전은 매우 희귀하다. 붓다의 《반야심경》이 바로 무극, 즉 미시유물未始有物의 경지에서 설해진 경전이다. 《반야심경》은 일체의 유有를 용납하지 않는다. 《반야심경》은 무無로 시작해서 무無로 끝난다. 그것은 절대적 차원을 바로 가리킨다. 《반야심경》의 골자는 '제법공상諸法空相'이다. 붓다의 이 '제법공상' 이야말로 바로 장자의 '미시유물未始有物'과 같은 것이다. 하나는 공空을 말하고 하나는 무無를 말하지만, 둘 다는 모두 물物이 존재하기 이전의 상태를 가리키는 것이다.

두 번째 단계는 사물이 생겨나기는 했지만有物, 아직 구별이 없는 상태, 즉 '미시유봉未始有封'이다. 말하자면 우주의 시계가 태초의 한 시점에서 드디어 돌아가기 시작한 상태이다. 이른바, 태극이다. 태극에서 비로소 최초의 한 물物이 생겨난다. 그러나 이 물은 혼연일체의 상태로써 아직 어떤 구별도 존재하지 않는다. 음·양의 두 기운도 이원화되지 않은 채로 혼융되어 그안에 내장되어 있을 뿐이다. 그것은 언젠가는 분화되겠지만 아직은 분화되지 않은 전체이다. 이것은 잠을 깬 무극이며, 운동을 시작한 무극이다. 이로써 우주는 무극의 비현현非顯現으로부터 현현顯現의 단계로 접어든다. 최초로 태극을 이야기했던 철학 서적은 《주역周易》이다.

> 고로, 역에 태극이 있다. (故易有太極)
> 태극이 음양을 낳고, (是生兩儀)
> 음양이 사상을 낳고, (兩儀生四象)
> 사상이 팔괘를 낳았다. (四象生八卦)
>
> ─ 《계사전》

　태극은 유有의 세계의 첫 시작이다. 그러나 태극은 아직 너와 나의 구별이 존재하지 않는다는 점에서 우주적 단일성이 남아 있는 단계이다.

　세 번째 단계는 사물에 구별은 있으나有封, 아직 옳고 그름이 없는 상태, 즉 '미시유시비未始有是非'이다. 말하자면 우주의 시계가 돌아가기 시작하여 어떤 지점까지 탈없이 무난하게 진행된 상태이다. 요컨대, 아담과 이브가 아직 에덴동산 안에서 놀고 있는 때이다. 위태롭긴

　　　　　　　　　　　장자, 쓸모없는 나무도 쓸모가 있다

하지만 그러나 아직 옳고 그름을 따지지 않는 상태라는 점에서 순수성이 남아 있는 복된 상태이다.

네 번째 단계는 도道가 허물어진 단계이다. 옳고 그름을 따지면 도가 허물어진다. 이제 아담과 이브는 에덴동산으로부터 추방된다. 기독교의 《성경》에도 이 상황은 매우 상징적으로 묘사되어 있다. 하느님이 아담에게 '너는 왜 내가 따먹지 말라고 한 열매를 따먹었느냐?'고 질책을 하시자 아담은 여기서 '예, 제가 잘못했습니다'라고 전면적인 용서를 구한 것이 아니라 제 관점에서 옳고 그름을 따져 그 잘못된 책임을 이브에게 돌린다.

당신이 저에게 짝지어준 여자가 그 열매를 따주기에 먹었을 따름입니다.

그러자 하느님이 이번에는 이브에게 질책하셨다. 그랬더니 이브 역시 잘못했다고 용서를 구하는 것이 아니라 역시 핑계를 댄다.

뱀에게 속아서 따먹었습니다.

자기는 옳고 남이 그르다는 아전인수식의 핑계를 이리도 잘 갖다 대는데 무엇인들 순수한 채로 남아 있을수 있겠는가! 이런 상황에서 도道는 허물어지고 에덴동산은 붕괴될 수밖에 없다. 이제 이들은 내던져진 존재로써 이 우주로부터 소외된 채로 하루하루 살아가야 한다. 이른바 '실락원Paradise Lost'이다.

장자의 마지막 가르침

붓다는 입멸하기 전에 제자들을 불러놓고 "방일하지 말고 근행勤
行으로 힘써 해탈의 길을 찾으라"고 마지막 유훈을 남겼다.

그렇다면 장자는 죽음의 자리에서 어떤 유훈을 남겼을까? 앞서 우
리는《장자의 죽음》을 살펴보았는데, 장자는 거기서 "땅위에 있으면
까마귀와 솔개 밥이 될 것이고, 땅 속에 있으면 땅강아지와 개미 밥
이 될 것이다. 한쪽 것을 빼앗아다가 다른 쪽에만 주면 불공평하지 않
겠느냐!"고 말했다. 그 말 다음에 장자의 마지막 가르침이 이어진다.

> 공평하지 못한 것으로써 공평히 하려면
> 그 공평은 공평한 것이 아니다.
> 자연스런 감응感応에 의하지 않고
> 인지人知로 감응하는 것이라면
> 그 감응은 감응이 아니다.
>
> 명지明知를 지닌 자는
> 오직 외물을 좇는 자에 지나지 않고,
> 신지神知를 지닌 자만이
> 사물에 감응할수 있는 것이다.
> 대체로 명지가 신지를 이기지 못한지가 오래이다.
>
> 그런데도 어리석은 자들은

자기의 소견을 고집하여

인위人爲에 빠져들 뿐이니

어찌 슬픈 일이 아니겠느냐!

以不平平. 其平也不平. 以不徵徵. 其徵也不徵. 明者唯爲之使. 神者
徵之. 夫明之不勝神也久矣. 而愚者恃其所見. 入於人. 其功外也. 不
亦悲乎.

- 〈열어구〉

붓다의 마지막 말이 '해탈'이었다면, 장자의 마지막 말은 '신지神知'
였다. 장자는 명明으로서는 신神을 이기지 못한다고 말한다. 여기서
명明이란 인지人知를 말하는 것이고, 신神이란 인간을 넘어선 것을 말
한다. 그러므로 명지明知란 사물의 시비를 가리는 작은 지혜이며, 신
지神知란 일체의 시비를 넘어선 큰 지혜이다. 인지人知에 의존하는 자
는 사물에 미혹될뿐, 참답게 사물에 감응할줄 모른다. 인지를 버리고
무위자연에 따르라.

이 우주는 에너지의 자기전개이다. 우주의 궁극의 일자一者는 이
우주가 탄생되기 이전에 무극의 상태에 있었다. 무극의 상태에는 어
떤 사물도 존재하지 않는다. 무극이란 일체가 텅 빈 경지이며, 궁극
의 차원이며, 장자가 말하는 무하유지향無何有之鄕이며, 우주적으로는
미현현未顯現의 본체이다. 이 무극에서 태극이 나오고, 태극에서 음양
이기陰陽二氣가 나오고, 음양이기에서 사상四象이 나오고, 사상에서 팔
괘八卦가 나오며, 팔괘에서 천지만물이 나온다. 이것이 우주의 분화과

정이다. 이 우주는 누군가에 의해 타율적으로 창조된 것이 아니다. 무극 속에서 우주적인 잠을 자던 궁극의 일자—者가 자기 분화를 거듭하여 마침내 천지만물로 화化한 것이다.

수행을 하고 명상을 한다는 것은 이 우주의 자기전개 과정을 역순逆順으로 되밟아 가는 것이다. 이것이 소위 원시반본原始反本이며 회광반조廻光反照이다. 우주의 빛은 사물을 향해 밖으로 쏟아져 나가지만, 우리는 그 빛을 반대로 꺾어 타고 존재의 근원으로 향한다. 천차만별로 갈라진 삼라만상으로부터 다시 순수에너지 상태인 음양이기로, 음양이기로부터 다시 태허일기의 상태인 태극으로, 태극에서 다시 어떠한 이름과 형상도 없는 절대무의 상태인 무극으로 우리는 되돌아가는 것이다.

모든 이름 있는 것은 저 이름 없는 것의 대용품에 불과하다. 모든 형상 있는 것은 저 형상 없는 것의 대용품에 불과하다. 이름과 형상이 없는 것, 그것이 바로 무극이며, 우주의 궁극의 일자—者이며, 진정한 의미의 신神이다. 이름과 형상이 있는 것은 결코 참된 의미의 신이 될 수 없다. 그것은 잡신雜神이며, 저급한 신이며, 부족의 신에 불과하다. 그러한 신들은 우리 인류에게 평화를 가져다주는 것이 아니라 전쟁과 살육을 가져다준다. 그러한 신들은 우리 인류에게 시비를 넘어서는 큰 지혜를 주지 못하고, 오히려 사사건건 시비를 가리는 작은 지혜만을 주고 있을 뿐이다. 지금 오늘날의 세계가 이러한 소모적인 시비에 휘말려 있다. 저마다 자기의 신, 자기의 교리, 자기의 믿음이 옳다고 남을 밀어내고 있다. 시비를 멈춰라! 무극의 의미에 주목하라! 무극 안에는 내 편과 네편이 없다. 나와 남을 구별하는 순간 도는 허물어진다.

옳고 그름을 따지는 작은 지혜 그것이 여기서 장자가 말하는 명지明知이다. 장자는 명지를 버리고 신지神知를 따르라고 말한다. 인위人爲와 총명聰明과 인지人知로는 천지만물을 다 알 수가 없으며 그것들에 의지하는 자는 결국 바보처럼 외물外物이나 좇다가 천지 사이에 미혹하게 된다는 것이다. 설령, 팔괘와 사상, 음양까지는 그것을 파악함에 있어 일부 인지人知가 소용되는 부분도 있을 수 있다. 그러나 태극과 무극을 향해 에너지가 수렴되는 단계에 있어서는 인지가 오히려 장애가 된다. 왜냐하면 인지는 원래가 주객양분의 이원론 아래 놓여 있기 때문이다. 이 단계에서는 인지를 버려야 하며, 넘어서야 한다. 장자는 말한다. 존재의 근원에 도달하고자 하는 자는 인지를 버려라. 인생의 참다운 진실에 도달하고자 하는 자는 인지를 버려라. 무릇 천지자연의 도에 감응하고자 하는 자는 인위와 인지를 모두 버려라. 이것이 장자가 남긴 마지막 말이었다.

노자老子는 심오하고 위대하지만 보통 사람들은 그를 다 이해할수 없다. 그는 말을 아끼고 뜻을 숨기며 침묵 속에 몸을 감춘다. 그는 잠언류의 짤막한 시편詩篇 속에 숨어 자신의 모습을 다 드러내지 않는다. 그는 너무 고고하다. 그는 이슬과 공기를 먹고 살며, 세계 안에 처해 있으면서도 세계 바깥에서 산다. 그는 분명 심원한 무언가를 이야기했지만, 또한 많은 부분을 이야기하지 않은 채로 남겨 두었다. 노자가 이야기하지 않고 남겨둔 부분, 누군가가 그 이야기를 마저 해야 한다. 그가 바로 장자莊子다.

노자가 여성적이라면 장자는 남성적이다. 노자가 학처럼 고고한 선비라면 장자는 결코 물러설줄 모르는 강력한 전사戰士다. 노자가 흐르는 물처럼 부드럽게 말한다면 장자는 뜨거운 불길처럼 격렬하게 말한다. 노자가 여백이 가득한 운문을 즐겼다면 장자는 의미가 뚜렷한 산문을 좋아했다. 그리하여 노자가 신비로운 시로써 부드럽게 세상을 교화하려 하였다면, 장자는 예리한 산문으로써 대놓고 세상에 일침을 가했다. 노자는 처음부터 끝까지 정제된 언어로 말하며 결코 화를 낼 줄 모른다.

그러나 장자는 그렇지 않다. 장자는 화를 내야 할 곳에서는 불같이 화를 낸다. 그는 속내를 숨기지 않는다. 그는 경멸할 만한 자들을 경멸하고, 겉과 속이 다른 자들을 비웃으며, 도덕군자들의 위선을 폭로하며, 시대의 천박한 가치전반에 대하여 예리하게 풍자·조롱했다. 그는 결코 세상과의 싸움에서 물러선 적이 없다. 이것이 장자의 진면목이다. 이런 장자가 없었더라면 아마도 노자는 외로웠을 것이다. 그리고 학문적으로 말한다 하더라도 이런 장자의 존재가 아니었더라면 도가道家사상은 오늘날과 같은 견고한 형태로 자리잡지 못했을 것이다.

장자는 심오한 사상을 지닌 대철학자였지만, 그는 한번도 자신의 사상을 전달함에 있어서 난해한 철학적 개념이나 용어 따위를 사용하지 않았다. 대신 그는 할아버지가 손자에게 동화를 들려주듯 우리에게 우화 한 토막을 이야기해준다. 이것이 장자의 철학하는 방식이다.

그는 개념이 아니라 직관의 세계에 산다. 장자의 우화들은 하나의 직관의 덩어리들이다. 이 우화들은 평이한 내용으로 이루어진 것들도 있고, 고도의 은유와 상징으로 가득 차 있는 것들도 있다. 어떤 것들은 쉽게 이해되기도 하고, 어떤 것들은 황당무계해 보이기도 한다. 또, 어떤 것들은 감탄이 절로 나오는 기막힌 비유들도 있고, 어떤 것들은 너무 깊고 오묘하여 따라가기 어려운 것들도 있다.

그러나 장자가 전해주는 모든 우화들은 그것이 비록 겉보기에는 허황되고 터무니없어 보이더라도 그 안에 항상 우주와 인생에 대한 심오한 통찰이 들어 있어서 사람들의 시야를 한 차원 높이 끌어올려 준다. 우리가 장자를 읽으면서 무언가 정신적으로 여유로워지며 편안해지는 느낌을 받는 것은 이 때문일 것이다.

(※이 책은 〈새로 쓰는 장자〉 시리즈의 개정판입니다.)

장자, 쓸모없는 나무도 쓸모가 있다

1쇄 인쇄 2017년 12월 22일 **1쇄 발행** 2017년 12월 30일

지은이 차경남
펴낸곳 글라이더
펴낸이 박정화

등록 2012년 3월 28일 (제2012-000066호)
주소 경기도 고양시 덕양구 은빛로43(은하수빌딩 8층 801호)
전화 070)4685-5799 **팩스** 0303)0949-5799
전자우편 gliderbooks@hanmail.net
블로그 http://gliderbook.blog.me/
ISBN 979-11-86510-51-3 03150

책값은 뒤표지에 있습니다.
잘못된 책은 바꾸어 드립니다.

이 도서의 국립중앙도서관 출판예정도서목록(CIP)은 서지정보유통지원시스템 홈페이
지(http://seoji.nl.go.kr)와 국가자료공동목록시스템(http://www.nl.go.kr/kolisnet)에서
이용하실 수 있습니다.(CIP제어번호: CIP2017034340)